U0111953

大展好書　好書大展
品嘗好書　冠群可期

大展好書　好書大展
品嘗好書　冠群可期

體育教材：1

籃球運動教程
（附 VCD）

孫民治　主編

全國體育院校教材委員會　審定

大展出版社有限公司

前　言

　　《籃球運動教程》是全國普通高等教育「十一五」國家級規劃教材。本教材作爲全國體育院校籃球普修課學生用書,由全國體育院校教材委員會籃球教材小組,根據全國體育院校本科體育教學計畫的培養目標、教學任務、教學時數、教學內容及考核要求,在總結若干年來各體育院校籃球課程教學實踐的經驗和繼承不同時期出版的各類籃球教材優點的基礎上,重視吸收國內外籃球運動發展中的先進理論與實踐內容,經過參編者多次認眞討論研究,聽取和徵求多所體育院校籃球教學工作者的意見,特別是在徵求對本書第一版使用反饋意見基礎上,集思廣益,分工負責撰寫而成的。

　　本教材著眼於爲新世紀培養體育專門人才的實際需要,堅持繼承與創新、改革與發展;堅持實事求是,從本科籃球教學實際出發;堅持突出教學性、針對性、實用性、實踐性、科學性、先進性、時代性,力求從教學體系和教學內容、教學手段與方法上有所突破,以使教學物件能適應未來工作的需要。

　　本教材與《籃球運動高級教程》和《現代籃球運動教學與訓練》有機銜接,構成高等院校培養不同層次人才需要的教學用書,逐步使其形成配套的、適應時代發展的籃球運動教學用書系列。

　　本教材的編寫工作自始至終得到了國家體育總局科教司的領導和關心,首都體育學院牽頭負責,由前國務院學位委員會體育學科評議組成員、教育部教學指導委員會副主任、中國籃

球協會副主席、全國體育院校教材委員會籃球教材編寫組組長、博士生導師孫民治教授任主編，教材組副組長、博士生導師劉玉林教授任副主編，由原北京體育大學校長王世安教授、原武漢體育學院院長鐘添發教授任顧問，主持和參與了本教材的設計、列目、審定、討論和定稿的全部過程。

全國體育院校知名專家和教授于振峰、王賀立、王向宏、孫民治、許永剛、李傑凱、李穎川、朱越彤、杜俐、楊樺、陳鈞、陳金英、鄭剛、張培峰、張月英、宋麗媛、練碧貞、趙映輝、趙晶、趙芳、郭永波、郭永東、傅企明、譚朕斌、潘桂芝、陳新建、趙國華等參加了編寫與修改。畢仲春、鄭剛組織了技術圖片的拍攝工作。分章編寫定稿後，由孫民治、王世安、鐘添發、劉玉林爲總串稿人，趙映輝、于振峰、譚朕斌、傅企明、陳鈞、趙晶等參加串稿，最後經全國體育院校教材委員會審定出版。

本教材在編寫過程中得到了國家體育總局科教司、中國籃球協會的大力支持。北京體育大學和武漢、成都、瀋陽、廣州、西安、上海、天津、哈爾濱、首都體育學院，以及人民體育出版社爲本書的審定、串稿和定稿給予了各方面的幫助；耐克公司及北京金色河畔高爾夫學校杜一鳴先生給予的協助，爲本書的出版提供了切實的保障條件。在此，一併表示衷心的感謝。

對本書存在的不足之處，眞誠希望各位讀者提出寶貴的意見和建議。

全國體育院校教材委員會籃球教材編寫小組
於北京

圖 例

- - - → 　傳球路線

——————→ 　隊員移動路線

● 　球

◯● 　持球隊員

〰〰〰→ 　運球

————⧓→ 　投籃

⊥ 　障礙物、立柱

④● 　4 號進攻隊員持球

④ 　4 號防守隊員

△ 　教師

————〈 　掩護

—〉〈— 　夾擊

⟩⟩→ 　「關門」

目　錄

第九章　籃球競賽規則與裁判法簡介

第十章　籃球場地器材設備與維修

第一章

籃球運動概論

內容提要：

本章介紹了籃球運動的起源、本質、屬性、功能和規律，籃球運動演進過程中的五個時期和所掀起的「三次浪潮」及世界籃球運動的格局與流派；現代籃球運動的新理念、新特點，籃球文化及世界籃球運動發展展望；籃球運動在中國的發展簡介、中國籃球運動的現狀與面臨的任務。

籃球運動的本質就是在特定的規則、特定的時間與空間限制下所進行的投籃比準的遊戲，其屬性是一種社會文化現象，一種隨著人類文明進步、科技發展、反映時代特徵的社會人文景觀。但不同的人群由於職業視角的不同，對其內涵與外延的稱謂也不盡相同：

　　——人文學者稱之為一種體育文化。

　　——社會學者稱之為一種社會活動現象。

　　——哲學工作者稱之為特殊典型的矛盾運動。

　　——史學工作者稱之為民間兒童娛樂遊戲的變異。

　　——生命科學工作者稱之為一種健身手段與方法。

　　——經濟工作者稱之為一種新興的產業。

　　——教育工作者稱之為體育教育課程。

　　——競技體育工作者稱之為競技體育項目。

　　上述各種對籃球運動的稱謂，雖各有不同，但其本質是遊戲，其屬性是文化，其表現形式是特殊的社會人文現象，這是眾所共識的。

第一節　籃球運動發展簡況

一、籃球運動的起源

　　籃球運動是由美國麻塞諸塞州斯普林菲爾德市（舊譯春田市）基督教青年會幹部訓練學校的體育教師、在加拿大出生的詹姆斯・奈史密斯（James Naismith）於 1891 年發明的（圖 1–1—圖 1–3）。由於美國麻塞諸塞州冬季較為寒冷，難以在室外開展體育活動，於是奈史密斯便將這一最初在室外試行的籃球遊戲移至室內，並將擺置在地面上的筐懸掛於

室內兩側離地面約 10 英尺處（1 英尺 = 0.3048 米，10 英尺 = 3.048 米，約 3.05 米，即現用籃圈高度的來源）的牆壁上，選用足球向籃內投擲，投入籃內得 1 分，以得分多少決定勝負。之後，將籃筐底部取消，懸掛在兩端牆壁的立柱支架上，為避免將球投擲到場外而影響觀看者，曾在籃筐後部

圖 1–1　籃球運動的創始人
詹姆斯奈・史密斯

圖 1–2　「籃球」和「籃筐」

圖 1–3　早年奈史密斯在勘薩斯大學為女子球賽開賽

設立了大小不同的擋網，類似於在大網的籠中活動，因此，韓國等一些國家以及一些書刊中至今仍將籃球運動稱為籠球運動。

由於籃球運動具有較強的對抗性，便制定了某些限制性規定，並且不斷地改進比賽方式，從而使籃球遊戲得到逐步完善並向現代籃球運動過渡。

至今，籃球運動已經成為世界上人們最喜愛的體育運動之一。據統計，世界上從事籃球運動的人口已達 5 億─6 億人，所成立的國際組織——國際業餘籃球聯合會已擁有二百多個成員協會，成為當前世界上第二大體育組織，分佈於五大洲的各個國家和地區。

二、籃球運動演進發展中的五個時期與三次浪潮

(一)初創傳播時期（19 世紀 90 年代─20世紀20 年代）

自 1891 年由奈史密斯創始籃球遊戲，成為地域性民間鄉土娛樂文化活動後，籃球活動以其新穎的比賽方式、對抗的競爭特點，吸引了大量的體育愛好者。經過一個時期的傳播，籃球運動便從學校走向社會，傳向國外。

籃球運動曾先後於 1892 年傳入墨西哥，1893 年傳入法國，1895 年傳入中國、英國，1896 年傳入巴西，1897 年傳入捷克，1901 年傳入日本、伊朗，1905 年傳入俄國、古巴，1907 年傳入義大利，1908 年傳入波蘭、瑞士，1911 年傳入

秘魯，逐漸傳播開來。

這一時期籃球運動的主要特點

技術特點：

攻守技術簡單，普遍限於雙手做幾個基本動作。

戰術特點：

無明顯成型的全隊配合戰術，以單兵作戰為主要攻守形式，隊員有位置分工，分別處於不同區域。進攻以快攻和簡單的傳切、掩護配合為主，防守以固定區域的人盯人防守為主，戰術配合處於朦朧階段。

規則演進特點：籃球運動發明後，為了使這項運動進一步開展，奈史密斯於 1892 年制定了簡單的籃球規則——《青年會籃球規則》，其內容歸納為 5 項原則、13 條規則，包括籃圈高度為 10 英尺（3.05 米）；採用大而輕以便於雙手控制的球作為競賽工具；場地大小不限，雙方參賽人數無明確規定，只要上場人數相等即可；投中一球得 1 分，得分多者為勝；每次得分後均由中間拋球重新開始比賽；比賽時間分為兩個部分（各 15 分鐘）進行；比賽設兩名裁判員，主裁判是球員的裁判員，負責宣判犯規；副裁判是球的裁判員，負責計時和記分等方面。1893—1897 年，進一步充實了規則，簡化了競賽程式，由中圈跳球開始比賽；隊員可換手運球；增加犯規罰球規定，進攻投中一球得 2 分，罰中一球得 1 分；隊員位置出現鋒、衛分工。1901 年規定運球隊員不能投籃，1908 年取消此規定。

場地器材的特點：

1891 年初創期的籃球運動，場地大小不等，僅在一塊狹長的空地兩端各放一個桃筐（圖 1-4），展開攻守對抗。

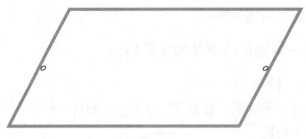

圖 1-4

　　為使遊戲比賽合理進行，1892 年奈史密斯對比賽場地作了分三段區域的規定：以進攻為例，通常稱為後場、中場和前場（圖 1-5）。1893—1897 年，改進了籃圈，逐步開始使用帶籃網的鐵質籃圈、木質籃板和繫帶球；將場地面積限定為 100 英尺 × 50 英尺、90 英尺 × 45 英尺和 70 英尺 × 35 英尺三種，場地增畫了分區線、中圈、限制區和罰球線；至 1915 年在美國國內統一了籃球比賽規則之後，比賽場地又逐步變革，增畫了各種區位的限制線，如中圈以及罰球線（圖 1-6），不久又增加了中線（圖 1-7）。籃圈也使用了較規範的鐵圈，籃圈後部的擋網也由木質製作的不規則的擋板替代並與籃圈連接，近似於現代使用的籃板裝置。20 世紀 20 年代末，球場有了「電燈泡」式的限制區和罰球時攻、守隊員的站位區（圖 1-8、圖 1-9）。

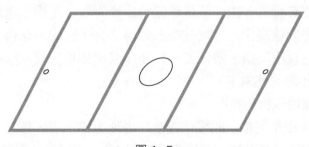

圖 1-5

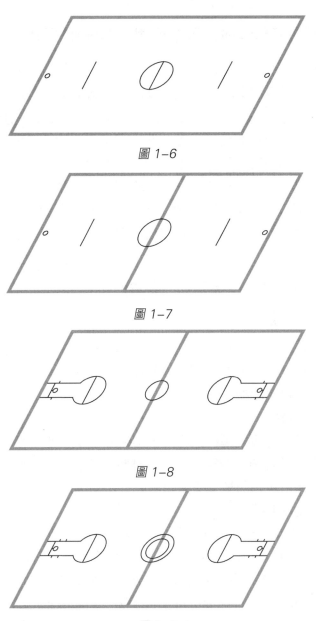

圖 1-6

圖 1-7

圖 1-8

圖 1-9

(二)完善傳播時期（20世紀30—40年代）

籃球運動迅速發展，迫切需要一個國際性的權威機構協調各國的籃球運動，1932年6月18日國際業餘籃球聯合會（簡稱國際籃聯）在瑞士日內瓦宣佈成立，總部設在義大利的羅馬，當時共有葡萄牙等8個國家參加。國際籃聯成立後的主要任務是統一世界各國的籃球競賽規則，並把男子籃球推薦為奧運會正式比賽項目。1936年男子籃球運動在德國舉行的第11屆奧林匹克運動會上被列入正式比賽項目。由此，籃球運動在全球迅速開展和傳播，標誌著現代競技籃球運動正式誕生。

這一時期籃球運動的主要特點

技術特點：

出現單手傳接球和投籃以及行進間雙手交替運球技術，開始運用簡單的組合技術，並不斷創新，手部和腳步各種技術動作銜接速度加快。

戰術特點：

攻守中單兵作戰減少，進攻中注意較多運用快攻、掩護、突分等幾個人戰術配合。防守時開始強調集體性，人盯人防守與區域聯防被交替採用。

規則演進特點：

1932年，規則增訂了3秒、5秒、10秒和球回後場的規定；增畫中線和增改了進攻限制區；確定了球場面積為26米×14米；比賽時間為20分鐘一節，比賽分兩節。1936年第11屆奧運會期間，國際籃聯出版了第一部國際統一的籃球規則，規則中正式確定了每隊上場比賽人數為5人；取消投中

後在中圈跳球的規定，改由對方在端線外發球繼續比賽；度量單位改為國際通用的米、克，避免了由於度量單位不同而產生的麻煩；規則的又一貢獻是由單裁判員臨場制改為雙裁判員臨場制，不僅提高了裁判員判罰的準確性，而且也有利於競技水準的提高，促進籃球運動的發展。進入 40 年代以後，將進攻限制區擴大為 5.8 米，規定隊員累計犯規 4 次將被取消比賽資格。

場地器材的特點：

1932 年國際業餘籃球聯合會成立，隨即也對場地進行了修改，增改了進攻限制區，即將當時「電燈泡」式的罰球區擴大為直線罰球區，即 3 秒限制區（圖 1-10）。到 40 年代，籃板有了規範的長方形和扇形兩種（圖 1-11、圖 1-12）。球場上的中圈分為跳圈和禁圈兩個同心圓，球場罰球區的兩側至

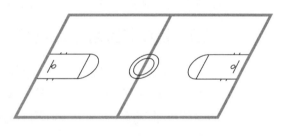

圖 1-10

圖 1-11

圖 1-12

端線，明確分設了爭搶籃板球的隊員分區站位線等（圖1-
13）。

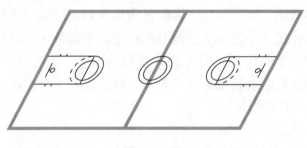

圖1-13

其間，隨著初創傳播時期向完善推廣時期發展即掀起了
現代籃球運動飛躍發展的「第一次浪潮」。

(三)普及成熟時期（20世紀50—60年代）

進入20世紀50年代後，隨著籃球運動技、戰術的創新
發展，規則與技、戰術之間的不斷制約與相互促進，高度開
始成為現代籃球競賽中決定勝負的重要因素之一。由此，一
種利用高大隊員強攻籃下的中鋒打法風靡一時，籃球運動進
入了一個向體型「高大化」發展的新時期。

特別是1950年和1953年在阿根廷和智利舉行的首屆世
界男、女籃球錦標賽上，高大隊員威震籃壇，國際上開始有
了「得高大中鋒者得籃球天下」的說法。

60年代末，世界籃球運動開始形成以美國隊為代表的高
度、速度與技巧相結合的美洲打法；以蘇聯為代表的高度、
力量相結合的歐洲打法；以中國、韓國為代表的快、靈、準相
結合的亞洲打法。可見，籃球運動已進入普及成熟的新時期。

這一時期籃球運動的主要特點

技術特點：

高度、速度、力量、技巧相結合，運動員技術向全面化方向發展。

戰術特點：

進攻中快攻、傳切、突分以及利用高大中鋒強攻和在陣地進攻中組織策應配合廣泛應用，防守戰術雖以區域聯防和人盯人為主，但全場緊逼人盯人防守和混合防守也不斷應變運用。

規則演進特點：

隨著高大運動員的大量湧現，1956 年以後，將進攻限制區擴大為 5.8 米 × 3.6 米的梯形，並取消中線，增加一次進攻限定為 30 秒和持球隊員在前場被嚴密防守達 5 秒應判爭球的規定。

場地器材的特點：

進入 20 世紀 50—60 年代後，一種固定的利用高大隊員強攻籃下的中鋒打法風行一時，特別是自 1950 年和 1953 年分別在阿根廷和智利舉行了男、女首屆世界籃球錦標賽後，高大隊員威震籃壇的趨勢，對國際籃球運動帶來了新衝擊，迫使籃球規則在場地、區域劃分上對進攻隊加強了新的限制，即將籃下門字形限制區擴大成梯形限制區（圖 1-14—圖 1-16）。

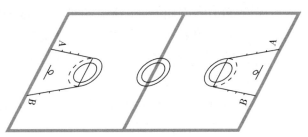

圖 1-14

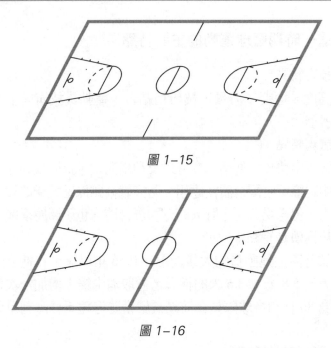

圖 1–15

圖 1–16

(四)全面提高時期（20 世紀 70—80 年代）

20 世紀 70 年代後，2 米以上隊員大量湧現，籃球競賽空間爭奪越發激烈，高度與速度的矛盾更加尖銳。1973—1978 年間，籃球競賽規則又進行了多次調整，促使攻防技、戰術在新的條件制約下，在注重高度、速度發展的同時，向智慧、靈巧、準確、多變的方向創新發展。尤其自 1976 年第 21 屆奧運會籃球賽和 1978 年第 8 屆世界男子籃球錦標賽後，高身材、高技巧、高速度、多變化、高比分的趨勢有了進一步發展，到 20 世紀 80 年代則更為突出和明顯。籃球運動跨入了全面提高的新時期。

這一時期籃球運動的主要特點

技術特點：

運動員技術全面發展，進攻中的對抗技術、快速技術和高空技術在綜合運用中趨於技巧化，個人攻擊能力加強；防守技術更具威脅性和破壞性，個人防守水準和防守能力有較大提升。

戰術特點：

單一、固定陣勢的進攻戰術打法已被綜合移動進攻戰術所取代；防守戰術的攻擊性、破壞性、綜合性、集體性防守形式被廣泛運用。

規則演進特點：

70 年代以後，增加球回後場、控制球隊犯規和全隊 10 次犯規的規則；規定對投籃隊員犯規，投中有效再追加 1 次罰球，如未投中則實行「3 代 2」罰球。至 80 年代，又將「垂直原則」和「合法防守位置」等身體接觸的原則正式列入規則。

1984 年，擴大球場面積為 28 米 × 15 米，規定球場上空高度在 7.5 米以上，設立三分投籃區，增加全隊每半時 7 次犯規後執行「1 + 1 罰球」的規則。本次規則的修改對籃球運動的迅速、全面發展起到了決定性作用。

場地器材的特點：

80 年代中期籃球競賽規則對場地進行了再次修改，增設了遠投區（圖 1-17）。

其間，由普及成熟時期向全面提高時期發展，即掀起了現代籃球運動飛躍發展的「第二次浪潮」。

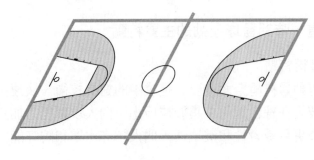

圖 1–17

（五）創新飛躍時期（20 世紀 90 年代至今）

自 1992 年國際奧會允許職業籃球運動員參加奧運會和世界籃球錦標賽，以及大型洲際以上國際籃球比賽後，籃球運動開創了新的里程、新的時代，呈現出全球大眾籃球蓬勃發展，職業籃球方興未艾，以科技、人文為依託，以謀略競爭、創新發展為動力，以運動員個性、智慧、體能、體質、技巧、素質、素養為基礎，以智、悍、高、快、準、巧、靈、變為特徵的新的技術、戰術展現的發展階段，進一步體現出當今籃球運動融科技化、人文化、智謀化、個性化、集群化、技藝化、觀賞化、職業化、商業化和產業化為一體，呈現出現代籃球運動的當代化色彩。

這一時期籃球運動的主要特點

技、戰術特點：

集高、壯、強、快、巧於一身的優秀高大運動員大量湧現，其身體素質、技術水準和戰術意識都有大幅度提升；高空技術、高空戰術有新的發展，高空爭奪日趨激烈，身體對抗加劇；快速技、戰術和攻守轉換戰術有新的發展，籃球比

賽三分球得分越來越高；明星隊員的作用成為世界強隊取勝的保證；進攻技、戰術趨於簡練、實用和多變，並向立體型方向發展；個人防守能力越顯重要，其中「以球為主」的防守理念正向以「防人為主」的防守理念轉化，防守行動更具攻擊性、破壞性、兇悍性（壓迫性）和協同性；女子籃球技、戰術趨向男子化。

規則演進特點：

1990 年，為保護運動員和規範球場，規則規定將籃板下沿提高至距地面 2.90 米，並增設球隊席區域。1994 年，國際籃聯進一步修改規則，改 1 ＋ 1 罰球為兩次罰球等。1998 年，為適應籃球運動技、戰術的迅速發展、對抗強度的加劇和商業化、職業化的需求，國際籃聯再一次修改規則：允許選擇 2 × 20 分鐘或 4 × 12 分鐘的比賽時間；對比賽中附帶的身體接觸要用「有利 / 無利」的原則加以區分；增加違反體育道德的技術犯規規定；在比賽的最後兩分鐘內，投籃成功後要停止比賽計時鐘等。

1999 年 12 月，國際籃聯宣佈新的籃球規則於 2000 年奧運會後實行。主要包括：比賽時間調整為 4 × 10 分鐘；一次進攻時間由 30 秒改為 24 秒；由後場推進到前場的時間由 10 秒改為 8 秒；每隊每節犯規 4 次以後所有的犯規都要處以兩次罰球；奧運會和世界籃球錦標賽可實行三人裁判制等。這些變化，對防守提出了更高的要求，使比賽更加快速，對抗更為激烈，進一步提高了比賽的拼鬥性、激情和觀賞性魅力。

場地器材的特點：

1994 年國際籃球聯合會因運動員身材高度普遍增長、制空爭奪兇悍、空間拼搶激烈，對籃球場地器材進行了某些修改，縮小了籃板周邊的尺度，增設了籃板周邊的膠皮保護圈

圖 1–18

（圖 1–18）。

創新飛躍時期即掀起了現代籃球運動發展的「第三次浪潮」。

三、世界籃球運動的格局與流派

進入 21 世紀，世界籃球運動的職業化步伐加快，隨著高水準職業運動員在世界範圍內的流動，職業籃球運動的影響在世界範圍內不斷擴大，具備高超技、戰術水準的明星級球員帶動了世界區域性籃球運動的發展，使世界籃球運動逐步形成了新的格局與流派。

(一)世界籃球運動競技水準的格局

透視第 28 屆雅典奧運會與 2006 年世界男籃錦標賽優勝名次的分佈情況，當今世界籃壇比賽名次已形成升降交替、已形成新的多足鼎立的格局。

男籃：南美洲的阿根廷、巴西，歐洲的義大利、塞黑、德國、西班牙、希臘、立陶宛，北美洲的美國等籃球強國已形成第一集團；大洋洲的澳洲、紐西蘭，南美洲的波多黎各

和巴拉圭，歐洲的俄羅斯等隊緊隨其後形成第二集團；非洲的安哥拉以及亞洲的中國等隊總體實力仍處於第三集團。

女籃：北美洲的美國，大洋洲的澳洲，歐洲的俄羅斯，南美洲的巴西形成新的四強，處於第一集團；美洲的古巴，歐洲的捷克、西班牙、希臘和亞洲的中國等隊處於第二集團；大洋洲的紐西蘭，亞洲的日本、韓國、臺灣和非洲的尼日利亞等隊處於第三集團。

然而隨著世界籃球運動在全球範圍內的廣泛交流與融合，世界競技籃球運動的格局也在不斷起伏變化，從而推動著世界籃球運動向著動態的、多元的、多變的方向發展。

(二)世界籃球運動技、戰術的流派

由於地域性籃球文化的交融，構成了世界籃球文化豐富多彩，世界籃球運動已形成了不同風格、不同流派、不同打法的特點。

美洲型打法：

以美國隊為代表，形成了一種風格與流派。美洲區域為籃球運動的發源地，整體身高比較歐洲並不占絕對優勢，而是突出強調個人技能、體能（速度、技巧）及立體型攻防打法與變化；其他各國的打法、風格基本相似，以技巧與特殊的體能條件相結合，總體上體現出基本技術好，個體攻、防能力和技藝水準高，整體實力強的特點。

美洲型球隊中黑人運動員較多，他們體能強、速度快、彈跳力好、爆發力強、技術嫻熟，經常運用高空補籃、扣籃和蓋帽等高難動作，且擅長突破，輔以週邊遠投，並注重個人攻擊能力的發揮。隊員在球場上展現的是拼鬥和爭勝負，個人價值觀念的「唯我獨尊」是每一名運動員的共同特徵。

歐洲型打法：

以俄羅斯隊、塞黑和立陶宛等隊為代表，則顯現出另一種風格與流派。基本打法以粗獷、兇悍、整體作戰為主體，體現了高、狠、準的傳統特點，講究整體實力，普遍在身高和力量上佔優勢。如希臘、俄羅斯、克羅地亞、義大利、塞黑等歐洲強隊，不僅中鋒身高超過 2.10 米，而且前鋒也在 2 米以上。他們的指導思想是以高快結合，強調集體配合，注重內外結合，重視進攻節奏，防守中重視個體與整體性與攻擊性的積極協同，充分發揮集體作用，尤其是塞黑、德國、立陶宛等歐洲隊，都具有高水準球星在 NBA 征戰。他們技術嫻熟、積極快速、投籃準確、拼搶兇狠、攻與守轉換銜接主動，能很好地掌握與捕捉戰機。

大洋洲型打法：

以澳洲為代表的一種寓歐、美型打法相交融，又與自身優勢相結合的風格與流派。其特點是隊員身材高大、作風頑強、攻防轉換速度快、配合默契。防守時重視採用擴大人盯人防守壓逼對手，陣地進攻中慣用雙中鋒進攻與掩護配合，比賽中主動掌握節奏，擅長在進攻中以內線強攻、外線掩護後中遠距離投籃取勝。

亞洲型打法：

東亞比較普及，水準也較高，以韓國、日本和臺灣為代表，西亞近年來提升也較快。其技術特點是以小打大、快速、靈活、準確、突破能力強、整體防守好，以技藝、智謀和頑強作風相結合。而中國隊在亞洲已處於最高水準，球員身高目前已超歐、美強隊，因此，中國隊在不斷完善亞洲型打法的同時，也注重向歐、美隊的打法風格學習，基本戰術配合以高、靈、全、準的整體型攻防和內外結合的打法為

主，並正探索與實施中國當前提出的戰術指導思想和技、戰術風格，以形成自己的攻防體系特色。

非洲型打法：

非洲的籃球運動處於崛起階段，近年來進步突出，像尼日利亞等隊，已開始向第二集團衝擊，但整體技、戰術水準與世界強隊相比有一定差距，然而運動員的身體素質較好，不乏身材高大且靈活的球員，也湧現出了一些球星服役於NBA。他們的技術風格和打法，近似於美洲型流派。

隨著世界籃球運動的發展，尤其是籃球職業化的影響，加速了當前各種籃球風格與流派的相互融合、滲透和彌補。世界強隊根據自身特點，形成了獨特的打法，在世界範圍內呈現出多樣紛爭的局面。

從總體上看，世界籃球運動將繼續沿著一個共同發展方向（智博謀深、身高體壯、兇悍頑強、積極快速、機敏多變、全面準確）和不同流派與不同風格打法的趨勢發展。充分體現智勇、高壯、全特、快巧、精準、多變。高智慧、高身材、高體能、高速度、高技術、高比分仍將成為新世紀高水準球隊比賽的特點，呈現出智在充實、狠在兇悍、高在制空、快在敏捷、特在絕招、全在拓寬、巧在技藝、準在提高、精在扎實、變在機動，它們的外延與內涵都將更加豐富，體現出 21 世紀世界籃球運動的新特點。

四、世界籃球運動的發展趨勢與展望

21 世紀，籃球運動作為一種全球性社會文化，將在世界範圍內有更快的發展、更廣的普及、更大的提高，進一步形成既具大眾性、技藝性、觀賞性，又具科技性、競技性、職業性、商業性、產業性的特殊社會文化形態。

(一)世界籃球運動的發展趨勢

1. 大眾籃球運動進一步普及

籃球運動由於自身的特點、規律和功能，使它充滿活力。為此，新世紀大眾性籃球運動將進一步在全球範圍內普及，成為名副其實的全球性社會文化和全民性健身強體、修德養心的工具和手段。在發展中國家、地區的社區和工礦企業，籃球運動的開展將日益廣泛，熱愛籃球運動的各界人士將進一步支持、推廣籃球運動。

2. 學校籃球運動蓬勃開展

籃球運動的增智、健身、教育、宣傳、社交功能越來越被各級教育行政部門和各類學校領導認同，積極開展學校籃球運動將成為活躍校園文化生活、展現學校聲譽、增強師生體質、提高健身水準、陶冶情操、鍛鍊意志、修養品行、培養團隊精神、增強使命感和榮譽意識的特殊教育形式。

各種形式的業餘籃球俱樂部將成為校園生活的基本社團組織。未來的優秀籃球人才將逐步由此啟蒙、發展、提高。

3. 籃球職業化進程向全球推進

職業籃球比賽的特殊社會性魅力和經濟效益，促使新世紀職業性籃球俱樂部將在全球範圍內廣泛建立，職業性競賽的商業化行為將日益完善法制經營，逐步形成一種新興產業。競賽規則、競賽制度和競賽方法的變革勢在必行，觀賞性、健身性、娛樂性、競技性和科技性將成為籃球運動發展的主要因素。

4. 競技籃球運動群雄紛爭

21 世紀，世界籃球運動競技水準和實力將形成起伏發展的新格局，這是籃球運動在全球普及、發展、提高的趨勢。然而，總體上歐、美一些國家和地區在一個時期內仍將處於先進水準，但各國實力接近，排名將反覆出現更迭。

籃球運動的總體發展方向將依然是群體智慧、意識、形態、個性、修養、體能、技能等多因素綜合實力的搏鬥與較量，攻守全面兼顧，個體與群體融合，高度與速度並驅，體能、作風、智慧與對抗技能高度統一，教練員與球員有機相輔，即帶著創新意識，沿著同一趨勢、不同流派、不同風格、不同打法的方向發展，形成百花齊放的發展景觀。

5. 籃球運動理論與實踐不斷創新

現代科技對籃球運動的滲透，促使傳統的籃球觀念、籃球理論、技術和戰術與訓練手段產生新的變化。訓練手段科學化，新的理論觀點層出不窮，新的技、戰術不斷產生，新的競賽制度不斷完善，新的規則不斷充實、發展，從而形成從籃球理論到籃球實踐內容的新結構、新體系。籃球運動在創新與發展的過程中形成個性化、集約化、技藝化、科技化、商業化，顯現出競技籃球運動當代化的科技氛圍。

(二)世界籃球運動的發展展望

1. 籃球職業化、人文化、競技化、觀賞化、商業化將進一步加快。

2. 技、戰術將不斷創新，攻防對抗更加兇悍，高度、速度與準確性的矛盾將更為突出。整體打法成為現代競技籃球

發展的一種趨勢。

3. 籃球規則修改將不斷激勵對抗、宣導激情、鼓勵運動員個體性和全隊整體性技能和體能的協同發展。

4. 全場比賽將在一定的時機與條件下繼續縮短攻防時間，規則對犯規的判罰還將有新的修正。

5. 球星的數量、品質及在球隊中的地位將更為突出，其特殊影響力將進一步提升。

6. 比賽設施將會修整，場地區域劃分也會有新的變化，進而在更大的範圍內、更快速度的移動中完成攻防對抗，攻守戰術中隊員的位置分工將更為模糊。

7. 體能中的身體素質（力量、彈跳、速度等），心理素質（價值觀念、心理素養、意志品質、承受能力等），政治素質（愛國主義、集體主義、團隊精神、榮譽觀念等），智慧素質（文化沉澱、文明程度、應變能力、籃球專項意識與實踐水準）將進一步提升。

8. 籃球理論與理念將不斷更新，科研成果將廣泛應用於籃球訓練與競賽實踐。籃球文化將在更廣闊的範圍內得以展現和深化。

9. 世界籃球運動格局以及優秀球隊的區域分佈將呈現不穩定性，國際大賽中的球隊名次排位將時有更迭。

10. 籃球競賽形式更富有商業化、產業化特點，職業化進程將進一步加快。

五、世界重大籃球賽事簡介

奧運會籃球比賽、世界籃球錦標賽、美國 NBA 職業籃球聯賽，現已成為舉世矚目的籃球賽事，這些高水準的籃球賽事推動了世界籃球運動的發展，為更多的球星、更多的球隊

提供了展現的「舞臺」。

(一)奧運會籃球比賽

籃球比賽是奧運會的重要比賽項目之一，包括男籃和女籃比賽。1936 年第 11 屆奧林匹克運動會上，男子籃球被列為奧運會正式比賽項目。男子比賽到 2004 年共舉辦了 16 屆，中國男籃獲得的最好名次是第 26 屆奧運會的第八名。

從第 21 屆奧運會開始，規定參加男子籃球比賽的球隊為 12 支，這 12 支男隊產生的辦法是：上屆奧運會的前三名，奧運會預選賽前三名，亞洲、非洲、歐洲、美洲、大洋洲各洲的冠軍隊和東道主隊。

在 1976 年第 21 屆奧林匹克運動會上，女子籃球被列為正式比賽項目，到 2004 年已舉辦了 8 屆，中國女籃獲得的最好名次是第 25 屆奧運會的亞軍。奧運會籃球比賽一般分預賽、複賽、決賽三個階段進行，預賽通常採用分組單循環賽，複賽和決賽多採用交叉賽。

(二)世界籃球錦標賽

世界籃球錦標賽是國際籃球聯合會主辦的世界性籃球比賽，每四年舉行一屆。男子比賽始於 1950 年，到 2002 年已舉辦了 14 屆。

競賽規程為：預賽分 4 個組，各組前三名獲出線權，後三名被淘汰。出線的 12 支球隊又分成兩個小組進行複賽，然後每個小組的前兩名參加 1—4 名的決賽；3、4 名參加 5—8 名的決賽，5、6 名參加 9—12 名的決賽。中國男籃於 1978 年首次參加了第 8 屆世界男籃錦標賽，迄今為止共參加了 5 屆比賽，最好成績是 1994 年第 12 屆世錦賽的第八名。

首屆世界女子籃球錦標賽於 1953 年在智利的聖地牙哥舉行，到 2002 年已舉行了 14 屆。參加比賽的隊數和資格與男子比賽基本相同。中國女籃於 1983 年首次參加了該項賽事，並取得第八名。迄今為止共參加了 5 屆比賽，最好成績是 1994 年在第 12 屆世界女子籃球錦標賽上獲得亞軍。

(三)美國NBA職業籃球聯賽

NBA 是 National Basketball Association 的縮寫，中文的含義是「國家籃球協會」。NBA 籃球比賽是被公認的世界最高水準的籃球比賽，它雲集了美國國內和世界各國最優秀的籃球運動員。目前球隊已擴大到了 30 支，擁有眾多世界籃球高手的 NBA 職業籃球聯賽已逐步成為國際性的籃球比賽。

NBA 職業籃球聯賽的競賽方法是：將聯賽分成常規賽和季後賽兩個階段。常規賽從每年的 11 月初開始，至次年 4 月 20 日左右結束。季後賽從 4 月下旬開始，到 6 月下旬決出冠軍為止。第一輪採用 5 戰 3 勝制，第二、三輪（東、西部聯盟半決賽和決賽）和 NBA 東、西部總決賽均採用 7 戰 4 勝制。

第二節 現代籃球運動的新理念與當代化特點

21 世紀，世界籃球運動作為一種全球性社會文化和人文景觀，進一步在世界範圍內迅速發展提高，它所反映的新理念與當代化特點突出地表現在以下方面。

一、籃球運動的規律

籃球運動的規律是籃球運動本身所固有的、本質的、必

然的聯繫，反映籃球運動演進過程中，具有普遍意義的某些特徵與現象，它是推動籃球運動不斷發展的法則。

(一)集體協同規律

籃球運動是集體協同作戰，要求球場上一切個人行動都要基於全隊整體的目的與任務；要求每名運動員在比賽中必須做到齊心協力，密切配合。只有把個人的技能融匯於集體，集體才能為個人作最佳保障，給個人技術發揮創造更多、更好的機會，所以「集體與協同」是前提，「個性技能展現」是手段。

NBA 歷史上最偉大的球隊──芝加哥公牛隊、洛杉磯湖人隊與他們所造就的歷史上最偉大的球員邁克‧喬丹、沙奎爾‧奧尼爾、科比‧布萊恩特等籃球巨星，正是「集體與協同」的相得益彰並相映生輝的典範。是集體造就了偉大的球員，反之又是球員協助集體成就了偉大。

籃球運動的集體協同規律還體現在不僅要求比賽場上的 5 名隊員協同合作，而且要求充分發揮教練員的指揮才華和場下替補隊員的作用，將全隊作為一個集體來設計戰術、制定戰略、整合優勢、協同作戰。

(二)兇悍對抗規律

籃球運動的兇悍對抗是當今籃球運動的新特徵，這一特徵體現在攻擊過程中，無論球隊整體或運動員個體，其根本目的都是為了採取合乎規則要求的手段（身體與技術、戰術），積極主動快速地制約對方，在防守時對持球與不持球隊員的防守，在進攻中的有球與無球的攻擊行動，都倡導最大限度地貼身拼體能、拼體格、拼頂搶、拼擠靠、拼搶籃板

球，做兇悍的對抗。

　　能否始終具有兇悍的拼搏精神、以氣勢智謀佔據地面與空間優勢，是在兇悍對抗中取勝的關鍵。我國優秀的男、女籃球運動員姚明、隋菲菲、苗力傑等曾先後進入美國 NBA、WNBA 職業籃球聯賽，他們在激烈的競爭中充分地展示了亞洲球員的聰慧與技能，但也暴露出中國球員對抗逼搶能力、兇悍拼鬥、意志作風意識不足的弱點。因此，訓練實踐中應積極宣導以兇悍的精神去佔據制空優勢與地面攻守速度優勢，並使這種兇悍精神能與扎實的技藝融匯一體，以達到在強體能與高速度的對抗中求統一、爭制勝。

(三)攻守依存規律

　　進攻與防守是籃球運動的一對基本矛盾，但作為競賽來講，進攻是第一位的，只有進攻才能得分，只有得分才能贏得勝利。在競賽過程中，雙方在同一時間段裏非攻即守，交替轉換，一次進攻結束就是另一次防守的開始，周而復始。攻與守相互依存、互為補充、相互依賴，單純片面地重視一方而輕視另一方，必然會喪失主動而導致失敗。

　　由於進攻與防守因素相互包含、相互滲透，攻中有守、守中有攻，寓於整個比賽過程之中，所以策略上、戰術上的強攻助守、強守助攻，都會使戰局向相反的方向轉變。因此，強調進攻積極絕不意味著防守消極，攻守並重依存是絕對的、普遍的規律，進攻與防守始終處於相互對立、相互鬥爭、相互依存、相互促進、相輔相成、暫態變化發展的矛盾過程之中。但由於籃球運動以進攻得分取勝，以守促攻、以守限制對方進攻將是恒久的規律。「百戰爭高下，一球定勝負」這一名言，充分地揭示出籃球比賽中進攻的重要性，但

防守是保護與擴大進攻成果，主動制約對方的關鍵。

(四)動態變換規律

　　籃球運動是一項動態性的運動，「動」表現為比賽中人與球始終不停地移動。攻守雙方佈陣互動，「動」中守、「動」中攻，「動」中及時轉換，不間斷有謀略、有針對性地「動」；有目的、有攻擊性地「動」；以主動的「動」迫使對手被動地「動」；以「動」攻守，以「動」守攻，反覆轉換「動」的方式與方法，調整「動」的意圖，變換「動」的節奏。「變」是籃球運動的靈魂，「動」是「變」的基礎，「動」和「變」是絕對的。

　　籃球場上的勢態瞬息萬變，以變求快、以變求高、以變求準、以變求勝、以不變應萬變。「換」是比賽的基本規律，現代籃球運動已經把進攻、攻守轉換、防守這三個不同階段，組成一個完整的攻守整體來進行訓練。在比賽中強化「轉換」意識，進而形成進攻、防守、攻守轉換體系，是現代籃球運動的新特點。

(五)多元統一規律

　　當代籃球運動中所表現出來的多元，即在於參與者要認識與掌握籃球運動規律，要多技、多能、多智並相互統一於一體，比身體、比技術、比戰術、比體能、比作風、比意志、比智慧、比心理素養。

　　因此，教練員、運動員只有真正地理解了多元統一的理念是規律、訓練是基礎、競賽是槓桿、技術是手段、戰術是方法、意識是導向、心理是保障、謀略是主動、意識是導向、進攻得分是標尺這一多元統一規律的內涵，才能成為一

名優秀的教練員、運動員。這一運動規律也可以說是籃球運動的表象與內涵的統一。

(六)內外結合規律

籃球運動對攻守過程中運動員的佈陣分位的特異性，是其本質特徵的具體反映，它決定了籃球運動在戰術打法風格上形成的「內與外」「高與矮」相結合的特殊規律，「內」即內線，「外」即外線，「內與外」的結合，亦即內線與外線隊員的結合，內線攻擊與外線攻擊的結合。

籃球運動之被稱為「巨人遊戲」，就是因為比賽爭奪的目標在空中，因此，強調內線攻守數量與品質，是現代籃球比賽的特殊規律。但是，實踐證明進攻得分重點依然在外線，無內不成隊、無外不能勝是現實，因此內與外，外是基礎的進攻規律。

自 20 世紀 30 年代以來，現代籃球競技比賽中運動員的身高就一直成為決定比賽勝負的重要因素之一。為此，籃球競賽規則曾多次修改條款，限制「巨人內線的高空優勢」，使高個兒在籃下投籃和拼搶籃板球的優勢受到某些限制，以讓矮個兒球隊在外線攻守發揮快、靈、準的優勢，使內外線有機地統一起來。

所以，正確理解和處理好高與矮、內與外的辯證關係，不僅體現當代籃球競技比賽的特徵與趨勢，還有助於樹立符合自身特點的籃球理念，形成內外結合的戰術風格與特點。

二、籃球運動的功能

現代競技籃球運動是在統一的國際性體育組織（國際業餘籃球聯合會）的指導下，以特定的比賽規則和競賽方式，

圍繞高 3.05 米、直徑 0.45 米的籃筐和周長 0.749—0.78 米、重量 567—650 克的籃球而展開的空間與時間、控球與反控球、投籃與制約投籃的立體型攻守對抗的競技項目。

當代競技籃球運動以其特有的個體性、整體性、智慧性、應變性、健身性、增智性、教育性、藝術性、娛樂性、觀賞性、商業性等功能與價值受到人們的青睞。

作為遊戲，它是一項人們喜聞樂見的全民健身活動的手段，具有娛樂身心和增強體質的功能。

作為競技體育運動項目，它是一項舉世矚目的奧運會和世界重大國際體育競技比賽的重要項目，能夠培養人們的集體主義和為國爭光的精神及更快、更高、更強的理想。

作為文化，它具有特殊的教育性、啟示性、文學性，在不斷發展的過程中傳頌種種有趣的故事，給人以激勵和鼓舞。

作為體育學科課程門類，它以全面系統的科學理論知識、豐富多彩的理論與實踐內容，給人以處世哲理的啟示。

作為特殊藝術，它以獨特的活動形式，陶冶情操，展現自我，形象地展示人體優美形態和心靈氣質，和諧地反映人類對現代社會文明生活的創新、完善與追求。

作為新興產業，在國際經濟全球化與 WTO 組織的深層影響下，它以自身獨特的形式與功能，催化國際社會經濟的發展與繁榮。

當代籃球運動更拓集了現代科技學、教育學、人文學、社會學以及各類自然科學於一體，成為一門多學科交叉的、多元化的新型邊緣性運動和學科門類。它的內涵價值在於它是人類社會文明進步和發展過程中創造並逐步完善起來的一種寶貴的精神財富，它反映了現代社會人類生存活動的形式和現象，而這種形式和現象不僅可以透過籃球運動的競賽過

程，顯示出人類多彩的生命力、聰穎的智慧、健美的形態、健壯的體質和高超的技能，而且還能培育並折射出從個體到集體、從民族到國家的一種精神及社會文化心理與文明進步的層次氛圍。所以，籃球教學、訓練和競賽過程也是貫徹以人為本、提高全民綜合教育素質的過程。

綜觀當代優秀球隊的競技比賽，給人強烈的印象是它的整體性、兇悍性、技藝性和智謀性，既能顯示出其自身高、大、健、壯、狠、準、美等形態與機能，又能顯示出內層理念上的情操、志向、意志、毅力和協作拼搏精神，更能顯示出深層的意識、心態、氣質、靈感、韜略、哲理和文采等智慧潛能。

三、現代籃球運動的當代化特點

現代籃球運動的當代化特點主要反映在以下幾個方面：

1.人文性特點：

世界範圍內籃球競技比賽職業化、商業化、觀賞化氣息的加重，人文色彩的充實，已使現代籃球運動成為社會文明進步和人們喜聞樂見的人文景觀，它引發種種有趣的競技史事和人物故事，供人觀賞，使人增智，成為在不同人群中進行社會性人文教育的直觀課堂，進而達到社會和諧、人群博知廣識、展現文化、講究文明的目的，從而促進社會人們整體人文品位的提高。

2.職業性特點：

至 20 世紀 80—90 年代，籃球職業化如雨後春筍般在美、歐、澳、亞建立起來，特別是在國際奧會同意美國 NBA 職業球員參加國際大賽後，籃球職業化已成為一種新興的產業化趨勢，優秀球隊和球星效應的社會商業化價值發生了新的變化，反映出新世紀籃球運動發展的又一新特點。

3. 商業性特點：

籃球運動商業化的重要特徵是籃球運動組織體制、競賽賽制、管理機制的商業化氣息濃厚，以及運動技能能力價值觀的變更，這一系列的變革，一方面促進了籃球運動向更高的競技水準發展，另一方面又有力地推動了籃球運動向商業化、產業化方向發展。這已成為 21 世紀世界籃球運動發展的趨勢，其社會價值和經濟價值還將呈現新的景象。

4. 綜合性特點：

當代籃球運動拓集了社會學、人文學、軍事學、生物學、科技學、管理學、體育學、競技學、教育學等學科門類於一體，成為多學科交叉的、多元化的新型邊緣性運動，進而有利於廣大籃球運動者形成其特有的運動意識、氣質、修養、品德、體能和技能，達到健身強體的目的。

5. 智謀性特點：

智慧、技藝、體能和默契的配合是當代籃球運動拼爭日趨兇悍激烈的基礎。如何揚長避短、克敵制勝，除需要身材條件、體能素質、技能能力、意志作風等作保障外，更需要籃球文化品位，人文修養、智慧、計謀和精湛的技藝作保障，因此，從事籃球運動需要技藝上精益求精，使自己達到「藝高人膽大，膽大藝更高」的境地。

6. 協同性特點：

籃球運動的活動形式是以兩隊成員相互協同攻守對抗的形式進行的競賽過程，集整體的智慧和技能協同配合，反映和諧互助的團隊精神和協作風格，並以此獲得最佳成效。

7. 兇悍性特點：

籃球運動攻守對抗競爭是在狹小的場地範圍內快速、兇悍地貼身進行的身體對抗，獲球與反獲球的追擊、搶奪、拼智、

拼技、拼體、拼力，不但需要具備聰穎的智慧，還需要具備
特殊的體能、彪悍的作風和頑強的意志。籃球競賽的過程，
即是強化這種作風的過程。

8. 轉換性特點：

籃球運動當代化的特點之一是突出在「快」字上，即快
速轉換攻守對抗過程。籃球比賽規則規定，以進攻得分多少
定輸贏，正如我國大書法家歐陽中石先生，在紀念世界籃球
運動誕辰 100 周年題詞所述「百戰爭高下，一球定輸贏」。
但進攻又有時間規定，攻後必守、守後必攻，攻守不斷轉
換，轉換又在瞬間，瞬間變化無常，使比賽始終在快速而和
諧的高節奏下進行，給人以懸念，增添觀賞樂趣，增智養心。

9. 高空性特點：

籃球比賽是在一定的時間內圍繞空間的球和籃展開的攻
守對抗，因此在比賽過程中必須重視身體絕對高度與滯空性
特點，並有高度的時空觀念；時刻強調時間與空間意識，運
用各種形式、方法和手段去爭奪時間，拼奪空間優勢，組合
成各種驚奇的戰術配合，從而使比賽更具時空性和觀賞性。

四、當代籃球運動的新理念

「理念」即觀念。作為從事籃球運動事業的人群來說，
必須充分把握當前世界籃球運動在向技藝化、職業化、觀賞
化、商業化發展的同時，也要提煉出自身在訓練、管理、指
揮、競賽、技術和戰術創新中的新思路、新舉措，進而整合
成獨特的、全方位的新「理念」。

(一)「聰慧」於智

俗話說「兩強相遇智者勝」，為此，籃球界的有識之士

不斷地強調運動員要用頭腦打球、用智慧打球，打聰明球，打文化球；不斷地要求教練員具備籃球專業大師的才德、才學、才智、才氣、才華、才思、才能。

將運動員與教練員的「聰慧」貫穿於教學、訓練與比賽之中，即反映出運動員與教練員在激烈比賽中「智勇與謀略」的統一。

(二)「制空」於高

自 20 世紀 70 年代以後，世界各強隊開始普遍重視提高隊伍整體高度，並曾認為「無高不成隊」「不控高難贏球」以及「得高水準、高大中鋒得優勢」的理論。

實踐證明，近 20 年來，競技籃球運動的確已成為巨人們的遊戲。然而「高」的內涵不應該僅僅停留在控制懸掛在空中的籃板、籃筐和籃球，樹立全面而準確的超高度「制空」理念勢在必行。

(三)「兇狠」於悍

籃球運動自 20 世紀 80 年代以來，特別是允許職業選手參加世界性大賽以來，運用貼身攻防的對抗手段，以及兇悍拼爭的頑強作風，是現代籃球比賽的顯著特點之一。

籃球場上對「悍」的理解已出現了質的變化，「悍」不僅反映在思想、意志、作風、精神上應具備一往無前的「王」者氣質與風範，還反映在比賽過程中拼爭技術手段和戰術方法的合理運用上。

因此，樹立「兇悍」的理念，培養「兇悍」的作風，合理地運用「兇悍」的投、突、扣、斷、追、逼、搶、打、斷等攻守手段，從而使現代籃球比賽精彩紛呈。

(四)「快速」於動

為進一步提高籃球比賽的對抗性、商業性與觀賞性,籃球比賽規則對進攻時間進行了嚴格的限定,從而加快了比賽的速度。當代世界籃球運動掀起了「快」的浪潮,爭取時間是掌握主動贏得勝利的基本保障。

「兵貴神速」,貴在神速之中,這一兵家古訓令人信服。以速度爭取主動,以爭取時間來控制空間,贏得勝利,這些已是現代籃球比賽對抗時必須具備的理念。

(五)「高分」於準

投籃是籃球運動攻守對抗得分取勝的唯一手段和目的,國際比賽高比分的形成,一是表現為三分投手多,命中率普遍提高;二是進攻速度加快、投籃機會增多;三是不僅十分重視投籃基本功訓練,而且還強調在激烈對抗的條件下提高投籃的數量與品質。

當代籃球運動除強調以投籃準確作為「準」字要求的基本點外,還必須樹立全方位「準」的理念,擴大「準」的內涵與外延。真正確立「百戰爭高低,準字定輸贏」的理念。

(六)「綜合」於全

當代籃球運動是一項多元、多型、多類、多變的攻守對抗性運動項目,而對抗的勝負取決於各項因素的有機綜合統一。這一理念具體反映在高水準運動隊的教練員能圍繞著迅速提高競技水準和在國際大賽中取得優異成績,從選材組隊到實施訓練、管理、培養規劃的全過程,都十分重視運動員的悟性與意識的全面性,注意專項身體形態各部分比例的全面

性，智慧結構的全面性，體能素質、心理素質、技能素質、職業素質的全面性，以及掌握與運用攻守技術、戰術的全面性等，從而使當代高水準運動隊在比賽中適應不同的對手、不同的打法、不同的環境，掌握應變的主動性，自由駕馭比賽。

(七)「防人」於先

當代籃球運動理念的改變，引導著籃球攻守戰術體系的變革。由於人是籃球比賽的主體，球由人支配，所以人盯人防守首先是要防住人，所謂聯防也首先要控制對方任何有球與無球的人。中國籃球運動競技水準落後的重要方面之一，第一是防守意識與技能、體能與作風的落後；第二是受傳統防守原則、理念的束縛，如長時期在防守中沿襲著「人球兼顧，以球為主」的傳統理念，而今在實踐過程中，正逐漸被「人球兼顧，以人為主，隨球調位，人、球、區、時一體」的防守理念所替代。

眾所周知，一支優秀的籃球隊伍，不但具備優秀的整體力量，而且突出地發揮優秀球員的特殊攻守能力和作用。可見，防守時如何限制對方優秀球員的發揮，並且進行積極盯防、重點盯防、搶前防守或搶先防守，以控制其攻擊的次數，減少其攻擊的機會，打亂其攻擊的節奏，將是當代籃球比賽克敵制勝的最基本手段。因此，「重在防人」，「防人」於先，不但是防守戰術發展的需要，也是防守理念變革的必然。

(八)「應變」於妙

兵家注重「陣而後戰、兵法之舉、運用之妙、陣乎一新」，可見作戰之前排兵佈陣的重要性。世界籃球運動的發展趨勢是進攻戰術越來越精練，鋒衛界限越來越模糊，防守

的攻擊性和破壞性日益增強。因此，兩三人之間展開的巧妙的應變性的進攻戰術、以防人為主的兇狠集約和應變混合型的防守戰術已被越來越多的籃球強隊採用。

這種進攻與防守戰術的變化，可以最大限度地發揮運動員的主觀能動性，對運動員的身體素質、心理修養、技術水準、戰術意識、智力結構、協同精神、場上作風等提出了更高的要求。

(九)「奇特」於星

當代籃球比賽中，明星隊員的作用顯得越來越重要，他們在球隊中處於舉足輕重的地位。一支球隊的戰略、戰術往往圍繞明星隊員來體現，如美國 NBA 的韋德、科比；我國男子籃球隊的姚明、王治郅等，女子籃球隊的苗立傑等，他們各有所長，在其各自位置盡顯明星效應。

總之，高度的責任感、榮譽感及作風頑強、技術全面、特長突出、心理穩定、得分力強、攻守兼備、智勇雙全等是明星隊員的共同特徵。因此，樹立造就明星隊員的理念將是所有優秀隊伍的共同追求。

(十)「昇華」於藝

當代籃球比賽已將技術與藝術有機地融合，形成一種籃球文化，在第 25 屆奧運會上，以喬丹、詹森等為代表的優秀籃球運動員，將籃球比賽昇華到了藝術化的境界。我國 20 世紀 90 年代中期 CBA 聯賽中王治郅的「扣籃」、姚明的「蓋帽」、胡衛東和孫軍等的三分球都表現出各自獨特的技藝，充分地展示了他們的智與勇、健與美。

觀賞他們的表演，既給人以藝術的享受，又給人以健康

向上的啟迪。隨著籃球技、戰術水準的不斷提高，籃球運動的藝術魅力必將更全面地顯示人體的生命活力和特殊的社會效應與經濟效益。

上述當代籃球運動的「新理念」，互為影響，交叉滲透，從而在動態中把籃球運動提升到當代科技文化的層次，把籃球運動實踐和在實踐中形成的理論提高到籃球哲學、籃球辯證法的認識高度，創新與完善了籃球運動的理論與實踐體系。

五、籃球文化

籃球運動誕生一百多年來，已經形成了獨特的籃球文化，是全球體育娛樂文化的重要組成部分，凡是到過 NBA 比賽現場的觀眾，都能深切地感受到獨特而濃厚的 NBA 文化的感染力。當今中國籃球運動在新時期的全面振興，也取決於具有中國特色的籃球文化的建立與發展。沒有文化的籃球是缺少底蘊、沒有內涵和品位的籃球；沒有文化的籃球是缺乏親和力、感召力和影響力的籃球；沒有文化的籃球也一定是缺乏動力、魅力和競爭力的籃球。

籃球文化是籃球運動的「魂」，培育和發展籃球文化將是實現中國籃球運動可持續發展的重要戰略決策。

(一)籃球文化的概念

從廣義上講，文化可解釋為：「人類在社會歷史發展過程中所創造的物質財富和精神財富的總和，特指精神財富，如文學、藝術、教育、科學等。」通俗地說，文化體現在社會個體與群體內、外環境的方方面面，並且千姿百態，特別是非物質文化，它展現了一個民族存在和發展的生活理念、思維方式、創新意識，它是民族精神的生動反映。

籃球文化是人類大文化的下位概念，它是世界各地域人群，由從事籃球運動過程，圍繞本體特徵不斷總結、創新、發展形成的各種有形與無形、物質與精神內容和形式方法的總稱。它是社會的寶貴財富，是反映時代演進水準的社會現象和意識形態。隨著現代籃球運動的普及與發展、創新與提高，籃球運動已成為一種多元文化交融在一起的國際性文化財富，它集人文性、多樣性、交融性、大眾性、集體性、個體性、娛樂性、趣味性、增智性、教育性、展示性、健身性、產業性、政治性等於一體，已漸顯示出其特有的社會、物質與精神魅力。

　　由於各國的地域、民族、傳統、習俗不同，政治、經濟、制度不同，價值觀念、生活觀念不同，形成了各民族、各地域的籃球差異性文化。籃球文化的國際性特徵、多元化現狀與民族性內涵及人文化景觀與後發性潛能，必將在更廣闊的領域中展現出本體的多元文化價值與功能。

　　例如在 2005—2006 賽季，中國籃球協會推出了國際化、產業化、規範化的運作方針，提出了「我的球隊、我的比賽、我的 CBA」的品牌推廣口號，還提出了「服務球迷、服務社會、服務贊助商」的辦賽宗旨，與國家青少年基金會共同建立了「我與 CBA 共成長」基金，推出了季後賽總冠軍「至尊鼎」和總冠軍「戒指」。

　　所有這些，都從不同方面顯示出中國 CBA 的文化內涵與人文價值觀，充分地體現了「聯賽」鼓勵參與者積極追求、角逐「頂級」「至尊」的夢想。宣導以團隊、協作、拼搏、奮進為主要內涵的國家隊文化，以 CBA 品牌為目標的賽事文化，以祥和、理想、文明、休閒、理智為追求的球員文化，以繼承籃球史實為基本內容的博物文化，以及以提高參與者綜合素質為方向的人文文化，已成為今後一個時期中國籃球

文化建設的基礎要素，體現了「繼承、發揚、借鑒、創新、圖強」的科學發展觀，將對未來中國籃球文化全方位的綜合發展、提高，起到啟示指導作用。

(二)籃球文化的演進

籃球文化是伴隨著籃球遊戲的創立而產生的，也是伴隨著這項遊戲的昇華而完善、發展的。最初可稱之為地域性、鄉土性、娛樂性校園健身娛樂遊戲，隨著現代籃球運動的傳播、推廣、充實和完善，分階段地逐步形成了組合性的當代籃球文化體系。

尤其自 20 世紀 30 年代以來，也就是籃球運動發展掀起三次浪潮以來，籃球運動從業人員個性的自我展現、規則的演變、技術和戰術的創新、競爭的激烈、技藝的惟妙惟肖、智慧的開發、趣味性觀賞性的激情刺激與日益濃厚的職業化、商業化、產業化色彩，以及各種科學技術的滲透與交融，使籃球運動與籃球競技過程的形式與水準已不僅僅體現在體能與技能的展示，更體現在文化、知識、智慧、科技、人文、修養、素質、道德品位、制度創新、有形與無形的物質和精神景觀的深刻蘊涵。

在籃球運動演進過程大環境的影響下，籃球文化的演進大體可分為五個發展時期：

初創期（19 世紀 90 年代—20 世紀 20 年代），其主流文化的標誌是鄉土氣息的、純強身娛樂性的一種萌芽與啟蒙的象形文化。

完善傳播期（20 世紀 30—40 年代），其主流文化的標誌是跨國競技性本體文化初步構建，規則與競賽制度文化建立並走向國際化。

普及成熟期（20世紀50—60年代），其主流文化的標誌是現代競技籃球運動的水準、運動員的數量與品質進一步向國際性籃球文化發展。

全面提高期（20世紀70—80年代），其主流文化的標誌是球星的魅力與球隊間高水準競賽的職業化、商業化、人文化氣息加濃，帶來各種形式的、多元的全球籃球文化的形成。

創新飛躍期（20世紀90年代至今），其主流文化的標誌是藝術化、產業化、人文化，多元素交融下的高水準競技比賽，世界性籃球文化形成完整體系，社會價值觀加速提升。

(三)籃球文化的分類

籃球文化的功能是多元的，價值是多樣的，特別是非物質籃球文化隨著物質文化的提升，更引起業內人士的注目與深思。

當前籃球文化的分類，概括起來大致可分為以下幾種：

一是物質文化和精神文化（有形文化與無形文化）；

二是物質文化、精神文化、制度文化；

三是物質與象徵文化、精神文化、制度文化；

四是物態文化、制度文化、行為文化、心態文化。

不管是分為兩種、三種還是四種，其內容與內涵都脫離不了第一類兩個上位文化範疇，其他則分屬於上位文化中的下位文化形式。

(四)籃球文化的形態例析

1. 籃球文化的產業性

所謂文化產業，簡單地說就是按照經濟法則和方式去進

行規模化和市場化的文化生產與營銷。任何體育文化產業的實現（包括籃球文化產業設想與推行），首先必須準確把握體育文化的本質特徵與規律，以及對產業運行特徵規律的認識。中國籃球文化產業，現階段還僅僅處於啟蒙時期。結合我國的具體國情、體育管理現狀及中國足球產業化發展進程中的經驗與教訓，中國籃球文化的傳承，應對如下問題展開思考：文化產業主體的文化素質與競技水準；文化產業主體與社會其他參與者的籃球信仰觀，人文素質與文明水準的程度；文化產業的組織運行者對籃球專案規律和文化產業運行規律的認識水準和實踐才幹；賽制活動整體包裝作秀的誘惑力，以及物質保障的多樣性、完備性、創造性和先進性；文化產業的社會經濟承受力與行銷風險以及承受力的貯存實力；民族性籃球文化的特徵，傳承與挖掘水準的高低及其他相關保障條件等。

總之，決不能從反文化、反傳統、反規律中追求籃球文化的產業化，從解析民族精神中追求籃球文化的產業化。

2. 籃球文化的民族性

世界上所有文化形式，真正體現出價值與魅力，就在於它國家的、民族的、個體的、個性化的創造精神和獨特的感染力能否充分展示並與國際環境有機組合。NBA 球員中的喬丹、科比、奧尼爾、鄧肯、姚明、納什、諾維茨基等國際球星所產生的特殊的社會綜合效應，從一個側面也顯示了他們所在國度、所在民族的個性、理念和形象。

世界任何高水準的文化內容與形式的形成都不是無源之水，都蘊涵著民族個性的創新精神，反映著從個體到群體、從一個國家到一個民族多元交融的創新發展歷程。因此，要

實現中國籃球文化的繁榮與發展，就要銳意探索、強化和大力提升中國籃球文化蘊涵的民族個性與優勢特徵，有鑑別地吸納美國籃球文化以及其他先進國家籃球文化的內容與形式，與世界籃球和諧交融，發展創新中國特色的籃球文化。

（五）世界籃球文化的發展趨勢

籃球文化形成的基礎是籃球運動實踐，籃球文化的發展趨勢也必然伴隨著世界籃球運動的發展而興起，總體上將趨向於多元性，即籃球文化的形式、內容將更豐富多彩，內涵更深奧；

異同性，即籃球運動全球化發展過程中，由於政治、經濟、生態環境、教育水準、競賽水準的差異，形成籃球文化的形式異同；

民族性，即在構建籃球文化體系過程中，注重本民族傳統優勢的傳揚，以增強民族自尊與自信、自愛；

依存性，即加強國際交流，互相取長補短、共同發展；產業性，即籃球運動特殊的功能與社會效益，推動與加快籃球文化產業發展的進程，不同國家、地區將以特殊文化形式將籃球文化推向市場；

政治性，即籃球文化作為一種意識範疇，必然與其本土的政治、經濟體制相呼應，並為政治與經濟服務，更具有象徵性、教育性、凝聚性、鼓動性；

藝術性，即隨著當代籃球技、戰術與科技手段的融合，籃球文化形式與產品將趨於藝術性、觀賞性、趣味性的提高；

和諧性，即作為全球性的籃球文化將全方位地在形態與形式、國際與本土、本體與它體、互動與互學中和諧發展；

系列性，即籃球文化產品將由單一向系列、多樣的產品

品牌化發展；

　　人文性，即隨著全球人文意識的提高，籃球文化意識將更具個性化、人文化、人本化、法制化；

　　社會性，即籃球運動將更受社會各界人群的關注、愛好與參與。

　　總之，現代社會中籃球文化已不僅僅是對某一民族精神和人生境界的驅動與提升，而且也是實現經濟發展的一種必備內容和不可或缺的支撐力量。

　　可以說，它是一個民族、一個國家乃至一個地域、一個單位「軟實力」的主要載體和具體體現，代表著這個國家的文化進步的程度。特別是在當今市場經濟條件下，體育文化範疇內的籃球文化，無論小到個體、單位，大到國家民族精神凝聚與經濟振興、事業發展，均已顯示出特殊的功能，從美國 NBA 到中國的 CBA、WCBA 籃球文化無處不在。

第三節　中國的籃球運動

一、籃球運動傳入中國

　　現代籃球運動於 1895 年由美國國際基督教青年會派往中國天津基督教青年會就職的第一任總幹事來會理（David Willard Lyon，圖 1-19）介紹傳入我國天津市，因此，天津市是我國籃球運動的發源地。1896 年在天津基督教青年會舉行了我國第一次籃球比賽，此後逐步由天津向北京、保

圖 1-19　來會理

定等華北地區，上海、南京、蘇州、杭州等沿海沿江的華東地區，廣州、香港等華南地區，武漢、重慶等華中地區，以及內地其他省市的青年會組織、教會學校流行與傳播，並逐步推向社會，至今已有一百餘年的歷史，成為廣大人民群眾喜聞樂見的體育運動項目之一。

二、籃球運動在中國的發展概況

籃球運動在我國的傳播、普及、發展和提高，受不同時期政治、經濟、文化和教育等各方面因素的影響與制約。為便於瞭解籃球運動在我國的發展歷程，通常按照籃球運動傳入中國後的社會變遷，籃球運動及其技、戰術在中國的發展和重大國內外競賽活動、事件等，將其分為三個時期進行回顧。

(一)緩慢傳播普及時期（1895—1948 年）

其間包括三個階段：

第一個階段為 1895—1918 年的初始傳播階段；

第二個階段為 1919—1936 年的緩慢推廣階段；

第三個階段為 1937—1948 年的局部普及階段。

這一時期，中國社會正處於半封建、半殖民地時期，籃球運動傳入中國後，未能得到當局的重視和有組織的傳播、普及，基本處於放任自流的狀態。經過近十年的傳播，籃球運動才逐漸成為 20 世紀初大、中學校的主要體育活動並從學校傳入社會。

1910 年舊中國舉行的第 1 屆全運會上男子籃球被列為表演項目；1914 年第 2 屆全運會上男子籃球被列為正式比賽項目；1924 年第 3 屆全運會上女子籃球被列為正式比賽項目。此後，在華北等地區性運動會上，籃球運動也最先被列為正

式比賽項目。我國男子籃球隊曾參加了 10 次遠東運動會的比賽，並在 1921 年第 5 屆遠東運動會上獲得冠軍。此外，我國曾派隊參加了 1936 年和 1948 年的第 11 屆和第 14 屆奧運會籃球比賽。1936 年奧運會期間，中國籃球協會正式成為國際業餘籃球聯合會成員。

20 世紀 30 年代後期，在革命根據地，籃球運動已成為深受廣大人民群眾和紅軍、八路軍將士喜愛的運動項目。當時特別引人注目的是在國內享有盛譽的八路軍 120 師師長賀龍和政委關向應親自組建的「戰鬥籃球隊」，以及抗日軍政大學三分校以東北幹部為主組成的「東幹籃球隊」，他們共同的特點是宗旨明確、紀律嚴明、鬥志頑強、技術樸實、打法潑辣、體能良好，充分反映出革命軍人的優良道德品質和戰鬥風格，給根據地軍民留下了深刻的印象，不僅有力地推動了籃球運動在該地區的普及與提高，而且成為我國部隊籃球隊的優良傳統，為新中國體育事業及籃球運動的發展作出了積極的貢獻。我國「八一」男子籃球隊長期保持國內優勢地位，與繼承光榮的革命傳統密切相關。

1945 年抗日戰爭勝利後，天津、北京、上海以及東北等地區湧現出不少新的籃球隊，為 1949 年新中國成立後，我國體育事業的蓬勃發展和群眾性籃球運動的普及、運動技術水準的迅速提高奠定了堅實的基礎。

(二)普及、困惑、復蘇時期（1949—1994 年）

其間包括三個階段：
第一個階段為 1949—1965 年的普及、發展、提高階段；
第二個階段為 1966—1978 年的停滯、困惑階段；
第三個階段為 1979—1994 年的復蘇、提高階段。

新中國成立後，由京津兩地大學生組隊參加了在匈牙利舉行的第 10 屆世界大學生運動會籃球賽，獲得第 10 名。此後，我國籃球運動進入了空前的普及、發展和提高時期。經過幾十年的實踐，逐步形成了一部集社會群眾性籃球活動、學校籃球、競技籃球、籃球科研與籃球基礎理論為一體的中國籃球運動發展史。

　　為加速我國籃球運動水準的提高，20 世紀 50 年代初在北京成立了中央體訓班籃球隊。為學習蘇聯經驗、加強國際交往，1950 年 12 月 24 日，蘇聯國家籃球隊訪問了我國北京、天津、上海、南京、廣州、武昌、瀋陽、哈爾濱 8 個城市，進行了 33 場比賽，對比之下暴露了我國籃球競技水準的落後狀況。

　　為擺脫這一落後局面，主管部門採取措施，進一步加速組建專業隊伍，學習先進經驗、先進打法，更新束縛自己的傳統觀點，積極參加國際比賽，短期內成效顯著，國際交往中戰勝了不少歐洲強隊，黃柏齡等優秀運動員的技藝表演在中國籃球歷史上寫下了光輝的一筆。不久，各大地區都組建了籃球集訓隊，籃球運動跨入了新的發展時期。

　　至 1955 年實行全國籃球聯賽制度以後，我國籃球運動開始有了不同階段的訓練指導思想，並建立了相對穩定的分級競賽制度。1956—1957 年間實行了籃球等級升降級聯賽制度和教練員、裁判員等級制度。在 1959 年舉辦的新中國第 1 屆全國運動會籃球比賽中，四川男隊、北京女隊分別獲得冠軍。當時我國籃球在技術、戰術上逐步形成了以「快攻」「跳投」「緊逼防守」為制勝法寶的獨特風格。經過多年實踐，在總結我國籃球運動發展歷程和對比世界籃球運動發展現狀的基礎上，確立了籃球運動的訓練指導思想，使我國籃

球運動在思想建設、隊伍建設、理論建設、賽制建設、科學研究等方面有了明確的目標與方向。

至 1966 年「文化大革命」前夕，我國籃球運動已接近世界先進水準，戰勝了不少歐洲強隊，後因十年「文革」影響而停滯，從而拉大了與國際強隊的距離。

進入 20 世紀 70 年代中期後，體育戰線全面撥亂反正，籃球競技運動確立了趕超國際水準的新目標，並重新強調「積極主動、勇猛頑強、快速靈活、全面準確」的訓練指導思想和貫徹「三從一大」的科學訓練原則。在正確方針指引下，不斷總結自身經驗，研究世界籃球運動發展趨勢、積極創新。不久，我國男、女籃球隊開始重新活躍在國際籃壇。

1975 年，中國籃球協會在亞洲業餘籃球聯合會取得了合法席位；1976 年，國際業餘籃球聯合會通過決議，恢復中國籃球協會的合法席位，並承認中華人民共和國籃球協會是中國唯一合法組織；1979 年，國家實行改革開放政策，我國籃球界不負重望，深化改革，嚴格訓練，嚴格管理，籃球運動進入最佳發展時期，在世界性及洲際性競賽中不斷獲得優異成績。

國家女籃分別在 1983 年第 9 屆世界女籃錦標賽和 1984 年第 23 屆奧運會上獲得了第三名；在 1994 年第 12 屆世界女籃錦標賽和 1992 年第 25 屆奧運會上獲得了第二名，進入世界強隊行列，先後湧現出宋曉波、柳青、鄭海霞、叢學娣等在亞洲和國際籃壇具有較高聲譽的優秀球員。國家男籃則在蟬聯亞洲榜首地位的基礎上，在 1994 年第 12 屆世界男子籃球錦標賽上首次進入了世界前八名。然而 20 世紀 90 年代中後期，由於種種原因，我國男、女籃球隊在國際大賽中成績不盡如人意，呈現滑坡狀態。

(三)改革創新追趕時期（1995 年至今）

　　1995 年至今為第三個時期，即中國籃球運動隨著國家政治、經濟體制改革，進入總結經驗、深化改革、解放思想、更新觀念、創新攀登的新階段，即第七個發展新階段。

　　隨著我國社會主義市場經濟體制的建立，體育戰線進一步深化改革，我國籃球運動從更新觀念、轉變思想，大膽改革、勇於創新著手，一方面抓籃球運動的全面普及，特別重視從娃娃抓起，從青少年抓起；另一方面狠抓競技水準的提高，改革管理體制、完善競賽制度，有力地促進了我國籃球運動的發展與提高，加快了與國際籃球運動的接軌。

　　1995 年，籃球界在國家體委「堅持正確方向、抓住有利時機、繼續深化改革、發展體育事業」精神的指導下，堅持「積極穩妥、健康有序」的改革方針。抓住了外商注資的機遇，與國際管理集團等外資合作，在 1996 年全國甲級隊籃球聯賽蓬勃開展的同時，舉辦了由前衛體協、北京體育師範學院（現首都體育學院）、上海交通大學等 8 個省市、部隊、學校組隊參加的男子準「職業」籃球聯賽——「CNBA 職業聯賽」，這是我國初步試探職業化聯賽的開端，是一次大膽的嘗試，但不久因故暫停。此後，中國籃球協會決定以全國男子籃球甲級聯賽賽制改革為突破口，以職業化、商業化為導向，加速籃球競賽體制改革的進程。

　　1997 年，籃球運動管理中心成立，在管理體制改革上邁出了重要的一步，即把傳統的甲級聯賽正式命名為「CBA 男子籃球聯賽」。經由十年的改革實踐，我國籃球事業發生了深刻的變化，帶來了新的生機與活力，初步展現出廣闊的發展前景。聯賽吸引了眾多籃球愛好者和社會各界的廣泛關

注，姚明、王治郅、巴特爾、劉玉棟、胡衛東、孫軍等球員的出色表現，擴大了籃球運動社會化、人文化和科技化的影響，同時也加快了我國籃球運動職業化、商業化的改革進程，「CBA 聯賽」已成為國內外知名企業樹立形象、體現實力、拓展市場的新舞臺。在賽制改革的引導下，眾多籃球俱樂部紛紛建立，一種適應籃球社會化、產業化發展需要的俱樂部管理體制漸成雛形。CBA 聯賽從 2005—2006 賽季開始，改稱為中國 CBA 職業聯賽。由此，籃球學校、各種形式的夏令營、訓練中心、培訓班等社會辦籃球的形式大量湧現。

1998 年中國大學生體育協會在企業資助下組織了 CUBA 全國大學生籃球聯賽。2004 年一項新的大學生籃球賽事——「大學生超級籃球聯賽」也應運而生，有 600 多所高校參與的 CUBA 中國大學生籃球聯賽和先後有十多所高校參與的中國大學生超級籃球聯賽已經成為中國籃球運動的一道亮麗的風景線，對於活躍高等院校校園文化生活，在學生中普及、提高籃球運動水準起到了積極的推動作用。

三、中國籃球運動的現狀

自 20 世紀 80 年代中期至本世紀，中國籃球事業進一步得到全面而空前的大普及、大發展、大提高，大眾籃球活動與競技籃球運動均呈現出欣欣向榮、蓬勃發展的景象。

(一)大眾籃球活動的發展

籃球運動的誘人魅力和運動價值，吸引了社會各界近億人參與。在廣大廠礦、企業、部隊、農村，籃球運動是人們喜聞樂見的文化健身活動，是中國籃球運動發展的社會基礎，籃球比賽現已成為最引人注目的競賽項目。

由於籃球運動寓文化、人文、健身於一體，具有很強的教育性，因此，各級學校均將籃球作為體育教學的重要內容，並列入教學大綱。除在體育課上安排籃球項目教學外，還建立了各級各類籃球學校和籃球俱樂部。這些籃球基層組織已成為中國籃球運動攀登世界競技高峰堅實的後備人才基地。

　　籃球科學研究成果滲透於籃球運動實踐是運動水準快速提高的必需，針對世界籃球運動的發展趨勢，院校籃球教學工作者與籃球競技工作者相結合，積極從事籃球科學化訓練以及籃球俱樂部組織管理、籃球競賽制度改革、籃球產業發展等研究，並已取得了一定的成效。

(二)競技籃球運動水準的提高

　　中國女籃繼 1983 年和 1984 年在世界錦標賽和奧運會籃球賽上兩獲第三名後，在 1992 年第 25 屆奧運會和 1994 年第 12 屆世界錦標賽上又兩獲亞軍。男籃在 1994 年世界錦標賽上首次進入前八名。在歷經一段低潮時期之後，中國女籃在 2001 年重獲亞洲兩項重要籃球賽事的冠軍，並於 2002 年在南京舉行的世界女籃錦標賽上獲得第六名，這是近八年中國女籃取得的最好成績，中國女子青年籃球隊在 2005 年世青賽上獲得了第三名的歷史性突破，進而形成了中國女籃新的上升態勢。中國男籃在 2003 年亞洲錦標賽上又奪回亞洲冠軍的位置。2006 年中國男、女籃球隊第一次在亞洲運動會上雙雙榮獲冠軍。上述成績的取得標誌著中國籃球運動正朝著世界競技籃球運動的新的高峰攀登。

　　為了瞄準目標攀登世界先進水準，籃球管理部門在不同的時期，針對世界籃球的發展趨勢，從中國實際出發不斷應時確立了中國籃球運動的發展指導思想和訓練指導思想，樹

立自身的技術特點與戰術風格。

　　1955 年我國籃球運動主管部門曾提出了「積極、主動、快速」的訓練指導思想。1957 年提出了「積極、主動、快速、靈活、準確」的訓練指導思想。1959 年提出了「以小打大，以投為綱，狠快準靈的技術風格，以我為主、以攻為主、以快為主、積極防守的戰術指導思想」。1972 年提出了「積極主動、勇猛頑強、快速靈活、全面準確」的訓練指導思想。1985 年提出了「以小打大、快速、靈活、全面、準確」的訓練指導思想；1988 年提出了「以防為主」的訓練指導思想。2000 年提出了「堅決貫徹『三從一大』科學訓練原則，『系統訓練、打好基礎、強化體能、全面創新、百花齊放』，以全場爭奪為方向，把拼防守作為重點，強化體能和作風，重視提高對抗能力，形成『快、準、靈、全、專』的技術風格；在此基礎上形成『以小打大、以快制高、以巧克強、以準取勝』的戰術風格」。

　　2005 年，中國籃球協會針對世界籃球運動的發展趨勢及我國籃球運動的發展走向，重新確立了較為全面的發展、提高中國籃球運動的新思路。將我國籃球訓練指導思想定位為：以世界籃球先進技、戰術為目標，堅持「三從一大」的科學訓練原則，系統訓練、區別對待，三線隊伍以基本功訓練為主，青年隊以專項體能和基本技術訓練為重點，強調動作的規範性和籃球意識的培養；成年隊以攻守對抗訓練為核心，強化體能、作風和技術運用能力，準字當頭，從實戰出發，全面創新。技、戰術風格定位為：學習世界先進籃球技、戰術，形成我國籃球運動員全面（攻防技術）、穩定（技術發揮）、準確（傳球和投籃）、兇悍（對抗和拼搶籃板球）的技術風格和內外結合、攻守兼備、快速多變、多點

進攻的戰術風格，以改變攻防能力不強、投籃命中率低、球權爭奪弱，及一流內線，二流前鋒，三流後衛的現狀。

以上指導思想的明確提出，對新世紀中國籃球運動的普及與發展、提高與衝擊新的奮鬥目標，加快中國籃球職業化進程，進一步提高中國籃球人文文化氛圍，起著重要的方向性作用。當然，新的事物在理解和貫徹中還將不斷完善、充實、調整才能有序地形成一個系列的整體指導方針。2007年中國籃球協會將進一步進行論證並展開以建立中國以籃球文化為導向的新舉措，以進一步推進職業化籃球和大眾籃球的蓬勃發展。

四、中國籃球運動近期面臨的任務

「十一五」期間籃球事業發展的指導思想是：樹立和落實科學發展觀，解放思想、遵循規律、勇於實踐，在構建社會主義和諧社會的大格局中全面提升中國籃球整體實力和核心表現，走一條基於國際視野、開創中國經驗的創新之路。

面對2008年第29屆奧運會在我國北京舉辦的契機，隨著我國經濟社會的發展和人民生活水準的提高，作為體育運動的重要組成部分，健康發展的籃球運動在豐富社會生活，倡導先進文化乃至構建和諧社會中，發揮著積極作用。

為確保「十一五」期間籃球事業沿著積極、健康、有序的方向穩步前進，我國籃球主管部門具體提出了新時期中國籃球運動面臨的主要任務：

(一)堅持改革、創新、發展的方針

面對當前籃球運動發展的有利契機，堅持深化改革，擴大開放，促進發展。探索新形勢下籃球運動發展道路，繼續

推進體育社會化、產業化進程。以科學發展觀統領全局，尊重規律性、注重系統性、加強計劃性、完善制度性。

(二)堅持舉國體制，確立正確目標，催人奮進

　　舉國體制是我國特定時期辦好競技籃球的基礎保障，必須抓住機遇，迎接挑戰，堅定不移地貫徹「大目標、大開放、大團結、大整合、大協作」的工作方針，用符合國際發展趨勢和項目規律的眼光來審視、規劃籃球運動的未來，追求跨越式發展的戰略目標。

　　以更寬的視野、更新的觀念、更大的胸懷、更加開放的姿態使中國籃球與時代同步發展。團結籃球界的一切力量，調動一切積極因素，進一步整合資源，盤活存量，提高品質，擴大籃球產業基礎。

(三)堅持學習國外先進經驗與中國實際相結合

　　籃球運動起源於西方，當前歐美國家的籃球運動整體發展水準要高於中國。發展新時期的中國籃球事業必須堅持從中國的國情出發和以我為主的理念，但也必須同時處理好學習國外先進經驗與開創中國道路的辯證關係。只有堅持以我為主又注意學習國外先進經驗與開創中國未來道路的辯證統一，中國籃球運動才能抓住機遇，創造未來。

(四)堅持「五個統籌」，培育和發展「和諧籃球」

　　堅持「五個統籌」，即統籌籃球運動的普及與提高、統籌國家隊建設與職業化改革、統籌職業籃球與業餘籃球、統籌籃球運動的社會效益和經濟效益，統籌不同地區和不同形態籃球運動的協調發展。只講重點不講統籌，或者只講統籌

不講重點，都不利於籃球事業的可持續發展、和諧發展。

(五)堅持以人爲本，構建中國民族特色的籃球文化

著眼於人的全面發展和社會的和諧進步是發展籃球運動的根本目的。籃球工作中樹立科學發展觀的基點是「以人為本」，將關心人、尊重人、激勵人、提高人作為籃球發展的目的。只有真正實現好、教育好和發展好包括運動員、教練員、裁判員以及球迷在內的道德、品位、智能、技能，挖掘出最深文化沉澱的潛能，維護好最廣大籃球參與者的根本利益，籃球發展的主體才不會缺失，動力才不會衰竭，籃球之「魂」——籃球文化事業才能可持續發展。

(六)堅持競賽改革，探索籃球職業聯賽的新途徑

繼續推進籃球職業化改革，逐步建立職業籃球相對獨立的經營管理體制，形成職業籃球與非職業籃球互相銜接、互相促進，各走一徑、共同發展的格局。建立以「四大運營模式」為核心的中國職業籃球聯賽制度，即建立在中國籃球協會領導下各俱樂部參與民主決策的「新型管理模式」；以南北分區、增加場次、突出對抗為特點的「新型競賽模式」；以集約化、專業化為運營特點的「新型商務開發模式」；以和諧籃球為目標的「籃球文化建設模式」。

(七)堅持奮鬥目標，打造職業化的「精品」賽事

中國籃球的改革是從聯賽改革開始的，聯賽對籃球運動水準提高與普及起著承上啟下的重要作用。承上，培養高層次人才，促進聯賽競爭激烈，良性發展的聯賽可以為國家隊培養、輸送更高水準和更具職業素養的優秀球員；培養優秀

教練員，迅速提高科學化訓練水準和管理水準。啟下，精彩紛呈、包裝精美的聯賽可以吸引更多青少年參與籃球運動，從而可以進一步普及群眾基礎。

職業聯賽在給廣大球迷帶來娛樂享受的同時，也創造出市場價值，帶動配套產業的發展。中國籃球協會設計中的「北極星計畫」，其目的就是將中國男子籃球職業聯賽打造成初步具有職業化特點的「精品」賽事，目標是成為中國最好的體育賽事，進而成為亞洲最好的體育賽事，最終向成為世界高水準職業聯賽的方向努力。

(八)堅持發展社會籃球，迅速壯大青少年籃球基礎

社會籃球是中國籃球事業金字塔結構的重要基礎，它包含青少年系統訓練和社會性籃球活動兩大部分，只有社會性籃球活動活躍，參加系統培訓的青少年運動員多、人才輩出，關注籃球、參與籃球及消費籃球相關產品的人數多，籃球才有可能成為強勢運動。

社會籃球應主要圍繞三方面開展工作：

其一，積極擴大參加籃球青少年訓練的人數。一方面，繼續推進青少年籃球業餘訓練工作；另一方面，要與教育部門精誠合作，堅持走「體教結合」的道路，形成合力，探索提高青少年人才培養品質和數量的社會化之路。其二，加強青少年籃球基本功訓練。根據中國籃球訓練指導思想和技、戰術風格，依據青少年生長發育規律和籃球基礎訓練規律，改變單純以競賽為導向的急功近利思想，積極探索並建立能夠真正激發社會力量參與青少年籃球人才培養的有效機制。其三，加強協會建設，建立健全全國籃球協會的組織網路。

五、國內重大籃球賽事簡介

CBA、WCBA、CUBA、「大學生超級籃球聯賽」這些賽事，正逐步地被喜愛籃球運動的中國球迷所認可，正是這些賽事，托起了中國籃球運動的競賽階梯，從而也進一步有機地完善了「體教結合」發展構想的實現。

(一)CBA男子籃球甲A聯賽及CBA職業籃球聯賽

CBA（中國籃球協會）男子籃球甲A聯賽，是我國國內最高水準和最大規模的籃球賽事。中國籃球協會於1995年正式推出了與國際接軌的賽事——中國男子籃球甲A聯賽。首屆1995—1996賽季，有12支球隊參加，採用主客場制，分預、決賽兩個階段。為進一步深化聯賽改革，逐步探索和建立具有中國特色的職業聯賽制度，中國籃球協會在2005—2006賽季推出新的「CBA職業籃球聯賽」。

這個新聯賽脫胎於十年甲A聯賽，繼承了甲A聯賽好的思想、好的方法，但與甲A聯賽又有明顯的區別，它是在推進聯賽職業化進程上取得的初步成果，是總結提練出的一條符合我國實際的籃球職業化發展道路。

(二)WCBA女子籃球甲級聯賽

隨著全國男子籃球甲A聯賽的迅速發展，女子籃球聯賽賽制改革也被提到議事日程。為此，一項醞釀已久的賽事——全國女子籃球甲級聯賽（WCBA）於2002年2月正式拉開帷幕，它標誌著女子籃球甲級聯賽已正式由賽會制走向賽季制。主客場聯賽的實行，不但增多了女籃比賽的場次，而且活躍了球市，促進了全社會對女子籃球運動的關心與瞭解。

WCBA 聯賽分為預賽和決賽兩個階段。預賽前八名的球隊進行主客場 3 戰 2 勝交叉淘汰賽（預賽名次在前的隊多安排 1 個主場）；1 / 4 決賽、半決賽的勝隊進行主客場 3 戰 2 勝交叉淘汰賽，取得獲勝場次後不再比賽；1 / 4 決賽、半決賽的負隊不再進行比賽。預賽 9—12 名的球隊進行主客場雙循環比賽。聯賽採用升降級的方法，第 11、12 名的球隊降為乙級球隊，參加每年一次的全國女子籃球乙級聯賽。

（三）CUBA大學生籃球聯賽

　　CUBA 聯賽是在國家教育部全國大學生體育聯合會領導下，在中國籃球協會指導下進行的賽事活動，該聯賽創辦於 1996 年，具有以下特點：

　　其一，挖掘高校籃球潛力；

　　其二，豐富校園文化生活；

　　其三，拓寬與普及高等院校群眾性籃球活動，提高籃球運動的文化氛圍；

　　其四，促進相關籃球產業市場在高等院校的開發。

　　大學生籃球聯賽的競賽組織編排體現了「一賽三階段」和「一賽多方法」的特點。預選賽，於每年的 9—11 月進行，基層預選賽必須以學校為單位進行，各省市根據不同的情況、不同的條件，可以採取不同的競賽方法。

　　分區賽，於每年的 12 月進行，分為東南區、西南區、西北區、東北區四個賽區進行角逐。決賽階段，於翌年 4—5 月進行男八強、女四強半決賽。男子：四個賽區每區各取前兩名，共 8 支球隊，定為 CUBA 男八強，進行淘汰賽；女子四個賽區每區各取第一名，共 4 支球隊，定為 CUBA 女四強，進行淘汰賽。總決賽，男、女組冠亞軍總決賽採用主客場賽

制,比賽勝場出現 1:1,則在第二場結束後進行 5 分鐘的決勝期比賽,直至決出勝負。

(四)大學生超級籃球聯賽

自 2003 年開始,籃球運動管理中心便開始與教育部全國學生體育聯合秘書處共同協商、醞釀合作辦賽的具體事宜,在經過周密的商討與細緻的準備後,2004 年 6 月 1 日,一項新的籃球賽事「大學生超級籃球聯賽」(簡稱「大超」聯賽)誕生。大學生超級籃球聯賽創辦的主要特色為:其一,強強聯手,打造高水準聯賽。其二,高校互動,促進校園籃球文化的發展。其三,專業化運作,提高「大超」聯賽的商業空間。

於 2004 年 10 月拉開戰幕的首屆大學生超級籃球聯賽,由全國 16 支高校男子籃球代表隊分為南北兩個賽區進行主客場比賽。各賽區前四名的隊伍於 2005 年 3 月起進行交叉淘汰賽,最終決出參加決賽的隊伍。

思考題:

1. 試述籃球運動的起源與演進過程中的五個時期及「三次浪潮」。

2. 簡述現代籃球運動的功能,並在此基礎上試述現代籃球運動的基本規律。

3. 簡述世界籃球運動的風格與流派。

4. 簡述籃球文化及現代籃球運動的新理念與當代化特點。

5. 簡述中國籃球運動的發展情況,並結合自身體會評述當前中國籃球運動的現狀及面臨的主要任務。

第二章

籃球運動教學訓練理論

內容提要：

本章運用現代體育教學理論，重點闡述籃球運動教學理論基礎、籃球技術和戰術教學步驟與教學方法、籃球運動訓練理論基礎以及相關學科對籃球運動教學訓練理論的影響。

籃球運動教學訓練理論，是以相關的教育學、訓練學理論以及社會學、人體科學等多種學科理論作依託，是對籃球運動本質特徵和運動規律的認識與實踐經驗的總結。籃球運動的反覆實踐過程，以及它與現代諸多學科的有機融合，是籃球運動教學、訓練理論形成的基礎。

第一節　籃球運動教學理論基礎

籃球運動教學是一個特殊的、有組織的教育認識過程。由籃球運動教學過程落實對學生全面素質的教育，使更多的人瞭解籃球運動的有關知識，掌握籃球運動的方法和技能，進而將籃球運動作為終身體育鍛鍊、增進健康的方法。籃球運動教學是使學生掌握籃球運動知識、技能的基本形式，處於學生形成籃球運動技能、能力的初級階段。

一、籃球運動教學理論

籃球運動教學理論，是將一般的教學原則和相關科學的理論與方法手段融為一體，促使學生更快、更好地掌握籃球運動基本知識和基本技能的一種專項理論。籃球教學理論依據於：

(一)認知的理論

籃球教學不僅是組織學生進行身體運動，而且要傳授大量與之相對應的操作性知識，因此，籃球運動教學是促進學生認知能力發展提高的過程。

學生對籃球教材的感知、體會、理解、鞏固、運用和評價等認知活動有其固有的規律，籃球教學必須遵循這些規

律。在教學實踐中要特別注意使籃球知識與籃球技術表象之間建立起鞏固的聯繫，同時要由認知活動來激發學生學習籃球運動的動機和興趣。

(二)動作技能形成與發展的理論

籃球運動技能的形成與發展，一般經歷粗略掌握、改進提高、鞏固運用和創新發展階段。其生理學和運動技能學機制是運動技能學習的刺激在大腦皮質相應的運動神經中樞之間建立暫時性神經聯繫的過程。

這一過程分為泛化、分化和自動化三個階段，是大腦皮質相應的運動中樞興奮與抑制由擴散趨向集中、分化抑制逐步建立的過程，其本質是建立複雜的、連鎖的和本體感受的運動條件反射。

(三)運動過程中人體生理機能活動變化的規律

籃球教學是教師組織學生進行運動實踐的過程，身體練習是掌握籃球技術技能的主要途徑。進行籃球技能的身體練習，就必須遵循人體生理機能活動變化的規律。

運動練習中，人體生理機能活動變化的規律是由安靜狀態進入工作狀態，人體工作能力由逐步提高進入到最大限度的水準，最後又逐步降低。經過長期的身體活動練習，既提高了籃球運動技能和身體素質，又使身體的運動機能能力得到適應性改善。遵循規律組織籃球教學，不但可以提高教學的品質，而且可以增進健康，減少運動創傷事故的發生。

(四)籃球運動技能開放性和對抗性的理論

體育運動技能分若干種類，各類技能的性質存在一定的

區別。籃球是直接對抗性運動項目,其技術的運用完全取決於實戰中攻守關係的變化,沒有固定的程式,因此,籃球技能屬於開放性運動技能(又稱非週期性技能)。在體育教學中,開放式技能與閉合式技能(又稱週期性技能)在學習上有各自的認知規律,籃球教學必須遵循籃球運動技能學習與認知的規律,採用與之相適應的方法,要把培養應變能力、對抗能力、配合能力以及意志品質放在重要的地位。

現代教學論認為,任何教學過程都是以認識活動作為核心的複雜資訊交流系統,因此,必須依據相關的科學理論來指導教學實踐,以保障籃球運動教學在科學教學原則下進行,促進學生的個性、潛能和創造力得到充分展示與提高。表現為:

1. 籃球運動促進文化素養的提高

籃球運動是人類文化的有機組成部分。籃球運動中蘊涵著豐富的科學技術和文化知識,還充滿著人生哲理。所以說籃球運動的教學過程是啟示正確個性發展、吸收時代文化、培養人格素養的過程,透過籃球運動教學和訓練,可以學習和掌握一定的科學知識、技術和技能,提高文化修養,樹立個性人格魅力,並使相應的智慧、體能能力得到充分發展。

2. 籃球運動促進智慧的發展

現代籃球運動不僅是技術和身體的對抗,也是意志與智慧的較量。運動員的智慧、膽略、意志與創造力的層次,往往決定著比賽的勝負。

這是因為籃球運動在攻守對抗中具有複雜性、多變性、兇悍性和技巧性特點,要求運動員反應敏捷、判斷準確、隨

機應變、機智果斷、勇謀兼備，從而促進大腦功能水準的提高與智力的發展。

由此使人產生積極的思維活力，有利於培養人良好的注意力、敏銳的觀察力、牢固的記憶力和頑強的意志、穩定的情緒，促進人的綜合智慧得到提高。

3. 籃球運動促進個性的完善

籃球運動在完善人的個性方面起著獨特的作用。籃球運動為練習者提供了一個廣闊的活動舞臺，參與者在活動中，個性可以得到充分的發展和完善，有利於良好心理素質的形成。特別是透過比賽，使人的個性、自信心、情緒控制、意志力、進取心和自我約束等能力都有很好的發展。

由於籃球運動具有緊張、激烈的對抗性，並伴有一定的生理負荷，所以要求參與者克服內心障礙和外部障礙，以堅定的意志和頑強的毅力去克服和戰勝各種各樣的困難，表現出堅韌不拔的道德意志和良好的心理品質。

另外，參與這項運動，可以培養隊員團結拼搏、文明自律、尊重別人等道德品質和無私奉獻的集體主義精神及集體榮譽感。

4. 籃球運動促進創新能力的培養

人的創造力與人的創造性活動是相聯繫的。籃球運動是一項創造性活動，籃球技、戰術的運用具有複雜性和多變性，隊員在比賽中運用技術時必須根據比賽情況隨機應變，及時、果斷、快速地做出應答的行為。

例如：為了力爭主動，制約對手，由觀察進行分析判斷，做出行之有效的組合動作去完成具體的攻守任務，這就

確定了籃球技術動作和動作組合的隨機性與多樣性，需要參與者具有一定的創新能力，用智慧創造性地處理比賽場上出現的各種問題，這就有助於創新能力的培養。

二、籃球運動教學步驟

籃球運動教學步驟是教師為完成教學任務，根據學生特點而採取的策略。根據籃球運動的特點，可分為技術教學步驟和戰術教學步驟。

(一)技術教學步驟

1. 掌握技術動作方法，建立正確動力定型和初步的對抗意識

籃球技能的形成首先從技術動作的掌握開始，採用各種直觀手段使學生感知正確技術動作方法，在頭腦中建立起初步的動作表象，然後進行體會與模仿性的練習，使動作表象得到加深。與此同時，教師由講解和分析使學生瞭解技術的方法、要領和運用時機等關於所學技術的理論知識，從而使知識與動作表象之間產生直接的聯繫，這就是所謂「知識—表象」的建立，是對所學技術的認知過程。

學生在知識—表象的定向作用下繼續體會練習，就可以建立初步的動作概念，形成初步的動力定型。在教學初期向學生灌輸技術動作運用的對抗性，為練習操作賦予實戰意義，不僅能夠增加練習的興趣，也可以使學生在一開始就在頭腦中打上對抗的烙印，建立起初步的對抗意識。

2. 學會組合技術，提高初步運用能力，建立對抗概念

由於籃球技術屬於開放性運動技能，這一性質也決定了技術的組合性和對抗性，因此，要使學生掌握組合技術。組合技術學習是掌握籃球技能的必然步驟。

組合技術就是根據實戰中技術運用的組合規律，提煉出的結合性練習單元。它們可分為先後組合、同時組合和附加組合等，例如運投組合、運傳組合、接投組合和投突組合等等。由組合技術練習使動作之間合理銜接，體會技術運用的速度、節奏以及攻防意義，學會初步運用。由於組合技術練習具有變換的要素，就使練習的意義更加深刻。

此階段的練習，可增加假設對手的標誌物或象徵性對手，讓學生帶著對抗的拼爭意識練習，使對抗的概念得到強化，為下一步實戰對抗練習打下堅實的基礎。

3. 在攻守對抗情況下提高技術運用能力

籃球教學中，一切技術練習都是為了在實戰中有效地運用，因此，對抗練習就成為籃球教學中最為重要的環節。對抗練習是在掌握單個技術動作和組合技術的基礎上，在攻守對抗的條件下，根據對手的阻撓和制約而採取相應對策，準確而合理地運用技術的練習方法，是學習與掌握籃球技術技能的必然途徑。

在教學實踐中，對抗強度的處理應依據循序漸進的原則，分為在規定的對抗條件下練習、在消極攻守對抗條件下練習、在積極攻守對抗條件下練習和在教學比賽條件下練習等幾種形式，但無論採用哪種形式，都必須將技術的合理運

用和實戰對抗意識、對抗作風的培養有機結合，既要提高技術的運用水準，又要培養頑強的作風和意志品質。

(二)戰術教學的步驟

1. 建立戰術概念，掌握戰術方法

籃球戰術教學首先要使學生建立對戰術概念的認知，瞭解戰術的配合方法，逐步建立相應的戰術意識。可採用直觀演示手段並結合語言闡述使學生明確戰術的名稱、戰術的陣勢、配合的位置、移動的路線、配合的時機和行動的順序等等，重點的配合環節要進行重複演示，啟發學生的積極思維，加深對所學戰術的理解。

教學實踐中可按如下步驟進行：

（1）學習局部戰術配合方法。籃球全隊戰術是由基礎配合構成的，因此，要從兩三人的基礎配合學起。基礎配合的教學應根據戰術構成的邏輯規律確定學習的先後順序，一般先教主要配合，後教次要配合。例如，策應配合是傳切和掩護的綜合形式，所以應先進行傳切和掩護的教學；突分是掩護後的發展形式，所以應先進行掩護的教學等等。

在教學方法上要遵循由淺入深的原則，首先在固定的無干擾障礙的條件下練習配合的方法和路線；然後再設置假設的對手或標誌物，進行以簡單對抗條件為背景的練習，建立隊員之間的配合默契，同時改進配合性技術；再進行消極攻守條件下的練習；最後在積極攻守對抗的條件下進行練習，提高所學戰術配合的運用能力。

（2）掌握全隊戰術方法。全隊戰術的教學是在完成了局部戰術學習的基礎上進行的。一般首先進行戰術陣勢、運用

時機和配合的路線等理論知識的教學，然後在消極攻守條件下進行配合練習，最後在積極攻守對抗的條件下進行實戰練習。

2. 培養攻守轉化和戰術綜合運用能力

在學習掌握了基礎戰術和全隊戰術方法以後，應結合實戰比賽進行攻守轉換和各種戰術組合的練習，其目的是培養隊員的攻守轉換意識和靈活運用戰術的能力。

（1）攻守轉換意識是現代籃球教學中特別強調的內容，是快速進攻和攻勢防禦的前提條件。攻守轉換意識的培養要在日常教學訓練中堅持不懈地進行，使學生養成自覺的意識和行動，在比賽中自覺地加快攻守轉換的速度，爭取比賽的主動權。

（2）戰術的運用要根據實戰比賽中雙方的實際情況，採用不同的戰術組合，以己之長攻彼之短，才能始終保持比賽的主動權，因此，要掌握多種戰術組合運用的方法。

3. 在比賽中運用戰術，提高應變能力

實戰比賽是戰術練習的最高形式。在比賽之前要提出比賽的具體戰術要求，比賽之中要對戰術運用的情況進行具體的指導，比賽結束之後要對成功的配合打法進行總結，找出失敗的原因，吸取教訓，提出改進的方法。

三、籃球運動教學方法

教學方法是指在教學過程中，教師和學生為實踐教學目的、完成教學任務而採取的與學生的學相互作用的活動方式，是教學過程整體結構中的一個重要組成部分，是教學的基本要素之一，它直接關係到教學工作的成敗、教學效率的

高低。

(一)常用的教學方法

在籃球運動教學中，常用的教學方法有以下幾種：

1. 講解示範法

講解示範是籃球技、戰術教學中的重要環節，每教一項技術動作或戰術配合，教師都要講解它的名稱、方法、要領、練習形式及需要注意的關鍵問題等，然後要做出正確的示範。示範時既要注意動作規範和要領，又要使學生都能清楚地看到示範的全過程和關鍵。複雜的技術動作和戰術配合，則要採取反覆講解示範法，並啟發學生思考分析動作，更快領會動作的難點和要點。

2. 糾正錯誤法

教師在教學中應注意觀察，及時發現學生的錯誤動作，分析產生錯誤的原因，尋找糾正方法。糾正時應針對具體情況，抓住主要矛盾，採取有力措施及時糾正。

可採取簡化練習條件、形式，或進一步分析動作和個別輔導，或採取輔助性的慢動作練習，以使學生儘快掌握正確動作，形成正確的動力定型。

3. 完整與分解相結合的教學法

籃球教學過程中，應根據不同的階段和條件以及不同的對象，採用完整或分解教學法，但要注意二者的結合。

一般開始學習新動作時，採用完整教學法，保證動作的完整性、連貫性，使學生形成整體概念。而較複雜的動作、

戰術配合，則採用完整、分解結合法，如運球急停跳投技術，可分解為運球、運球急停、原地跳投練習，在此基礎上再進行完整教學。戰術教學通常是先完整講解示範，使學生清楚佈陣、移動路線、配合時機、協作方法等，再進行分解教學和練習，使學生逐步掌握整體戰術配合。

（二）現代教學方法

隨著我國教育改革的逐步深化，在籃球教學過程中，新的籃球教學理論與方法也不斷湧現，在籃球教學方法上，十分重視和強調學生在學習中的主觀能動作用，逐步形成以「教師為主導，學生為主體，發展為重心，自我鍛鍊為主線」的教學觀，努力培養學生獨立思考、自我鍛鍊的能力和習慣，從而在教學方法上產生了「發現教學法」「掌握學習法」「程序教學法」等現代教學方法。

1. 發現教學法

籃球運動教學中的發現教學法，是指在教師指導下，學生身臨教師創造的學習情境，透過主動的觀察、分析、體會、歸納等學習活動，獨立發現問題、解決問題的過程，並在知識的定向作用下，由有序的練習形成運動技能，培養良好的發現學習習慣，使知識、技能和能力都得到發展的一種方法。這種方法的特點是在教學活動中使學生處於相對主體的地位，在觀察與體會中發現和學習新的知識，掌握新的技能。

2. 掌握學習法

「掌握學習」理論是以「人人都能學習」這一信念為基礎，以「基本能力和能力傾向各有差異的學生組成的學習集

體為前提」，以「傳統的集體教學方式為核心」，由有序的個別化教學活動，使絕大部分學生達到既定教育目標，實現教學的大面積豐收的開發性教學法。

掌握學習法的實質是群體教學，並輔之以每位學生所需的頻繁的回饋和個別化的矯正與幫助。

3. 程序教學法

程序教學是把教材分成連續的小部分，嚴格按照邏輯編成程序的一種自動教學活動體系。在程序教學中，學生的自學是在教師為其設定的程序中進行的，教師實施「導」的主要手段是為學生編製適合他們學習的教材——練習程序。運用程序教學法，學生學習的主動性和積極性較高，它把發揮學生的主體作用與具體的教學理論有機地結合起來。學習是在回饋與強化控制作用下進行的，具有適應性等特點。

第二節　籃球運動訓練理論基礎

籃球運動訓練是指在教練員的指導和運動員的參與下，為不斷提高和保持運動員的技、戰術水準而專門組織的訓練過程，是運動員競技能力的提高過程。籃球運動訓練是籃球運動教育與教學過程延續的高級形式，訓練的目的是促使籃球運動技能、能力和競技運動水準的提高。

一、籃球運動訓練理論

籃球運動訓練理論，是以發展運動員的競技能力，提高專項運動成績為目的，研究運動訓練過程的規律、相應的原則和方法的一種專項性理論，並以這些理論作基礎指導訓練

實踐。籃球運動訓練理論研究的具體內容概括起來就是「練什麼、怎麼練、練多少」。

練什麼，就是根據籃球運動員競技能力和運動成績的諸因素確定訓練的內容；

怎麼練，就是根據確定的內容，運用多學科知識和訓練的物質條件，篩選出適合運動隊和運動員特點的最有效的方法與手段，合理地安排各項內容比例和程式；

練多少，就是合理確定訓練過程中的運動負荷問題，解決負荷的定向、定量、節奏、負荷量與強度的有機配合、最大負荷以及負荷的恢復等。

(一)週期訓練理論

週期訓練理論是訓練安排和制訂訓練計畫的基礎。週期訓練理論的提出，源於人們對運動訓練規律的深刻認識，其依據是訓練適應性的形成規律、競技狀態發展規律、疲勞與恢復規律。週期性運動訓練過程是以循環往復、周而復始的方式進行，每一個循環往復都不是簡單的重複，而是在前一個循環的基礎上不斷提高訓練的要求，從而使運動員不斷提高競技能力與水準。

週期性是運動訓練的基本規律之一，它的實質在於系統地重複各個完整的訓練單元，包括訓練課、小週期、中週期、大週期。以週期為基礎來安排訓練就能把訓練任務、方法和手段系統化，並能保證其連貫性。

（二）訓練調控理論

1. 超量恢復原理

（1）超量恢復是指在運動後的恢復過程中，被消耗的能源物質含量，不僅能恢復到原有水準，而且在一段時間內還出現超過原有水準的情況。

（2）超量恢復理論在調控中的作用是對於未來重複進行較大運動負荷時，能源物質再一次耗盡的一種預防性、保護性機制，是機體對運動負荷產生訓練適應的第一階段。它對訓練調控具有重要的理論意義和實踐意義。

2. 應激性原理

（1）應激是人體對於外部強負荷刺激（包括生理和心理刺激）的一種生理和心理的綜合反應，它是指當有機體受到異常刺激時，身體就會引起一種緊張的心理狀態，這種狀態稱為應激。

在運動訓練中，運動負荷不可能始終停留在一個水準上，要想不斷提高運動競技能力，就要不斷地提高運動負荷水準，打破機體對原有負荷的平衡狀態，達到一個新的負荷水準，在穩定一段時間後，再增加負荷。如此循環往復，從而達到提高訓練水準的目的，這就是「超量負荷原理」，而這一原理的生理學基礎就是應激學說。

（2）應激學說應用於運動訓練中，它不單是為了防禦機體的衰竭過程發生，避免過度訓練，更重要的在於對運動負荷後恢復期中如何改變酶的活性和細胞的通透性，從而對恢復過程進行調整，以加強合成代謝，加速適應的過程。

3. 恢復性原理

（1）身體機能在恢復過程中的各個階段基本上是一致的，但在恢復的時間上卻表現出明顯的異時性特點，這種異時性對運動訓練的安排與調控具有極為重要的作用。

（2）在運動訓練中和運動活動之後運動員的機能恢復過程具有時值不等現象，即機體各種機能的恢復和超量恢復不是同時發生的。教練員要善於運用這一科學理論進行訓練中的調控和訓練後的機體恢復。

4. 運動恢復訓練原理

運動恢復是指運動訓練中運動員對有機體承受運動刺激並由此產生的機體內部生理效應和心理效應的一系列變化的應答過程。應答訓練恢復的特徵，是給運動員的負荷能衝擊自身的「生理極限」，最大限度地挖掘其內在潛力。

二、籃球運動訓練步驟

(一)技術訓練的步驟

1. 單個技術訓練

籃球技術是由大量的單個技術動作組成。單個技術訓練的目的主要在於掌握、提高單個技術的動作技能。單個技術是掌握複雜技術和創新的基礎，運動員應該堅持進行單個技術的訓練，不斷提高技術水準。

2. 組合技術訓練

籃球組合技術,是指兩個以上單個技術動作有機銜接所形成的各種特殊的技術群的總稱。在進行組合技術訓練時,要從實戰出發,分析和提煉比賽中出現的各種複雜情況,設計不同的組合技術練習手段。掌握各種組合技術,為在對抗條件下運用技術打好基礎。

3. 位置技術訓練

籃球比賽中隊員的位置分為中鋒、前鋒和後衛,不同位置的隊員在比賽中承擔著不同的職責和攻守任務。教練員必須根據隊員的位置和攻守任務,有針對性地強化位置技術訓練。

4. 防技術的對抗訓練

籃球技術訓練的主要任務不僅是形成動作技能,更重要的是學會如何在比賽條件下運用已形成的動作技能達到一定的戰術目的。為此,必須有計劃、有要求地進行攻守技術的對抗運用訓練。在掌握單個技術、組合技術及位置技術的基礎上,學會在攻守對抗的情況下克服對手的阻撓和制約,達到及時、準確、合理地運用技術的目的。

(二)戰術訓練的步驟

1. 基礎配合訓練

籃球比賽的戰術形式繁多,但都離不開基礎配合。基礎配合是全隊攻防戰術訓練的基礎,只有熟練地掌握和運用這

些基礎配合，才能在運用全隊戰術時更加靈活機動，更有效地發揮戰術的作用。

2. 全隊戰術配合的銜接訓練

在局部基礎配合的訓練有了一定基礎的情況下，可以進行戰術配合的銜接訓練，包括局部戰術配合銜接訓練和全隊戰術配合的銜接訓練。

局部戰術配合的銜接訓練，就是將局部的基礎配合進行組合訓練。在這種訓練中，要強調主次配合的銜接、進行過程中的連接性和變化。

全隊戰術配合的銜接訓練，就是在局部戰術配合訓練有了一定基礎後，所進行的全隊完整戰術訓練。通過這種訓練，提高全隊配合的整體觀念，明確在全隊配合下自己的行動，以提高行動與配合的合理性和攻擊性。

3. 戰術配合的綜合應變訓練

在掌握兩個或兩個以上全隊戰術的基礎上，需要進行各種戰術綜合變化的組合練習，提高運用戰術的應變能力。一方面要提高進攻與防守戰術的轉化能力，另一方面要掌握綜合運用戰術的能力。

4. 戰術配合的比賽訓練

戰術配合的比賽訓練是檢驗戰術訓練水準的重要手段，具有很強的對抗性。透過比賽訓練，可以發現戰術配合訓練中存在的問題，提高隊員的運用能力。

三、籃球運動訓練方法

籃球運動訓練是教練員與運動員合作的雙邊活動，教練員的組織、指導、教育主導作用和運動員積極參與的主體作用相互依存、相互促進，得到充分施展與發揮。

籃球運動訓練不僅是運動技能不斷提高的過程，也是一個複雜細緻的教育過程，只有遵循專項訓練與思想教育相結合的原則，採用科學而合理的訓練方法與手段，才能使訓練順利進行，達到既定目的。

籃球運動訓練基本方法有以下幾種：

(一)重複訓練法

訓練過程中，對某種動作採用同一運動負荷和相同的間歇時間進行多次練習，以達到增加運動負荷和鞏固技能的目的，稱為重複訓練法，例如，籃球運動訓練中的連續投籃、傳球等。重複次數的多少，對身體的作用不同，對鞏固機能的作用也不同。

重複次數的多少須依據學生所承受的運動負荷量和完成動作所需的練習量而定。重複訓練法可以分為連續重複訓練法和間歇重複訓練法。

(二)變換訓練法

變換訓練法是在變化的條件下進行針對性訓練的方法。對訓練的環境條件、速度、強調動作等進行變換，這樣對機體的影響也必然隨之而變化。

這種方法對學生中樞神經系統的協調性和機體調節的靈活性具有特殊的作用。變換既可以是週期性活動的連續變換

訓練，也可以是非週期性的間歇變換訓練。

(三)循環訓練法

循環訓練法是綜合了重複法、間歇法等一系列練習方法的綜合方法，它是把多項活動內容設計成若干個站點，讓學生一站一站地進行練習，透過連續完成多種不同項目的循環，按照學生自身的負荷指標，使負荷量逐步提高，以達到增強體質的目的。這種訓練法對增強學生的肌力和發展身體素質及增強心肺機能等都有顯著作用。

(四)比賽訓練法

比賽是調動學生積極性的有效手段，它可以激發學生的鬥志，促進學生積極向上、克服困難獲得優良成績。籃球運動訓練中比賽法的種類多種多樣，有教學比賽、檢查比賽、測驗性比賽等等，不論採用哪種比賽法，都要根據教學任務來決定，必須注意運動負荷的調節，嚴格按照既定的規則要求進行。

在籃球運動訓練中，必須根據本項目的特點和內容，以及運動形式去選擇訓練方法組織練習、進行訓練，在具體實施中應注意以下特點：

1.針對性

在不同的訓練時期、階段中，針對全隊和個人的不同情況，採用不同的手段、負荷及間歇時間。

2.綜合性

在實踐中，不同的訓練方法是便於分析、理解和掌握知

識與技能，運用中的綜合性是經常的，每一項技、戰術的訓練都必定會融入多種訓練方法。

3. 共軛性

即指某一訓練方法操作後對幾個方面的競技能力都將有所提高，如兩人傳球上籃，它對技術動作的快速性、準確性、配合性以及發展專項運動素質都有較好的作用。

訓練方法隨著實踐經驗的積累和現代科學技術的進步，從理論到實踐到方法手段都在不斷推陳出新、日新月異，為提高教學訓練品質提供了新保障。目前，我國籃球運動訓練已普遍借助系統論、信息論、控制論的理論作依據，運用新的模式訓練法，改變過去傳統的經驗訓練法，把訓練工作上升到以科學化訓練為主導的層次上，從而對運動訓練過程能進行有效的控制。

四、籃球運動訓練的特點

(一)技術、戰術能力特徵及訓練特點

技術、戰術能力在籃球運動員競技能力系統中起著決定性作用，要求運動員技術全面又有特長，技術熟練、準確而實用。戰術特徵則表現為戰術方法、比賽陣型和比賽意識有機結合，整體攻防戰術協調發展，個人、組合與全隊戰術協調發展。在全隊訓練中強調提高整體攻防技能，注重攻守訓練內容的同步化。在個人技術訓練中重視訓練內容的專門化，使個體特長更為突出。同時，還要特別強調技術動作的動力定型，提高在激烈對抗條件下運用技術的準確性和穩定性。

在戰術訓練中，由於籃球攻守速度明顯加快，快速反擊戰術及防反擊戰術在進攻與防守打法的訓練中佔有重要位置，同時，由於雙方攻防能力的日趨平衡，陣地進攻與防守戰術也更加受到重視。同時，要有目的地訓練運動員獨立思考的能力，「用腦子打球」，加強主變與應變能力的培養。

(二)體能特徵及訓練特點

籃球運動員除身高要求外，還應具有身體健壯、小腿肌肉細長且富於彈性以及踝關節圍度小、跟腱清晰、足弓高等形態學特徵，以滿足快速、靈活、激烈對抗等比賽要求。另外，須具備良好的血液循環和呼吸系統功能。

由於籃球運動的特點，運動員須具備全面的身體素質，主要有力量、速度、彈跳、靈敏與柔韌、耐力等。在體能訓練中，要強調提高完成動作的速度，即反應速度、移動速度和完成技術與戰術行為的速度，強調訓練的負荷強度和加速疲勞後的消除，注重訓練內容的全面化和內容組合的最佳化。

(三)心理、智慧特徵及訓練特點

籃球運動員心理特徵主要包括球感、情緒、注意力和意志品質等；而智能特徵主要表現在三個方面，即觀察記憶能力、抽象思維能力及獨立、創造性地解決各種技術與戰術問題的能力。「創造性」是籃球運動員達到較高水準的重要標誌。除自我心理控制能力、穩定的情緒、廣泛的視野等「常規性」心理訓練外，如何培養運動員高度的「創造性」，是心理與智能訓練需要解決的重要問題。

第三節 相關學科對籃球運動教學訓練理論的影響

一、人文社會科學對籃球運動教學訓練的影響

人文社會科學與體育學的結合和滲透，產生了體育哲學、體育社會學、體育管理學、體育倫理學、體育教育學、體育心理學等體育人文學科。這些學科拓寬了體育學的領域，充實了體育學的理論基礎，豐富和發展了體育學，對體育運動水準的提高和發展起著重要的作用。這些學科對籃球運動產生了深遠的影響，具體體現在以下幾個方面：

（一）為籃球運動實踐和科學研究提供唯物辯證的思維方法，為籃球運動向科學化、現代化發展提供理論依據；充實了籃球運動的理論基礎，對完善籃球運動的理論體系起著積極的指導作用。

（二）將籃球運動放置於社會的大背景中去考證，鞏固和建立籃球運動發展的社會基礎，為籃球運動進一步社會化、生活化、產業化提供了理論參考。

（三）對籃球運動實行科學化、規範化運作，優化籃球運動學說和組織結構，提高籃球運動系統和組織管理機構的效率與效益，以及提高籃球運動自身的造血機能，都起到促進作用。

（四）對籃球運動的組織者和參與者從體育道德意識和體育道德行為方面進行規範，為籃球運動進一步普及和提高

建立良好的秩序。

二、生物科學對籃球運動教學訓練的影響

　　生物科學學科與運動學的橫向交叉，應運而生出運動生理學、運動解剖學、運動生物力學、運動生物化學、運動醫學等體育生物學科。這些學科極大地促進了體育運動競技水準的提高，使體育運動不斷向著更高水準發展。這些體育生物學科對籃球運動產生的積極影響體現在以下幾個方面：

　　（一）探討籃球運動對人體機能的作用和影響的規律與機制，根據不同年齡、性別和訓練水準的人在從事籃球運動時的身體發育、健康和機能水準的特點，科學地指導籃球教學和鍛鍊。

　　（二）由對不同籃球運動員的身體形態、機能和運動素質的研究，預測其運動潛力，為運動員尋求最佳技術動作方案提供依據。同時，透過對高水準運動員的技術動作進行分析和研究，建立先進的運動技術模式，提高運動技術水準。

　　（三）探索籃球運動中物質能量代謝的特點和規律、從事籃球運動時消耗特點和運動性疲勞的機理，從而經由食物、藥物和生物因素加速身體的恢復過程，利用輔助因素提高運動能力，並對運動員進行機能評定，制定運動處方，為籃球運動員保持最佳競技狀態、發揮最高競技水準提供保障。

　　（四）對籃球運動訓練過程進行監控，為籃球訓練計畫和方案的制定與調整提供科學依據，建立先進的運動技術教學和訓練模式，預防和治療籃球運動中的各類傷病，研究造

成籃球運動損傷的原因、預防方法和康復措施，為延長運動壽命、提高運動技術水準提供醫學指導和服務。

三、新學科、新理論、新技術對籃球運動教學訓練的影響

當今世界，科學技術正以空前的規模和速度推動著人類的進步，也推動著體育運動的迅速發展。一些新學科、新理論、新技術應用於籃球運動，為籃球運動的發展開拓了廣闊的前景，為籃球運動競技水準的提高奠定了雄厚的基礎。同時，也為人們更全面、更深入地認識和瞭解籃球運動提供了保證。

目前，從人文社會科學與自然科學中脫穎而出、與體育運動聯繫緊密的新學科是體育經濟學、體育情報學、體育選材學、體育法學、體育比較學、控制論、系統論、信息論等，這些新學科及其新理論對籃球運動的發展影響極為深刻，例如：體育經濟學由對籃球運動領域內的經濟關係及經濟過程的研究，對籃球運動的社會經濟價值作出評判，為提高籃球運動的投資經濟效益和籃球運動建立自身造血功能提供理論依據，進一步促進籃球運動產業化、職業化的發展進程；體育信息學為籃球運動的競賽、管理問題和理論研究提供參考，使這些問題的解決更具實際意義，更具時代特徵；體育選材學為籃球運動的選材提供理論依據與數據參考，優化了人才資源，減少了人力資源浪費；體育統計學對籃球運動員在競賽和訓練中的技、戰術運用進行科學統計，利用數據所傳遞的信息，透過局部樣本的數據來推斷總體的性質，掌握籃球隊訓練和競賽的整體情況。

系統論、控制論和信息論的產生，為籃球運動科學研究提供了有利途徑，加速了籃球運動訓練科學化的進程。運用控制論探索籃球運動競賽與訓練，近年來日益被廣大教練員與科研人員所重視。

　　系統論中的系統方法的應用，給籃球運動科學研究提供了科學的理論及科學方法基礎。特別是系統方法把籃球運動過程的整體和局部之間、整體與外界環境之間聯繫起來，進行總的精確的動態考察，正確地處理籃球運動過程中的整體與部分、偶然與必然、可能與現實、進攻與防守、數量與質量、形式與內容等方面的辯證關係。信息論對提高與發展籃球運動起著保障作用。

　　籃球運動教學、訓練、競賽的過程，本身就是一個信息加工的過程，是以信息為基礎的。信息論在籃球運動中的應用，解決了籃球運動教學、訓練與競賽過程中能及時得到信息、加工處理信息和傳遞信息的簡捷途徑。

　　新技術在籃球運動中的運用，大大縮短了籃球運動科學研究的進程，同時也大大提高了科學研究的科學性，如精密儀器、遙測技術使深入研究運動員的生理機能及在訓練比賽過程中機能變化的研究變為可能。

　　電腦、多媒體技術以及信息網路技術的快速發展和廣泛運用，為籃球運動科學研究，以及提高籃球運動教學品質提供了良好的基礎。

　　其中籃球軟體的開發與應用和信息的網路化，為教師與教練員制訂比賽方案和計畫，確定戰略、戰術提供了科學參考。這些技術的應用將促進現代籃球運動科學訓練手段的當代化，使其向著自動化、電腦化、遙控化、輕便化、模擬化的方向發展，為籃球運動可持續發展提供了科技保障。

另外,籃球教學課件的開發及電腦網路技術的應用,使籃球運動的教學、訓練變得更為直觀、形象,並可實現共用最優秀的教學過程,加之電腦具有一般教學過程所不具備的可重複性,可針對不同個體特點開發不同教學方案等特點,這將有助於有針對性地提高籃球運動教學的效率。

思考題:

1. 如何理解準確性是籃球運動的本質?
2. 簡述籃球技術教學的步驟。
3. 簡述籃球戰術教學步驟。
4. 在籃球教學中如何發現和糾正錯誤?
5. 新學科、新理論、新技術對籃球運動教學訓練理論有哪些影響?

第三章

籃球技術

內容提要：

　　本章主要講述籃球技術的概念、作用、分類、技術動作方法和要領，以及教學中的易犯錯誤及糾正方法、技術教學步驟與練習方法和建議。

籃球技術是籃球比賽中運動員為了進攻與防守所採用的專門動作方法的總稱。

　　籃球技術是進行籃球比賽的基本手段，在比賽中隊員的智慧、技能、應變能力、作風和創造力都是由雙方隊員技術的運用以及對抗集中表現出來的，是籃球運動員競技水準的顯著標誌，既要體現技術動作方法的合理性，又要體現技術動作運用達到自動化的程度，以及完成技術動作具有的準確性和實效性；在高強度的對抗條件下，要具有較強的控制能力和改變技術運動節奏與方法的應變能力。

　　籃球技術是籃球戰術的基礎。任何戰術意圖和戰術方法的實現，都取決於隊員是否熟練而準確地掌握相應數量的籃球技術，並能創造性地運用。沒有技術作內容，戰術就是空洞的形式。

　　先進的技術必然促進戰術的發展和變化，戰術不斷發展與變化又反過來對技術提出了更高的要求，從而促進籃球運動不斷地發展。因此，要透過技術的教學與訓練，使隊員掌握全面的技術，合理地運用技術，科學地創新技術，以適應現代籃球運動的發展。

　　籃球技術分類的目的，是為了深入研究各類技術動作的作用、特點和應用，以及技術動作之間、技術與戰術之間的關係，從而使籃球技術教學與訓練的組織工作更具有系統性和科學性。

　　籃球技術分為進攻技術和防守技術兩大類（圖3-1）。

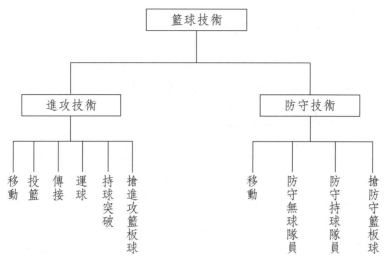

圖3-1 技術分類

第一節 移 動

移動是隊員在比賽中為了改變速度、方向、位置和高度所採用的各種腳步動作方法的總稱。移動對掌握、運用進攻和防守技術有著密切的關係，它是籃球技術的基礎。因此，在籃球技術教學與訓練中，首先要重視移動技術的教學。

移動是籃球技術中攻防技術運用的基礎。在籃球比賽中，各種攻防技術動作的完成與運用，都需要腳步動作的配合。所以，要求籃球運動員在比賽中，積極快速地移動，合理運用各種腳步動作，充分佔據有限的地面與空間，爭取掌握攻防的主動。

一、移動技術的分類

移動技術作為攻防技術的基礎,在籃球比賽中運用廣泛,其實用性強。移動技術動作分類如圖 3–2 所示。

二、移動技術簡析

移動技術是由走、跑、跳、急停、轉身等腳步動作組成的。它是由快速而突然的各種腳步動作,在進攻時達到擺脫防守、接球、選擇位置、牽制對手、掩護或是為了合理而迅速完成運球、傳球、突破投籃等目的。防守時是為了搶佔有利位置,防止對手擺脫或及時果斷、準確地搶、打、斷球和搶籃板球。因此,運用各種腳步動作的實質是爭取時間和空間的主動權。

腳步動作主要是靠前腳掌內側蹬地、碾地和腿的發力伸展,充分利用地面給予人體的反作用力,由腰胯、上體和兩臂的協調用力與配合,克服身體的重力和慣性力,來達到起動、起跳、轉身、制動等位移的目的。

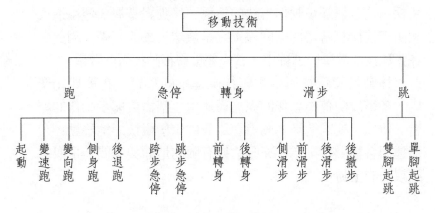

圖 3–2　移轉技術

移動技術教學與訓練的關鍵，是教會隊員在移動中掌握好身體重心的平衡與變化。因此，教學與訓練中要抓住動作的突然性、快速性、連續性，在動中控制身體平衡，以便能隨機應變地改變身體位置。

三、移動技術的動作方法

(一)起　動

起動是隊員在球場上由靜止狀態變為運動狀態的一種動作，是獲得位移初速度的方法。在進攻中運用起動可以擺脫對手和防住對手，保持或搶佔有利位置。其動作方法和要領如下：

1.動作方法

從基本站立姿勢開始，起動時，身體重心向跑動方向移動，以後腳（向前起動）或異側腳（向側起動）的前腳掌內側突然用力蹬地，同時上體迅速前傾或側轉，手臂協調地擺動，充分利用蹬地的反作用力，迅速向跑動方向邁步（圖3-3、圖3-4）。

圖 3-3　起動

圖 3-4　向側面起動

2. 動作要領

身體重心迅速前移，快速蹬地擺臂，步幅小而快。

(二)跑

跑是隊員在球場上改變位置、爭取時間完成攻防任務的腳步移動方法。具有快速、靈活、突然、多變之特點。比賽

中常用的跑有以下幾種：

1. 變速跑

變速跑是隊員跑動中利用速度的變換爭取主動的一種方法。

【動作方法】變速跑時，要利用兩腳突然短促而有力的連續蹬地，加快跑的頻率，同時上體稍向前傾和手臂相應地擺動加以配合；減速跑時，利用前腳掌用力抵地來減緩快跑的前衝力，同時上體直起，保證身體重心的後移，從而降低跑速。

【動作要領】掌握快慢節奏，速度變化明顯。

2. 變向跑

變向跑是隊員在跑動中利用突然改變方向完成攻守任務的一種方法。

【動作方法】變向跑時從左向右變向時，最後一步右腳著地，腳尖稍內扣，用前腳掌內側用力蹬地，屈膝、腰部隨之左轉，上體向左前傾，快速移動重心，左腳向左前方跨出，然後加速前進（圖 3-5）。

圖 3-5　變向跑

【動作要領】前腳掌內側用力蹬地，重心轉移快，右腳上步快。

3. 側身跑

側身跑是隊員向前跑動中為了觀察球場上的情況，擺脫防守接側向傳來的球而採用的一種跑動方法。

【動作方法】在跑動時，頭部和上體轉向側面或有球的一側，兩腳尖要朝著移動方向，既要保持奔跑速度，又要完成攻守的動作。

【動作要領】上體前傾自然側轉，腳尖朝前。

4. 後退跑

後退跑是隊員在由攻轉守時，為了觀察場上情況，背對前進方向的一種跑動方法。

【動作方法】後退跑時，腳跟提起，兩腳前腳掌交替用力蹬地（用力方向與向前跑動相反），上體放鬆直起，兩臂屈肘相應擺動，保持身體平衡，兩眼平視場上情況。

【動作要領】腳跟提起，前腳掌用力蹬地。

(三)急　停

急停是隊員在跑動中突然制動速度的一種動作方法，它也是各種腳步動作銜接和變化的過渡動作。比賽中急停多是與其他技術結合在一起運用。急停的動作有兩種：

1.跨步急停（兩步急停）

【動作方法】在快速跑動中急停時，先向前跨出一大步，用腳跟先著地過渡到全腳抵住地面，並迅速屈膝，同時身體微向後仰，後移重心。然後，再跨出第二步，腳著地時腳尖稍向內轉，用前腳掌內側蹬地，兩膝彎曲，身體稍有側轉，微向前傾，重心移至兩腳之間，兩臂屈肘並自然張開，幫助控制身體平衡（圖3-6）。

【動作要領】第一步要用腳外側著地，第二步落地時用前腳掌內側蹬地控制身體重心。

圖3-6　跨步急停

2.跳步急停（一步急停）

【動作方法】隊員在中慢跑時，用單腳或雙腳起跳（一般離地面不高），上體稍後仰，兩腳同時平行落地。落地時全腳掌著地，用前腳掌內側蹬地，兩膝彎曲，兩臂屈肘微張，以保持身體平衡（圖3-7）。

【動作要領】落地時，應用前腳掌蹬地，屈膝降重心，重心控制在兩腿之間。

(四) 轉　身

轉身是隊員以一腳蹬地向前或向後跨步的同時，另一腳做中樞腳進行旋轉而改變身體方向的一種動作方法。轉身在比賽中運用比較廣泛，經常與其他技術動作組合運用。

轉身時，重心移向中樞腳，另一隻腳的前腳掌蹬地，同時中樞腳以前腳掌為軸用力碾地，上體隨著移動腳轉動，以肩帶動向前、向後改變身體方向。在身體移動過程中，要保持身體重心平穩，不要起伏。轉身後，重心應控制到兩腳之

圖 3-7　跳步急停

間。轉身可分為前轉身和後轉身：

1. 前轉身

【動作方法】移動腳蹬地，在中樞腳前方（身前）跨步改變身體的方向叫前轉身（圖 3-8）。

【動作要領】轉體蹬地有力，重心迅速轉移，前腳掌碾地。

圖 3-8　前轉身

2. 後轉身

【動作方法】移動腳蹬地，在中樞腳後方（身後）進行弧形移動的叫後轉身（圖 3-9）。

行進間運用後轉身，是在靠近對手時以前腳為中樞腳旋轉，後腳蹬地做後轉身。由於跑動中慣性的關係，要適當減速，加大中樞腳碾地的力量，從而加快旋轉的速度。要注意控制重心，保持身體平衡。

【動作要領】腰胯帶動軀幹旋轉，蹬跨有力，保持身體平衡，重心不要起伏。

圖 3-9　後轉身

(五)滑　步

滑步是防守移動的一種方法，它易於保持身體平衡，可向任何方向移動。滑步可向側、向前和向後進行滑動和做後撤步來阻截對方的移動。

1. 側滑步

【動作方法】從基本站立姿勢開始，兩腳平行站立，兩膝較深彎曲，上體微向前傾，兩臂側伸。向右側滑步時，左腳

前腳掌內側蹬地，右腳向右（移動方向）跨出，在落地的同時，左腳緊隨滑動，向右腳靠近，兩腳保持一定距離，右腳繼續跨出。在滑步時，要保持屈膝低重心的姿勢，身體不要上下起伏，重心保持在兩腳之間，眼要注視對手（圖 3-10）。向左側滑步時腳步動作相反。

圖 3-10　側滑步

2. 前滑步

動作方法：兩腳前後站立，後腳的前腳掌內側蹬地，前腳向前跨出一小步，著地後，後腳緊隨著向前滑動，保持前後開立姿勢（圖3-11）。

圖3-11　前滑步

3. 後滑步

【動作方法】後滑步動作方法與前滑步相同，只是向後方移動。

4. 後撤步

後撤步是變前腳為後腳的一種起步方法。為了保持有利位置，特別是當進攻隊員向防守隊員前腳外側持球突破或擺脫時，防守隊員常用後撤步移動堵截，並與滑步、跑等結合運用。

【動作方法】撤步時，用前腳掌內側蹬地，腰部用力向後轉體，前腳後撤，同時後腳的前腳掌碾地，當前腳後撤著地後，緊接滑步，保持身體平衡與防守姿勢（圖3-12）。後

圖 3-12　後撤步

撤角度不宜過大，動作要迅速，身體不要起伏。

【動作要領】前腳蹬地後撤要快，後腳碾地扭腰轉髖要快，後撤角度不宜過大，身體不要起伏。

(六)跳

跳是在球場上爭取高度及遠度的一種動作方法。籃球比賽中很多技術動作需要在空中去完成。因此，要會單、雙腳起跳，能在原地、跑動中和對抗條件下向不同方向跳、連續跳等，並要求跳得快、跳得高，滯空時間長，以便更好地在空中完成各種攻守動作。

1. 雙腳起跳

【動作方法】起跳時，兩腳開立，屈膝快速下蹲，兩臂相應後擺，上體前傾。然後，兩腳用力蹬地，伸膝、提腰，兩臂迅速向前上擺，使身體向上騰起。上體在空中要自然伸展，收腰，下肢放鬆。落地時，用前腳掌先著地，並屈膝緩衝身體下落的重力，保持身體平衡，以便銜接下一個動作。雙腳起跳多在原地運用，也可以在上步、併步、跳步和助跑情況下運用。

【動作要領】兩膝彎曲降低重心，用力蹬地，向上擺臂，充分伸展，落地屈膝，保持身體平衡。

2. 單腳起跳

【動作方法】起跳時，起跳腿微屈前送，腳跟先著地，並迅速屈膝過渡到前腳掌用力蹬地，同時提腰擺臂。另一腿提膝積極上抬，藉以幫助重心上移。當身體上升到最高點時，擺動腿向下放膝與起跳腿自然靠近，使騰空動作協調。落地時，兩腳要分開，注意屈膝緩衝，以便迅速完成其他動作。單腳起跳多在助跑的情況下運用。

【動作要領】踏跳腳用力蹬地，擺動腿上擺，身體充分向前上方伸展，控制身體平衡。

四、移動技術的教學步驟與練習方法

(一)教學步驟

1. 移動技術教學順序是：基本站立姿勢、起動、跑、急停、轉身、跳、滑步，應遵循先易後難，先攻後守的順序。

2. 移動技術的教學與練習步驟,應先在原地練習,讓學生體會動作方法和難點,然後用慢跑中學習掌握正確的動作方法,在此基礎上逐漸提高速度。

(二)練習方法

1. 基本站立姿勢、起動和跑的練習

【方法】兩列橫隊,前後距離 4 米,左右間隔 3 米,做好基本站立姿勢。聽信號後集體向前起動做短距離快跑。

【要求】起動要突然,反應要快,起動後要加速快跑。

此練習可結合各種不同情況(蹲在地上、原地各種跑步中、原地起跳落地後、滑步中、急停後等等),聽信號或看信號向不同方向起動快跑。也可以兩人一組,相距若干米,一人拋球,另一人快速起動跑,在球落地前把球接住。

2. 急停和轉身的練習

【方法一】成基本站立姿勢,分別以左、右腳為軸,做前、後轉身 90°、180°的練習(也可以結合持球做前、後轉身)。

【要求】降低重心,一隻腳蹬地,另一隻腳碾地,保持平穩。

【方法二】成體操隊形,從邊線開始,發出開始信號後,第一排向前慢跑 3—4 步做一次跨步或跳步急停。第一排做第二次急停後,第二排開始做,到邊線止。然後過渡到快跑中看信號或聽信號做急停動作(也可以結合轉身做前、後轉身 90°)。

【要求】認真體會動作要領,急停時重心下降,停穩。

【方法三】拋球、接球急停，自己向前上方拋球，球落地前將球接住；前面人拋球，後面人向前跑接球急停；向左、右、前、後拋球，接球急停。

【要求】拋球遠近、高低可根據各人的能力而定，不能走步違例。

3. 各種跳的練習

（1）原地聽信號向上或跨步向前、側、後上方做雙腳起跳練習。

（2）助跑兩三步，做單腳或雙腳起跳。

（3）結合跨步、轉身、急停等動作練習起跳動作。

（4）助跑單腳起跳摸籃板、籃圈的練習。

（5）單、雙腳起跳後做接球、傳球或斷球等動作的練習。

4. 防守步法的練習

（1）聽和看手勢做向左、向右、向前、向後滑步的練習。

（2）向前或向後滑步，接上步變後撤步接側滑步的練習。

（3）按規定路線或標誌物做之字形、三角形、小 8 字形滑步和 T 字形碎步練習。

（4）一對一攻守中，迎上做碎步堵截對手移動路線練習；做上步搶、打球練習。

5. 移動技術的綜合練習

（1）由攻轉守綜合性腳步練習（圖 3-13）。

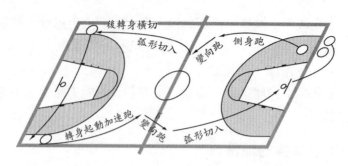

圖 3-13

（2）進攻跑動及換位綜合性移動練習（圖 3-14）。

（3）半場擺脫與防守擺脫練習（圖 3-15）

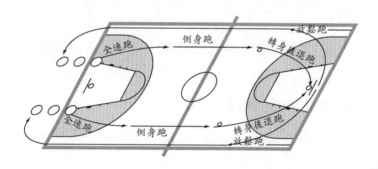

圖 3-14

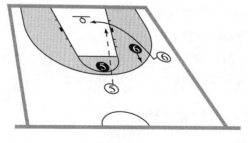

圖 3-15

五、移動技術教學中易犯錯誤及其糾正方法

(一)易犯錯誤

1. 基本站立姿勢或起動前身體重心偏高、步幅過大，不便於迅速蹬地。

2. 變向跑時前腳掌內側不主動用力，腰胯動作未協調用力。

3. 側身跑時上體轉體不夠，側轉時內傾不夠，跑步時腳尖不是向前。

4. 急停時身體重心過高，腰胯用力不夠或過於緊張，沒有用力蹬地和控制身體重心的動作。

5. 轉身時身體重心上下起伏，中樞腳未用前腳掌碾地和旋轉。

6. 滑步時兩腳併步，形成跳動移動，重心過高，滑步時上下起伏。

7. 撤步時後撤腳的角度過大，失去後撤步搶位堵截的作用。

(二)糾正方法

1. 教師用正確的示範動作引導學生練習，並在練習中反覆用語言提示。

2. 為了使學生掌握規範的動作，在教學方法上可採用分解練習，由慢至快，由簡入繁。

3. 跑的練習中，反覆強調前腳掌內側用力的部位，以及

腰胯用力帶動重心迅速轉移。

4. 強調兩腿彎曲降重心，或採用限制高度的滑步練習。

六、移動技術的教學訓練建議

（一）在教學與訓練中，要強調移動在教學中的重要地位及對提高其他各項技術的重要作用。

（二）在教學與訓練中，盡可能地運用視覺信號，培養學生擴大視野、隨時觀察場上情況變化的習慣和能力。

（三）在教學與訓練中，應把提高腳步動作的突然性、靈活性作為重點，注意動作之間的銜接要緊密。

（四）移動技術教學與訓練，應與提高專項身體素質緊密結合，還應與其他攻防技術結合進行。移動技術應列為考試內容之一。

思考題：

1. 簡述移動技術的概念與作用。
2. 移動技術應包括哪些內容？
3. 簡述影響控制身體平衡與重心轉移的因素有哪些？
4. 試述初學變向跑時易犯的錯誤。
5. 簡述移動技術教學的步驟。

第二節　傳接球

傳接球技術是籃球比賽中隊員之間有目的地轉移球的方法。傳接球是籃球運動中重要技術之一，也是籃球比賽中運用最多的一項基本技術。它是進攻隊員在場上相互聯繫和組織進攻的紐帶，也是實現戰術配合的具體手段。

傳接球技術的好壞，直接影響戰術質量和比賽的勝負。準確巧妙的傳球，能夠打亂對方的防禦部署，創造更多、更好的投籃機會。

一、傳接球技術的分類

　　為了便於學生全面瞭解和掌握傳接球技術，有必要對傳接球技術進行分類（圖 3-16）。

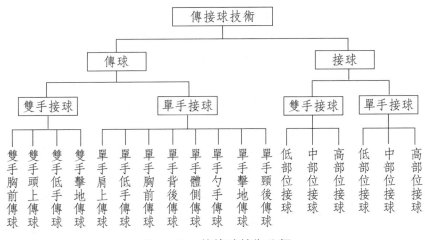

圖 3-16　傳接球技術分類

二、傳接球技術簡析

　　傳球動作和接球動作是緊密聯繫在一起的，是隊員之間共同完成的配合技術。傳球的方法很多，但從球傳出到同伴將球接住這一過程來分析，是由傳球的動作方法、球的飛行路線和球的落點（到位）三個環節組成的。

　　傳球的動作方法是主要的，它決定了球的飛行路線、速

度和球到位的準確性。

(一)傳球動作方法

傳球分單手傳球和雙手傳球兩大類，有原地、行進間和跳起之分，又有前、後、左、右、上、下和出球方向的不同。雖然傳球的方式很多，但不管是哪種方式，都要全身協調用力，最後透過手腕、手指動作來完成。特別是運用最多的中、近距離傳球，主要靠前臂的伸、擺和手腕的用力將球傳出。腕、指用力是傳球中最主要的動作。

傳球手法指球出手的瞬間，手腕、手指對球的飛行方向、速度、路線和傳球到位的控制，也就是手腕翻轉、前屈和手指彈撥的用力方法。

手指、手腕力量作用於球的正後方，球飛行的方向是向前的，飛行路線是平直的；手指、手腕力量作用於球的後下方，球飛行的方向是前上方，沿弧線飛行；手指、手腕力量作用於後上方，球向前下方擊地成折線彈出（反彈球）。

在球即將離手的一瞬間，用力越大、發力越快，即手腕前屈和手指用力抖動越急促，則作用於球的力量就越大，球飛行的速度就越快；反之，球飛行速度就緩慢。球即將離手的一瞬間，手腕、手指用力的大小、速率的快慢和作用於球的部位不同，會影響球的飛行速度、方向、路線和球到位的準確性，所以，巧妙地運用手腕、手指的力量是提高傳球技巧的關鍵。

傳球時雖然手法是主要的，但是腳蹬地、腰腹和手臂用力與腕、指的協調配合，也是不可忽視的。特別是前臂的動作，不但關係到出球的速率，而且可以用伸、擺、甩、繞等各種不同的用力方法，增加出球點，擴大出球面，提高傳球

的靈活性，從而提高傳球的威力。

(二)球的飛行路線

球飛行的路線有直線、弧線和折線三種。比賽中，由於攻、守隊員站的位置、距離、移動速度和意圖的不同，選擇傳球的路線和飛行的速度也有所不同。如傳出的球需要從空中越過防守隊員，則應用弧線球；如不需要超越或傳給已擺脫防守的同伴，則絕大部分應用直線球。

總之，要隨機應變，掌握好傳球時機，正確、合理地選擇球的飛行路線，使同伴能順利地接到球。

(三)球傳到的位置

要根據接球隊員的位置、移動速度和意圖，以及根據對方防守隊員的情況決定傳球的高低、遠近、快慢和力量。要將球傳到遠離對方防守者一側的位置，與接球隊員又恰好相遇，做到人到球到，並且使接球隊員接球後能順利地銜接下一個進攻動作。

接球是獲得球的動作。接球方法是搶、斷球的基礎。接球的主要目的是為了得到球，以便迅速、順利地銜接下一個動作，或傳球，或投籃，或突破，或運球。在激烈的對抗中能否採用合理、正確的接球動作，牢固地接住球，對於減少傳球失誤，彌補傳球的不足，都是非常重要的。

接球有雙手接球和單手接球兩種方法，不論哪一種方法，接球時都要眼睛注視球，肩臂放鬆，手臂伸出迎球，手指自然分開向著前上方，兩手成勺形。當手指觸及球的一瞬間，要及時屈肘，肩放鬆，臂後引，以便緩衝來球的力量。

要把接球技術完成好，必須重點掌握迎（球）、緩

（衝）、銜（接）三個環節。

從傳接球的全過程來看，傳球技術是主要的方面。要把球傳到最佳的位置，儘量減少同伴在各種困難處境中接球（接到球）的難度。

三、傳接球技術動作方法

(一)傳球技術的動作方法

1. 雙手胸前傳球

雙手胸前傳球是比賽中最基本、最常用的傳球方法，用這種方法傳出的球快速有力，可在不同方向、不同距離中運用，而且便於和投籃、突破等動作結合運用。

【動作方法】雙手持球的方法是兩手手指自然分開，拇指相對成八字形，用指根以上部位持球，手心空出（圖3-17）。兩肘自然彎曲於體側，將球置於胸腹之間的部位，身體成基本站立姿勢。傳球時，在後腳蹬地、身體重心前移的同時前臂迅速向傳球方向伸出，拇指用力撥球，手腕前屈，食指和中指用力撥球將球傳出（圖3-18）。球出手後身體迅速調整成基本站立姿勢。

圖3-17　雙手持球方法

圖 3-18　雙手胸前傳球

　　傳球距離近，前臂前伸的幅度小。遠距離的傳球，則需加大蹬地、伸臂和腰腹的協調用力。傳球距離越遠，蹬地、伸臂的動作速度越快。

　　雙手胸前傳球可在原地和跑動中進行。跑動中雙手胸前接球和傳球是一個連貫動作。接球時手、腳動作必須協調配合。一般在左（右）腳上步接球後，右（左）腳上步，左（右）腳抬起在落地前出球。傳球的動作過程是雙手接球後迅速收臂後引，接著迅速伸前臂，手腕前屈，手指撥球，將球傳出。

　　【動作要領】雙手手腕前屈，食指和中指用力撥球和抖

腕。

2. 單手肩上傳球

單手肩上傳球是單手傳球中一種最基本的方法。這種傳球的力量大、速度快，常用於中、遠距離傳球。

【動作方法】傳球時（以右手傳球為例），左腳向傳球方向邁出半步，右手托球，同時將球引到右肩上方，肘部外展，上臂與地面近似平行，手腕後仰。左肩對著傳球方向，重心落在右腳上，右腳蹬地，轉體，右前臂迅速向前揮擺，手腕前屈，由食指、中指撥球將球傳出（圖 3-19）。球出手

圖 3-19 單手肩上傳球

後，右腳隨著身體重心前移而向前邁出半步，保持基本站立
姿勢。

3. 單手胸前傳球

這是一種動作幅度小、隱蔽性強、出手快、便於和其他
技術動作結合（特別是與假動作結合）的傳球方法。一般多
用於近距離或透過防守向內線傳球時。

【動作方法】傳球時（以右手傳球為例），持球方法與
雙手胸前傳球相同。傳球時，上體稍右轉，右手腕後屈轉至
球的後方，同時左手離球，右臂迅速前伸，屈腕、手指撥
球，將球傳出（圖 3-20）。

【動作要領】與上體虛晃假動作結合運用，前臂發力，
主要用屈腕、手指彈撥球，動作小而迅速。

圖 3-20　單手胸前傳球

4. 單手體側傳球

　　主要用於近距離的外線隊員向內線隊員傳球。與傳球方向相反的上體虛晃動作結合運用效果更佳。

【動作方法】雙手胸前持球，右手傳球時，左腳向左跨半步，右手將球引至身體右側，拇指向上，手心向前，左手離球。臂向前做弧線擺動，手腕前屈，用食、中指的力量將球撥出，出球部位在體側。

【動作要領】跨步、擺臂、引球動作要連貫。手腕前屈，食、中指撥球的力量和動作幅度要小。

5. 雙手頭上傳球

雙手頭上傳球的傳球點高，擺臂動作幅度小，便於與假動作結合，但不利於和突破、運球結合，因此，它適用於高大隊員。多用於近距離傳球，如快攻第一傳、外圍隊員之間轉移球和外圍隊員傳給中鋒的高吊球等。

【動作方法】持球手法和雙手胸前傳球相同。兩手舉球於頭上。傳球時兩肘和手心向前。近距離傳球時，前臂前擺同時外旋，手腕前屈外翻的同時，拇、食、中指用力向前撥球。傳遠距離球時，要加蹬地力量，收腹帶動前臂迅速前擺，腕、指用力抖撥，將球傳出（圖3-21）。

【動作要領】前臂前擺，急促向前抖腕，手指用力撥球，將球傳出。

（二）接球的動作方法

接球是籃球運動中的主要技術之一，是獲得球的運用，是搶籃板球和搶斷球的基礎。在激烈對抗的比賽中，能否採用正確的動作牢穩地接球，對減少傳球失誤、彌補傳球不足，以及截獲對方傳球等都有非常重要的作用。接球有雙手接球和單手接球兩種：

圖 3-21　雙手頭上傳球

1. 雙手接球

雙手接球是最基本的接球方法，也是在比賽中運用最多的動作之一。其優點是握球牢穩，易於轉換其他動作。

【動作方法】雙手接球時，兩眼注視來球，兩臂伸出迎球，手指自然分開，兩拇指成八字形，手指向前上方，兩手成一個半圓形。當手指觸球後，迅速抓握球，兩臂隨球後引緩衝來球的力量，兩手握球於胸腹之間。保持身體的平衡，做好傳球、投籃或突破的準備。來球的高度不同時，兩臂伸出迎球的高低也有所不同（圖3-22、圖3-23）。

【動作要領】伸臂迎球，在手接觸球時，收臂後引緩

圖 3–22 雙手接中部位的球

圖 3-23　雙手接高部位的球

衝，握球於胸腹之間。

2. 單手接球

單手接球控制的範圍大，能接不同方向的球。但是單手接球不如雙手接球牢穩，因此，在一般情況下應儘量用雙手接球。

【動作方法】如用右手接球，則右腳向來球方向邁出，兩眼注視著來球。接球時，手掌成勺形，手指自然分開，右臂向來球的方向伸去。當手指觸球時，手臂順勢將球向後下引，左手立即握球，雙手將球握於胸腹之間，保持基本持球姿勢（圖 3-24）。

接球是終止球在空中運行的方法。不論是雙手或單手接球，都必須沿著球飛行的相反方向對球施加相應的阻力，使來球的速度減弱為零。球作用在手上的力與手的緩衝距離有

圖 3-24　單手接球

一定的關係（功 = 力 × 距離），接球時減小這個力就要增大對這個力的作用距離。伸臂屈肘迎球和順勢向後引球，進一步屈肘緩衝，正是減弱來球力量至零的過程。如果來球力量大，速度較快，則要加大迎球幅度，以便有更長距離來緩衝。

【動作要領】手指自然分開伸臂迎球，觸球後引要快，另一手及時扶球。

四、傳接球技術的教學步驟與練習方法

(一)教學步驟

1. 傳接球技術的教學，首先透過講解與示範的方法使學生初步掌握原地傳接球的動作方法，然後逐步過渡到行進間傳接球的教學。

2. 在掌握原地和行進間動作方法的基礎上，再進行與其他技術相結合的教學，最後再進行有防守對抗情況下的練習，提高在實踐中運用的能力。

(二)練習方法

1. 原地傳接球練習

【練習】兩人一組面對面站立，相距 5 米左右，做各種傳接球練習，也可以對牆進行練習。

【要求】傳球速度由慢到快，重點掌握正確的手法。

2. 移動傳接球練習

【練習一】如圖 3–25 所示，二人一組一球，相距 5—6 米，左右相距 3—4 米，一人原地傳接球，一人左右移動傳接球，練習若干次後，兩人交換練習。亦可兩人都在移動中做傳接球。

【要求】球要傳到接球隊員兩側 2 米處，使接球隊員在快速移動中能接到球。接球隊員應把接球與腳步動作的配合協調、連貫起來，不走步。

【練習二】迎面跑動傳接球練習。如圖 3–26 所示，學生

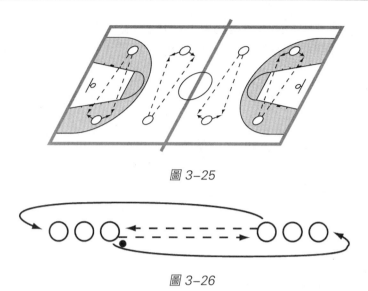

圖 3-25

圖 3-26

分成兩隊，迎面成縱隊站立，相距 6—7 米，迎面穿梭傳接球。依次練習，連續進行。

【要求】傳球的力量要根據距離、跑動速度而定，並控制飛行速度。傳接球時不走步。可以和急停結合起來練習。

【練習三】橫向移動傳接球練習。如圖 3-27 所示。四人一組，用兩個球，持球隊員在同一邊，與另一邊隊員對面站立，左右相距 4—5 米，傳球距離 5 米。持球隊員同時向對面直線傳球，傳球後交換位置。對面兩人接球後將球傳回，也同樣交換位置。連續進行練習。

【要求】始終直線傳球，不要隨意傳球。移動時要商定好誰在前，誰在後，以免發生相撞，影響練習。

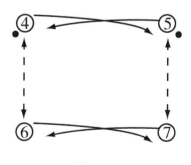

圖 3-27

【練習四】兩人全場跑動傳接球練習。如圖 3-28 所示，前一組傳球到中線時，後一組開始練習。也可結合上籃進行練習。

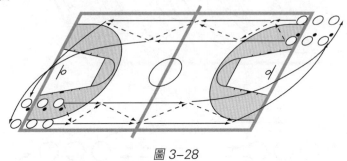

圖 3-28

【要求】傳斜線球，傳在接球人身前一步左右的胸部高度。傳接球的動作要連貫、迅速，步法要協調、不走步。

【練習五】三角傳接球練習。如圖 3-29 所示，站成三角形，④傳球給⑤後跑到⑤的排尾，⑤傳球給⑥後跑到⑥的排尾，⑥傳球給④後跑到④的排尾，如此按逆時針方向傳球和換位，周而復始。

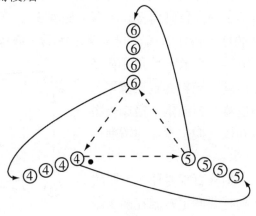

圖 3-29

【要求】接球人要上步接
球。傳接球動作要連貫，不帶
球跑。

　　【練習六】四角弧線跑動
傳、接球。如圖 3–30 所示，
④傳球給⑤，並切入接⑤的回
傳球，再傳給⑥，然後跑至⑥
的排尾。當④傳給⑥時，⑤緊

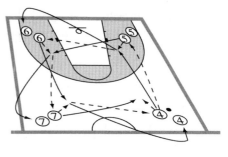

圖 3–30

跟著起動切入接⑥的傳球給⑦，然後跑至⑦的排尾。依次逆
時針連續進行練習。熟練後可換順時針方向練習或增至 2—3
個球練習。

　　【要求】跟進切入時，起動要及時、快速，傳接球動作
要連貫。球傳到接球者的胸部高度，並有一定的提前量。可
要求傳接多少次不落地，否則重新開始計數，直至完成。

　　【練習七】全場弧線側身跑傳接球練習。如圖 3–31 所
示，分成兩組，○組練習側身弧線跑傳接球，最後上籃，然
後運球到排尾。△組做定位傳球。○組做幾遍後與△組交換
練習。

　　【要求】跑動要快，跑動路線呈弧線，傳接球要快速、

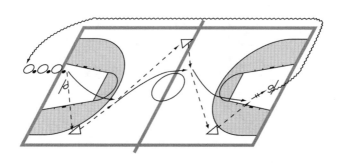

圖 3–31

正確，步法要協調，不走步。

【練習八】全場三人 8 字形圍繞傳接球練習。如圖 3-32 所示，⑤傳球給插中的⑥後，快速從⑥的背後繞過向前加速跑。⑥接球後傳給插中的④，並從④的背後繞過向前加速跑。如此反覆進行。

【要求】傳球後繞切要加速、靠近，要控制好重心，使傳球連貫。最後接近籃下時，要分散成三角形，以球領人。熟練後可用單手低手傳球。

【練習九】三人直線傳接球練習。如圖 3-33 所示站位，跑動中④傳球給⑥，⑥回傳給④，④再給⑤，⑤再回傳給④。如此反覆進行。

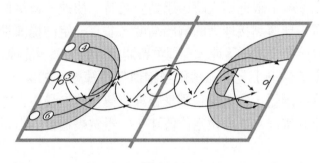

圖 3-32

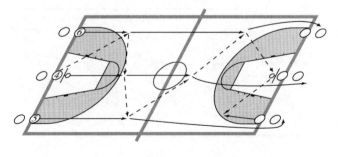

圖 3-33

【要求】跑動中始終保持兩前一後的三角隊形，傳接球動作要連貫。

3. 在有防守情況下的傳接球練習

【練習一】一防二傳接球練習。如圖 3-34 所示。④和⑤相距 5—6 米，相互傳球，△在中間防守，△觸球即算防守成功，然後和傳球失誤的隊員交換攻守。

【要求】防守從消極到積極，揮臂上前封堵傳球。傳球隊員要利用假動作迷惑防守人，抓住防守的弱點，運用快速而又恰當的傳球方法。不能傳超過手臂上舉高度（高吊球）的球。

【練習二】二防三傳接球練習。如圖 3-35 所示，圈內兩人積極防守，圈外三人做各種快速傳接球，△觸球即算防守成功，與傳球失誤的隊員交換位置。

【要求】傳球人要做各種假動作引誘防守者失去正常防守位置。傳球要快速隱蔽，球不得在手中停留 3 秒鐘，一腳必須踏在圈線上。三組同時開始。

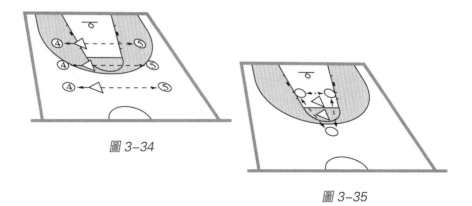

圖 3-34

圖 3-35

五、傳接球技術教學中易犯錯誤及其糾正方法

(一)雙手胸前傳球易犯錯誤及其糾正方法

1.傳球方向和落點不好。

【原因】持球時手型不正確，全手掌持球，握球過緊，以致影響了手腕和手指發力。

【糾正方法】從糾正持球動作開始，講解、示範正確的持球手型和手法規格。反覆練習持球動作。

2.傳球時兩臂用力不一致，身體動作和傳球動作不協調。

【原因】身體過分緊張、站立姿勢不正確，以及有習慣性的強、弱手之分。

【糾正方法】強調傳球時正確的站立姿勢，反覆練習，並加強弱手的力量訓練。

3.傳球動作不連貫，傳球時將球推出手。

【原因】把傳球技術片面地理解為持球翻腕和推球兩個動作，從而引起整個動作脫節；出球部位太高；兩肘關節外展，食、中指指尖撥不上球，而是將球推出手，不是傳出。

【糾正方法】多示範正確動作，著重徒手模仿練習。強調持球時拇指相對成八字形，兩肘自然下垂，放鬆，靠近身體，並讓學生體會持球出手時食、中指指尖內側撥球的部位（感覺）。

(二)單手肩上傳球易犯錯誤及其糾正方法

1.傳球動作類似推鉛球。

【原因】持球時肘關節下垂過低以及揮臂傳球時肘未領先。

【糾正方法】反覆講解、示範，多做徒手和持球的引球與揮臂練習。注重抬肘，球應舉至頭的斜上方。

2.傳球方向掌握不好。

【原因】傳球時手腕前屈動作不正確，沒有對準傳球方向，而是向內（外）旋壓或出手時間過早或過晚。

【糾正方法】強調手腕前屈時對準傳球方向，最後由食、中、無名指指尖將球撥出。注意出手的時間，距離可近一些以體會動作。反覆練習。

3.傳球時上、下肢用力不協調。

【原因】錯誤地理解只用手臂傳球，沒有正確地運用下肢發力和上肢的用力順序。

【糾正方法】強調傳球前左肩對準傳球方向。傳球時，注意蹬地、轉體動作。傳球距離可適當加大，體會如何全身用力。反覆練習。

(三)反彈傳球易犯錯誤及其糾正方法

1.傳球時用前臂將球「砸」向地面。

【原因】沒有掌握動作要領，不知用力方向。

【糾正方法】反覆講解、示範，使學生明確反彈傳球與一般傳球技術動作相同，只是改變了用力方向。

2.反彈落點掌握不好。

【原因】動作不夠熟練，對球的入射角與反彈角的關係

不理解，因而不能準確地掌握球的入射角。

【糾正方法】講解入射角與反彈角的關係，亦可利用標誌物來加強練習。

3. 出球點高，造成動作不協調。

【糾正方法】傳球時先向前跨出半步或一步，再將球傳出，使傳球動作合理化。

(四)雙手頭上傳球易犯錯誤及其糾正方法

1.傳球沒有速度和力量。

【糾正方法】傳球時利用腰腹和擺臂以及向前抖腕和手指的力量，抖腕要快而短促。

2.傳球目標不準確。

【糾正方法】這是由於出手過早或過晚造成的，所以要講清出手的時間，並做示範。

(五)單手體側傳球易犯錯誤及其糾正方法

出球離身體太近；用力不正確，身體協調配合不好。

【原因】引球預擺動作不好，用臂向前做弧線擺動不協調，所以造成球出手不是在體側，離身體太近。

【糾正方法】應多做示範，著重講述動作要點。

(六)雙手接球易犯錯誤及其糾正方法

1. 漏接球（球從兩手之間穿過）。

【原因】手型不正確，兩手掌平行伸出，兩拇指未形成八字形。

【糾正方法】講解、示範正確的手型，用徒手動作來解決手型的定型。

2.持球不穩（易漏接）。

【原因】接球時迎球、緩衝動作太慢或未及時伸出迎球，造成沒有緩衝動作。

【糾正方法】強調接球時伸手迎球，手指觸及球時要隨球後引，並反覆練習。

3.伸手迎球時手指向著來球方向，造成手指挫傷。

【糾正方法】多示範正確迎球的手型，手指向上，兩拇指成八字形。

六、傳接球技術教學與訓練的建議

（一）在教學過程中要狠抓傳球手法，先教傳平直球的用力手法，再教傳折線球的用力手法，最後教高吊球（弧線球）的用力手法，並以三種傳球路線交替進行練習。對動作規範和要領要嚴格要求，促使學生形成正確的傳球手法，為掌握多樣化的傳球方式打好基礎。

（二）在掌握動作規格的基礎上，要注意把培養學生良好的觀察能力和判斷能力、善於隱蔽自己的傳球意圖，以及運用假動作等個人戰術行動與提高傳接球技術結合起來。

（三）在傳球的教學中，要重視接球環節的教學與訓練，形成正確的接球手法，養成接球結束就是傳球或其他進攻動作開始的習慣。

（四）傳接球練習方法應根據學生實際情況進行安排，並在練習中注意培養學生之間互相默契配合的意識。

思考題：

1.簡述一個傳球過程由哪幾個環節組成。

2.簡述雙手胸前傳球的動作方法。

3. 現代籃球比賽中傳球的技術動作特點有哪些？

4. 試述傳球的假動作及其運用時機。

5. 傳接球的教學訓練應注意哪些問題？

第三節　投　籃

投籃是進攻隊員將球投入對方球籃而採用的各種專門動作方法的總稱。

投籃是籃球比賽中唯一的得分手段，是一切進攻技、戰術的最終目的和全部攻守矛盾的焦點。投籃得分的多少是決定比賽勝負的關鍵，為此，加強投籃技術的教學與訓練、掌握和運用好投籃技術，以及不斷提高投籃命中率，對於學習籃球技術具有十分重要的意義。

隨著現代籃球運動攻守對抗的日趨激烈，運動員身體形態、機能素質的全面提高，促進了投籃技術的不斷發展。其特點是投籃點多、面廣、內外結合、出手速度快、出手點高、遠距離三分球投籃的次數增多且命中率高。

一、投籃技術分類

投籃技術動作方法很多，可分為原地投籃、行進間投籃、跳起投籃、扣籃和補籃等，大都可用單手或雙手進行（圖 3-36）。

二、投籃技術簡析

投籃技術包括持球方法、瞄籃點、協調用力、出手角度與出手速度、球的旋轉、投籃弧線和入籃角等幾個環節。

要提高投籃命中率必須正確掌握投籃過程中的這幾個主

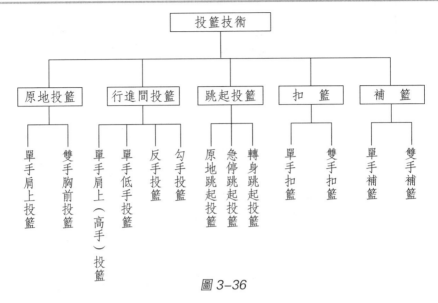

圖 3-36

要環節，形成一個完整的投籃技術動作。如果其中有一個薄弱環節，就會影響投籃的準確性和命中率。

(一)持球方法

正確的持球方法是掌握投籃技術的前提，也是合理運用投籃技術最基本最重要的條件之一。投籃時的持球應符合下列要求：使球盡可能在手中保持穩定，便於與其他攻擊技術結合，有利於球出手時合理、準確地用力。

1. 單手持球法

以單手肩上投籃的持球法為例，投籃手五指自然分開，手腕後仰，手心空出，用指根以上部位觸球，肘關節自然下垂，另一手扶球的側上部，舉球於同側頭或肩的前上方。

從解剖學角度分析，持球時應適當增大手腕後仰角度，

即持球或球出手引腕後仰時，手腕後仰角度越大，屈腕主動肌牽拉越長，則完成環節運動的條件越好，它有助於出球時均勻發力和球出手後的飛行弧線（圖 3-37）。

圖 3-37 之（1）為投籃出手前上肢各部位的完整持球結構。圖 3-37 之（2）是手腕的正確持球方法，即五指自然張開，拇指、食指間的夾角約為 80°，以擴大對球體的支撐面，指根及其以上部位都能觸及球，球體的重力作用線落在食指和中指的指根部位，這樣不僅可以增強持球的穩定性，而且有助於球出手時均勻、柔和地發力。

2. 雙手持球法

以原地雙手胸前投籃為例，兩手手指自然分開，拇指相對成八字形，用指根以上部位握球的兩側後下方，手心略空出。兩臂自然屈肘，兩肘自然下垂，肩關節放鬆，置球於胸前（圖 3-38）。

（1）　　　　　　　　*（2）*

圖 3-37　單手投籃持球方法

圖 3-38　雙手投籃持球手法

(二)瞄籃點

瞄籃點是指投籃時眼睛注視籃圈或籃板的那一點。它是為了在瞬間目測出籃圈的精確方位和距離，從而決定投籃出手力量、飛行弧線和落點。

投空心籃的瞄籃點一般為籃圈前沿的正中點；碰板投籃的瞄籃點

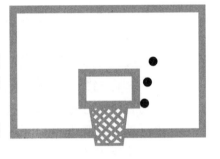

圖 3-39　碰板點示意

是以籃板的一點作為瞄準點，根據投籃角度、距離、力量和飛行弧線的不同而有所區別（圖 3-39），運動員要因勢變化，善於根據情況隨時調節碰板投籃的瞄籃點和出手力量。

(三)協調用力

投籃出手用力是指投籃時身體各部位綜合、協調的用力過程，它是整個投籃動作的關鍵環節。

以原地單手肩上投籃為例，力的聚合是從投籃準備姿勢開始的，力量的起點源於投籃前的基本站法和身體平衡，由下肢蹬地發力，然後沿著投籃出手的方向伸展身體，特別是

借助脊柱伸展的慣性促使下肢、軀幹和上肢連貫、協調配合，將身體各部位肌肉的力量最後集中於手臂、手腕和手指部位，以伸展手臂、手腕的前屈及手指的彈撥動作將球投出。

任何一種投籃方法，最後都是運用肩、肘、腕、指關節的活動來實現的。

(四)出手角度與出手速度

出手角度是指投籃時球離手一瞬間，球體重心飛行軌跡的切線與出手點水平面所形成的夾角，它決定球在空中的飛行弧線和入籃角的大小。

如前所述，出手角度主要依靠手指最後作用於球體力的方向和作用點來調節。只有在保證正確用力方向的前提下，保持合理的出手角度並與特定的出手速度相配合，才能使球沿著理想的弧線飛行而落入籃圈。

出手速度是指投籃出手的一瞬間，身體各部位的綜合肌力經過手腕和手指的調節而使球離手進入空間運行的初速度。現代投籃技術發展的顯著特點之一便是動作突然，出手速度快而合理。

投籃出手速度首先取決於身體協調、綜合用力的大小及腕、指用力的調控，而手腕的翻轉、抖動和手指彈撥球動作的柔韌性、突然性和連貫性是取得合理出手速度的關鍵。

投籃出手速度和距離的關係是，投籃的距離越遠，球出手的速度則應越快，出手速度和出手角度也是相互制約的，所以，投籃的距離也會影響到投籃角度的變化。

(五)球的旋轉

投籃時球的旋轉是依靠手腕前屈或翻轉和手指撥球動作

產生的，球的不同旋轉方向和速度主要取決於手指的最後用力動作。一般來說，在中、遠距離投籃時，都應使球向正後方向旋轉。後旋球不僅能保持合適的飛行弧線，使球獲得理想的入籃角，而且在球觸及籃板或籃圈後沿時也利於向下反彈落下籃圈。不同的旋轉方向對各種籃下投籃也有幫助，尤其對失去角度的籃下投籃，不同旋轉的碰板球往往能產生令人莫測的投籃效果。

為了使球的旋轉規律更好地服務於提高投籃命中率，應在實踐中不斷總結經驗，熟悉各種旋轉球的性能。

(六)投籃弧線和入籃角

投籃弧線是指球離手在空間飛行時形成的一條運動軌跡，稱為投籃拋物線。弧線高低取決於投籃的出手角度和出手速度，投籃距離和出手高度也與弧線高低有緊密關係。不同的投籃弧線產生不同的入籃角和入籃截面，因此，它對投籃命中率有直接影響。

人們習慣將投籃弧線分為高、中、低三種（圖3-40）。實踐證明，中等投籃弧線是最理想的，它的入籃角適中，球與籃圈的徑向間隙可達最大值，球心與籃心的偏差最小（圖3-41）。中、遠距離投籃球離手時一般應使上臂與身體的垂直線成30°角左右，弧線最高點是

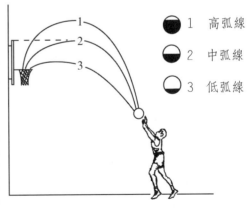

圖3-40 原地雙手投籃的拋物線示意

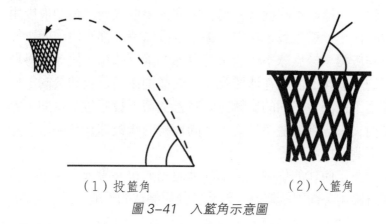

（1）投籃角   （2）入籃角

圖3-41 入籃角示意圖

在籃圈水平面上方 1.2—2 米為宜。但由於運動員的身高、投籃距離、投空心籃與碰板投籃的不同及受防守干擾等原因，投籃弧線不可能是一種模式。運動員要從實際出發，既熟練掌握投籃弧線的一般規律，又善於區別對待。

三、投籃技術動作方法

(一)原地投籃

1. 原地單手肩上投籃

原地單手肩上投籃是最基本的投籃方法，它是行進間投籃和跳起投籃技術的基礎，是比賽中最常用的投籃方法。

以右手投籃為例：雙腳原地開立，與肩同寬，右腳稍前，身體重心落在兩腳之間，屈肘，手腕後仰，掌心向上，五指自然張開，持球於右眼前上方，左手扶球側，兩膝微屈，上體放鬆並稍後傾，目視瞄籃點。投籃時下肢蹬地發力，腰腹伸展，抬肘伸前臂，手腕前屈帶動手指彈撥球，最

後透過食指、中指柔和用力將球投出，球離手後右臂應有自然跟隨動作（圖3-42）。

前視

後視

側視

圖3-42 原地單手肩上投籃

【動作要領】上下肢協調用力，蹬伸、展腰、屈腕、手指柔和地撥球。

2. 原地雙手胸前投籃

原地雙手胸前投籃是籃球運動中較早的投籃方法之一，這種投籃便於和其他技術結合。能充分發揮全身的力量，適用於中、遠距離，一般女子運用這種投籃較多。

【動作方法】雙手持球於胸前，肘關節自然下垂，兩腳前後或左右開立，兩膝微屈，重心落在兩腳之間，目視瞄籃點。投籃時，兩腳蹬地，上肢隨著蹬地向前上方伸臂，兩手腕同時外翻，手腕前屈，拇指用力撥球，使球通過食、中指端將球投出。球出手時身體隨投籃出手方向伸展（圖3-43）。

【動作要領】自然屈肘，投籃時下肢先蹬地，前臂旋內，手指撥球，上下肢和左右手用力要協調一致。

(二)行進間投籃

1. 行進間單手肩上投籃

行進間單手肩上（高手）投籃是比賽中廣泛應用的一種投籃方法。一般多在快攻或突破籃下時運用，俗稱跑動中投籃。行進間投籃動作方法很多，但動作結構基本相同，都是由跨步接球起跳、騰空舉球出手和落地三個部分組成。

【動作方法】以右手投籃為例，當球在空中運行時，右腳向來球方向或投籃方向跨出一大步，同時接球，左腳向前跨出一小步，腳跟先著地，上體稍後仰，並用力蹬地起跳，右腿屈膝，左腳蹬離地面。同時雙手

圖 3-43 雙手胸前投籃

向前上方舉球，騰空後，右臂向前上方伸展，腕、指動作同原地單手投籃（圖 3-44）。投籃出手後，兩腳同時落地，兩腿彎曲，以緩衝落地的力量。

【動作要領】隨跑隨投、快速突然、蹬地上跳、舉球伸臂。

2.行進間單手低手投籃

這種投籃動作多在快速跑動中超越對手並接近籃下時運

圖 3-44 行進間單手肩上（高手）投籃

用，具有速度快、伸展距離遠的特點。

【動作方法】以右手投籃為例，行進間右腳跨出一大步的同時雙手接球，並用身體保護球，接著左腳邁出一小步同時用力蹬地起跳，隨之充分伸展身體，右臂外旋伸直向籃圈方向舉球（手心向上），當舉球手接近籃圈時，做以中間三指為主的向上撥球動作使球通過指端投出（圖 3-45）。投碰板球時要注意控制球的旋轉。

【動作要領】騰空時身體向前上方充分伸展，投籃出手前保持單手低手撥球上挑的動作要柔和。

圖 3-45 行進間單手低手投籃

(三)跳起投籃

跳起投籃簡稱跳投,這裏主要指跳起單手投籃,其出手動作與原地單手投籃基本相同,只是在動作結構上增加了起跳部分,投籃動作要在空中完成(圖3-46)。

目前,跳起單手投籃已成為籃球運動員普遍採用的主要得分手段,它可以在不同距離、各種角度下運用,方法多樣,隨機應變。可以高跳高出手,快跳快出手;可以利用側跨步、後撤步或轉身遠離對手起跳;也可以貼身跳投和跳起後在空中利用後仰、閃、躲、換手或變高手為低手投籃等,實戰運用價值極高。

【動作方法】以右手投籃為例,雙手持球於胸腹之間,兩腳左右(或前後)開立,兩膝微屈,身體重心落在兩腳之

前視

側視

圖 3-46 原地跳起投籃

間，上體放鬆，眼睛注視籃圈。起跳時兩膝適當彎曲（兩腳
前後開立時也可上一步再做此動作），接著前腳掌蹬地發
力，向上迅速擺臂舉球並起跳，雙手舉球於肩上或頭上，左
手扶球左側。當身體升至最高點或接近最高點時，左手離
球，右臂向前上方伸展，同時突然發力屈腕，以食、中指撥
球，使球由指端投出。

【動作要領】蹬地起跳要快速突然，當身體接近最高點
時出手。

(四) 扣 籃

扣籃是隊員跳起在空中用單手或雙手將球由上至下扣入
籃圈的一種難度較大的投籃方法。隨著運動員身高不斷增
高，身體素質不斷提高，空中爭奪日趨激烈，扣籃方式方法

也隨著實踐發展而多樣化,有原地扣、行進間扣、單手扣、雙手扣、正手扣、反手扣、掄臂扣、高舉扣、凌空接扣等等。扣籃是直接將球由上向下灌入籃圈,有出手點高、球速快、攻擊性強、難封蓋、準確性高等特點,但也是難度較大的投籃方法,必須有很好的身體素質,特別是彈跳力和控制球能力。

1.行進間單腳起跳單手扣籃

【動作方法】以右手為例,行進間右腳跨出的同時接球,緊接左腳邁出一小步並用力蹬地向上跳起,上體充分伸展,高舉手臂將球舉至最高點,超過籃圈的高度並有適宜的入射角時,用屈腕的動作,將球自上而下地扣入籃圈之中(圖3-47)。球離手後特別要注意對身體的控制和落地屈膝緩衝。

圖3-47　行進間單腳起跳單手扣籃

2. 行進間單腳起跳雙手扣籃

【動作方法】行進間一腳跨出一大步同時接球，另一腳跨出一小步蹬地起跳，身體在空中充分伸展，雙手舉球至最高點，當球舉過籃圈高度時，雙手屈腕，將球自上而下扣入籃圈。球離手後注意控制好身體平衡，落地屈膝緩衝。

3. 雙腳起跳雙手扣籃

【動作方法】雙手持球雙腳用力蹬地向上跳起，同時將球上舉，充分伸展身體，將球舉過頭頂至最高點並與籃圈構成最佳入射角時，雙臂用力前屈，用屈腕的動作，將球扣入籃圈內（圖 3-48），球離手後注意控制身體和落地屈膝緩衝。

【動作要領】掌握好起跳的時機，身體協調一致並充分伸展，手指手腕控制好球。

圖 3-48　雙腳起跳雙手扣籃

(五)補　籃

補籃是指投籃未中，球剛從籃圈或籃板彈出時，在空中運用單手或雙手將球托入、撥入或扣入籃圈的投籃方法。補籃時，隊員應根據騰空後人、球、籃的相對位置、高度、角度以及防守情況，靈活地選擇方法。

1. 單手補籃

以右手為例，當球從籃圈或籃板反彈時，要準確地判斷球的反彈方向，及時起跳，手臂向球的方向伸出，當跳至最高點、手臂接觸球的一剎間，在空中用手指手腕的力量將球投入籃圈（圖 3-49）。

2. 雙手補籃

起跳後，球反彈方向在頭的正上方時多採用雙手補籃。

圖 3-49 單手補籃

用雙手觸球後可用扣籃或撥球的方式將球投入籃圈，其他動作與單手補籃基本相同。

四、投籃技術的教學步驟與練習方法

(一)教學步驟

1. 投籃技術的教學，首先應先教原地投籃，接著教行進間單手肩上投籃、單手低手投籃，再教原地跳起投籃。

2. 由講解、示範使學生建立完整正確的投籃技術概念，掌握正確、規範的投籃手法以形成技術動作定型。在掌握了基本手法和步法的基礎上逐漸增加練習的次數、距離、難度、強度、密度等並在攻守對抗條件下提高投籃的命中率。

(二)練習方法

1. 原地投籃練習

（1）徒手模仿練習。兩人一組相互對投，體會投籃手法和用力動作。

【要求】注意持球手法，下肢先發力，體會蹬、伸、撥（手指撥球）的動作。

（2）正面定位投籃練習。如圖 3-50 所示，隊員每人一球在罰球線上排成單行，自投自搶，依次反覆進行。

【要求】注意持球手法，下肢先發力，體會蹬、伸、拉（手指撥球）的動作。

（3）不同距離、角度的投籃。隊員面對球籃，每人一球，離籃 5—7 米站成一個弧形，如圖 3-51 所示。每人依

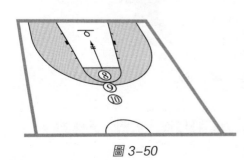

圖 3-50

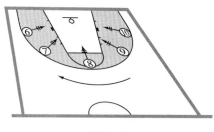

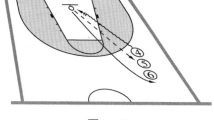

圖 3-51　　　　　　　　　　　　圖 3-52

次在同一角度，三個不同距離的位置進行投籃，投完後，按順時針輪轉到下一個角度的位置。隊員輪流投進後，按順時針方向移動位置。

【要求】根據不同距離體會用力大小。

2. 行進間投籃練習

如圖 3-52 所示站位，④號隊員運球與球籃成 45°角自三分線外起動行進間投籃，搶籃板球後將球傳給下一名隊員，然後跑至排尾，依次輪流練習數遍。

此練習也可在籃下站一人，週邊隊員依次跑進接籃下隊員傳給的球上籃。

【要求】用低（高）手投籃的動作方法，步法要正確。

3. 行進間傳接球投籃

如圖 3-53 所示，兩人一組一球，全場傳接球投籃。

【要求】跑動中傳接球動作要協調；傳球推進要有一定的速度，上籃步法要正確、熟練。

4. 移動投籃練習

【方法一】兩點移動投籃。兩人一組一球，一人傳球，

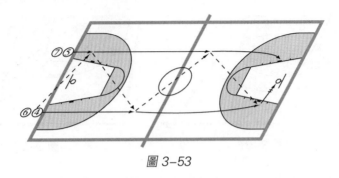

圖 3-53

一人投籃。規定連投 10—20 次，或達到規定的投中次數，兩人交換練習。可根據隊員主要進攻位置確定投籃點。如前鋒重點練 45°和 0°兩點移動接球投籃（圖 3-54），後衛重點練習罰球弧頂和 45°兩點移動接球投籃。

【要求】移動迅速，接球同時做好投籃準備，投籃時不要再調整。

【方法二】跑動接球投籃。隊員如圖 3-55 所示站位，除排頭外，其他每人一球。開始時，④從右邊側身跑向底線，並接⑤傳來的球急停，投籃，自搶籃板球後站到隊尾。⑤傳球後側身跑向左邊底線，接⑥的球投籃，如此反覆進行。

【要求】跑動時要側身看球，接球後要面向籃，投籃動作連貫協調。

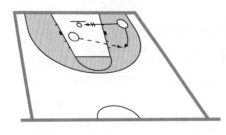

圖 3-54

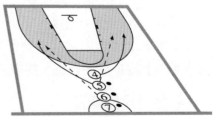

圖 3-55

【方法三】「V」型移動接球投籃。隊員如圖 3-56 所示站位，④傳球給⑥後，下壓上提接⑥的回傳球投籃。⑥搶籃板球後到⑤的隊尾，④投籃後到⑦的隊尾，反覆練習。

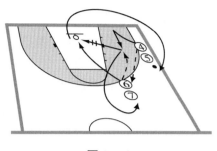

圖 3-56

【要求】下壓上提應有節奏變化，有假動作、有掩護意圖，投籃連貫協調。

5. 跳起投籃練習

【方法】原地跳起投籃。如圖 3-57 所示，隊員在罰球線兩側站成兩路縱隊，每人一球，依次投籃，投籃後自搶籃板球站到另一隊的排尾。

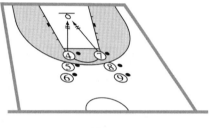

圖 3-57

【要求】持球下蹲、舉球和起跳動作協調連貫，控制好身體重心，在接近最高點時出手。

五、投籃技術教學中易犯錯誤及及糾正方法

(一)雙手胸前投籃

【易犯錯誤】

1. 持球手法不正確，肘外張，手臂僵硬，手腕動作緊張。
2. 投籃時兩手用力不一致，伸臂不夠充分，出球時手指沒

有自然分開。

3.投籃時用力不集中,由於用不上力量而形成推球動作。

【糾正方法】

1.講解示範法:講解、分析雙手胸前投籃技術的難點與關鍵,並透過不同的示範(側面、正面、重點示範,結合持球動作、腿、腰腹、臂的協調用力和手腕、手指的最後用力動作),使學生在建立正確技術動作概念的同時,加深對技術動作細節的理解。

2.誘導法:徒手模仿練習。學生成體操隊形,面對教師站立,根據教師口令做向前上方伸臂及翻抖手腕的動作。糾正伸臂不充分、兩臂用力不一致、動作僵硬的錯誤。

持球模仿練習。學生兩人一組一球,相互進行對投練習。

3.變換法:分解、組合練習。學生成體操隊形,持球面對教師站立,根據教師口令做持球與伸臂練習;兩手持球手臂伸直,做最後出球時手腕、手指外翻撥球的動作練習;完整動作練習(將球撥出)。

矯枉過正練習。學生在距離球籃 6 米左右地方做遠投練習。體會全身協調用力。

(二)原地跳起投籃

【易犯錯誤】

1.起跳後身體重心控制不穩,失去平衡。

2.起跳後髖關節彎曲,形成「後坐」和「挺腹」動作。

3.起跳時的蹬地時間與舉球、伸臂動作配合不協調。

4.投球出手過晚,身體在空中下降時球才出手。

【糾正方法】

1. 講解示範法：講解、分析跳起單手投籃技術的難點與關鍵（起跳——引球上舉；空中保持身體平衡），並透過不同的示範（側面、正面），使學生在建立正確技術動作概念的同時，加深對技術動作細節的理解。

2. 誘導法：起跳和空中平衡練習。學生成體操隊形，根據教師口令，連續做原地起跳、空中維持身體重心平衡的練習。此練習亦可持球進行模仿練習。糾正起跳與引球上舉的配合不協調和跳起時身體重心不穩的錯誤。

輔助性練習。學生兩人一組，面對面站立，一人持球做原地跳投的模仿動作，另一人則用手扶住同伴腰部兩側，使其體會身體在空中的平衡感覺，糾正起跳後身體重心不穩，髖關節彎曲，形成「後坐」「挺腹」的錯誤動作。

3. 變換法：減小蹬地力量，降低起跳高度和縮短投籃距離的投籃練習。學生在距離球籃 3 米左右處，做輕跳投籃，重點體會在跳起的最高點投球出手。糾正投籃出手過晚和身體下降時球出手形成「後坐」「挺腹」的錯誤動作。

六、投籃技術教學訓練的建議

（一）在投籃技術教學訓練中，建立在正確投籃技術動作定型的基礎上，要把投籃與擺脫防守、傳球、接球、運球、突破、腳步動作、假動作、搶籃板球等技術結合起來，培養其應變能力。

（二）重視投籃的心理訓練，提高投籃命中率。透過比賽和一些特殊的訓練手段，提高學生的抗干擾能力，使他們能在一定的心理壓力下，保持較高的投籃命中率。

（三）在戰術背景下進行投籃訓練，培養學生的配合意

識,提高他們運用投籃技術的能力。

（四）在教學、訓練中隨時注意觀察,發現錯誤動作,找出其產生的原因,及時採取針對性的措施加以糾正,以免形成錯誤的動力定型。

思考題：

1. 簡述原地單手肩上投籃的動作方法及要領。
2. 如何正確地選擇投籃的瞄準點？
3. 簡述影響投籃命中率的因素有哪些。
4. 在籃球比賽中,如何創造良好的投籃時機？
5. 簡述投籃技術教學的步驟。

第四節 運 球

運球是持球隊員在原地或行進中用單手連續按拍由地面反彈起來的球的一種動作方法,是籃球比賽中個人進攻的重要技術。它不僅是個人擺脫、吸引、突破防守的進攻手段,也是組織全隊戰術配合的橋樑,並且對發動快攻、突破緊逼防守都起著極大的作用。

透過不斷的練習,能促進學生熟識球性的提高,增強手對球的控制、支配能力。隨著籃球技術的發展和競賽規則的修訂,放寬了手對球吸拉過程的尺度,運球動作及其運用都發生了極大的變化。

一、運球技術分類

運球技術動作方法較多,可以分為原地運球和行進間運球兩大類（圖3-58）。

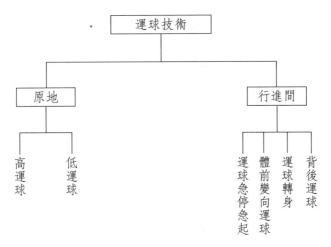

圖 3-58　運球技術分類

二、運球技術簡析

運球技術動作方法很多，但各種運球技術動作過程都是由身體姿勢、手臂動作、球的落點、手腳和身體的協調配合四個環節組成。

運球技術的關鍵是手對球的控制支配能力，腳步移動的熟練程度以及手、腳、身體三者的協調配合。

(一)身體姿勢

兩腳前後開立與肩同寬，兩膝微屈，上體稍向前傾，抬頭平視，非運球手臂屈肘平抬，以保護球和維持身體平衡。

(二)手臂動作

運球時，手指自然張開，用手指和指根以上的部位及手掌外緣接觸球，手指、手腕放鬆。運球動作隨比賽情況而有

所不同，低運球時以肘關節為軸，手指、手腕快速按拍球。高運球時以肩關節為軸，用手指、手腕按拍球。當球從地面反彈起來時，用屈肘、伸腕和手指的動作緩衝球向上反彈的力量，以控制球的反彈高度、速度和角度。

(三)球的落點

運球的速度、方向不同，按拍球的部位由運球的方向和速度來決定，按拍部位不同，球的落點也不同，球的入射角與反射角也不同。按拍球的力量大小決定球從地面反彈的高度和速度。按拍球時，應隨球上下按壓，儘量延長手對球控制的時間，這樣有利於控制支配和保護球，便於改變動作和觀察場上情況。

(四)手腳和身體的協調配合

運球一般是在移動中進行的，既要使移動速度與球運行速度一致，又要保持合理的動作節奏，並注意對身體重心的控制。動作的協調一致關鍵在於按拍球的部位、落點的選擇和運用力量的大小。手臂動作的變化要與腳步動作、身體姿勢改變同步進行，以使整個運球動作協調地完成。

當前，運球動作由以肘為軸改變為以肩為軸，迎送球的動作幅度加大，球附著於手上的時間加長，有利於對球的控制。球的落點在身體的側後方，遠離防守以利於保護球，更具有實效性和多變性。

根據球場上情況和本隊戰術的需要，適時而恰當地運用運球，對全隊進攻能起到較大的促進作用。

三、運球技術動作方法

(一)原地高、低運球

1. 高運球：

通常在沒有防守隊員時運用。其特點是球反彈較高，便於觀察場上情況。同時在行進中按拍球的速度較均勻，因此動作簡單易學。

【動作方法】運球時兩腿微屈，上體稍前傾，目平視。以肘關節為軸，前臂自然屈伸，手腕和手指柔和而有力地按拍球的後上方，用指根及指腹部位觸球，食指向前。球的落點控制在運球手同側腳的外側前方，使球的反彈高度在胸腹之間，手、腳協調配合。快速運球行進時，手觸球的部位要向後移，用力要稍加大，球的落點離腳要遠些（圖 3-59）。

【動作要領】在手型正確的基礎上，主動迎球，隨球上引，前臂屈伸，控制球的落點；手按拍和腳步移動協調配合。

圖 3-59　高運球

2. 低運球：

在高運球行進過程中遇到防守隊員時，常用低運球擺脫防守隊員的搶截。

【動作方法】運球行進中遇防守隊員時，減速彎腰屈腿，屈腕用手指和指根部位短促地按拍球的後上部，使球控制在膝關節高度，從防守人的一側超越（圖3-60）。

圖3-60　低運球

3. 動作要領：

突然改變運球高度，並且要控制好按拍球的反彈力量，上下肢協調配合。

(二)運球急停急起

在對方防守較緊時，利用速度的變化擺脫對手，如用以破全場緊逼防守。

【動作方法】在快速運球中突然急停，使身體重心下降，手按拍球的前上方，使球停止向前運行，目視前方。急起時，兩腳用力蹬地，上體迅速前傾起動，同時手按拍球的後側上方，人、球同步快速前進（圖3-61）。

圖 3-61 運球急停急起

【動作要領】急停穩、起動快，人和球速一致，上體前傾和腳的蹬地協調配合。

(三) 體前變向運球

在快速行進間運球中，當對手堵截運球前進的路線時，突然向左或向右改變運球方向，藉以擺脫防守。

【動作方法】以右手運球為例，運球隊員從防守隊員左側變向突破時，先向其右側做變向運球假動作，當對手移動堵截運球時，突然用右手按拍球的右側後上方，使球經自己體前向左側前方反彈。同時左腳迅速隨球向左側前方跨步，上體同時向左扭轉，身體重心要降低，側肩貼近防守者，將球壓低。當球反彈至腹部高度時，右腳蹬地迅速前邁，左手拍球的後側上方，超越防守（圖 3-62）。

圖 3-62　體前變向運球

(四)運球轉身

當對手逼近不能用體前變向運球突破，而且距離又較近時，可迅速改用運球轉身來突破防守。

【動作方法】當對手堵右側突破時，迅速上左腳，微屈膝，重心移至左腳，並以左腳前腳掌為軸做後轉身，右手將球拉至身體的後側方，並按拍球落在身體的外側方，然後換左手運球，加速超越防守（圖 3–63）。

【動作要領】控制好重心和球，轉身迅速，蹬、轉、拍協調連貫。

圖 3–63　運球轉身

(五)背後運球

當對手堵截運球一側，距離較近，不便於運用體前變向運球時，可採用背後運球，改變方向突破防守。

【動作方法】在跑動中背後向左變向時，右腳前跨，同時右手按壓球的前上方，手臂逐漸外旋，手指迅速向下，手心向前，在背後直臂按拍球的右側後上方，使球向左腳的側前方落地，隨即邁左腳，球反彈後換左手繼續向前推拍前進，加速超越防守（圖3-64）。

圖3-64　背後運球

【動作要領】按拍球的部位正確、手腳動作配合協調一致。

四、運球技術的教學步驟與練習方法

(一)教學步驟

1. 運球技術的教學步驟一般應先教原地運球、行進間高與低運球、運球急停急起、體前變向運球、背後運球、轉身運球和胯下運球。

2. 向學生講清運球的目的和作用，以及運用的時機、動作方法、動作要領和關鍵環節，指導其掌握正確的運球技術。

(二)練習方法

1. 原地運球練習（熟識球性練習）

【方法】學生每人一球，成體操隊形，進行各種練習。

【要求】體會手指、手腕、上臂、前臂用力和按拍球的手型，以及各種前推、後拉、左右變向時按拍球的部位和用力，提高控制球、支配球的能力。

（1）高運球練習

【方法】同上。

【要求】站立姿勢和運球手法要正確，重點體會主動迎球、隨球上引（黏球）的動作。

（2）低運球練習

【方法】同上。

【要求】兩膝彎曲降重心，運球高度在膝部以下，快速

按拍球。

（3）體前側（拉）、後（推）運球練習

【方法】按拍球的部位正確，力量適中，落點好，重心下降，控制好球。

2. 行進間運球練習

（1）直線高運球練習

【方法】分三組或四組站在端線外，每組一球，同時向對面端線運球，返回時換另一手運球，然後交給下一隊員。為增加練習興趣，此練習可結合分組競賽進行。

【要求】運球時抬頭目視前方，速度由慢到快；控制球的落點、速度，手、腳要協調配合。

（2）繞障礙物或弧線運球

【方法】如圖 3-65 所示，可以兩組同時開始繞球場的三個圓圈做；也可單組進行，交換練習；亦可繞罰球區和中線的圓圈後到另一罰球區圓圈時用另一手運球練習等。

【要求】沿圓圈運球時，注意身體重心內傾，手按拍球的側後上方，克服慣性力；兩手交替運球。

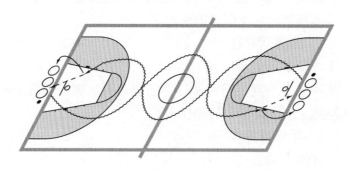

圖 3-65

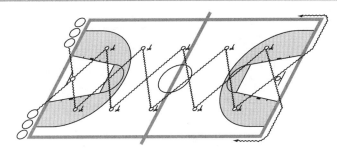

圖 3-66

（3）運球轉身或背後運球

【方法】如圖 3-66 所示，按圖示路線運球到障礙物時，做後轉身運球一次或背後運球一次，再換手繼續向另一障礙物運球。

【要求】變換動作要突然加快運球速度。

（4）運球急停急起練習

【方法】根據教師口令、手勢、信號等，練習急停急起或變速運球。成體操隊形，兩隊同時做或橫排集體做。

【要求】要停穩，起動快；變速時注意掌握好節奏、高低，注意加速。

3. 運球技術綜合練習

（1）運球與傳、接球技術結合練習

【方法】如圖 3-67 所示，⑤開始運球，在運球中將球傳給⑥，然後跑至⑨的隊尾。⑥接球後運球中把球傳給⑦，然後跑至⑪的隊尾。依此類推，連續練習。

【要求】運球與傳球的銜接要快而協調，不走步違例。

（2）運球、傳接球、投籃練習

【方法】如圖 3-68 所示，⑦和④各持一球，同時開始運

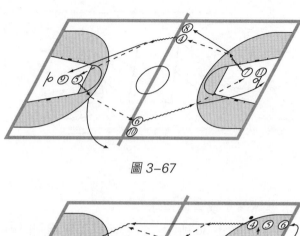

圖 3-67

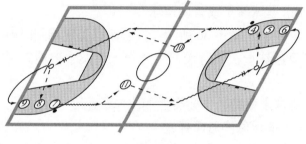

圖 3-68

球，運至罰球線延長線時，分別將球傳給⑪和⑩，傳球後迅速向籃下切進，途中再分別接⑪和⑩的回傳球，快速運球上籃。投籃後自搶籃板球，分別傳給⑤和⑧。依次練習。

【要求】技術動作的銜接要連貫協調，不走步違例。

4. 運球對抗練習

（1）全場一對一攻守練習

【方法一】開始時防守隊員背手防守，幾次以後改為積極防守練習，到前場底線返回時，攻守交換，輪流練習。亦可規定每組往返若干次後由另一組進行練習。

【要求】防守從消極到積極；運球隊員變化要多，要突

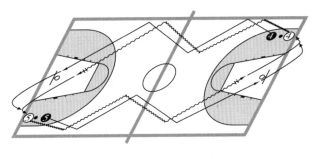

圖 3-69

然，並注意保護球。

【方法二】如圖 3-69 所示，分兩組在（縱）半場內同時進行，進攻隊員用體前變向換手、運球急停等技術擺脫、超越防守。攻守交換練習。

【要求】進攻者動作變化要突然。防守由消極到積極，要認真。

（2）半場二防三練習

【方法】在半場內二防三練習。規定一定的控制球時間算進攻成功，也可三防四、四防五進行練習。

【要求】攻防積極，積極搶斷球。

五、運球技術教學中易犯錯誤及
　　其糾正方法

(一)掌心觸球（拍球時有聲響）

【原因】手型不正確（沒有成半球形）；手沒有主動迎接從地面反彈起來的球，隨球上引緩衝不好；沒有用第一指節觸及球。

【糾正方法】講清正確動作概念，做正確示範，幫助分析原因；多做（體會）手指、手腕隨球上引和柔和按拍的動作，如對牆連續拍球、坐在小凳上拍球等。

(二)帶球跑

【原因】對帶球跑的概念理解不清，或銜接其他動作時腳步動作不清楚，球運得太高。

【糾正方法】運球教學要結合規則進行，講清概念，並對易犯的幾種違例現象一一示範，進行分析；練習中要嚴格要求，發現走步違例要及時糾正、重做，反覆練習；運球時用力要適度。

(三)兩次運球

【原因】手接觸球的部位不正確，停止運球時沒有接穩球（注意力不集中或緊張）；雙手運球。

【糾正方法】結合規則講清兩次運球概念，並多做正、誤示範和模仿，嚴格要求，及時糾正，養成好習慣。

(四)原地或行進間運球時低頭看球

【原因】控制球不熟練，或降低重心時只彎腰、不屈膝。

【糾正方法】教師要強調大膽運球，鼓勵學生不看球，在快速運球中培養學員手指的球感，這樣才能解放視野；要強調屈膝降重心。

(五)運球時腳踢球

【原因】手控制球的能力差，球的落點不好；注意力不

集中。

【糾正方法】反覆練習，提高控制球的能力；強調落點在前腳的外側前方。

六、運球技術教學訓練的建議

（一）在教學與訓練中，要著重抓好運球基本功的訓練，提高學生控制球、支配球的能力。學生初步掌握了運球動作後，要求他們抬頭運球，用手的感覺來控制球，並在訓練中嚴格要求，使他們養成運球時目視前方、觀察場上情況和屈膝的習慣。

（二）教學訓練中要狠抓運球的關鍵，要結合各種熟識球性的輔助性練習，練好手上功夫和腳步動作的快速與靈活性。特別要注意弱手的運球訓練。

（三）在加強防守的練習中，要從消極防守到積極防守，在不斷加強對抗的訓練中，逐步提高學生的應變能力。

（四）運球必須與傳接球、投籃、突破和搶籃板球等技術結合訓練。結合戰術訓練時，要注意培養學生運球的戰術意識，掌握好運球時機，不濫運球，要根據全隊戰術配合的需要合理運用。

思考題：

1. 簡述運球技術動作由哪幾個環節所組成。

2. 簡述運球轉身技術的動作要領。

3. 簡述運球技術的教學步驟。

4. 簡析運球轉身技術的動作要領和易犯錯誤及其糾正方法。

5. 試述現代籃球比賽中運球技術與過去相比有哪些不同。

第五節　持 球 突 破

持球突破是持球隊員運用腳步動作和運球技術快速超越對手的一項攻擊性很強的技術。持球突破不僅能創造良好的個人攻擊機會，而且能造成對方犯規，打亂對方的防守部署。持球突破若能巧妙地與投籃、傳球假動作有機結合起來運用，能使進攻技術更加靈活、機動，富有攻擊性。

一、持球突破技術分類

持球突破可分為原地持球突破和運球中突破。根據動作結構可分為原地交叉步運球突破和原地同側步運球突破兩種。

二、持球突破技術簡析

持球突破技術動作主要由蹬跨、轉體側身探肩、推放球和加速等幾個環節所組成。

(一)蹬　跨

突破時，兩腳左右開立稍寬於肩，屈膝降低重心，重心控制在兩腳之間，雙手持球於胸前。突破時跨出的第一步要稍大，搶佔有利的超越位置，但以不影響前進速度為度。跨出的腳要落在緊靠對手的側面，腳尖向著突破方向，以便第二步蹬地加速突破防守。

(二)轉體側身探肩

上體前移轉體與側身探肩同時進行，以利於加速突破的

起動速度和利用上體擋住防守者，迅速佔據空間的有利位置，便於突破對手和保護球。

(三)推放球

突破前，雙手持球於腰胯部位，在轉體側身探肩的同時將球稍向側移，同側手扶球的後上部位，另側手托球的下部。突破時突然起動蹬地產生初速超越時立即向前下方推放球，要做到以球領人，以利於銜接下一個動作。

(四)加　速

在完成上述動作之後，中樞腳迅速蹬地，加速超越對手。

蹬跨、轉體側身探肩、推放球和中樞腳蹬地等環節緊密銜接，互相促進，快速連貫地完成突破。加速是前三個環節的繼續，只有熟練地掌握這幾個環節，才能較好地掌握持球突破技術動作。

三、持球突破技術動作方法

(一)交叉步持球突破

【動作方法】以右腳做中樞腳為例，突破時，兩腳左右開立與肩同寬，兩膝微屈，重心控制在兩腿之間，持球於胸腹之間。突破時，左腳前腳掌內側用力蹬地，同時上體右轉探肩，貼近對手，球移至右手，左腳交叉步前跨搶位，同時向左腳左斜前方推放球，右腳用力蹬地跨步，加速超越對手（圖3-70）。

【動作要領】蹬地跨步有力，起動突然，四個環節協調連貫。

圖 3-70　交叉步持球突破

(二)同側步持球突破

【動作方法】以左腳做中樞腳為例，突破前，兩腳左右開立稍大於肩，兩膝微屈，重心控制在兩腿之間，持球於胸腹前。突破時，右腳向右前方跨一大步，同時轉體探肩，重

心前移，右手放球於右腳側前方，左腳迅速蹬地並向右前方
跨出，加速運球超越對手（圖3-71）。

　　【動作要領】第一步要小而快，轉體探肩動作要突然。

圖3-71　同側步持球突破

四、持球突破技術的教學步驟與練習方法

(一)教學步驟

1. 教學的步驟是：應先教原地交叉步突破和同側步突破，它們是教學訓練的重點。

2. 教學訓練步驟和方法應遵循由易到難、由簡到繁的原則。先學單個技術動作，再學組合技術動作，最後在消極防守和積極防守中學會運用。在練習中應學會兩腳都能做中樞腳，防止帶球走違例。

(二)練習方法

1. 原地各種步法的徒手練習

【方法一】全隊如圖 3-72 所示站位，跟著教師△的信號做各種跨步練習。開始做交叉步，然後再做同側步跨步練習。

【要求】蹬地有力，擺動腳跨出成弓步，然後快速收回；做出轉體探肩護球動作。

【方法二】如圖 3-73 所示，兩人一組，一攻一防，進攻者○做投籃或傳球假動作，防守者●做出相應的反應，○根據●的動作立即突破，或●做誘導性動作，○根據●的誘導動作採用相應的突破方法過人。突破後，兩人均做後轉身，○傳球給●，●用同樣方法突破○的防守。練習重複進行。

【要求】進攻者突破前做各種假動作，誘使防守者產生

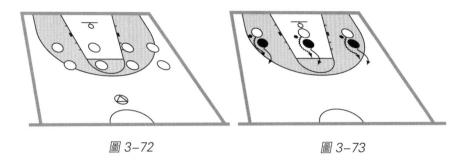

圖 3-72　　　　　　　　　　圖 3-73

位置、重心和距離的變化，再根據其變化做相應的突破動作過人，突破動作要正確、快速、有力。

2. 完整動作的練習

【方法】如圖 3-74 所示，進攻隊員每人一球，持球位於右側，做持球突破運球上籃。投籃後搶籃板球運球至隊尾，依次進行。

【要求】蹬、轉、探、拍各環節動作連貫協調，中樞腳不要移動。

3. 擺脫接球後的突破練習

【方法】如圖 3-75 所示，隊員依次做擺脫接球後突破上籃。

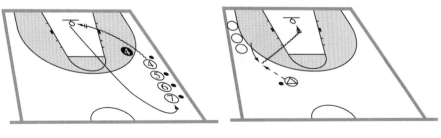

圖 3-74　　　　　　　　　　圖 3-75

【要求】接球後要控制好身體重心,突破前要做瞄籃、傳球假動作。

4.各種位置上的一對一練習

【方法】在前鋒、後衛和中鋒位置上的一對一突破練習。

【要求】

(1)進攻者從擺脫接球開始,接球後根據防守者的情況實施突破。

(2)投籃後雙方積極拼搶籃板球。

(3)攻、守轉換快,進攻者搶到籃板球後發動二次進攻,防守者搶到籃板球後快速傳球給教師。

5.二對二攻守練習

【方法】如圖3-76所示,兩人一組,場上兩組同時進行練習,其他組在中線附近站好。練習開始,❹和❺分別積極防守④和⑤,⑤傳球給擺脫防守的④後同❺一道退下站到中線隊伍的排尾。④和❹練習一對一。④用合理的動作突破❹投籃,投籃後雙方積極拼搶籃板球,④搶到籃板球後做二次進攻,❹搶籃板球(包括④投中的球)後立即運球到原⑤的

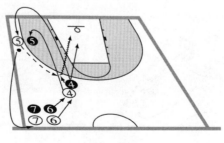

圖 3-76

位置上，④投籃後站到原❺的位置變成防守者，積極封堵❹傳給❻的球，❻和⑥站到原❹和④的位置上，⑥積極擺脫❻的防守接④的傳球，練習又重複進行。

【要求】

（1）攻、守積極，④用各種方法突破❹的防守投籃；雙方積極拼搶籃板球。

（2）攻、守轉換快，傳球要隱蔽、及時、快速、到位。

6. 半場三對三的練習

【方法】規定進攻隊員不允許做掩護，只能用突破和突破分球，防守隊員只能做人盯人防守，不允許交換防守，看哪個隊先得 10 分。

【要求】

（1）突破勇猛，時機掌握好。突破和傳球、投籃銜接好，運用合理。

（2）投籃後積極拼搶籃板球。攻、守轉換快。

五、持球突破技術教學中易犯錯誤及 其糾正方法

1. 持球突破時，中樞腳移動或放球晚造成走步違例

【糾正方法】

（1）講解示範法。講解正確動作方法，並做示範，讓學生建立正確動作概念。

（2）誘導法：模仿誘導練習。讓動作錯誤與動作標準的學生同在大鏡子前做蹬地、推拍球的模仿練習，以觀察、分

析、對比正誤動作。使有錯誤的學生看清自己的錯誤並加以改正。

信號誘導練習。學生成一排橫隊，根據教師口令做如下動作：口令「一」跨步落地的同時運球。口令「二」，蹬地還原。

（3）意念練習：讓學生在腦海裏重複正確的蹬地、推拍球動作。在其對動作有了很清晰的瞭解後再實際練習。

2. 持球突破時第一步小，重心高

【糾正方法】

（1）講解示範法：講解突破第一步大的優越性，並做正確示範，使學生建立正確概念。

（2）限制法：借助障礙架限制練習。學生在距籃5米位置站成一路縱隊，距排頭1米遠放一個丁字形障礙架（或由人以雙手側平舉姿勢站立代替）進行持球突破練習。要求學生第一步到達規定的距離。

（3）誘導法：教師由語言誘導，提示動作要點，讓學生在消極對抗情況下進行突破練習。

3. 持球突破時，轉、探肩不夠，不注意保護球

【糾正方法】

（1）講解示範法：講解正確的轉、探肩動作，並做示範，使學生建立正確的概念。

（2）誘導法：讓學生在大鏡子前與技術較好的同學一起做持球突破的模仿練習。使動作錯誤的學生能清楚地看到自己的錯誤動作，並加以改正。

（3）對抗練習：兩人一組一攻一守，讓進攻者在消極防

守情況下體會正確的轉、探肩動作要領。

4.持球突破時不敢貼近對手切入，而是繞一個弧遠離對手

【糾正方法】

（1）講解示範法：講解正確動作方法，並做示範，讓學生建立正確動作概念。

（2）誘導法：兩人一組相對站立，相距約 1 米，一人持球進行模仿練習，一人當障礙物幫助進行練習。要求持球突破者緊貼防守者切入。

（3）限制法：讓學生每人在自己前面畫出正確的持球突破路線並根據自己的身高、步長情況畫出放球的落點。練習時根據所畫標記進行。

（4）對抗練習：增加練習強度。兩人一組，一人持球突破，一人消極防守（幫助性防守）。持球突破速度不要求很快，但身體要用力緊貼進攻者切入。

六、持球突破技術教學訓練建議

（一）持球突破技術教學中，應注意技術動作規範，要教會學生兩腳都能做中樞腳，以及明確規則對技術動作的要求，並能合理運用。

（二）重視培養良好的突破意識，提高觀察判斷能力，掌握突破時機，不斷提高持球突破的能力。

（三）注意培養勇猛、頑強的作風，敢於在貼身緊逼中運用突破技術。同時也應注意掌握靈活的突破技巧，逐步學會利用位置差、時間差、假動作和節奏變化等方法，發揮突破的威力。

思考題：

1. 持球突破技術由哪幾個環節組成？

2. 簡述交叉步持球突破的動作要領。

3. 簡述初學者在學習持球突破技術時易犯哪些錯誤。

4. 簡析在籃球比賽中投籃、持球突破、傳接球三者之間的辯證關係。

5. 試述持球突破技術在教學訓練中應注意哪些問題。

第六節　防守技術

防守技術是防守隊員為阻撓和破壞對手的進攻，合理運用腳步移動和手臂動作，積極搶佔有利位置，以達到爭奪控制球權的目的所採用的各種專門動作方法的總稱。

防守對手是一項綜合性的個人技術，它不僅需要快速的腳步動作和靈活多變的手部攻擊動作，而且還要具備良好的觀察、判斷和敏捷的反應能力。防守隊員要積極地搶佔合理的位置，干擾、破壞對手的進攻行為，爭奪控制球權，同時，還要想方設法破壞對方的戰術配合和限制對方的進攻速度。防守對手是個人防守技術，也是集體防守戰術配合的基礎。因此，必須高度重視個人防守技術的教學訓練，促進防守和進攻技、戰術的全面提升。

一、防守技術的分類

防守技術是一項綜合的技術動作，主要包括防守無球隊員和防守持球隊員，具體分類如圖 3–77 所示。

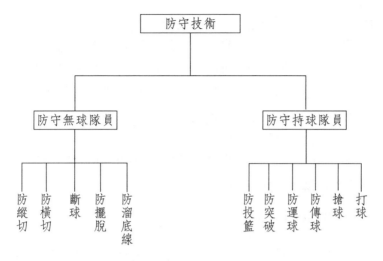

圖 3-77 防守技術分類

二、防守技術簡析

防守技術是由腳步動作、手臂動作結合對手與球、籃的位置、距離等因素所構成的。腳步動作是防守時採用的移動步法，是個人防守技術的基礎。

防守隊員運用腳步動作，搶佔有利的位置與手臂動作配合干擾對方傳、接球，封蓋投籃和搶、打、斷球，最大限度地破壞對方進攻，以達到爭奪球權的目的。

(一)防守無球隊員

防守無球隊員是指進攻隊員處於無球狀態時，防守隊員靈活地運用多種移動步法和手部的有效組合，最大限度地防止和破壞對手行動。

現代籃球比賽中無球進攻隊員的行動越來越體現出速度快和攻擊性強，力求移動到自己有效投籃點或攻擊區域內去

的接球，或是力圖與防守者形成位置差、時間差去接球，從而達到接球後的有效攻擊目的，這就對防守無球隊員提出了更高的要求。防守無球隊員是一個連續的移動和爭奪球的過程，必須具備多種防守移動步法，並能根據需要熟練合理地組合在一起加以運用，要求在移動過程中始終保持較低的身體重心，以便隨時快速改變方向和步法。

防守無球隊員的方法包括防守位置的選擇、防守姿勢、腳步動作和斷球等環節。

1. 防守位置

防守時，位置的選擇非常重要。正確合理地搶佔有利位置，是防守主動的重要條件。防守隊員要根據對手、球籃和球的位置與距離，以及對手的身高、速度、進攻特點、戰術需要和自身防守能力來選擇防守的位置和距離。為了做到人球兼顧，應與球和對手保持一定的角度和距離。選位於對手與球籃之間偏向有球一側的位置上。

防守的距離要根據對手與持球人距離而定。根據球在場上的位置，可將球場分為強側和弱側。球所在的一側為強側，遠離球的一側為弱側（圖3-78）。

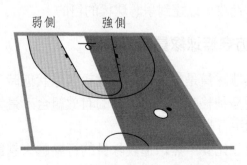

圖3-78

強側防守無球隊員的位置
選擇，應站在對手與球籃之
間，偏向有球一側。離球近則
近，離球遠則遠。防守時要能
達到干擾對方之間傳遞球（圖
3-79），形成球、對手與防
守者之間的三角形關係。

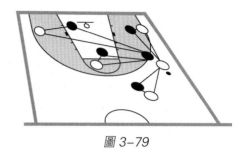

圖 3-79

弱側防守無球隊員的位置，應選擇在與對手相對遠些、
靠近球籃一側的位置。

2. 防守姿勢

正確的防守姿勢能保證擴大控制面積和及時向不同方向
移動。選擇防守姿勢與對手和球的距離遠近有關。

強側（有球側）防守方法：

防守距離球較近的對手時，經常採用面向對手側向球的
斜前站立姿勢（圖 3-80）。靠近球側的腳在前，屈膝，重心
在兩腳之間，便於隨時起動，堵截對手擺脫移動的接球路
線。伸右側手臂，拇指朝下，掌心向球，封堵傳球路線，干
擾對手接球。特殊情況下，為了不讓對手接球，在弱側防守
時也採用這種防守姿勢。

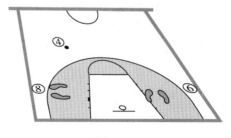

圖 3-80

弱側（無球側）防守方法：

防守距離球較遠的對手時，為了便於人球兼顧和協防，經常採用面向球，側向對手的站立姿勢（見圖 3-80 的弱側）。兩腳開立，兩腿稍屈，兩臂伸於體側，掌心向著球的方向。密切觀察球、人的動向，並隨著球或人的移動而不斷地透過滑步調整自己的防守位置。

3. 腳步動作

防守時，防守隊員要根據球和人的移動，合理地運用上步、撤步、滑步、交叉步、碎步和快跑等腳步動作，並配合身體動作搶佔有利防守位置，堵截其擺脫移動路線。在與對手發生對抗時，重心下降，雙腳用力扒地，兩腿彎曲，擴大站位面積，上體保持適宜緊張度，在發生身體接觸瞬間提前發力，主動對抗。合理使用手臂動作干擾對手視線，擴大防守空間，保持身體平衡，快速移動，搶佔有利位置。

防守位置、姿勢與腳步動作三者間有著密切的內在聯繫。不同位置、不同姿勢、不同動作的有機結合、運用與變化，構成了完整的防守。

(二)防守持球隊員

籃球比賽中持球隊員的進攻對防守的威脅最大，因為只有持球隊員才有得分的機會，或傳球給無球隊員創造得分機會，所以，防守持球隊員的主要任務是要盡力干擾對手的投籃、傳球，堵截其運球突破，封堵其助攻傳球，並積極搶打球，以達到獲得控制球權的目的。

1. 防守位置

當進攻隊員接球的一瞬間，防守隊員應及時站位於對手與球籃之間，保持適當的距離，並用正確的防守姿勢，積極移動，阻截和干擾其進攻。

有時防守的位置要根據所防對手的特點和本隊戰術的需要作適當的調整，以能控制對手為原則。

如進攻隊員投籃較準而運球突破技術較差，則應大膽地靠近投籃隊員，封蓋其投籃；如進攻隊員運球突破技術強，又習慣於向右側突破，防守隊員應距離對手稍遠些，並站在對手向右側突破的路線上；如進攻隊員不習慣於左手運球，防守隊員在移動過程中應儘量迫使其用左手運球，以便造成其失誤或給本隊創造夾擊的機會。

2. 基本步法

防守持球隊員的步法，要根據進攻隊員在場上的位置、距離球籃的遠近、持球隊員的特點等選用。一般採用的步法有平步和斜步兩種。不管採用何種步法，都要以靈活的腳步動作作為基礎，搶佔有利的防守位置，爭取防守的主動權。

（1）平步步法。

兩腳平行開立，這種步法的優點是：防守面積大，便於左右移動，對防守對方突破較有利。

（2）斜步步法。

兩腳前後開立，以便前後移動，對防投籃較為有利。

三、防守技術的動作方法

(一)防守無球隊員的動作分析

1. 防縱切接球

如圖 3-81 所示，進攻隊員④傳球給⑧，防守隊員❹及時偏向球側錯位防守，當⑧向籃下縱切要球時，❹應搶前移動，合理運用身體堵截縱切路線，同時伸出左臂封鎖接球，迫使對手向遠離方向移動。再如圖 3-82 所示，④持球，❽貼近進攻隊員⑧並錯位防守，當⑧向上擺脫做要球假動作後做縱切（亦稱反跑）時，❽應迅速下滑，面對貼近對手⑧，同時轉頭伸左臂封鎖接球。此時，也可以撤前腳後轉身，面向持球隊員，伸右臂封鎖接球，利用左手或身體接觸對手。

2. 防橫切接球

如圖 3-83 所示，④持球，⑥橫切要球時，❻上左腳，合理運用身體堵截，同時伸左臂封鎖接球，不讓他從自己身前橫切要球。這時如果⑥變向沿底線橫切時，❻應面向球，貼近對手，迅速撤右腳，滑步，同時轉頭，伸右臂封鎖接球，

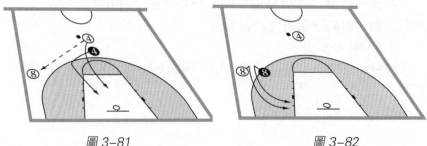

圖 3-81　　　　　　　　　　　　圖 3-82

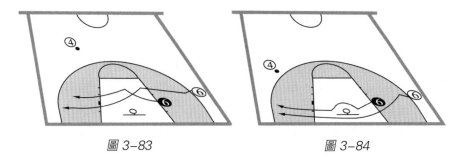

圖 3-83　　　　　　　　　　圖 3-84

不讓他在限制區內接球，迫使其向場角移動，有時亦可撤左腳。當⑥直接從底線橫切（亦稱溜底線）時，如圖 3-84 所示，❻開始面向球滑步移動，卡堵對手，以身體某部位接觸對手，跟隨其移動，同時伸左臂封鎖接球。待對手移過縱軸線進入強側時，❻迅速上右腳前轉身貼近對手，伸右臂封鎖接球，將對手逼向場角。

3.斷球

斷球是搶獲對方傳接球的方法。根據傳球方向與對手之間的位置關係，有橫斷球、縱斷球和封斷球。不論是從接球者的側面或後面進行斷球，還是封堵傳球者的傳球，都要有積極的移動步法來配合，躍出獲球或接近封堵都要準確地判斷傳球隊員傳球出手的瞬間。橫斷球和縱斷球要注意躍出的步法，蹬地要快而有力，用身體將接球者擋身後。封斷球則要求手臂攔截動作快速。截獲球後要注意身體平衡，迅速轉入下一個動作，反守為攻。

【動作方法】當防守者要從對手右側繞前斷球時，右腿先向前跨第一步，然後側身跨左腳繞到對手身前，同時重心前移，左腳（或雙腳）用力蹬地向前躍出，身體伸展，兩臂前伸，將球截獲。

【動作要領】側身繞前，跨步要迅速有力，手部前伸突然。

橫斷球是指從側面躍出，截獲進攻隊員的傳球。

【橫斷球的動作方法】斷球時，重心迅速向斷球方向移動，以短而快的助跑，單腳或雙腳用力蹬地突然躍出，身體伸展，兩臂前伸，用雙手或單手將球截獲（圖3-85）。

圖3-85　橫斷球

【動作要領】蹬地有力，躍出快速突然。

　　縱斷球是指從接球隊員身後或側後方突然用繞前防守步法躍出，截獲進攻隊員的傳球（圖3-86）。

圖 3-86　縱斷球

(二)防守持球隊員的動作方法

1.防投籃

防對手中距離投籃時，應站在對手與球籃之間貼近對手的位置上，兩腳前後斜立，屈膝直腰，前腳同側手伸向對手瞄籃的球，並積極揮動，干擾和影響其投籃，重心略偏前腳，並稍微提踵，腳下要不停地前後碎步移動。另一臂側張，以防其傳球和保持自身平衡，以便隨時變換防守動作。

如果防守隊員距離對手較遠時，應在對手接到球的同時，迅速移動到適當距離的位置上；如果對手已接到球，而防守隊員的距離較遠時，防守隊員就應積極揮擺前伸的手，同時積極移動腳步，逐漸接近對手，防止其接球後立即投籃。防守隊員向前移動時切忌步幅太猛和過大，以免失去身體平衡，使對手獲得突破的機會。

如果投籃隊員進行投籃時，或防守隊員上步不及時，則應隨對手的出球動作，迅速順勢起跳，單臂上伸封蓋，影響其投籃的方向和出手的角度。

2.防突破

防突破的位置和距離的選擇，應根據持球的對手離球籃的遠近和對手的特點而定。對手距球籃遠，又善於突破時，防守隊員應以防突破為主，搶佔持球隊員與球籃之間貼近對手的位置，做好防守姿勢。

如持球隊員由投籃變為向防守隊員左側突破時，防守隊員的前腳應迅速用前腳掌內側用力蹬地，撤步並迅速向左側斜後方滑步，阻截其突破路線；如進攻隊員變投籃向防守隊

員右側突破（交叉步突破）時，防守隊員應迅速蹬地向右側斜後方做後撤步，並伴隨對手做橫滑步，阻截其突破路線，使其被迫改變動作方式和動作方向。

3. 防運球

在一般情況下，為了不讓對手運球超越自己，防守隊員應與對手保持一臂左右的距離，兩臂側下張，兩腿彎曲，在積極移動中保持正確的防守姿勢，準確判斷，隨時準備搶、打球。如果要使防守具有攻擊性，也可以採用貼近對手的平步防守，以擴大防守範圍，增加對手做動作的難度。

防守持球隊員要根據對手的特點和本隊的策略，採用不同的防守方法和策略，如為了達到一定的戰術目的，可採用放其一側，堵中放邊的策略，誘使對方向邊線運球，然後迫使其停止運球，造成夾擊防守。

4. 防傳球

持球隊員離球籃較遠時，其主要的傳球意圖是向中鋒供球和轉移球。防守時要根據其位置和視線，判斷其傳球意圖，控制其進攻性的傳球。對手離籃較近時，主要防其突然傳（分）球，應注意對手眼神和假動作——往往是眼向上看，球向下傳；眼向右看，球向左傳等。防守隊員要精神集中，隨球動而採取打、封、阻動作。

打球時以肘關節為軸，前臂上下、左右迅速屈伸。必要時配合腳的動作，用搶、打、斷球破壞其傳球。

5. 搶球

搶球是從進攻隊員手中奪球。搶球時首先要接近持球隊

員，看準持球的空隙部分，雙手突然抓住球用猛拉或轉拖的
動作將球搶過來。運用時要抓住持球隊員注意力分散、轉身
和由空中獲球下落、運球停止等時機，兩手握球要準而快，
用力要突然，要有迅雷不及掩耳之勢（圖 3-87）。

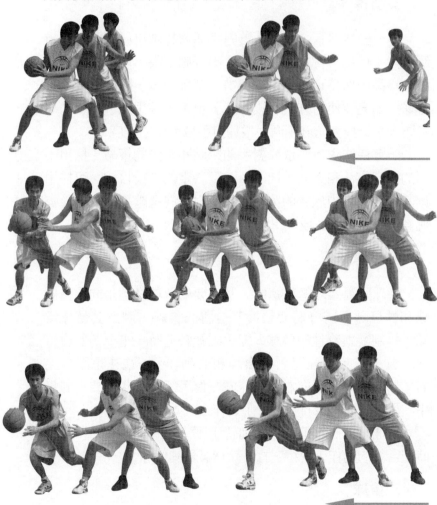

圖 3-87　搶球

6. 打球與蓋帽

打球是打掉進攻隊員手中的球。有打掉原地持球隊員手中的球（圖3-88）、打掉運球隊員手中的球（圖3-89）和打

圖3-88 打掉原地持球隊員手中的球

圖 3-89　打掉運球隊員手中的球

　　掉上籃隊員手中的球（圖3-90）。打球時接近對手是前提，要掌握好時機，根據對手持球部位的高低和走勢、運球時球反彈的方向與速度、投籃舉球到出手前的過程等，分別由下向上、由上向下或從側面快速伸出前臂，用腕、指的力量拍擊球，動作要快而短促。

　　蓋帽是防守投籃即將出手或出手後的打球技術，即球即將投出或投出正處於上升階段時，防守隊員將球拍打掉的動作技術。當前蓋帽技術有很大的發展，隨著運動員的身高和

圖3-90　打掉上籃隊員手中的球

彈跳素質的增長、判斷能力的提高，這一技術已成為防投籃最有威脅的手段。在不同情況下可以採用按壓式、上挑式、側擊式、封蓋式拍打球。

　　蓋帽的基本要領是：降低身體重心、快速移動，選擇有利方位，判斷對手起跳和投籃出手時間，及時起跳。手臂和身體充分伸展，用前臂、手腕、手指動作打球，動作要短促有力（圖3-91）。

圖 3-91　蓋帽

四、防守技術的教學步驟與練習方法

(一)教學步驟

1. 教學步驟首先要先教單個技術,再教組合技術;先在消極對抗情況下練習,後在積極對抗的情況下練習。防守技術要結合防守戰術配合進行訓練。

2. 在防守訓練中,首先要樹立積極防禦的指導思想,培養積極主動的攻擊性防守意識和不怕苦、不怕累、勇猛頑強、勇於拼搏的防守作風,要克服重攻輕守思想。

3. 要特別重視加強從防無球到防有球,從防有球到防無球,從防強側到防弱側,從防弱側到防強側的轉化訓練。

(二)練習方法

1. 選擇防守位置

如圖 3-92 所示,進攻隊員在週邊傳球,可做擺脫接球動作,但不能穿插、掩護。防守隊員根據球的位置做相應選位,積極防守對手的擺脫接球,反覆練習數次後,攻守交換。

【要求】根據球的轉移隨時調整防守位置,始終做到人球兼顧,保持正確防守姿勢,強側區要靠近對手,弱側區可遠離對手。

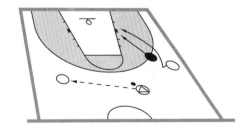

圖 3-92

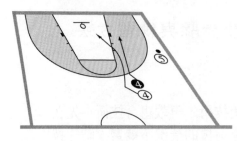

圖 3-93

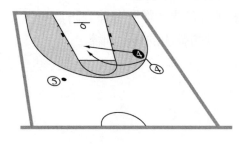

圖 3-94

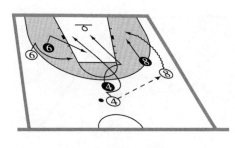

圖 3-95

2.防守擺脫接球和空切

如圖 3-93 所示,④擺脫接球結合縱切,防守者❹防守時要面對對手,側對球,右手伸向傳球路線封鎖接球,防守對手擺脫接球的同時還要控制其縱切。

【要求】人球兼顧,以人為主。

3.防守橫切練習

如圖 3-94 所示,當球轉移到⑤手中時,④向球方向橫切要球,❹要及時調整防守位置,合理運用移動步法、身體和手臂動作阻擋對手橫切路線,使其改變橫切路線。

【要求】利用合理動作和積極移動,不允許對手在限制區內接球。

4.防守縱切、橫切練習

如圖 3-95 所示,④傳球給⑧後進行空切,❹應及時向球側調整防守位置,進行堵截。

5. 防內線

如圖 3-96 所示，④和⑤在外線傳球，中鋒隊員⑧上提接球，❽儘量搶前防守，切斷⑧的接球路線，當⑧下移時，❽繼續卡其移動路線和接球路線。

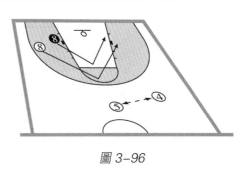

圖 3-96

【要求】防中鋒時要緊靠對手，用身體封擋對手移動路線，阻止其接球。

6. 半場一對一攻防練習

如圖 3-97 所示，④接球進攻，❹防守。④可做投籃、運球和突破動作，❹練習防

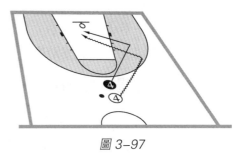

圖 3-97

投、運、突的上步、撤步、滑步及伸臂干擾封蓋等動作和增強攻擊力的貼近步法。防守隊員儘量貼近對手，以增強攻、防對抗強度。

【要求】防守站位在人籃之間，增加手臂的配合，干擾其動作，盡可能貼近進攻隊員。

7. 全場一對一攻守練習

如圖 3-98 所示，④接球後進攻，並在推進中可將球傳給中間接應的△，❹防守。④可運用各種運球技術力爭擺脫防守，❹可利用平步、撤步、交叉步等技術以及手臂的搶、打、斷干擾技術，以堵截對手進攻路線，減緩其進攻推進速

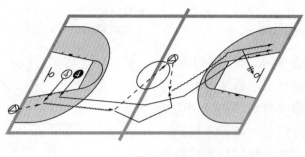

圖 3-98

度，干擾其傳球和突破。

【要求】應根據對手的情況，及時調整防守位置，運用腳步移動，配合手臂動作，防其傳球和投籃命中。

8. 半場三對三練習

進攻隊員在半場進攻中可做投籃、突破、運球和傳球，防守者根據對手的動作，積極揮動手臂和移動腳步進行防守。防守無球隊員根據對手不斷變化的位置，及時調整腳步，控制對手接球和擺脫。一旦對手接球，則按防有球的方法進行防守（圖 3-99）。

【要求】根據對手行動及時調整防守位置，始終保持正確的防守姿勢，合理運用防守動作。

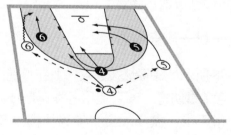

圖 3-99

五、防守技術教學中的易犯錯誤及其糾正方法

(一)防有球隊員的易犯錯誤及其糾正方法

1. 防守時身體的基本姿勢不正確，防守位置、距離選擇不當，沒根據對手的動作採取相應動作。糾正方法如下：

（1）講解示範法。透過反覆講解防守的基本理論和方法，使學生明確防守有球隊員的基本要求與方法，建立正確的防有球隊員概念。

多做分解示範，使學生看清防守位置和距離，不同的進攻行動選擇不同的位置和運用不同的動作。

（2）誘導法。兩人一組交換練習，持球人在相對球籃的不同的位置和距離做原地運球、持球、投籃的動作，防守者做相應的防守動作。

練習時，由教師或學生進行語言提示誘導練習者按正確方法去做。

（3）直觀法。採用錄影對學生的錯誤動作進行錄製並播放，同時對比正確動作促其糾正。

2. 防守時兩臂下垂，兩腿未能合理屈膝，身體重心高，不能及時移動、積極搶位和主動用力，或腳下移動步法混亂難以追堵，造成手臂犯規。糾正方法如下：

（1）講解示範法。透過反覆講解防守的基本理論和方法並做示範，使學生明確防守有球隊員的基本要求與方法，建立正確的防守概念。

（2）直觀法。採用錄影對學生的錯誤動作進行錄製並播

放，同時對比正確動作促其糾正。

（3）限制法。根據不同身高採用不同高度的限制繩，讓學生在繩下做練習。要求學生練習時肩不得碰繩，而手臂則交替舉起。

3.防對手突破時撤步角度不合適。糾正方法如下：

（1）講解示範法。講解並進行正確動作示範，使學生明確正確的基本概念，瞭解正確的動作方法。

（2）直觀法。觀看錄影中的正確動作，明確防守時如何撤步才能阻截對手。

（3）限制法。畫出撤步的正確角度，練習者根據該角度做撤步練習。

4.盲目搶、打、斷球或跳起封蓋。糾正方法如下：

（1）講解示範法。講解搶、打、斷球或跳起封蓋的時機，並且一一進行演示，形成正確概念和表象。

（2）誘導法。讓學生互相配合，先在慢速情況下把握正確時機和方法，逐漸增速進行練習，最後結合比賽去體會。

（3）直觀法。透過教師做或錄影播放錯誤動作，使學生找到錯誤原因並糾正。

(二)防無球隊員的易犯錯誤及其糾正方法

1.防守時身體各部位的基本姿勢不正確，視野狹窄，或者只看人不看球，或者只看球不看人，不能做到人球兼顧，或移動步法混亂造成漏人或犯規，不能搶佔正確防守位置。糾正方法如下：

（1）講解示範法。透過反覆講解和示範，使學生明確防守無球隊員的基本要求與方法，建立正確的防守概念。

（2）限制法。採用進攻者固定站位（限制區附近右側

45°位置），練習者盯防，由週邊球的轉移，調動防守者隨球調整防守位置，使防守人時時處於人、球兼顧的防守位置，並做到近球緊遠球鬆。

（3）直觀法。播放一些高水準比賽中防守無球隊員的正確站位方法錄影，強化正確防守位置概念。

（4）意念練習法。利用正確的選位方法做意念練習，糾正錯誤的站位。

2. 當對手空切時，不能提前堵截，讓對手在身前接球。糾正方法如下：

（1）講解示範法。透過反覆講解示範，使學生明確防守無球隊員空切的基本要求與方法，建立正確的防守概念。

（2）限制法。在場地上畫出攻防隊員落位及移動路線，防守者根據對手空切路線及時搶佔有利的防守位置。

（3）直觀法。播放一些高水準比賽中防守無球隊員空切時的正確搶位方法錄影，強化正確的防守概念。

（4）意念練習法。利用正確的堵截做意念練習，糾正錯誤的堵截方法。

3. 在限制區內，不能貼身緊防，讓對手擠過接球。糾正方法如下：

（1）講解示範法。透過反覆講解和示範，使學生明確在限制區內防守無球隊員的基本要求與方法，強調進攻隊員在限制區接球的威脅性，建立在限制區要緊貼對手防守的概念。

（2）直觀法。播放一些高水準比賽中阻止無球隊員在限制區接球的正確搶位方法錄影，強化正確的防守概念。

（3）意念練習法。利用正確的貼身防守方法做意念練習，糾正不敢貼身防守的錯誤。

（4）對抗練習法。一對一在限制區內做防守接球對抗練習，形成正確的防守動作。

4.缺乏預先判斷，掌握時機不好，不能積極搶斷球。糾正方法如下：

（1）講解示範法。透過反覆講解與動作示範，使學生明確正確動作方法。

（2）直觀法。播放一些高水準比賽中防守無球隊員時準確預判、及時搶斷鏡頭的錄影，使學生形成預判的習慣，達到及時搶斷的目的。

六、防守技術的教學訓練建議

（一）防守技術是全隊防守的基礎，無論是防守無球隊員和防守有球隊員都很重要。在教學訓練時，首先要講解、示範防守的位置、距離、姿勢和步法，使學生建立明確的概念。

（二）在教學訓練過程中，按照由簡到繁、由易到難的原則，逐漸增加練習的難度和要求。

（三）注意培養學生積極防守的意識，強調防守時要始終全神貫注，一絲不苟。克服重攻輕守的思想。

思考題：

1.簡述防守技術的概念與作用。

2.防守無球隊員與防守持球隊員的選位方法有哪些不同？

3.防守無球隊員時的易犯錯誤有哪些？

4.簡述防守技術的教學步驟。

5.試述防守技術的教學訓練建議有哪些。

第七節 搶籃板球

　　籃球比賽中，隊員爭搶投籃未中從籃板或籃圈反彈回的球，統稱為搶籃板球。進攻隊員爭搶本隊投籃未中的球，稱為搶進攻籃板球，防守隊員爭搶對方未投中的球，稱為搶防守籃板球。

　　爭奪籃板球是獲得控制球權的重要來源之一。如搶進攻籃板球佔優勢，即可增加進攻次數和籃下直接得分機會，還能增強投籃隊員的信心，同時減少對手反擊快攻的機會；如搶防守籃板球佔優勢，則不僅能為發動快攻創造機會，還能增加進攻隊員投籃的心理壓力。因此，一個球隊搶籃板球技術掌握的好壞，對比賽的勝負起著至關重要的作用。

　　籃球比賽中，搶得籃板球是獲得控制球權的重要手段，是攻守矛盾轉化和比賽勝負的關鍵，也是衡量運動員個人和全隊整體實力的標誌。兇悍的爭拼和控制籃板球，是現代籃球運動當代化的重要特徵。

一、搶籃板球技術的分類

　　搶籃板球技術根據動作結構，可分為搶進攻籃板球和搶防守籃板球兩種（圖 3-100）。

二、搶籃板球技術簡析

　　搶進攻籃板球和搶防守籃板球都是由判斷與搶佔位置、起跳動作、空中搶球動作和獲得球後動作組成。

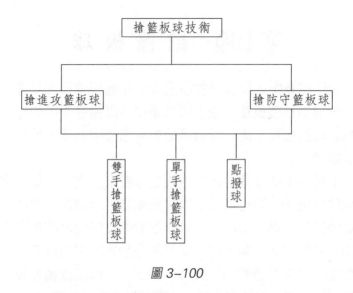

圖 3-100

(一)判斷與搶佔位置

　　準確判斷投籃後球的反彈方向、距離、落點是搶籃板球的首要。球的反彈有一定的規律，一般情況下，籃板球的反彈規律是投籃距離與球反彈距離成正比，投籃距離遠則反彈距離遠；反之，投籃距離近則反彈距離近。再者，投籃出手弧度與反彈距離也有關，弧線高則反彈近。另外，投籃角度不同，球的反彈方向也不同。

　　從兩側左 15°或右 15°角投籃時，球反彈方向一般是在球籃另一側 15°區域或反彈回來。從兩側 45°區域投籃未中時，球反彈方向一般是在球籃另一側正中。從 65°區域投籃不中時，球反彈方向落點區域一般是在限制區兩側和罰球線內。在 0°角投籃時，一般球的反彈方向是在籃另一側底線地區，或反彈回同側地區。根據統計，大多數的反彈球落在 5 米左

右半徑內。

掌握這些規律有利於隊員的準確判斷。在準確判斷的基礎上,應力爭搶佔對手與球籃間的有利位置,力爭把對手擋在身後。

(二)起跳動作

起跳動作是獲得高度的關鍵。起跳分為單腳起跳和雙腳起跳,一般情況下,運用單腳或雙腳起跳是根據球落的方向和個人的習慣。為了能更好地控制籃板球,應學會結合各種滑步、上步、撤步、跨步和轉身等步法來調整起跳技術動作。

雙腳起跳時,身體應保持正確的起跳姿勢,兩膝微屈,重心降低,上體稍前傾,兩臂屈肘舉於體側,身體重心置於兩腳之間,注意觀察和判斷球的反彈方向與落點,及時起跳。起跳時兩腿用力蹬地,提腰,兩臂上擺,同時手臂向上伸展,腰腹協調用力,充分伸展身體,並控制好身體平衡。

單腳起跳應是在判斷球的落點後,向球的落點邁出,用力做單腳跳起,手伸向球的方向。

(三)空中搶球動作

根據運動員觸球的方式,搶籃板球動作可分為雙手搶籃板球、單手搶籃板球和點撥球動作。

1. 雙手搶籃板球

雙手搶籃板球的觸及球高點不及單手,但控制球比較牢固,更便於保護球和結合其他動作,尤其是搶防守籃板球時,運用雙手搶球更有利。

跳起騰空後，腰腹肌用力控制身體平衡，身體充分伸展，兩臂用力伸向球的方向，以提高制高點和擴大佔據空間；當身體和手達到最高點時，雙手指端觸球的一剎那用力握球，腰腹用力，迅速屈臂將球拉置胸腹部位，同時雙肘外展，保護好球。高大隊員搶到球後，為避免被對手掏掉，可以雙手將球舉在頭上保護好球。

2. 單手搶籃板球

　　優點是觸球點高，搶球空間大，搶球速度快，靈活性好；不足之處是不如雙手握球牢固。

　　起跳後身體在空中充分伸展，達到最高點時，用近球側手臂儘量向球伸展，指端觸球迅速屈指、屈腕、屈肘、收臂，將球拉下，另一手儘快扶握置球於胸腹部位，同時雙腿彎曲，保持身體平衡，以便結合其他技術動作。

　　單手搶籃板球時，觸球及收臂拉球要連續，速度快而有力，注意保護好球。

3. 點撥球

　　點撥球是遇高大隊員或身體距球較遠不易獲得球時，運用單手或雙手手指點撥或彈擊球的方法將球點、彈給同伴或便於自己截獲球的位置。

　　其優點是觸球點高，縮短了傳球時間，有利於發動快攻；缺點是準確性較差。在接觸球的一瞬間，用指端點撥球的側方或側下方。在點撥球時應力爭做到落點準確，撥球力量適中，便於同伴接球及自己跳起搶球的位置。

(四)獲得球後動作

　　搶獲球落地後，應將球緊緊握牢，兩腳分開，前腳掌先著地，保持身體平衡，兩肘外展保護好球。若遇防守時，則將球置於防守人遠側，並利用肩背或轉身跨步，不斷移動球的位置，防止對方將球打掉。高大隊員在得球後，可將球置於頭上，這樣更易於傳球或護球。

　　進攻隊員搶到籃板球後，應盡可能在空中將球補投入籃，如果沒有投籃機會，要迅速將球傳給同伴，重新組織進攻。防守隊員搶到籃板球後，力爭在空中將球傳給同伴，完成發動快攻第一傳；若空中不能直接傳，落地後應迅速傳出，或運球突破後及時傳給同伴。

三、搶籃板球技術動作方法

(一)搶進攻籃板球

　　進攻隊員搶籃板球時一般處於防守隊員的外側，需要移動和擺脫對手，因此，搶進攻籃板球時要突出一個衝字。

　　【動作方法】處於籃下或內線隊員搶進攻籃板球，當同伴或自己投籃時，靠近籃下的隊員要在及時判斷球反彈的方向，同時以假動作繞跨擠到對方的身前，利用跨步或助跑起跳，跳到最高點進行補籃或直接獲取籃板球。

　　處於外線位置隊員搶籃板球，當同伴投籃時，如進攻隊員面向球籃，則首先要觀察判斷球的反彈方向、速度和落點後，突然起動衝向球反彈方向進行補籃或搶獲籃板球。以從防守人身後左側衝搶為例，進攻隊員面向球籃時，右腳向右側跨步，向右側做假動作，隨後以左腳為支撐腳，右腳向左

跨出一小步，重心移至左腳，同時右腳立即向前跨步繞前，擠靠防守人，跳起搶籃板球或補籃（圖 3-101）。

【動作要領】首先是準確地判斷和搶佔有利的位置，及時起跳，要突出一個衝字。

(二)搶防守籃板球

防守隊員搶籃板球要突出一個擋字，利用自己佔據籃下或內側位置擋搶籃板球。

圖 3-101　搶進攻籃板球

【動作方法】處於籃下防守，當進攻隊員投籃時，根據對手移動情況和位置，運用上步、撤步和轉身等動作把進攻隊員擋在身後，並搶佔有利位置。在籃下搶位擋人時，一般採用後轉身擋人，降低重心，兩肘外展，搶佔空間面積，保持最有利的起跳姿勢。

外圍防守隊員搶籃板球，當進攻隊員投籃、防守隊員面向對手時，首先要觀察判斷對手動向，採用合理動作利用轉身阻止對手向籃下移動，並搶佔有利的位置（圖3–102）。起跳搶球時，在兩臂上擺的同時兩腳前腳掌用力蹬地，身體和手臂盡力向球的方向伸展，達到最高點時，用單手、雙手或單手點撥球的方法搶球。

最好在空中將球傳給同伴，完成發動快攻第一傳；如不可能，則落地時應側對前場，觀察情況，迅速傳球發動快攻或運球突破擺脫防守及時將球傳給同伴。

【動作要領】防守隊員首先要準確判斷球的方向和落點，搶佔有利位置，運用移動和轉身動作，合理地先擋後搶。

四、搶籃板球技術的教學步驟與　練習方法

(一)教學步驟

1. 首先要使學生明確搶籃板球的重要性，在進行搶籃板球技術訓練中要注意培養學生勇猛頑強的戰鬥作風和積極拼搶的意識，養成每投必搶的習慣。

2. 學習搶籃板球技術教學的步驟：在瞭解技術動作要領和動作方法的基礎上，先練習原地起跳搶球，再練習移動、

圖 3-102　搶防守籃板球

　　搶位、擋人，再練習起跳搶籃板球的完整技術，最後在比賽或有對抗的情況下進行搶球練習。

　　3. 要在掌握投籃不中時球的反彈、落點規律的基礎上，提高搶進攻籃板球時的衝搶意識和搶防守籃板球時的擋搶意識。

(二)練習方法

1. 徒手模仿練習

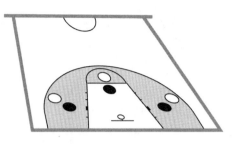

圖 3–103

【方法】學生成兩列橫隊站立，根據教師口令做徒手原地雙腳起跳，模仿單、雙手搶籃板球動作進行練習。

【要求】起跳有力，身體充分伸展，搶球動作迅速有力，獲球落地穩。

2. 前後轉身的搶位練習

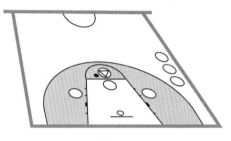

圖 3–104

【方法】如圖 3–103 所示，兩人一組，面對面站立。練習開始時，進攻隊員○和防守隊員●相距 1 米，●做前轉身擋人搶位練習。1 分鐘後，改為●貼身防守○，●做後轉身擋人搶位練習。再做 1 分鐘，攻、守交換練習。

【要求】

（1）進攻隊員○開始先原地站立，再消極移動。

（2）防守隊員●要及時轉身擋住進攻者，眼睛應立即轉向球籃。

3. 投封閉球籃的搶籃板球練習

【方法】如圖 3–104 所示，三人一組，在限制區內站成三角形，教練員協助投籃。籃圈用網子封閉或套一小籃圈。開始時隊員背向球籃做前、後轉身搶後場籃板球。做 10 次以

後，改為面向球籃做繞前步或後轉身搶前場籃板球。再做 10 次後，換下組練習。

【要求】

（1）各技術環節（包括搶位、起跳、搶球和落地）都要符合規範要求。

（2）各技術動作環節銜接連貫協調。

4. 搶後場籃板球練習

【方法】如圖 3–105 所示，隊員兩人一組，教師投籃。開始時教師做瞄籃和突破假動作，兩隊員在限制區內做相應的滑步防守動作。當教師投籃後，兩隊員立即轉身搶籃板球，搶到球的隊員傳球給△，然後分跑到對組的排尾，下組繼續練習。

5. 搶前場籃板球練習

【方法】如圖 3–106 所示，兩人一組，分別設置一障礙物，教師投籃，隊員面向球籃並在身前設置障礙物。當△投籃後，兩隊員立即用繞前步或轉身插到障礙物前搶籃板球。得球後傳球給△，然後跑到對組排尾，下組繼續練習。

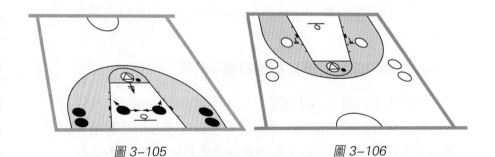

圖 3–105　　　　　　　　　　圖 3–106

6.結合其他技術的練習

【方法】如圖 3-107 所示，隊員兩人一組，投封閉籃圈。⑤投籃，④搶籃板球，落地後傳球給⑥，然後到對組排尾，如此重複進行。

【要求】

（1）搶籃板球的動作正確。

（2）落地後腳尖指向邊線或場內，轉身面向接球者，傳球應快速、準確。

7.兩人對抗搶籃板球練習

【方法】如圖 3-108 所示，兩人一組，教師△協助傳、接球，△傳球給④後，❹立即向前防守。④投籃後，雙方拼搶籃板球。如④搶到籃板球，即刻做二次進攻。如❹搶到籃板球（包括④投中的球）立即傳球給△，然後雙方站到對組的排尾，下組重複練習。

【要求】

（1）雙方拼搶籃板球要積極、勇猛，對抗性要強。

（2）搶得球後銜接動作要連貫、快速。

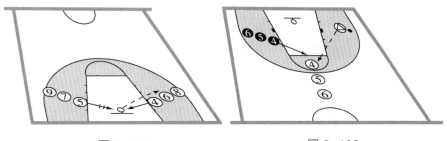

圖 3-107　　　　　　　　　　圖 3-108

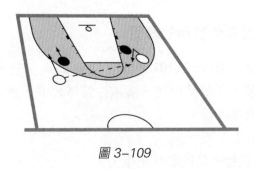

圖 3-109

8. 二對二搶籃板球練習（也可以三對三或四對四練習）

【方法】如圖 3-109 所示，二人進攻，二人防守。任何一名進攻隊員都可以投籃。當進攻隊員投籃後，防守隊員要轉身擋人，進攻隊員設法繞過防守者，衝向籃下搶籃板球。如進攻者搶到籃板球則繼續投籃，如防守者搶到籃板球則立即運球突破，然後攻、守交換，重複上述練習。做 5—10 次後換下組練習。

【要求】面對面擋人時，要注意先擋後搶的意識。

五、搶籃板球技術的易犯錯誤及其糾正方法

（一）對對手投籃不中沒有預測，視野狹小，對球反彈後落點判斷不清楚，盲目移動。糾正方法如下：

講解示範法。重點講解籃板球反彈落點的一般規律。多次重複訓練投籃不中後，根據對手和投籃隊員所處的位置，正確判斷籃板球反彈的方向和距離，運用快速的腳步移動搶佔有利位置。

（二）搶防守籃板球時，只看球而忽略先擋人搶佔有利位置。糾正方法如下：

1. 講解示範法。講解搶籃板球擋人的重要性，示範擋人的正確方法，提高學生擋人的意識和正確運用擋人方法。

2. 意念法。默想進攻隊員投籃不中，確定投籃者的位置和距離，先做擋人再搶球，增加擋人搶籃板球的意識。

3. 對抗練習。進攻隊員和防守隊員按兩人一組，一對一分佈在罰球線圓圈的周圍，球放在罰球線中間，當教師發出搶球的信號後，雙方開始搶球，此時防守隊員要運用轉身、撤步等腳步動作用背、臀、臂、腿把進攻者擋在身後。

4. 重複訓練法。分成兩人一組，一攻一守站在罰球線後，教師投籃後，攻守雙方積極搶籃板球，防守隊員運用各種手段把進攻者擋在身後再搶籃板球。

（三）起跳晚，失去搶籃板球機會或不在最高點搶球。糾正方法如下：

1. 講解示範法。強調早起跳，身體在空中要充分伸展，達到最高點時搶球。

2. 重複訓練法。自投自搶，或一人投兩人搶，要求起跳時機準確和起跳後空中身體充分伸展，在最高點搶球。

（四）搶籃板球時，出現推人、撞人和拉人動作，造成犯規。糾正方法如下：

1. 講解示範法。講解搶籃板球時正確的擋人和衝搶動作，並多做示範，提高學生搶佔位置的認識和建立正確的概念。

2. 重複訓練法。進行一對一、二對二或三對三搶籃板球練習。進攻者投籃後，雙方都搶籃板球，要求攻守雙方在規則允許的範圍內進行擋人或衝搶練習。

（五）搶籃板球得球後，不注意保護球，遭對手搶、打球失誤。糾正方法如下：

1. 講解示範法。重點講解獲得球後正確的護球方法，提高保護球的意識。

2. 誘導法。一對一練習，一名隊員自己拋球跳起得球落地後，另一名隊員上前打、搶球，得球隊員進行閃躲護球練習。

3. 變換練習法。一名隊員自拋自搶後，兩名隊員上前圍搶，要求得球隊員把球舉高或遠離身體進行閃躲護球練習。

六、搶籃板球技術教學訓練的建議

（一）注意搶籃板球技術的教學訓練和其他技術結合，搶防守籃板球和一傳、運球突破技術相結合，搶進攻籃板球和補籃或二次進攻相結合訓練。

（二）注意搶籃板球要在戰術背景下練習，把搶籃板球技術和戰術結合起來訓練。

（三）強調搶籃板球技術的實戰訓練，加強搶籃板球的對抗練習，搶防守籃板球強調先擋人後搶球，搶進攻籃板球強調先衝搶佔據有利位置再搶球。

（四）注意加強身體素質和控制球能力的訓練，為在激烈的對抗中爭搶籃板球打好基礎。

思考題：

1. 簡述搶進攻籃板球的技術動作方法有哪些。

2. 簡述搶防守籃板球的技術動作方法有哪些。

3. 如何提高搶籃板球的意識？方法有哪些？

4. 簡述搶籃板球技術在比賽中的重要作用。

第四章

籃 球 戰 術

內容提要：

本章主要講授籃球運動全隊戰術的概念、作用、分類及不同攻防戰術的體系和具體的配合方法，使學生瞭解不同攻守戰術的特點、運用時機、變化形式等基本知識，初步掌握籃球戰術的理論和方法，並能在實戰中初步運用，懂得戰術教學與組織訓練。

籃球戰術是籃球比賽中隊員個人技術的合理運用和全隊隊員相互協調配合的組織形式與方法。其目的是為了充分發揮本隊的特長，制約對方，爭取比賽的勝利。

　　籃球戰術的作用就是把運動員已獲得的身體、技術、心理等方面的訓練效果，根據比賽雙方的具體情況綜合運用，使全體隊員形成一個團結戰鬥的集體，保證每名運動員的技術特長都得到充分的發揮。因此，在組織、運用戰術及戰術訓練中，必須從我國籃球運動的實際出發，依據籃球運動的基本規律，根據自身的條件，建立符合自己特點的攻、防戰術體系。

　　隨著世界籃球運動的發展，籃球戰術體系發生了變化，運動員在球場上的戰術分位也隨之趨向全面、機動，但在一般水準的籃球比賽中，通常還是將隊員的位置分為中鋒、前鋒和後衛，不同位置的隊員在比賽中承擔著不同的職責和攻守任務。合理地按位置職責組織戰術配合，充分發揮每名隊員的技術特點，有效地組織集體力量完成攻守任務，對於取得比賽勝利有著重要的意義。

　　然而現代籃球運動當代化的特點之一，是既注意戰術位置的分工相對穩定，又重視戰術運用的機動、靈活和實效，因而戰術的位置分工和鋒、衛位置的職責趨於模糊，而且這已成為一種發展的趨勢。

前鋒隊員的位置特點：

　　前鋒多處在進攻的最前沿，位於罰球線延長線兩側的地區，活動範圍廣，擔任隊內的主要攻守任務。現代籃球運動向高速、高空方向發展，要求前鋒身材高大、具有良好的身體素質，技術上既要全面，又要有特點，個人攻擊能力強，有良好的戰術意識和助攻能力。

中鋒隊員的位置特點：

　　中鋒隊員主要落位於內線，活動區域在離籃 5 米以內，攻、防爭奪激烈，是聯繫外圍的中樞，承擔著內線攻擊的重任。因此，要求中鋒身材高大、體格健壯、個人攻擊能力強，具有良好的戰術意識，能為全隊戰術組織起樞紐作用，具有拼搶籃板球的意識和能力。

後衛隊員的位置特點：

　　後衛隊員是臨場比賽的組織者和指揮者，是比賽的核心隊員，承擔著組織全隊攻守任務。後衛進攻的主要活動範圍是罰球區弧頂外及附近兩側。因此，要求後衛隊員技術全面、控制球能力強、能投善突、能妙傳助攻，具有良好的戰術意識和沉著、冷靜、機智的頭腦及觀察、分析、判斷、指

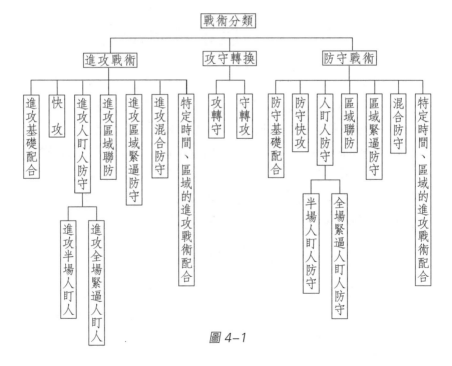

圖 4-1

揮全隊攻守的能力。

籃球戰術體系是指由相互聯繫、相互制約的攻守戰術構成的一個整體。根據籃球運動的對抗特徵，通常將籃球戰術分為進攻與防守兩大系統。

籃球戰術的分類是為了深入研究各類戰術在組織上、方法上和應用上的特點，探討各種行動方法之間相互制約的關係、運用中的變化、戰術與技術的關係等等，從而能系統地、科學地組織籃球戰術的教學與訓練和促進籃球戰術的發展。根據籃球運動的攻守特點，籃球戰術分類如圖 4-1。

籃球戰術教學與訓練的主要任務是培養學生或運動員的專門素質和意識，獲得籃球戰術知識，掌握籃球戰術方法，具備籃球戰術實踐運用能力。

第一節　戰術基礎配合

籃球戰術基礎配合是指在籃球比賽中兩三人之間有目的、有組織、協調行動的簡單攻守配合方法。它是組成全隊戰術配合的基礎，任何一種整體戰術配合都離不開基礎配合。

戰術基礎配合包括進攻戰術基礎配合和防守戰術基礎配合兩個部分。因此，熟練掌握戰術基礎配合數量的多少與運用品質的好壞，直接決定著全隊戰術的實效性與靈活性的強弱，並與本隊比賽的勝負有著密切的關係。

一、進攻戰術基礎配合

進攻戰術基礎配合是在籃球比賽中，進攻隊員兩三人之間有目的、有組織、相互協同行動的配合方法。進攻戰術基礎配合包括傳切、掩護、策應和突分配合。

（一）傳切配合

傳切配合是指進攻隊員之間利用傳球和切入技術組成的簡單配合。它包括一傳一切和空切配合。隨著現代籃球高空技術和技巧的發展，具有配合簡潔、突然、攻擊性強的吊扣配合，一傳一扣和空切與空中接球直接扣籃配合也是比賽中經常使用的配合方法。

1. 傳切配合的方法

（1）一傳一切配合：如圖4-2所示，⑤傳球給④後，立刻擺脫對手❺向籃下切入，接同伴④的回傳球投籃。

（2）空切配合：如圖4-3所示，④傳球給⑤時，⑥乘其對手不備，突然橫切或從底線切向籃下接⑤的傳球投籃。

2. 運用提示

（1）切入隊員首先要掌握好切入時機，根據對方的防守情況，利用假動作擺脫，及時、快速切入籃下，並隨時準備接球。

（2）傳球隊員要利用假動作吸引、牽制對手，並採用合理的傳球方法及時、準確地將球傳出。

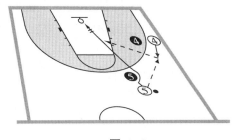

圖4-2

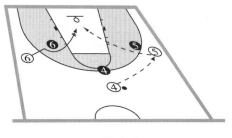

圖4-3

（二）掩護配合

掩護配合是掩護隊員採用合理的行動，用自己身體擋住同伴的防守隊員的移動路線，使同伴藉以擺脫防守的一種配合方法。因在應用中的變化行動，也把它稱為「擋拆」，實際正確術語即掩護。

掩護配合有多種形式和方法，根據掩護者和被掩護者身體位置的不同，有前掩護、側掩護和後掩護三種形式。根據掩護者的移動路線、方法和變化，有反掩護、假掩護、運球掩護、定位掩護和連續掩護等。

從組成掩護配合的行動來看，一是掩護者主動去給同伴做掩護，用身體擋住同伴的防守者的移動路線，使同伴藉以擺脫防守；二是擺脫者主動利用同伴的身體和位置把對手擋住，使自己擺脫防守。因此，掩護配合能否成功，關鍵是在一瞬間創造出的位置差和時間差，爭取空間與地面的優勢而達到攻擊的目的。

1. 掩護配合的方法

（1）側掩護配合

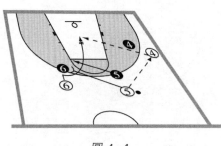

圖 4-4

【示例一】給無球隊員做側掩護（反掩護），如圖4-4所示，⑤傳球給④後，即向相反方向跑動給⑥做側掩護，當⑤跑到⑥側面掩護到位時，⑥擺脫防守者切入籃下接④的傳球投籃。

【示例二】給持球隊員做側掩護，如圖 4-5 所示，⑤傳球給④後跑到❹的側面做掩護，④接球後做投籃或突破的動作，吸引❹的防守，當⑤掩護到位時，④從❹的右側突破投籃。⑤掩護後及時移動到有利的位置接球或搶籃板球。

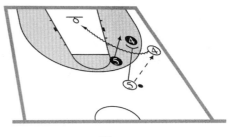

圖 4-5

根據掩護者的移動路線、方法和變化，掩護後經常出現第二次機會，如圖 4-6 所示，⑤做掩護後對方換防時，④就採用不向籃下突破而適當向外拉開運球。⑤則及時利用轉身把❹擋在身後而向籃下切入，接④的傳球投籃。

（2）後掩護配合

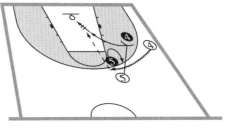

圖 4-6

如圖 4-7 所示，前鋒為後衛做後掩護。⑤傳球給⑥時，④跑到❺身後給⑤做後掩護，⑤傳球後做向左切入假動作吸引❺的防守，當④掩護到位時⑤突然向右側切入籃下接⑥

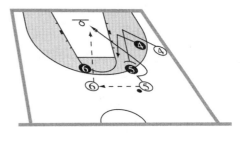

圖 4-7

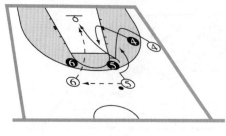

圖 4-8

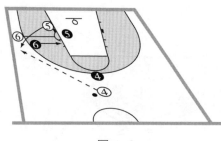

圖 4-9

的傳球投籃。又如圖 4-8 所示，④給⑤做後掩護時，❹與❺換防，④及時轉身切向籃下，接⑥的傳球投籃（掩護後出現的第二次機會）。

（3）前掩護配合

是掩護者跑到同伴防守者身前，用身體擋住防守者向前移動的路線，使同伴借機擺脫防守接球進行攻擊的一種掩護方法。如圖 4-9 所示，⑥跑到❺的前面給⑤做前掩護，⑤利用掩護拉出，接④傳來的球投籃或做其他攻擊動作。

2. 運用提示

（1）掩護要符合規則的規定，不能有推、拉、頂等不合法的動作，與對方隊員發生身體接觸時不能再用跨步等動作去阻擋。

（2）如果掩護建立在靜立對手的視野之外，掩護隊員必須允許對手向他邁出正常的一步而不發生接觸。

（3）掩護隊員的動作要突然，被掩護隊員要用假動作吸引自己的防守隊員，不讓對方發現同伴的掩護意圖。

（4）掩護時同伴之間的配合時機非常重要，過早或過遲行動都會使掩護失敗。掩護配合時隊員配合要默契，注意動作果斷，並根據臨場變化，爭取第二次機會。

(三)策應配合

策應配合是指進攻隊員背對或側對籃接球,以他為樞紐,與同伴配合而形成的一種裏應外合的配合方法。

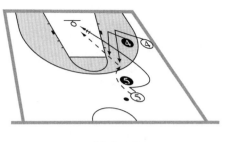

圖 4-10

1. 策應配合的方法

【示例一】如圖 4-10 所示,④擺脫防守插到罰球線作策應,⑤將球傳給④,並立即空切籃下,接④的策應傳球投籃。

【示例二】如圖 4-11 所示,④傳球給策應者⑤,並從⑤身邊切入籃下,⑥向底線下

圖 4-11

壓後繞出,⑤可將球傳給④籃下進攻或傳給⑥外圍投籃,也可以自己進攻。

2. 運用提示

(1)策應隊員要及時搶位要球,兩手持球於胸前,身材較高的策應者可將球持於頭上。接球後結合轉身、跨步等動作協助同伴擺脫防守或個人進行攻擊。

(2)外圍傳球隊員要根據策應者的位置和機會,及時準確地傳給策應隊員,做到人到球到,傳球後迅速擺脫切入籃下,創造進攻機會。

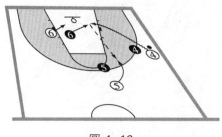

圖 4-12

（四）突分配合

突分配合是指持球隊員突破對手後，主動或應變地利用傳球與同伴進行攻擊的一種配合方法。

1. 突分配合的方法

如圖 4-12 所示，④持球從底線突破❹，遇到❻補防時，④及時傳球給橫插到有利位置的⑤投籃。

2. 運用提示

（1）進攻隊員突破時要快速和突然，在突破過程中要隨時觀察場上攻守隊員位置的變化，及時準確地傳球。

（2）接球隊員要把握時機，及時擺脫對手，迅速搶佔有利位置接球投籃。

（五）進攻基礎配合的教學步驟與方法

1. 教學步驟

（1）進攻戰術基礎配合的教學，首先應透過講解和演示使學生明確基礎配合的概念、配合方法、移動路線、運用的時機、行動的順序等等。

（2）進攻戰術基礎配合的教學步驟，首先應進行傳切和掩護的教學，再進行突分的教學，最後進行策應的教學。在教掩護配合時，應先教無球隊員之間的掩護，再教有球和無球隊員之間的掩護。教策應配合時，應先教兩人配合，後教

三人配合。

（3）在選擇教學方法時，首先在固定條件下練習配合的方法、路線、時機，然後再設置假設的對手或標誌物，進行以簡單對抗條件為背景的練習。

（4）在教學過程中，要強調合作意識的培養與配合的品質。注意節奏與變化，不斷提高運用和應變的能力。

2. 練習方法

（1）傳切配合的練習

【練習一】兩人連續空切的練習。如圖 4-13 所示，全隊分成兩組，用一個球，⑤將球傳給移動上來的④後，向左做切入的假動作後，突然快速從右側切入。④接球後做傳球給切入隊員的假動作後，把球傳給⑤組的第二人⑦，接著做假動作，然後突然向籃下切入。依此類推，切入籃下的隊員分別跑到對方排尾，依次進行練習。

【要求】假動作要逼真，變向切入要快速而突然，切入時隨時準備接球。

【練習二】三人連續傳切練習。如圖 4-14 所示，全隊分成三組，④、⑤組每人持一球，④傳球給⑥後，向左側做擺脫的假動作，然後迅速從右側切入接⑤的傳球投籃。⑤傳球

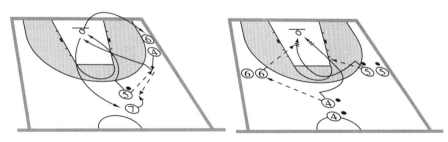

圖 4-13　　　　　　　　　　圖 4-14

給④之後，向右側做擺脫的假動作，然後迅速橫切接⑥的傳球投籃。④、⑥搶籃板球，按順時針方向換位，依次進行練習。

【要求】隊員接球後應面向球籃，做投籃、傳球、擺脫等假動作吸引防守者，抓住時機，合理、及時、準確地傳球。

（2）掩護配合的練習

【練習一】側掩護配合的練習。如圖4-15所示，全隊分成兩組，⑦給④做側掩護，當⑦掩護到位時，④從右側向籃下切入，⑦同時轉身跟進，④、⑦互換位置，其他隊員依次練習。

【要求】掩護的動作要正確，距離要適當，切入前要做假動作，掩護到位時再迅速切入。

【練習二】給無球隊員做側掩護。如圖4-16所示，三人一組，⑥傳球給⑤後去給④做掩護，④利用⑥的掩護向籃下切入接⑤的傳球投籃。④切入前要做假動作。⑥掩護後轉身跟進搶籃板球。順時針換位進行練習。

【練習三】給無球隊員做後掩護。如圖4-17所示，三人一組，⑤傳球給⑥，④給⑤做後掩護，⑤做向左切入假動作吸引❺的防守，突然變向從右側利用④的掩護，切入籃下接⑥的傳球投籃。順時針換位進行練習。

【要求】掩護和被掩護同伴之間要掌握好配合的時機。

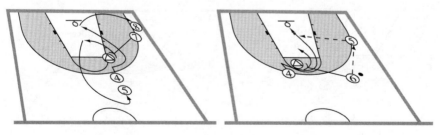

圖 4-15　　　　　　　　　　　圖 4-16

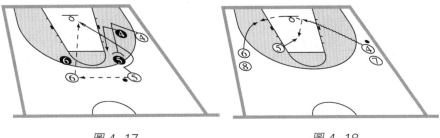

圖 4-17　　　　　　　　　圖 4-18

（3）突分配合的練習

【練習一】如圖 4-18 所示，④在突破過程中分球時，⑤突然切入到罰球區內，⑥同時快速向底線移動，④可根據⑤、⑥伸手示意情況而分球，⑤或⑥接球傳給⑦。按順時針方向換位，依此進行練習。

【練習二】如圖 4-19 所示，⑤傳球給④，④底線突破，❻補防，此時，❺兼顧⑤和⑥的防守。④根據❺的防守，判斷將球傳給最有利進攻的⑤或⑥。圖中所示，❺補防⑥，④將球傳給⑤進攻。進攻隊員按順時針換位。練習若干次後，攻守交換連續練習。

【要求】突破動作要突然，並隨時注意分球。

（4）策應配合的練習

【練習一】圖 4-20 所示，隊員分成兩組，⑦傳球給⑥後

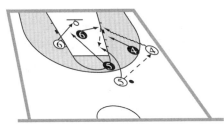

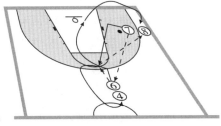

圖 4-19　　　　　　　　　圖 4-20

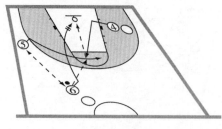

圖 4-21

先做擺脫上插至罰球線，搶佔有利的策應位置，接⑥的傳球後向⑥切入的方向做傳球的假動作，然後把球傳給⑧，傳球後跑到④的後面，⑥跑到⑧的後面，依次反覆進行練習。

【練習二】如圖 4-21 所示，⑤和⑥在外圍互相傳球時，當球傳給⑥時，④突然擺脫防守上插至罰球線後接⑥的傳球做策應。⑥傳球後擺脫對手與⑤交叉切入接球進攻，⑤切向④的側前方準備接球進攻。④根據情況傳球給⑥或⑤，也可以自己進攻。

【要求】策應隊員應合理運用假動作擺脫防守，迅速搶佔有利的策應位置，並迎前接球。外圍隊員傳球應做到快速及時，人到球到。

二、防守戰術基礎配合

防守戰術基礎配合是在籃球比賽中，隊員兩三人之間為了破壞對方進攻配合所組成的簡單配合。防守戰術基礎配合包括搶過、穿過、繞過、關門、夾擊、補防和交換防守配合等。

(一)防守掩護的配合

搶過、穿過、繞過和交換是破壞掩護配合積極有效的方法。被掩護隊員的防守者從掩護隊員的防守者身後跑過去叫繞過，從掩護者和防守掩護者之間跑過去叫穿過；被掩護隊員的防守者在掩護隊員接近自己的瞬間，強行從掩護者和被掩護者之間搶過去繼續防守自己的對手叫搶過。

1.防守掩護的方法

（1）搶過配合：

是破壞掩護配合的積極有效的方法之一。防守者在掩護隊員臨近自己時，要積極向前跨出一步，貼近自己的防守對手，從掩護者前面擠過或搶過去，繼續防住自己的對手，防守掩護隊員的同伴要及時呼應，並配合行動，以備補防。

如圖 4-22 所示，④傳球給⑤後給⑥做掩護，❻在④靠近自己的一剎那，迅速搶前一步貼近⑥，並從⑥和④中間搶過去繼續防守⑥。

（2）穿過配合：

是破壞掩護配合、及時防住自己對手的一種配合。當進攻隊員進行掩護時，掩護隊員的防守者要及時提醒同伴並主動後撤一步，讓同伴及時從自己和掩護隊員之間穿過，以便繼續防住各自的對手。

如圖 4-23 所示，⑤傳球給⑥後去給④做掩護。❺要及時提醒同伴，❹當⑤掩護到位前的一剎那主動後撤一步，從⑤和❺中間穿過去，繼續防守④。

（3）繞過配合：

是破壞對方掩護配合及時防守自己對手的一種配合。當

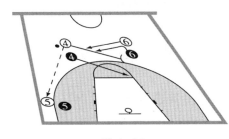

圖 4-22

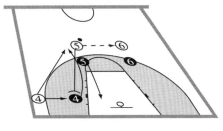

圖 4-23

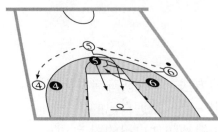

圖 4-24

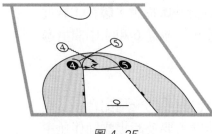

圖 4-25

進攻隊員進行掩護時，掩護隊員的防守者主動貼近對手，讓同伴從自己的身旁繞過，繼續防住各自的對手。

如圖 4-24 所示，⑥傳球給⑤並為其做掩護，⑤傳球給④後利用⑥的掩護向籃下切入，❺從❻和⑥的身後繞過繼續防守⑤。

（4）交換防守配合：

是為了破壞進攻隊員的掩護配合，防守隊員之間及時地呼應交換自己所防守對手的一種配合方法。

如圖 4-25 所示，⑤去給④做掩護，❺要主動給同伴發出換人的信號，及時堵截④向籃下突破的路線。此時❹應及時調整自己的防守位置，防止⑤向籃下空切。

2. 運用提示

（1）搶過時要貼近對手，向前搶步要及時，動作要突然，防掩護的隊員要相互提醒。

（2）運用穿過時，要及時提醒同伴並主動讓路，調整防守位置和距離。

（3）運用交換配合時，防掩護者要及時提醒同伴，兩名防守隊員要移動到位，及時換防，以免防守失誤造成漏人。

(二)「關門」配合

「關門」配合是指兩名防守隊員靠近協同防守突破的配合方法。

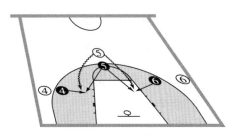

圖 4-26

1.「關門」配合的方法

如圖 4-26 所示，當⑤向右側突破時，❹和❺進行「關門」；向左突破時，❻和❺進行「關門」。

2.運用提示

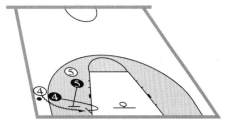

圖 4-27

防守隊員應積極堵截對手突破的移動路線，臨近一側的防守隊員要及時向同伴靠近進行「關門」，不給突破者留有空隙。「關門」配合也常運用於區域聯防。

(三)夾擊配合

夾擊配合是指兩名防守隊員有目的地同時採取突然的行動，封堵和圍夾持球者的一種配合方法。夾擊配合是一種攻擊性和破壞性極強的防守配合，它能有效地控制持球隊員的活動，給對手心理上造成巨大的壓力，製造對方失誤形成本方搶斷球的機會。

1.夾擊配合的方法

如圖 4-27 所示，④從底線突破，❹封堵底線，迫使④停

球，❺同時迅速向底線跑去與❹協同夾擊④，封堵其傳球路線，迫使其違例或失誤。

2. 運用提示

（1）首先要選擇好夾擊的位置和時機。當對方埋頭運球或運球停止時，都是夾擊的好時機，最佳夾擊位置是邊角和中線附近。

（2）運用夾擊時，貼近對方身體要適度，不能推、頂，以免造成犯規，不要為了急於去搶對方手中球而改變正確的夾擊位置和身體姿勢。

（3）已形成夾擊後，其他隊員要隨時輪轉補位，嚴防對方近球區域隊員的接球，遠球區域的防守隊員要以少防多，選好斷球位置。

（四）補防配合

補防配合是指防守隊員在同伴漏防時，立即放棄自己的對手，去補防那個威脅最大的進攻者，而漏人的防守隊員及時換防的一種協同防守配合方法。

1. 補防配合的方法

如圖 4-28 所示，❺傳球給④後，突然擺脫❺的防守直插籃下，此時，❻放棄對⑥的防守而補防⑤，❺去補防⑥。

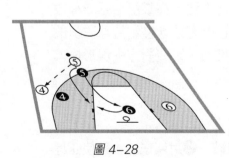

圖 4-28

2. 運用提示

（1）防守時要隨時觀察本

隊的防守情況，補防的意識要強，一旦發生漏防，鄰近隊員果斷補防。

（2）補防後要及時調整防守位置，仍然保持人球兼顧的位置。

（五）防守戰術基礎配合的教學步驟與練習方法

1. 教學步驟

（1）防守戰術基礎配合的教學，首先透過講解和演示等方法，使學生明確基礎配合的概念、配合方法、移動路線、行動的順序、運用的時機和要求等。

（2）防守戰術基礎配合的教學訓練，首先應先掌握單個基礎配合的基礎教學，在掌握單個基礎配合的基礎之後，重點提高基礎配合之間的銜接教學，再進行防守基礎配合的組合與綜合變化的教學，最後過渡到基礎配合的對抗教學訓練。

2. 練習方法

（1）搶過、穿過、繞過和交換防守的練習

【練習一】半場二對二。全隊分成兩組，如圖 4-29 所示落位，④傳球給教練員後給⑤做側掩護，❺在④掩護到位的一刹那迅速搶前一步貼近⑤繼續防守⑤。按此方法連續練幾次後，兩組相互交換攻守角色，分別站到各組的排尾，依次進行練習。

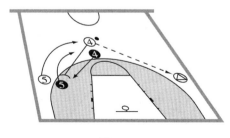

圖 4-29

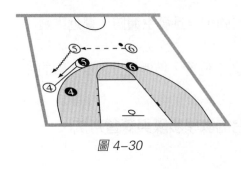

圖 4-30

【練習二】半場三攻三守。如圖 4-30 所示，④⑤⑥三人做給有球隊員的側掩護，防守者根據規定練習搶過、穿過、繞過或交換防守配合，依次反覆練習若干次後，攻守互相交換。

【要求】搶過時要貼近對手，向前搶步要及時、有力。掩護隊員的防守者要及時提醒並做好換防的準備。

【練習三】半場二防二、三防三在對抗條件下的練習。在採用半場對抗的練習時，進攻可採用不同的掩護配合，由慢到快，由消極到積極，逐步練習防守配合。

（2）夾擊與補防配合的練習

【練習一】半場二對二攻守練習。如圖 4-31 所示，④傳球給⑤，❺迫使⑤向場角運球，❹及時上前和❺一起形成對⑤的夾擊，封阻其傳給④的路線，造成其 5 秒違例。練習若干次後攻守交換。

【練習二】半場三攻三守。如圖 4-32 所示。⑤傳球給④，❹迫使④運球到場角，❺及時而迅速地和❹進行夾擊，❻及時移動，調整位置迅速補防，並準備斷球。練習到規定

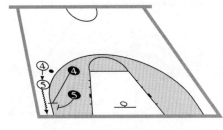

圖 4-31

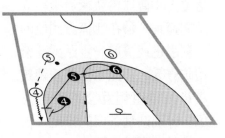

圖 4-32

次數後攻守交換。

【練習三】如圖 4-33 所示，④沿邊線運球推進，❹在④的側前半步防守，控制其運球行進的速度和方向。當④運球剛剛過中場時，❼及時而迅速地上前迫使④停球並與❹一起夾擊④。兩組可以同時練習，隊員按逆時針換位。

【要求】夾擊時行動要果斷突然，不要急於搶對方手中球而改變正確的夾擊位置和身體姿勢。

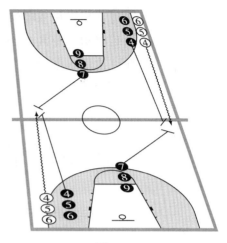

圖 4-33

（3）「關門」配合練習

如圖 4-34 所示，半場三攻三守，⑤傳球給④，④從左側突破，❺與❹協同「關門」，❻調整防守位置。④傳球給⑥，❻主要防底線突破，⑥從右側突破，❺再協同❻協防「關門」。做若干次後防守隊員按順時針換位繼續練習，然後攻守交換。

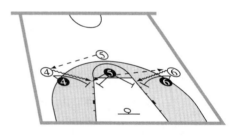

圖 4-34

【要求】臨近的兩名隊員，「關門」時要注意把握好時機，配合默契，動作要快，並要靠緊，不留空隙。

思考題：

1. 簡述籃球戰術的概念與分類依據。

2. 簡述籃球戰術基礎配合的概念和包括哪些內容。

3. 簡述傳切、掩護配合時的基本要求。

4. 簡述搶過、穿過、交換、夾擊配合的方法與要求。

5. 試述進攻戰術基礎配合教學步驟，並舉例解析練習方法。

第二節　快攻與防守快攻

一、快攻戰術

(一)快攻戰術的概念

快攻是由防守轉入進攻時，全隊以最快的速度、最短的時間，乘對方防守立足未穩，力爭造成人數上或位置上的優勢，或創造以多打少或無人防守或人數相等的有利攻擊時機，果斷而合理地進行快速攻擊的一種進攻戰術。

快攻是籃球進攻戰術的重要組成部分。其特點是快攻發動突然、攻擊迅速，所以它是進攻戰術中最銳利的武器。由於籃球技術的發展，促進了快攻戰術的發展，快攻的速度越來越快，快攻的成功率越來越高，它的核心是爭取時間、創造戰機、速戰速決。

(二)快攻戰術的特點和基本要求

1.快攻戰術的特點

（1）每名隊員都有較強的快攻意識和熟練的快速進攻技術，參加的人數多，接應點多，一傳距離遠，快下的速度

快，一對一的能力強。

（2）快攻結束時，常採用跳投和組織中遠距離投籃及「一傳一扣」的空中接球直接扣籃，行進間投籃已不再是唯一結束快攻的手段。

（3）快攻受阻時，審時度勢，不失時機地掌握和運用攻擊節奏，將快攻與銜接段進攻和陣地進攻有機地結合起來，充分體現進攻的攻擊性和連續性。

2. 快攻戰術的基本要求

（1）提高快攻戰術意識，不放過任何一次快攻時機，積極主動組織發動快速反擊。

（2）由守轉攻時，要起動快，及時分散，保持合理的位置和跑動路線，做到前後層次有序，左右相互照應。

（3）搶獲球的隊員要由遠及近觀察全場情況，及時將球傳送到最佳快攻點上，減少傳球和運球。

（4）快攻一旦受阻，其他隊員要及時接應跟進，不要輕易降低進攻速度。

（5）當快攻不成時，要加強快攻與陣地進攻的銜接，迅速轉入陣地進攻。

(三)快攻的組織形式與結構

快攻在組織形式上分為長傳快攻、短傳快攻、運球突破快攻三種。

快攻的結構，若組織形式是長傳快攻，則由發動和結束兩個階段組成。其他兩種形式的快攻分別由發動與接應、推進和結束三個階段組成。而三個階段的具體形式、位置、區域則以時機條件不同，運用技術與配合可多種多樣。

1. 長傳快攻

長傳快攻也稱為長傳偷襲快攻。它是指隊員在後場獲球後，用一次或兩次傳球，將球傳給快速向對方籃下跑動的同伴完成投籃的一種配合。其特點是突然性強、速度快、時間短、成功率高。

2. 短傳與運球結合快攻

隊員在後場獲球後，利用快速的短距離傳球、運球推進到前場進行攻擊的一種配合方法。其特點是靈活多變、層次清楚、容易成功。

3. 運球突破快攻

防守隊員獲得球後，利用運球技術超越防守，自己投籃得分或傳給比自己投籃機會更好的同伴進行攻擊的方法。其特點是減少環節、抓住戰機、加快進攻速度。結束段主要是個人攻擊或給跟進者投籃。

4. 運用快攻戰術的時機

快攻戰術通常在搶得後場籃板球時、擲界外球時、搶斷到球時、跳球獲得球時運用。

(四)快攻戰術的方法

1. 長傳快攻的方法

【示例】搶籃板球後長傳快攻，如圖 4-35 所示，④搶到籃板球後，首先應觀察全場情況，掌握發動快攻的時機，⑦

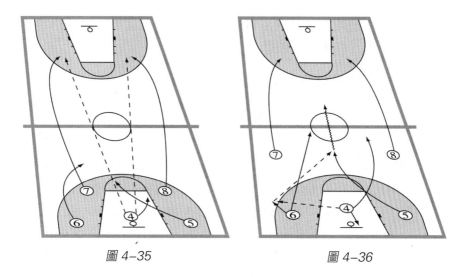

圖 4-35　　　　　　　　　　圖 4-36

和⑧及時快下超越防守者。④根據情況，長傳球給⑦或⑧進行投籃。④⑤⑥應隨後插空跟進。

2.短傳結合運球快攻的方法

【示例】如圖 4-36 所示，④搶到籃板球後，將球傳給接應的⑥，⑥又把球傳給插中路的⑤運球推進。⑦和⑧沿邊線快下，⑤根據情況將球傳給⑦或⑧投籃，④和⑥隨後跟進。

3.運球突破快攻的方法

【示例】中路與邊路結合推進。如圖 4-37 所示，④搶到籃板球後，⑤插中接應將球傳給沿

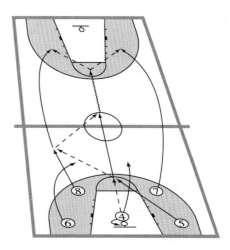

圖 4-37

邊線跑動的⑧，⑧再回傳給⑤，從中路推進，⑦和⑧沿邊線快下，⑥和④隨後跟進。

4.快攻結束的配合方法

（1）二攻一的配合方法

快攻推進至前場形成二攻一的局面時，進攻隊員要拉開適當的距離，擴大進攻範圍，可利用快速傳球、快速運球、運球突破投籃等進攻手段，創造進攻的機會進行投籃。

【示例】如圖4-38所示，⑨和⑩快速推進中，吸引④上前防守⑨，⑨立即把球傳給向籃下切入的⑩投籃。又如圖4-39所示，⑩利用運球向籃下突破吸引④上前堵截，並迅速把球傳給另一側切入的⑨投籃。

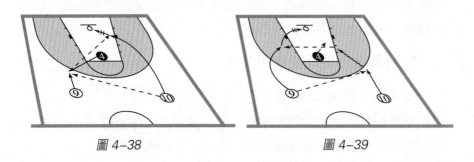

圖4-38　　　　　　　　　　圖4-39

（2）三攻二的配合方法

三攻二時，左右兩側的隊員要向邊線拉開且略突前，中路隊員稍靠後，保持三角隊形，擴大進攻面。在攻擊時，要根據防守的陣型，決定進攻隊員是從中路運球突破，還是從邊路運球突破，並且在突破中根據防守的變化果斷、及時地處理球。

【示例一】防守隊員平行站位時的進攻方法。

如圖 4-40 所示，⑧首先應從兩名防守隊員的中路運球突破，突破中遇到❹的堵截時，⑧立即把球傳給⑨投籃。當⑨接球後又遇到❺的堵截時，如圖 4-41 所示，⑨則把球傳給⑩投籃。

　　【示例二】防守隊員採用前後站位時的進攻方法。

　　如圖 4-42 所示，對方採用前後站位對中路堵防較緊時，進攻隊員應首先從兩邊組織快速運球突破籃下。由於❺稍偏左，所以⑩運球突破到籃下遇❺及時堵截時，應立即把球傳給⑨投籃。又如圖 4-43 所示，⑩開始運球偏右時而❹及時去防守，❺重點防守⑨的切入時，可把球傳給從中路插入的⑧投籃。

　　【示例三】防守者採用斜線站位時的進攻方法。

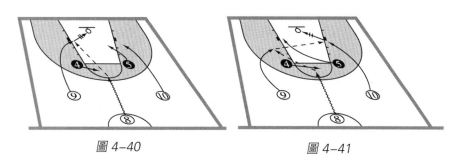

圖 4-40　　　　　　　　　　　　圖 4-41

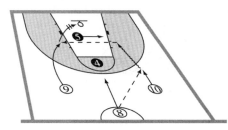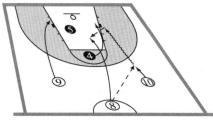

圖 4-42　　　　　　　　　　　　圖 4-43

進攻隊員從中路運球進攻時，如圖 4-44 所示，⑧從中路運球突破，遇到④向中路堵截時，可立即把球傳給切入籃下的⑩投籃。若⑩在籃下接球後遇到⑤的補防時，可以把球傳給⑨投籃。又如圖 4-45 所示，⑧從中路運球推進，由於④後撤防守⑩的空切，而⑤及時移動堵截⑧的中路突破時，⑧應立即把球傳給⑨投籃。

5. 運用提示

（1）快攻戰術成功的關鍵，是從搶到籃板球後，分散快、一傳和接應快、推進速度快，最後快攻結束投籃要穩和準。

（2）接應點要儘量靠前，接球位置要在罰球線延長線以外的區域。

（3）球在中路推進時要與兩側隊員形成三角形，兩側在前，中路在後，所以兩側隊員要快速，中路隊員要掌握好快攻戰術的節奏。

（4）快攻結束時，要利用多種投籃機會，在對方收縮籃下時可採用中遠距離投籃。

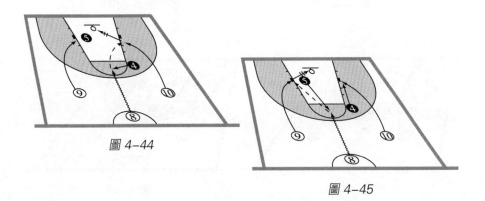

圖 4-44

圖 4-45

(五)快攻戰術的教學步驟與練習方法

1. 教學步驟

（1）快攻戰術的教學，首先透過講解和演示使學生明確快攻的概念、發動快攻的時機、組織結構、形式和基本要求。

（2）先進行分解練習，後進行組合的練習，最後進行完整的快攻戰術練習。

（3）先進行發動與固定接應結合推進的練習，後進行分解機動接應結合推進的練習，先練長傳快攻，然後過渡到短傳快攻。

（4）快攻結束段的教學，應先教二攻一配合，後教三攻二配合，最後教二攻二和三攻三配合。

2. 練習方法

（1）長傳快攻的練習

【練習一】全隊分成四組如圖 4-46 所示站位，④拼搶⑩投的籃板球後，⑤沿邊線快下接④的長傳球上籃。④傳球後排到⑥的後面，⑤投籃後⑦拼搶籃板球，⑤排到⑧的後面。另一側以同樣的方法依次進行練習。

【要求】長傳球要及時、到位，做到以球領人。快下的隊員側身跑，並隨時注意接球

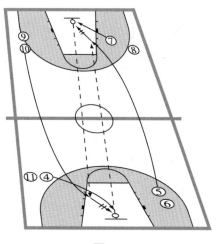

圖 4-46

投籃。

【練習二】如圖4-47所示，⑥搶到籃板球後，④沿邊線快下，⑤插上接⑥的球，然後迅速長傳給④投籃。⑦⑧⑨以同樣的方法從另一側依次進行練習。完成練習後⑤到⑥的位置，⑥到④的位置，⑨到⑤的位置。

【要求】搶到籃板球後不準運球，迅速傳出第一傳。接應隊員要及時插上，並根據快下隊員的速度及時準確地傳球，快攻的隊員應隨時準備接球投籃。

（2）短傳快攻的練習

【練習】三人短傳快攻。如圖4-48所示，⑥搶到籃板球後迅速傳給接應的⑤，⑤及時回傳給插上的⑥，然後⑥又傳給插上的④，④回傳給⑥，⑥可擇時機傳給④、⑤投籃。另外兩人拼搶籃板球。

【要求】搶到籃板球後不準運球，迅速傳出第一傳。接應隊員要及時插上，並根據快下隊員的速度及時準確地傳

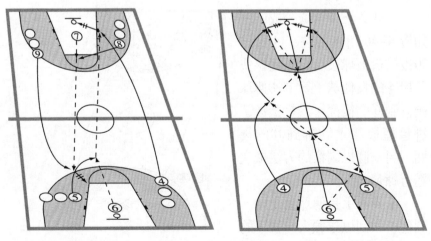

圖4-47　　　　　　　　　　圖4-48

球，快攻的隊員應隨時準備接球投籃。

（3）快攻結束段的練習

【練習一】全場二攻一。如圖 4-49 所示，兩人一組分別在兩邊籃下站位，由⑥⑤開始全場二攻一，❹防守。然後由❹⑤接著向對面球籃進行二攻一，依次類推往返練習。

【要求】發動要迅速，推進要快速，處理球要果斷。

【練習二】全場三攻二。如圖 4-50 所示，將全隊分成三人一組的若干小組，④⑤⑥進攻，❼❽防守。三攻二結束後，由❼❽❾三人接著向對面方向進攻，另一小組再出兩名隊員防守，依次往返，連續練習。

【要求】掌握快慢節奏，保持縱深隊形，減少失誤。

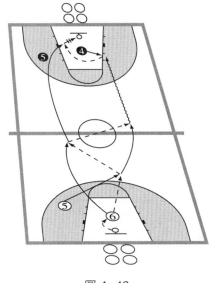

圖 4-49

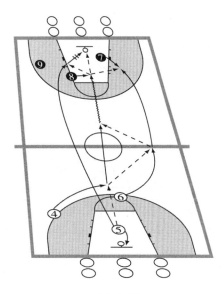

圖 4-50

（4）五人快攻練習

【練習一】如圖 4-51 所示，五名隊員按聯防站位開始，教練員在不同位置投籃，隊員按要求快速分散、接應、推進練習。如④搶到籃板球後，右側的⑥快速拉邊接應④的傳球，同時⑧⑦快下，④⑤快速跟進。

【要求】開始練習時適當控制進攻速度，跑動路線要清楚，縱深層次要分明。

【練習二】如圖 4-52 所示，教練員把球拋向籃板，④搶到籃板球後立即傳給在左側接應的前鋒⑦，⑥迅速進入中路，做第二接應，⑦傳球給⑥後迅速沿邊線快下，右側⑧迅速沿右側邊線快下。⑤④快速跟進。

【要求】搶籃板球後，第一傳要快速準確，接應隊員要快速插上接應。

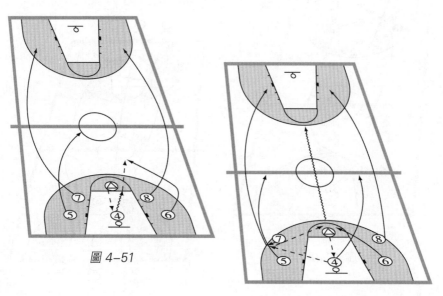

圖 4-51

圖 4-52

二、防守快攻戰術

(一)防守快攻戰術的概念

防守快攻是指由攻轉守的瞬間及時組織阻止和破壞對方快攻的防守戰術。

防守快攻要從全力拼搶前場籃板球開始，在失去球權後，首先封堵第一傳，堵截接應隊員，邊退邊干擾，延緩對手進攻速度，借機及時組織全隊防守。

(二)防守快攻的基本要求

1. 全隊首先要積極防守，保持攻守平衡，進攻投籃後既要有人積極拼搶籃板球，又要有人迅速退守。

2. 積極封截和破壞對方的一傳接應，搶佔對方習慣的接應點並堵截接應隊員，堵截、干擾、延誤對方的推進速度。

3. 要具有積極拼搶的意識，當對方形成快攻時，應快速退守，及時迅速地在以少防多的情況下，大膽出擊，贏得時間和力量上的均衡。

4. 要隨機變換防守戰術，在失去球後，立即採取前場緊逼防守，退回後場，採用半場人盯人防守，使對方不適應，破壞其快攻。

(三)防守快攻戰術的方法

1. 提高投籃命中率，拼搶前場籃板球

現代籃球比賽中，根據實戰的統計資料看，由守轉攻搶後場籃板球後發動快攻的機率最大。因此，進攻隊員積極拼

搶前場籃板球是制約對方發動快攻的有效方法。

2.積極封堵第一傳和接應

及時封鎖和堵截對方的第一傳和接應，是防守快攻的關鍵環節，延誤其快攻時間，為本隊退守和組織全隊防守爭取時間。

3.堵截接應點

當對方採用固定接應方式時，應搶佔對方的接應點，截斷接應隊員與第一傳的聯繫，以干擾與控制對方任一隊員的接應意圖與行動，從而達到破壞和延誤對方快攻發動和推進的速度。

4.防守快下的隊員

由攻轉守時，防守隊員應積極堵截中場，使進攻隊員不能直線長驅直入籃下，積極運用快速退守，並追截沿邊線的快下隊員。

5.提高以少防多的能力

提高一防二、二防三的能力，重點防籃下，為同伴回防贏得時間，這就必須提高個人防守能力，以及同伴之間的相互補防能力。

一防二：一防二時，應充分根據對方的進攻位置，邊防邊退，選擇有利的防守位置，迫使對方運球能力不強的隊員運球，從而造成對方失誤或延誤進攻時間。

二防三：防守快攻戰術的二防三配合有以下三種方法。

（1）兩人平行站位防守

這種防守隊形適用對付兩側邊線突破能力較強的進攻隊員，但中路防守較弱。如圖 4-53 所示，❺防守⑤運球突破，❹兼顧⑥和⑧的行動，隨球的轉移，積極防守。

（2）兩人重疊站位防守

這種防守隊形可有效地阻止對方中路突破，但移動補防距離較長。如圖 4-54 所示，當⑥中路運球推進，⑦和⑧沿邊線快下時，❹上前堵截中路，❺在後兼顧⑦和⑧的行動。當⑥將球傳給⑦時，❺則立即前去防⑦，❹後撤控制好籃下並兼顧⑧和⑥。

（3）兩人斜線站位防守

這種防守隊形的特點是不僅可以阻止中路突破，而且移動補位的距離短。如圖 4-55 所示，當④和⑤進行短傳推進時，❹先選擇偏左的位置防守，當⑤將球傳給④時，❹要立即移動堵截④，❺選擇有利位置兼防⑥和⑤。

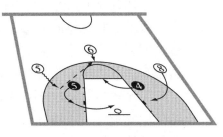

圖 4-53

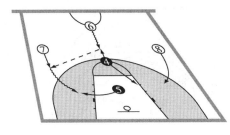

圖 4-54

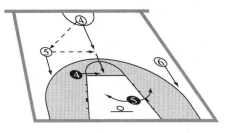

圖 4-55

(四)防守快攻戰術的教學步驟與練習方法

1. 教學步驟

（1）防守快攻教學要與快攻教學結合進行，一般放在進攻教學完成之後，再教防守快攻。

（2）防守快攻教學應採用分解法，把堵截快攻第一傳與接應、防守對方推進、防守結束段分別進行教學。在掌握各階段方法的基礎上，再進行整體防守戰術的教學。

2. 練習方法

（1）封堵第一傳與接應

【練習一】三對三堵截快攻的發動與接應。如圖 4-56 所示，教練員將球拋向籃板，當④搶到籃板球時，離④最近的❹立即封堵④的第一傳並防其突破，❺立即堵截⑤接應，❻堵截⑥插中接應，並伺機搶斷球。

【練習二】三對三夾擊第一傳。如圖 4-57 所示，教練員將球拋向籃板，④搶到籃板球時，離④最近的❹立即封堵第一傳並堵截運球突破，這時❺大膽地放棄⑤，與❹夾擊④。❻調整位置，兼防⑤和⑥。

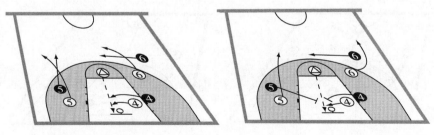

圖 4-56　　　　　　　　　　圖 4-57

（2）快攻結束時的少防多

【練習一】全場一防二。如圖 4-58 所示，⑤和⑥傳球快速推進到前場，⑦進場防守，⑤或⑥投籃後，⑦搶籃板球與⑧發動快攻，傳球快速推進。此時，⑨迎前防守，當⑧或⑦投籃時，⑩跑進場內搶籃板球，與⑨發動快攻傳球推進二攻一，依次練習。

【練習二】全場二防三。如圖 4-59 所示，④⑤⑥三人一組傳球向前場推進，⑦⑧在前場三分線弧頂附近防守，⑨在邊線外等候，當⑦⑧搶斷球或搶到籃板球時，⑨立即進入場內與⑦⑧發動快攻。⑩⑪迅速進入場內防守，當⑩⑪搶斷球或搶到籃板球時，⑫立即進入場內與⑨⑪發動快攻。攻守交替進行。

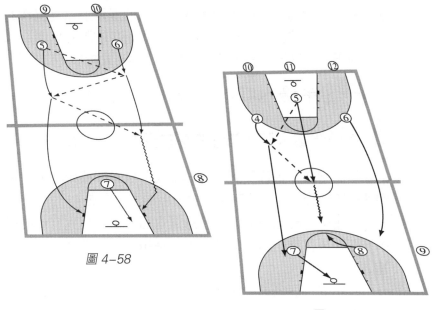

圖 4-58

圖 4-59

思考題：

1. 簡述快攻戰術的概念。
2. 發動快攻的時機與結束快攻形式有哪些？
3. 簡述發動快攻與防守快攻的組織形式和結構。
4. 圖示中鋒搶到籃板球後的五人快攻路線。
5. 試述快攻戰術的教學步驟。

第三節　半場人盯人防守與進攻半場人盯人防守

　　半場人盯人防守與進攻半場人盯人防守戰術，是籃球比賽中運用最廣泛的防守與進攻戰術。半場人盯人防守戰術是在每名防守隊員分別防守一名進攻隊員的基礎上相互協作的一種全隊防守戰術，而進攻半場人盯人防守戰術是運用傳切、掩護、策應及突分等基礎配合組成的進攻戰術。

一、半場人盯人防守

(一)半場人盯人防守的基本要求

　　1. 防守隊應根據雙方隊員的身高、位置和技術水準合理地進行防守分工，並使其儘量與對手的力量相當。

　　2. 由進攻轉入防守時，要迅速退回後場，找到自己的對手，在控制住自己對手的基礎上，積極搶球、斷球、夾擊和補防。

　　3. 防守有球隊員要逼近對手，主動攻擊球，積極封蓋投籃，干擾傳球，堵截運球，並伺機搶球，迫使對手處於被動

局面。

4.防守無球隊員要根據對手、球和球籃的距離選擇人球兼顧的位置。防守離球近的隊員時要貼近防守，切斷對方的傳球路線，不讓對手接球；防守離球遠的隊員時要縮小防守，在控制住自己對手的基礎上，協助同伴防守。

(二)半場人盯人防守戰術的方法

根據防守區域的大小，半場人盯人可以分為半場擴大人盯人防守和半場縮小人盯人防守兩種。

1. 半場擴大人盯人的防守方法

這種防守方法控制區域比較大，一般是距籃 8—9 米，因此，這種防守用來對付中遠投較準但突破和控制球能力較差的隊是比較有效的。

防守的重點任務是阻撓和破壞對方外圍的傳、運配合，封鎖外圍的投籃，要緊緊盯住有球的隊員和距球近的隊員，對離球遠的隊員則可以稍放遠一些，以利於協同防守。一般要做到「三人緊，兩人鬆」或「四人緊，一人鬆」。

（1）球在正面時的防守方法

如圖 4-60 所示，當⑥持球時，❻要近身防守，❼❺❹也要緊逼對手，卡斷對手接球的路線。❽可適當地縮回，準備協助同伴防守。

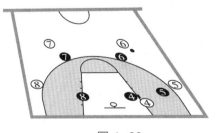

圖 4-60

（2）球在 45°角時的防守方法

如圖 4-61 所示，當⑥傳球給⑤後，❺要緊緊看住⑤，不讓他投籃或從容地傳球，並嚴防他從底線突破。❻在緊逼⑥的同時，還應注意，如果⑤從內側突破，要及時後撤「關門」。❼防離球遠的⑦可以稍縮回一些，但要防止⑦插向籃下。❽可遠離⑧，靠近籃下，隨時準備截斷⑤傳給④的高吊球。❹防守中鋒④，為了不讓④在籃下接到球，應當果斷地繞前防守。

（3）球在邊角停止時夾擊的防守方法

如圖 4-62 所示，當球在⑧手中已運過球停止時，防守隊員應有組織地上去夾擊、搶斷，迫使⑧傳球失誤或 5 秒違例。❼見球在⑧手中已運球停止時，要果斷、迅速地向⑧滑動，與❽夾擊⑧。❻要及時補防⑦，❺和❹要及時調整位置，伺機斷球。

（4）球在邊線與中線夾角停止時的夾擊方法

如圖 4-63，當⑦在中線的角上停止運球時，❻應果斷地橫移，同❼一起進行夾擊。❺迅速向上移動補防⑥，並截斷⑦傳給⑥的球。❽緊逼⑧，❹兼防④和⑤。

（5）球傳到限制區時的防守方法

如圖 4-64，當⑧傳球給向限制區橫插的④時，❹要緊逼

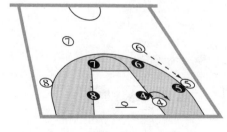

圖 4-61

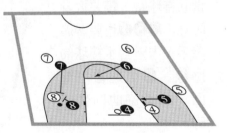

圖 4-62

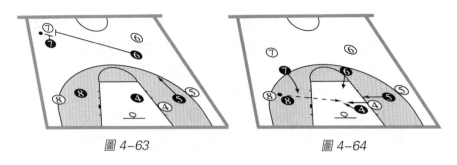

圖 4-63　　　　　　　　　　　　圖 4-64

防④，限制④接球。如果④接到球，則其他防守隊員都應當適當後撤。

2. 半場縮小人盯人的防守方法

這種防守方法控制的防區比較小，一般距籃 6 米左右，防守隊員主要是佔據和控制三分線以內的區域，重點是防對方的籃下進攻。因此，防守中鋒的隊員要緊緊地盯住對方的中鋒，外圍隊員要協助防守中鋒。防距球遠的隊員時，要離他遠一些，這樣就可以夾擊對方的中鋒，或協助外圍同伴防住對方的突破。防持球隊員時要防緊，防其突破和向籃下的傳球。

採用這種防守方法時，伸縮性要強，做到防有球時立即上去，緊貼對手；防無球時，及時調整位置，做到「人球兼顧」，控制對手的移動，阻止和破壞其進攻。

（1）球在正面的防守方法

如圖 4-65，當球在⑥手中時，❻應緊盯，不讓其投籃和傳給中鋒④，❺要縮回，協助❹防④，❹要在④的左側防守，卡斷

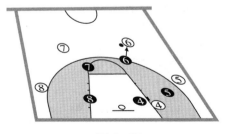

圖 4-65

⑥的傳球路線。❼稍向❻靠近，以備⑥向中間突破時與⑥做「關門」的防守配合。❽向籃下靠近，❼和❽此時均應「人球兼顧」，堵截對手向限制區切入的路線。

（2）球在 45°角時的防守方法

如圖 4-66，當⑤接球後，❺應上前積極防守，干擾他投、傳，尤其要注意不讓他沿底線突破。中鋒❹應站在靠底線一側防守④。❻撤回到④的附近，幫助❹防守對方的中鋒④。❼和❽均向限制區回縮，並注意防住對手的空切。

（3）中鋒接到球的防守方法

如圖 4-67，當對方中鋒④在限制區腰上得球時，❹要緊盯，不讓他投籃和突破（要保持正確防守位置和姿勢）。❺和❻應果斷迅速地暫時放棄自己的對手而後撤。同❹一起夾擊④。❼稍向❻的位置靠近，兼防⑥和⑦，❽向籃下靠近，以便補防和搶籃板球。

（三）半場人盯人防守戰術運用的提示

1. 從進攻轉入防守時，要快速退回後場，儘快地找到自己防守的對手，保持正確的防守位置和姿勢，並要招呼同伴，儘快地組織好全隊的防守。

2. 選擇防守對手時，應根據雙方的身體、技術、位置的

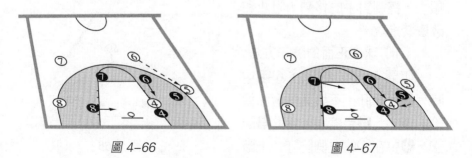

圖 4-66　　　　　　　　圖 4-67

特點來決定，一般是大對大，小對小，快對快，慢對慢。確定防守對象時，即使做不到略高一籌，起碼也應當勢均力敵。

3. 要根據對方的特點加強防守的針對性。當對方中遠距離投籃較準時，要擴大防守；對方中鋒攻擊能力強時，要縮小防守；對方運球突破能力強時，要注意進行「關門」防守；對方空切多時，要注意防守補位；對方掩護時，要採用搶過或交換防守配合。在防守過程中，既要加強對持球隊員防守的攻擊性，又要保證全隊防守的整體性。

(四)半場人盯人防守的教學步驟和練習方法

1. 教學步驟

（1）透過講解與演示，使學生瞭解半場人盯人防守戰術的基本要求和戰術方法，認識防守的重要性，初步形成正確的全隊防守概念。

（2）先進行局部配合的練習，再進行整體配合的練習，使學生初步掌握半場人盯人防守的方法。

（3）先在消極進攻的情況下進行防守練習，再逐步過渡到在積極進攻的情況下進行防守練習，最後在由攻轉守的情況下進行防守練習，逐漸增加防守的難度，使學生鞏固已掌握的方法，在運用中提高。

2. 練習方法

【練習一】4人一組分成若干組，先由兩組學生站成兩前鋒和兩後衛的攻防陣勢。防守隊員選擇在對手與球籃之間的防守位置，進攻隊員在小範圍內進行移動擺脫，防守隊員

要跟隨進攻隊員移動，並保持正確的防守姿勢。練習若干次後，攻守相互交換練習。

【要求】防守隊員在移動中應始終注意對手、球籃和自己與球的位置，並不斷調整好位置。

【練習二】4人一組分成若干組，先由兩組學生站成兩前鋒和兩後衛的攻防陣型。進攻隊員在原地相互傳接球，防守隊員隨著進攻隊員的傳球選擇防守位置。防守持球隊員要緊逼，防守無球隊員要保持離球近則近、離球遠則遠的防守位置。練習若干次後，攻守相互交換。

【要求】防守隊員在對方傳球過程中，應注意自己的對手有球還是無球、離球近還是離球遠，增強防守中的轉換意識，從而及時調整位置。

【練習三】4人一組，如圖4-68所示，⑧持球，❽緊逼⑧，❹選擇在④的側前方，❼選擇在⑦的側前方，要做到既不讓對手接球，又要防止對手從背後空切。❻選擇在遠離對手的位置上，要求既要防止⑥切入，又要進行補位，協助同伴防守。練習若干次後，攻守交換練習。

【要求】防守隊員樹立對有球者緊逼、對近球者錯位防守的意識。

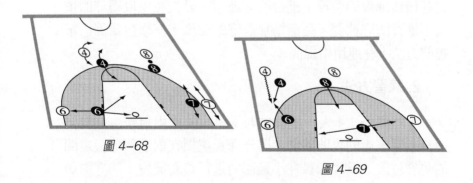

圖4-68

圖4-69

【練習四】4人一組，如圖4-69所示，④運球突破時，❹要緊跟④移動，❻應立即上前與④進行「關門」配合防守，堵住④。❽向罰球線附近移動，防止⑧空切，❼遠離⑦，隨時準備補防，防止⑥和⑦向籃下空切。練習若干次後，攻守交換練習。

【要求】離球近的防守隊員要果斷協助同伴進行防守，離球遠的防守隊員要以少防多。

【練習五】4人一組，如圖4-70所示，⑥持球，❻緊防⑥。當⑥從底線運球突破時，❻要緊防⑥，❼要遠離⑦，迅速補防⑥。④和⑧要遠離對手，向罰球線附近移動，❹在防住④的同時兼顧⑧，❽在防住⑧的同時兼顧⑦。練習若干次後，攻守交換練習。

【練習六】5人一組，如圖4-71所示，⑧持球，❽緊防⑧，❺站在⑤的側前方，不讓⑤在原地接球。當⑧將球傳給⑦時，❺要迅速從⑤的身後繞過，站在⑤的右側前方，不讓⑤接球。❹和❽要向罰球線附近移動，協助❺防守，❻要遠離對手，隨時準備補防。練習若干次後，攻守交換練習。

【要求】防守中鋒的隊員要根據球的轉移來選位，鄰近的外圍隊員要進行協防，及時伸縮。

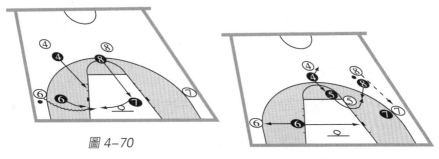

圖4-70

圖4-71

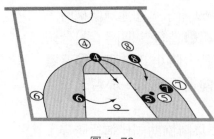

圖 4-72

【練習七】5人一組，如圖4-72所示，當⑤持球時，❺緊貼⑤，防守其投籃和運球突破。❼和❽要縮回圍守⑤，❹要縮回，除防守自己的對手，還要兼防⑧向籃下空切。❻要回縮，準備補防和搶籃板球。練習若干次後，攻守交換。

【要求】在中鋒有球時，內線和外線的防守隊員要協調一致，防守時要富有攻擊性，迫使對手將球傳出去。

【練習八】5人一組，先由兩組上場練習，結合全場攻守轉換練習半場人盯人防守。練習一定時間後，換另外兩組繼續練習。

【要求】立即找到自己的對手，並與對手保持一定的距離，不讓其突破，退到後場時，積極進行半場人盯人防守。

【練習九】教學比賽或正式比賽

【要求】做到防好自己的對手，不讓對手隨意投籃、突破和傳球，在此基礎上協助同伴防守，提高全隊防守品質。

二、進攻半場人盯人防守

進攻半場人盯人防守是基本的進攻戰術，在比賽中運用得最多、最普遍。所以，每一支籃球隊都應該掌握進攻半場人盯人防守的戰術。

(一)進攻半場人盯人防守的基本要求

1. 要根據本隊隊員的身體條件、技術水準，選擇適宜的進攻戰術配合和戰術隊形，以便揚長避短，發揮本隊的優勢。

2. 由防守轉入進攻時，在前場要迅速落位，形成戰術隊形，立即發動進攻。

3. 在組織戰術中，應該注意各種進攻基礎配合之間的銜接和變化，既要明確每個進攻機會，又要明確全隊的進攻重點，還要保持進攻戰術的連續性。

4. 組織進攻戰術時，應該儘量做到內外結合、左右結合；要擴大進攻面，增多進攻點，增強戰術的靈活性。

5. 在進攻配合中，既要積極地穿插移動，又要注意保持攻守平衡。在進攻結束時，既要有組織地搶前場籃板球，又要有組織地進行退守。

(二)進攻半場人盯人防守的隊形與方法

1. 進攻半場人盯人防守的隊形

（1）2−1−2 隊形，單中鋒站在罰球線附近，如圖 4−73。

（2）2−2−1 隊形，單中鋒站在籃下附近，如圖 4−74。

（3）2−3 隊形，單中鋒站在籃下附近，如圖 4−75。

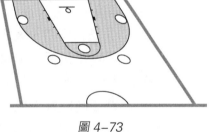

圖 4−73

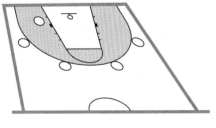

圖 4−74

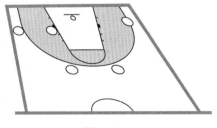

圖 4−75

（4）1–3–1 隊形，雙中鋒上、下站位，如圖 4–76。

（5）1–2–2 隊形，雙中鋒籃下站位，如圖 4–77。

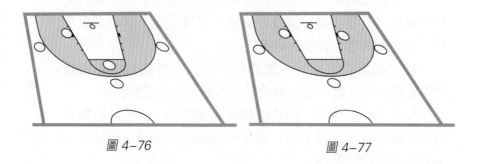

圖 4–76 　　　　　　　　　　　　　圖 4–77

2. 進攻半場人盯人防守戰術方法示例

進攻半場人盯人防守戰術，是每一支球隊都必須掌握的最基本的進攻戰術。這種戰術主要是運用個人技術和傳切、策應、掩護、突分等進攻配合創造機會投籃。

（1）運用傳切、策應配合創造投籃機會。

如圖 4–78 所示，⑦傳球給⑧，⑧接球後做投籃或突破的假動作吸引防守者，然後把球傳給擺脫防守切向籃下的⑦投籃。如果這個機會不成，可把球傳給擺脫防守向右橫切的④，④接球後可根據情況投籃或突破。當對方圍守④時，④

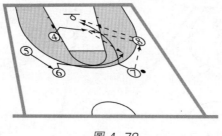

圖 4–78

可把球傳給移動過來的⑥投籃。⑤⑦④衝搶籃板球。如果上面的幾個機會都沒有實現，則⑤向外移動，⑦經底線移動到⑤原來的位置。這樣就形成與原來對稱的隊形，然後採用同樣的方法，從左側重新開始進攻。

（2）運用掩護、策應配合創造投籃機會。

如圖 4–79 所示，⑥傳球給⑦，⑦傳球給擺脫防守橫切限制區的④後，立即跑去給⑧做掩護，④得球以後根據防守的情況可投籃或突破。如果對方圍守④，④可傳球給利用掩護擺脫防守的⑧投籃；如果防守者採取換防的措施，④就傳球給掩護後轉身的⑦投籃。⑤要衝搶籃板球。如果上面幾個機會都沒有實現，⑤應向外移動，⑦沿底線移到⑤原來的位置，形成與原來對稱的隊形，在左側用同樣的方法進攻。

上述方法，可以連續進攻。但不管怎樣進攻，都要注意攻守平衡。

（3）運用後掩護配合創造投籃機會。

如圖 4–80 所示，⑥傳球給⑦，⑦接球後做投籃或突破的假動作吸引防守者，⑧及時地跑過來給⑦做後掩護，⑦乘機突破上籃，如果對方採取換防措施，⑦可以分球給掩護後轉身的⑧投籃。

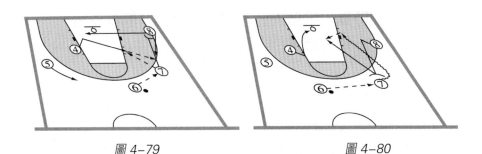

圖 4–79　　　　　　　　　　　　圖 4–80

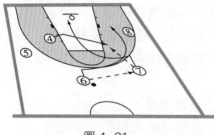

圖 4-81

（4）運用策應配合創造投籃機會。

如圖 4-81 所示，⑥傳球給⑦的同時，④向右側橫切接⑦的球做策應，⑦傳球給④後，向④的右側繞切，與此同時，⑥先下壓並與⑦交叉移動向④的左側繞切，④可將球傳給⑥或⑦投籃；④也可以利用⑥和⑦的切入做誘餌，轉身投籃。

(三)進攻半場人盯人防守戰術運用的提示

1. 要動起來打。傳球後，不要站在原地不動，要積極地穿插、換位，把對方調動起來，但不要盲目亂跑，要注意保持適當距離，注意攻守平衡。

2. 要抓住對方的弱點，透過各種配合，結合中遠距離投籃。要內外線結合，內外互相牽制。

3. 每次投籃以後，都要積極地衝搶籃板球，爭取第二次進攻。

4. 要保持冷靜的頭腦，要有勇有謀，不要盲目蠻幹。要敢於運用自己的特長。

(四)進攻半場人盯人防守戰術的教學步驟和練習方法

1. 教學步驟

（1）透過講解與演示，使學生瞭解進攻半場人盯人防守戰術的基本要求和戰術方法，初步形成正確的全隊進攻概

念。

（2）先進行局部的、單個的基礎配合練習，再進行整體的、多種基礎配合結合的練習，使學生初步掌握進攻半場人盯人防守的基本方法。

（3）先在消極的情況下進行進攻配合練習，然後逐漸過渡到在積極防守的情況下進行進攻配合練習，最後在由攻轉守的情況下進行配合練習，逐漸增加進攻的難度和對抗的強度，使學生鞏固已掌握的方法，並在運用中提高。

2. 練習方法

【練習一】半場一對一擺脫接球。

如圖 4–82 所示，兩人一組，先由一組學生進行練習，練習一定次數後，換另一組進行練習。

【要求】進攻隊員在接球之前，一定要用反跑的動作吸引防守，然後突然擺脫對手接球。可以擺脫拉出要球，也可以擺脫插中要球。

【練習二】傳切練習。

如圖 4–83 所示，分成兩組，由每組排頭開始，依次進行。每組練習後，練習者排到另一組後面。

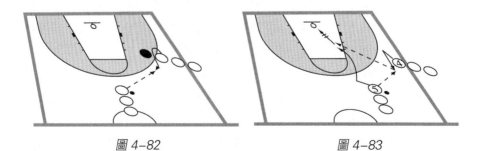

圖 4–82　　　　　　　　　　圖 4–83

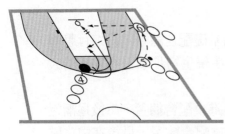

圖 4-84

【要求】④接球前要有下壓擺脫的動作，⑤將球傳給④後，先做向左側擺脫的假動作，然後改變方向切入籃下，接④的傳球上籃。④在傳球前，做投籃、向底線突破的假動作，吸引防守，然後及時傳球給⑤。

【練習三】反掩護練習。

如圖 4-84 所示，分成三組，由每組排頭開始，依次進行。各組練習後，順時針方向輪轉換位，分別排到各組排尾。

【要求】進攻隊員傳球後要向反方向去做掩護，掩護動作要合理到位，掩護後要注意轉身跟進。被掩護隊員在同伴到位前，要把對手的注意力引向另一側，一旦同伴到位，立即利用掩護插入籃下。在掩護進行過程中，持球隊員要吸引防守者，注意及時傳球給插入籃下的同伴，或是掩護後跟進的同伴。

【練習四】半場五對五攻守。

5 人一組，先由兩組進行練習，練習一定時間後，換兩組上場練習。

【要求】進攻的一組按預定的配合方法進行練習，要熟悉進攻練習，瞭解不同的時機。防守的一組要人盯人，開始可以消極一些，但一定要跟著對手跑動。

【練習五】全場五對五攻守。

5 人一組，先由兩組進行練習，練習一定時間後，換兩組上場練習。

【要求】進攻組要積極地移動，靈活地運用各種基礎配

合，提高隊員之間的配合協調能力，保持進攻配合的連續性。防守組可以運用擴大或縮小的形式，積極防守。

思考題：

1. 試述半場人盯人防守的基本要求。
2. 分析進攻半場人盯人防守的戰術方法。
3. 簡述半場人盯人防守的教學步驟。
4. 簡述半場縮小人盯人防守戰術的方法。
5. 試述進攻半場人盯人防守戰術的教學步驟。

第四節　區域聯防與進攻區域聯防

一、區域聯防

區域聯防是由攻轉守時，防守隊員迅速退回後場，按每名隊員分工負責防守一定的區域，嚴密防守進入該區域的球和進攻隊員，並以一定的形式把每個防守區域的同伴有機地聯繫起來的全隊防守戰術。

現代聯防戰術的特點是防守隊員隨球的轉移積極地移動和協防，位置區域分工明確，對有球區以多防少，無球區以少防多。因此，有利於內線防守、組織搶籃板球和發動快攻。但由於各種形式的區域聯防都存在一定薄弱區域，所以，容易被對方在局部區域形成以多打少而陷於被動。

隨著攻守技術、戰術的提高和競賽規則增加的三分球規定，促進了區域聯防的發展，防守隊形從固定變為不固定，從而形成「一對一」的對位聯防，加強了區域聯防的針對性。同時，在區域聯防的運用中，也普遍遵循並貫徹「以球

為主」的防守原則，做到球、人、區三者兼顧，擴大了每名防守隊員的控制範圍，強調與同伴的協防，以及封蓋、夾擊等防守技術的運用，進一步加強了區域聯防的集體性、伸縮性和攻擊性。區域聯防的發展，使它在現代籃球比賽中仍然作為一種有效的防守戰術而被廣泛運用。

(一)區域聯防的形式

隨著籃球運動的發展，現在世界強隊只用一種固定形式的聯防比較少，多半是把各種聯防結合運用，根據進攻隊形的變化而改變著自己防守的隊形。

但不管是什麼樣的聯防，最重要的就是以球為主，人球兼顧。對持球者一定要盯緊，因為有球的人能直接得分，或者他會把球傳給更有利於得分的人。因此，就不能讓持球的人輕易投籃或任意傳球。五名防守隊員都要積極地滑動，揚手揮臂，擴大防守面積，填補五人之間的空隙，使進攻隊員感到在聯防的防區之內，到處是人，無機可乘。

常用的區域聯防的形式有三種。如圖4-85所示，前邊站兩名隊員，中間站一名隊員，後邊站兩名隊員，這種隊形叫「2-1-2」聯防（圖中橢圓形的虛線表示每名隊員防守的區域，各個防區銜接的地方為兩名隊員共同防守的區域）。採

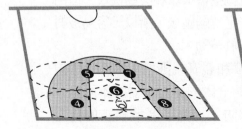

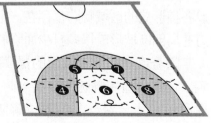

圖4-85　　　　　　　　　　圖4-86

用這種聯防形式的較多。

其他還有「2-3」聯防，如圖 4-86，是前面站兩名隊員，後面站三名隊員。這種形式，籃下防守力量較強。

圖 4-87 是「3-2」聯防，前面站三名隊員，後面站

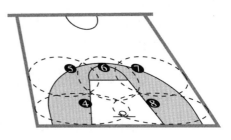

圖 4-87

兩名隊員，這種形式，對於防外圍投籃準的隊較有效，並能干擾其傳球。不論採用哪種形式的聯防，都要把身材高、彈跳好、善於搶籃板球的隊員安排在籃下的位置和中間的位置，要把移動速度快、靈活機警的隊員安排在前面。在人員的安排上，要充分考慮發揮每名隊員的特長。

(二)區域聯防的基本要求

1. 根據區域聯防的形式、隊員的條件和技術特長，合理分配隊員的防守區域，發揮隊員在各自防區的作用。

2. 由進攻轉入防守時，要積極阻止對方的攻勢，有組織地快速退守和及早落位佈陣防守。

3. 防守隊員要協同一致，隨球積極移動，並張開和揮動雙臂，相互照應，形成整體防守。

4. 防守持球隊員時，應按照人盯人防守的原則，積極干擾和破壞對手的投籃、傳球和運球，嚴防從底線運球突破。

5. 防守無球隊員時，要根據離球的遠近和防區中進攻隊員的行動，積極搶位和堵截，不讓對手在有威脅的區域內接球，隨時準備協同同伴進行「關門」、補位等防守配合。

6. 當進攻隊員採用穿插移動時，應根據其行動方向，先卡位，並迅速調整防守位置或隊形；當進攻隊投籃後，每名

防守隊員都要堵位和搶位，有組織地爭奪籃板球並及時地發動快攻。

(三)區域聯防的方法（以「2-1-2」陣型爲例）

1. 由攻轉守，快速佈陣

由攻轉守時，要在對方進攻之前，快速退回本隊後場，每名隊員都按照區域分工，站成「2-1-2」的隊形，觀察對手的活動，做好防守的準備，嚴陣以待。

2. 明確任務，分工合作

如圖 4-88 所示，❹和❺重點防守外圍隊員突破、投籃，圍守中鋒⑧，搶罰球線一帶的籃板球。因為在防守時，會經常出現二防三的局面，所以要不停地移動，積極地揮動手臂，一人上前，一人保護，互相配合，大造聲勢。

中鋒❽要密切監控對方中鋒⑧在限制區一帶的活動，嚴防他和其他隊員插向中區接球投籃或突破，並積極爭搶籃下中間地帶的籃板球。

❻和❼堅守籃下兩側，盡力封鎖進攻隊員在籃下兩側接球投籃，並拼搶這一帶的籃板球。防守時，要縱觀全局，並擋人、卡位。

3. 隨球轉移，人球兼顧

如圖 4-88，當球在圈頂外⑤手裏時，由於⑥和⑦都在防守隊的右側，所以應由❹上前防守⑤，阻撓其投籃或突

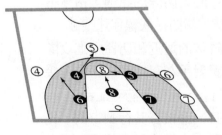

圖 4-88

破。❺稍向左側移動，協助❽防守⑧，防止⑤傳球給⑧。❽稍上提，注意⑧的行動。❻略向左前方移動，準備上去防④。❼向中區靠近，並注意⑦的活動，在籃下站成三角形，控制位置，準備搶籃板球。

　　如圖 4–89 所示，假設⑤把球傳給⑥，球在側翼 45°角區域時，❺應快速滑步或跑上去防守⑥，不讓其投籃或突破。❹滑到⑧的右前方，協助❽防守⑧，防止⑥傳球給⑧。❽稍向右側移動，注意⑧的行動，一旦⑥傳球給⑧，則❽要防⑧投籃和突破，同時❹❺❽三人也可圍守、夾擊⑥。❼可稍向右側移動，注意⑥可能把球傳給⑦，也可能持球突破。⑥若突破時，❼應配合❺進行「關門」防守或補位防守；如果⑥投籃，則❼要把⑦擋在外面，搶籃下右側一帶的籃板球。❻稍向前移動，防止④向籃下或中區空切，並搶籃下左側一帶的籃板球。

　　如果⑥把球傳給④，如圖 4–90 所示，則❻要注意斷球，但不要冒險行事。如事先無準備，判斷不準，就不宜斷球，應向左前方移動，等④接到球時上前防守，不讓其投籃或從底線突破。此時❹要儘快地繞過⑧，回去防守自己區內的④。❻等❹回防④時再退回籃下。❽稍向左側移動，注意⑧的行動。❼要向左側移動保護籃下，防止⑦溜到籃下接球投

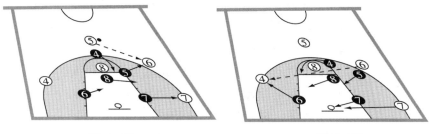

圖 4–89　　　　　　　　　　　　　　圖 4–90

圖 4-91

籃。因為⑦在籃下接球威脅最大，所以❼首先要卡斷並佔據⑦通往籃下的路線（這樣，即使⑦要強行通過，也必須是繞經籃後才能過去），同時，❼還要用後背貼近⑦，並用手摸著「護送」他到左側籃下交給❻後，再回到原來的防區。如果❻還沒退回來而④又把球傳給了⑦，則❼要繼續防守⑦，防止其投籃和突破。❺向後移動，加強籃下的防守，並防止⑥向籃下空切接球。

如圖 4-91 所示，當球在底角時，假若④把球傳給了⑦，❻要上去防⑦投籃和從底線突破。❹向下滑動，協助❻防守。這時如果中鋒⑧下順到左側腰上（限制區左側線的中部），則❽應立即向左移動，嚴防⑧接球。如果⑦把球傳給⑧，❽要防⑧投籃和突破。同時❻應適當回縮，❹❻❽三人圍守夾擊⑧。❺向中區靠近保護籃下，阻止⑤插向中區接球，並搶這一帶的籃板球。❼向籃下移動，阻止⑥向籃下空切，並搶籃下右側的籃板球。

(四)區域聯防運用時機的提示

1. 對方外圍中遠距離投籃不準，而內線威脅較大時。

2. 對方頻繁地採用穿插移動和運球突破，而本隊個人防守技術較差，或犯規較多時。

3. 為了使對方不適應，有策略地改變防守戰術時。

4. 為了加強有組織的搶籃板球和發動快攻時。

5. 犯規較多，後備力量不足時。

運用區域聯防時還應針對對方的進攻隊形，及時變換防

守隊形，避免在局部區域造成以少防多的被動局面。

防守隊員要相互呼應，處於後線隊員要負責指揮，避免防守中產生漏洞。要提高區域聯防的伸縮性，以球為主，擴大防區，對有球隊員要緊逼，積極封蓋、夾擊、圍守，加強攻擊性。同時，要時刻保護籃下，防止無球隊員背插和溜底線接球進攻。

(五)區域聯防的教學步驟和練習方法

1. 教學步驟

（1）透過講解與演示，使學生瞭解區域聯防戰術的基本要求和戰術方法，明確區域聯防的特點和重要性，初步形成正確的全隊防守概念。

（2）先進行分解的、局部配合的練習，再進行結合的、整體配合的練習，使學生掌握區域聯防的方法。

（3）先在消極進攻的情況下進行防守練習，然後逐步過渡到在積極進攻的情況下進行防守練習，最後在由攻轉守的情況下進行防守練習，逐漸增加防守的難度，使學生在運用中鞏固和提高已掌握的方法。

2. 練習方法

【練習一】外圍兩人防守。

如圖 4-92、圖 4-93。兩人一組，先由兩組進行練習，一組相互傳球或運球突破，另一組做防守移動，練習若干次後，防守的一組換下，進攻的一組改為防守，新上來的一組進攻。

【要求】防守的隊員要始終保持正確的姿勢，對有球隊

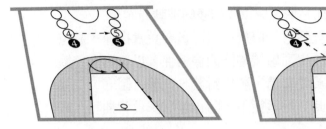

圖 4-92　　　　　　　　　　　圖 4-93

員要立即上前緊逼，防無球隊員要向同伴一側滑動，進行保
護。當持球隊員向兩防守者之間突破時，防守隊員要迅速地
後撤靠攏，進行「關門」。在對手將球傳出後，防守隊員要
能夠馬上分開，並立即頂上去防守有球隊員。

　　【練習二】外圍四人防守。

　　如圖 4-94 所示，四人一組，先由兩組進行練習，練習一
定時間後，換兩組進行練習。

　　【要求】防守隊員要積極、快速滑動。防有球隊員時要
上前緊逼，防投為主，防突為輔。鄰近的防守隊員要進行保
護，準備協助「關門」。離球遠的防守隊員要偏向有球側，
但要做到人球兼顧。

　　【練習三】半場五人防守。

　　如圖 4-95 所示，五人一組，先由兩組學生進行練習，練

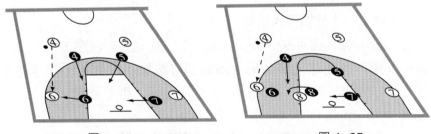

圖 4-94　　　　　　　　　　　圖 4-95

習一定時間後，換兩組繼續進行練習。

【要求】當進攻組的中鋒隊員在有球側限制區邊上時，防守者要繞前防守，同一側的防守隊員要回縮協助圍守中鋒，另一側的防守隊員要注意控制對方的高吊球。中鋒隊員得球後，要進行圍守，圍守之後要能夠迅速回防自己的區域。

【練習四】全場五人防守。

五人一組，先由兩組學生進行練習，練習一定時間後，換兩組繼續進行練習。

【要求】由攻轉守時要快速退回後場站好位，防守者要積極滑動，揚手舉臂，在防好自己區內進攻隊員的同時，還要注意球的位置，並協助其他同伴防守。

二、進攻區域聯防

不管進攻哪一種聯防，最有效的辦法就是利用快攻，趁對方尚未返回防守陣地時，以快攻得分。但是任何一支球隊都不會總是讓對手打成快攻的，因此，就必須學會進攻各種聯防。在進攻聯防時，要針對這種防守戰術主要是每人防守一定區域的特點，集中優勢兵力，在局部區域形成人數上的優勢，並進行穿插、迂迴、聲東擊西，調動和打亂對方的聯防陣型，創造投籃的機會。

(一)進攻區域聯防的形式

進攻區域聯防的戰術隊形常用的有以下幾種：「1-3-1」，如圖 4-96；「1-2-2」，如圖 4-97；「2-2-1」，如圖 4-98；「2-3」，如圖 4-99 等。

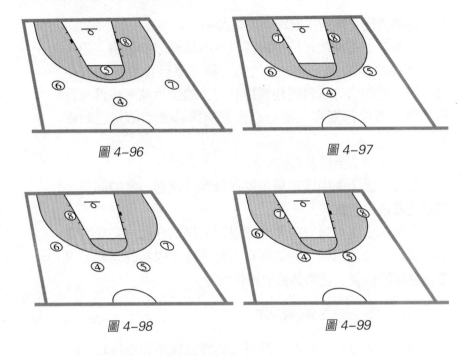

圖 4-96　　　　　　　　　　圖 4-97

圖 4-98　　　　　　　　　　圖 4-99

(二)進攻區域聯防的基本要求

1. 由防守轉入進攻時，首先要積極發動快攻，打亂對方的戰略部署。

2. 當防守隊員已組成區域聯防時，進攻隊應針對防守隊形，採用插空站位的進攻隊形組織進攻。

3. 組織進攻區域聯防戰術時，應耐心地運用快速的傳球轉移進攻方向和積極穿插移動，調動和牽制防守，創造進攻機會。

4. 進攻區域聯防要用準確的中遠距離投籃，迫使對方擴大防區，以利於內外結合的攻擊；要在防守薄弱的區域組織進攻；要在局部區域以多打少；拼搶籃板球，爭取二次進攻

機會；還應注意保持攻守平衡，準備退守。

(三)進攻區域聯防的方法

下面介紹進攻「2−1−2」聯防的方法。

1. 站位

進攻隊員站位時，要避免與防守者形成一對一的局面，應當既要照顧到同伴間的聯繫，以利於組織進攻，又要考慮到一旦進攻失敗時便於退守（即攻守平衡）。

針對「2−1−2」聯防而採用「1−3−1」進攻隊形的站位。

2. 配合方法

（1）利用快速傳球創造中遠距離投籃的機會。

如圖 4−100 所示，④⑤⑥⑧之間互相快速傳球，調動❹❺❽來回滑動，迫使對方三防四，造成進攻者有一人處於暫時無人防守的局面。這時，要抓住時機，果斷而大膽地進行中遠距離投籃。也可以像圖 4−101 那樣，由④⑤互相快速傳球，假攻右側，當把❹❺吸引上來時，⑤或④立即把球轉移給⑥進行中投。⑤⑧⑦搶籃板球，④⑥準備防守。

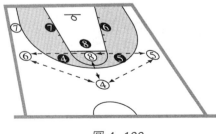

圖 4−100

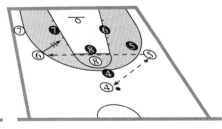

圖 4−101

（2）利用穿插創造籃下或中遠距離投籃的機會。

如圖 4-102，⑥傳球給⑦以後，突然向籃下空切。這時如果❼上前防守⑦，則⑦立即傳球給切進中的⑥投籃；如果❽回撤堵截⑥，不讓⑥接球，則❽乘機插向限制區左側的腰上接⑦的傳球投籃。

（3）利用突破分球創造投籃的機會。

如圖 4-103，⑦接⑥的傳球以後，也可以從底線突破。如果❽補防，❽應迅速橫插到中間，這時⑦可用低手傳球或反彈球傳給❽投籃；⑦也可以傳給⑤，⑤趁防守者尚未滑過來的機會從容投籃。

（4）利用掩護創造的投籃機會。

如圖 4-104，⑤傳球給④以後，快速向籃下空切，並跑到左角。④把球傳給⑥，⑦給跑到左角的⑤做前掩護，把❼擋住。⑥把球傳給⑤，⑤投籃。

（5）五人配合示例。

如圖 4-105，⑥傳球給⑦以後，突然向籃下空切。這時如果❼上來防⑦，則籃下較空，⑦可立即把球傳給空切的⑥上籃。這是第一個機會。如果⑦沒把球傳給⑥，則⑥繼續跑到右側，⑦可把球傳給過來接應的④，④再傳給跑上來的

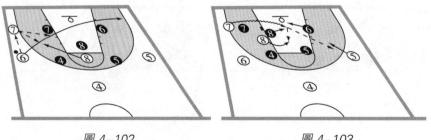

圖 4-102　　　　　　　　　　圖 4-103

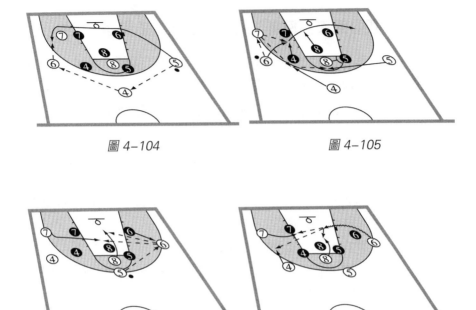

<table>
</table>

圖 4-104　　　　　　　　　　　圖 4-105

圖 4-106　　　　　　　　　　　圖 4-107

⑤。同時⑧擋一下❺，⑤乘機中投。這是第二個機會。應注意，⑤必須跑上來接應，如果⑤原地不動，則④與⑤的距離過遠，防守者很容易切斷左右之間的聯繫。

　　如圖 4-106，如果⑤看到機會不好，則應立即將球傳給⑥，❻若不上來防守，則⑥可投籃。❻若上來防守，⑥就有兩個機會：一是傳給下順的⑧跳投，若❽繼續追防⑧，罰球線前則被拉空，⑦可乘機插入，接⑥的傳球投籃；二是⑥從底線突破分球，如圖 4-107 所示，當⑥突破時，⑧下順，⑦插中，④向左移，⑥可根據出現的機會將球分給⑧⑦或④。如果上述配合沒有成功，還可以重新組織這個配合。

(四)進攻區域聯防戰術方法運用的提示

1. 要有目的地快速傳球,調動防守者移動,造成投籃的機會。接球後,不要停球不傳。

2. 在自己有把握的區域內,要大膽、果斷地進行中遠距離投籃。

3. 無球隊員要穿插移動,跑向空位,這樣才能調動防守者,從而創造投籃的機會。

4. 要明確每次投籃後有三人衝搶籃板球,另兩人準備退守。要注意攻守平衡。

5. 要有耐心。急躁、蠻幹很容易失誤,給對方造成反擊得分的機會。耐心進攻,即使 24 秒違例,也還能組織起防守,不讓對方快攻得分。

(五)進攻區域聯防戰術的教學步驟和練習方法

1. 教學步驟

(1)透過講解與演示,使學生瞭解進攻站位隊形、隊員位置分工和進攻配合方法,建立完整的進攻概念。

(2)先進行固定配合的練習,再進行配合中變化的練習,使學生初步掌握進攻區域聯防的基本方法。

(3)先在消極防守的情況下進行練習,而後逐漸過渡到在積極防守的實戰對抗情況下進行練習,使學生在運用中鞏固和提高已掌握的方法。

2. 練習方法

【練習一】半場四對四。

如圖 4-108 所示，四人一組，先由兩組學生進行練習，練習一定次數後，再換兩組進行。防守站成「2－2」的聯防陣型，進攻站成「1－2－1」陣型。

【要求】進攻組要運用傳球、穿插、突破、策應來創造內外線攻擊投籃機會，防守組可以由消極防守過渡到積極防守。

【練習二】半場五對五。

如圖 4-109 所示，五人一組，先由兩組學生進行練習，練習一定次數後，再換兩組練習。防守站成「2－1－2」的聯防陣型，進攻站成「1－3－1」陣型。

【要求】進攻組要運用傳球、穿插、突破、策應來創造內線攻擊投籃機會，防守組可以由消極防守過渡到積極防守。

【練習三】全場五對五攻守教學比賽。

五人一組，先由兩組學生進行練習，練習一定時間後，再換兩組練習。

【要求】進攻組要把快攻和陣地進攻結合起來，要迅速地、有針對性地落位，掌握好進攻節奏。從後場向前場推進過程中，要把內外、左右、突破和中投、球動和人動結合起來，使進攻保持連續有組織、有變化地進行。

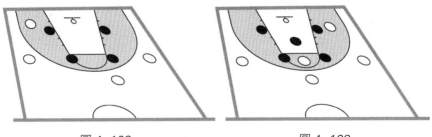

圖 4-108　　　　　　　　　　圖 4-109

思考題：

1. 試述區域聯防的基本要求。

2. 分析進攻區域聯防的戰術方法。

3. 簡述區域聯防戰術的教學步驟。

4. 簡述進攻區域聯防戰術的教學步驟。

第五章

籃球教學訓練文件與課的組織

內容提要：

　　本章主要介紹了籃球教學文件的三種形式與制定的基本要求和有關注意事項、中學籃球代表隊訓練計畫的制定以及學校籃球教學訓練的組織與實施；運用文獻資料法和訪談法，結合中學生身體和心理特徵以及中學教學的特點，對中學籃球隊訓練計畫的制定和學校籃球教學訓練的組織與實施等內容，進行了比較詳細和有針對性的分析，以利教師的教學和學生的主動學習。

第一節　籃球教學文件的制定

　　教學文件是教學工作的各種計畫，包括教學大綱、教學進度和課時計畫（教案）。它是在長期教學實踐中總結出來的寶貴經驗，是教學工作的主要依據。正確制定和執行各種教學文件是全面完成教學任務的前提，也是順利進行教學工作的根本保證。

一、教學大綱

　　教學大綱是教師教學工作的主要指導性文件，它是根據教學計畫中所規定的培養目標、教學目的任務和基本要求以及對各門課規定的總時數，以綱要的形式列出該門課程的教學內容、順序、分量、形式和主要措施。

　　教學大綱是國家對該門課程提出統一要求的法定性文件，是檢查教學品質的統一標準。教學大綱一般是由國家統一制定和頒發的，但有的也可以由學校自己制定。

(一)教學大綱的結構

　　教學大綱一般由三部分組成。

1. 說明

　　在說明中簡要闡明本大綱的使用範圍和對象、制定大綱的指導思想和原則、使用時應注意的問題。

2. 正文

　　在正文中要闡明本門課程的教學目的任務、教材編選的

原則，組織教法的形式、方法和要求，教學內容的細目提要與基本要求、時數分配與各部分的比重，完成教學任務的主要措施，考核內容與方法。

3.參考文獻目錄

要列出主要的參考文獻、作者、名稱、題目、出版刊物名稱與機構、出版時間、頁碼。

(二)制定教學大綱的基本要求

1.從實際出發，落實教學計畫所規定的培養目標和要求，並提出明確的教學目的任務。

2.根據籃球運動的特點，確定本課程的任務、時數、教材內容，突出基本理論、基本技術和基本技能的教學訓練與培養。

3.要注意教學內容的科學性、系統性和先進性。

4.合理分配時數，要保證理論與實踐的合理比例。

5.考核內容應以基本理論、基本技術與基本技能為重點。考核方法應能全面、客觀地反映學生的理論、技術與技能的真實水準，評分辦法力求科學。

二、教學進度

教學進度是根據教學大綱的任務、內容和時數分配，具體落實每次課教學內容的安排。教學進度的安排是否科學，在很大程度上關係著教學的效果和任務完成的品質。

(一)制定和安排教學進度的基本要求

1.全面安排，重點突出。根據籃球運動發展規律和培養

目標的要求，為了使學生對籃球運動有一個系統的、完整的概念，必須全面安排大綱所規定的教材內容，但在時數分配、出現次數上，要從培養目標的實際需要出發，突出重點，加強基本理論、基本技術和基本技能的教學與培養。

2. 制定進度時，根據籃球運動具有集體性、競賽性和對抗性的特點，既要考慮各類技術、戰術本身縱的聯繫和系統性，又要考慮攻守各類技術、戰術橫的關係。籃球技術、戰術的運用具有綜合性的特點，學習、掌握單個動作以後，還要把它們組合起來，加以綜合練習。在學習攻守技術、戰術時，還要把它們結合起來，在對抗條件下掌握技術和戰術，提高技術、戰術的運用能力和應變能力。因此，在安排教學進度時，既要由易到難，循序漸進，注意系統性，又要縱橫交錯，攻守結合，合理搭配。

3. 理論課、實踐課要科學安排，密切結合，本著理論聯繫實際、理論指導實踐的原則，根據不同階段的任務與要求，有的放矢地安排理論課、教法課、實踐課，把傳授知識、掌握技術與能力培養有機地結合起來進行。

4. 每次課的教材分量要適當，不可過多，也不能太少，一般以一兩個新教材、一個復習教材為宜。

5. 安排進度時，要適當考慮每次課的運動負荷量的合理安排，儘量做到大、中、小結合。

6. 安排進度時，要課內外結合、校內外結合，例如組織競賽、裁判能力與教學訓練能力的培養與考核，就要把課堂教學與課外作業和校內外的競賽活動結合起來，把課內教學實習和校內外教育實習結合起來。

(二)教學進度的格式

1. 符號式教學進度

制訂教學進度時，要把各類教材按編號順序列入教學內容欄內（表 5-1），按每個教材出現的順序和次數，用符號×填入各次課的方框內，教師根據各類教材安排的先後順序、數量和重複次數編寫每次課的教案。

表 5-1　符號式教學進度

編號	教學內容	教學時數	出現次數	課　次															
				1	2	3	4	5	6	7	8	9	…	…	…	…	…	…	…

2. 名稱式教學進度

制訂進度時，按照課的編號順序，把每次課的教材名稱填入表中教學內容欄內（表 5-2），在組織教法欄中，填寫重點教材的組織教法，備註欄內填寫課的類型和其他事項。

表 5-2　名稱式教學進度

課次	教學內容	組織教學	備註
1			
2			
⋮			

教師按表的每次課的內容、教法建議編寫教案。

三、教案

　　教案即課時計畫，是教師根據教學進度編制而成的。科學地編寫每次課的教案對全面完成大綱所規定的教學任務具有重要意義。

　　教案不僅是教師上課的依據，而且對積累資料、總結經驗、提高對教學規律的認識具有重要意義。另外，教案還是檢查、考核教師的工作態度、業務水準的具體內容之一。

(一)教案編寫的要點

　　教案編寫是一個十分複雜的過程，涉及因素也多種多樣，一般來說涉及的主要因素有如下幾點：

1.鑽研教學大綱

　　教學大綱是根據教學計畫，以綱要形式編制的有關教學內容的指導性文件。學習鑽研教學大綱可以使教師：

　　（1）從總體上瞭解本學科的教學目的、任務，從而正確地把握備課的方向，使備課能體現總的目標要求。

（2）從總體結構出發，掌握本學科的知識體系，瞭解各部分相互之間的內在聯繫，從而全面安排，突出重點。

2.詳細研究教材

教材是教學大綱的具體化，是學生學習的主要內容，也是教師教學的主要依據，所以教師必須認真研究教材。鑽研教材分通覽和精讀兩種情況：通覽教材，一般是在教師接受教學任務後，將教科書流覽一遍，瞭解其結構，熟悉其內容，領會教材的編寫意圖；精讀教材，是在授課之前，對教材進行詳細閱讀和鑽研。

3.確定教學目標

教學目標是預期教學結束時學生必須獲得的學習結果或終點行為。教學目標作為一個整體，是由不同的層次構成的。作為學習結果的教學目標，可以根據其表述的抽象程度分為三類，構成由抽象逐漸具體的三個層次。

（1）終極教學目標：

即教學所要實現的最終目標，是教學的總目標。它一般包括三個方面的內容：①使學生掌握一定的知識和技能；②使學生的智力和體力得到發展；③培養學生正確的世界觀，形成健康的個性品質。

（2）中程教學目標：

是指階段教學目標，即在一定的學習階段裏，學習者在不同的知識、技能水準階段所應達到的程度。

（3）具體教學目標：

是將中程教學目標再行分化，一般是指一個教學單元或一次具體課要使學生掌握的內容。

4. 瞭解教學情境

要使教案編寫合理有效，符合教學規律的要求，教師必須認真瞭解教學情境。因為教學工作必須做到「知己知彼」。「知己」就是教師根據自身的條件對教材要作深入細緻的鑽研；「知彼」就是指深入瞭解教學情境。

瞭解教學情境有兩層含義：一是要瞭解教學的對象，即瞭解學生；二是瞭解教學的場地和設備。

瞭解教學情境後，教師可以根據多數學生的基本狀況和個別學生的特殊情況，有針對性地、恰當地確定教學的難點，然後綜合教學重點、難點、教學情境，決定是否調整教學目標，使編寫的教案切實可行，從而取得理想的教學效果。

5. 選取教學方法

教學方法是教師「教」的方式和教師指導的學生「學」的方式的綜合。教師借助於教和學的方式來完成教學任務。為了在有限的時間內，把教學內容順利地轉化為學生的知識、技能、能力和思想觀點，使學生的身心得到全面發展，教師必須正確地選擇教學方法。

教師在選擇和運用教學方法時應注意以下幾點：

（1）要研究教學方法賴以建立的理論基礎。任何一種教學方法都是建立在一定的教學思想基礎上的，是教學思想的外化形式和外在表現，教學思想與教學方法是「神」與「形」的關係。因此，在選擇與運用教學方法時，不僅要把握教學方法的「形」，而且還要掌握教學方法的「神」，做到「神形兼備」。

（2）要克服教學方法的單一化傾向。沒有哪一種教學方法能夠達到所有的教學目標，所謂萬能的教學方法是不存在的。現代教學論的發展證明，任何一種教學方法只能適應於特定的教學情境，每一種教學方法都有其自身的優點和不足。

（3）要提倡多種教學方法的互補融合。在眾多的教學方法中，一種教學方法的優點可能恰恰是另外一種方法的不足，反之亦然。如果能利用各種方法的互補性，並將具有互補關係的方法結合使用，一定能取得好的教學效果。

6. 設計教學過程

教學過程是教師有目的、有計劃地向學生傳授知識、技能，發展學生能力，進行思想教育和學生在教師的指導下主動積極學習的過程。教學過程設計得是否恰當，直接關係到教學任務能否順利完成。所以，設計教學過程是教案編寫中極為重要的一步。

（二）教案的格式

教案的格式和寫法多種多樣，在實踐中，多採用表格式，但也有用條文式的。

1. 表格式

表格式教案（表 5-3）是在確定課的任務以後，按表格各欄的先後順序，填寫每一部分的教學內容、組織教法、練習次數和運動量以及其他有關事項。課後填寫小結。

2. 條文式教案是按課進行的順序，用文字逐條加以敘述。

表5-3 表格式教案

上課日期： 年 月 日 授課教師：

班級		第 週	場地器材與媒體	場地： 器材： 媒體：
人數	男 女	第 次課		

教材內容		教學任務或教學目標	

重點難點	

教學過程	教學內容和達成目標	教學組織與方法		練習	
		教師教法	學生學法	次數	時間

作業和參考文獻推薦	
病弱處理	
課後小結	

(三)編寫教案時應注意的問題

1. 要明確本課任務。教師在確定課的任務時，要根據培養目標和大綱、進度的具體要求、教材的性質與學生的實際情況，提出明確而具體的教學任務和目標要求。

2. 要鑽研教材，分析教材的性質、特點和在教學中的主次位置、教材之間的縱橫關係，要抓住教材的要點和關鍵環節。

3. 要考慮學生原來的基礎、接受能力、人數、場地、設備和器材等，正確運用教法步驟，選擇有效的練習方法，合理安排練習次數和運動負荷。

4. 要注意教材之間和課前後的聯繫，承上啟下，這樣才能保證教學的完整性和系統性，以及教學方法的漸進性。

5. 確定教學任務時要從大多數學生出發，但又要注意因材施教，個別對待。

第二節　中學籃球隊訓練計畫的制定

訓練計畫是對未來訓練過程預先作出的理論設計，它是進行和檢查訓練工作的重要依據。制定的計畫要有預見性，要在充分調查研究的基礎上確定訓練任務、具體目標和方法措施，使訓練工作有計劃、有步驟地進行，保證訓練任務順利完成。

學校籃球隊的訓練計畫是依據學校總的學年、學期教學計畫制定的。制定計劃可以保證有目的、有系統、有組織、有步驟地進行訓練。訓練的根本任務是採取有效的方法和手段，促進和提高籃球技術、戰術和身體素質的水準，以爭取

較好的運動成績。

訓練計畫的制定分為多年（三年）訓練計畫、年度訓練計畫、階段訓練計畫、週訓練計畫和課時訓練計畫。中學籃球隊還應根據學期和假期制度來制定學年計畫，以適應以學為主和假期比賽的特點。

一、多年訓練計畫

中學籃球隊多年訓練計畫實際上是整個中學時期系統訓練的總體規劃。教師應依據學生的思想、身體條件、技術和戰術基礎、學習成績以及心理特徵等基本情況來制定。中學生多年訓練計畫也應對球隊和每名隊員定一個總體目標和任務，以達到「從小培養，打好基礎，系統訓練，積極提高」的目的。

多年訓練計畫的主要內容有：訓練目標和任務；運動員思想、意志品質、身體條件、年齡和生理特點以及基本技術等基本情況的分析；測定和評定訓練水準與全面考核措施；各學年的訓練任務、技術指標及主要措施；比賽安排和名次要求等。

多年訓練計畫可以用表格方式列出或用文字闡述。制定多年訓練計畫要明確目的和任務，步驟與時間安排要適當，各項訓練指標、測驗手段、負荷安排要科學合理，應盡可能用資料或百分比標明，並能反映出多年訓練的發展目標。

二、學年訓練計畫

學年訓練計畫是多年訓練計畫的一部分，是實現多年訓練總任務的最重要、最具體的環節，它是根據多年訓練計畫和學年比賽任務制定的。學年訓練計畫主要是利用課餘時間

有計劃、有組織、較系統地落實多年訓練計畫的指標與內容。它的主要內容包括：

(一)學年訓練總體任務

學年訓練的總任務是根據全隊隊員的基本情況，在總結上一學年訓練的基礎上提出的運動素質、技術、戰術等各項訓練指標和參加比賽的成績要求，以及訓練工作的檢查、監督等措施以保證總目標的實現。

(二)劃分訓練週期和各週期的任務

在學年訓練計畫中，根據競賽時間劃分訓練週期、時期和分配任務，提出要求，再根據訓練階段制定出具體的訓練內容。中學籃球隊的訓練可按學期分為兩個週期，每學期分為準備期、比賽期和過渡期。

年度訓練計畫主要有三種類型（表5-4）。

第一種類型：是以全學年為一個大訓練週期的單週期訓練計畫。分為準備期、競賽期、過渡期。

第二種類型：是全學年按兩個學期分為兩個大訓練週期的雙週期訓練計畫。有兩個準備期、兩個比賽期和一個過渡期。

表5-4　學年訓練計畫的劃分及基本任務

訓練計劃類型		時間跨度	基本任務
年度訓練計畫	單週期	6—12月	準備並參加1次或1組重要比賽
	雙週期	每個週期6—12個月	準備並參加2次或2組重要比賽
	多週期	各週期3—5個月	準備並參加3次或3組以上重要比賽

第三種類型：是在全學年過程中設有較多次數比賽的年訓練計畫，在兩次比賽的期間，進行保持訓練水準的訓練，或者安排積極性休息。

準備期的主要任務是提高運動員的機能、素質、技術、心理等方面的水準，最終達到競技狀態的初步形成。準備期分為一般準備階段和專門準備階段。一般準備階段主要是發展一般身體素質和掌握技術；專門準備階段主要是提高專項素質和技術。一般準備階段負荷逐漸增大，優先增加訓練量；專門準備階段訓練量減少，訓練強度繼續加大。

比賽期的任務是發展專項訓練水準，完善專項技術，提高比賽能力，形成和保持良好的競技狀態，創造良好成績。比賽期負荷趨勢是訓練量小，訓練強度增至最大。

過渡期的主要任務是消除比賽所積累的疲勞，促進機體恢復。採用負荷量和較小的一般身體訓練及積極性休息。

學年訓練的各個時期是一個不可分割的整體，各學年、時期之間既有區別又有聯繫，除在必要時及時進行調整外，一般要按計劃進行訓練，並做到有指標、有檢查、有評價、有獎懲，使整個訓練都在嚴格的程式監控條件下進行。

三、階段訓練計畫

為了使訓練安排更加周密、合理、詳細，可按準備期、比賽期和過渡期安排階段訓練計畫。在計畫裏，要制定出具體而周密的教學訓練任務、內容和運動負荷。階段計畫要保證學期計畫各個時期任務的完成，要有利於各個時期訓練的自然銜接，也要便於能夠及時調整。計畫的制定一般採用表格形式，輔以說明即可（表5-5）。

表 5-5 階段訓練計畫

_____隊 _____階段訓練計畫　　　　主教練_____

上階段訓練的基本情況分析					
本階段任務與訓練重點					
訓練安排	類別	主要訓練內容	訓練方法措施	訓練單元	比重（％）
	身體訓練 一般				
	專項				
	技術				
	戰術				
比賽安排	名稱				
	名次指標				
訓練負荷曲線	大中小 ┤ ┤ ┤ ├─────週 ────量 ------ 強度				
訓練進度					
備註					

_____年____月____日　制度

四、週訓練計畫

　　週訓練計畫是由數次訓練課組成的，是訓練過程中相對完整而又經常重複的重要部分。它是根據不同時期、階段的訓練任務、要求、完成和恢復等狀況，對一週的身體、技術、戰術訓練內容和負荷所作的科學安排。

為適應不同任務而制定的週訓練計畫大致有四種類型，即基本週訓練、賽前誘導週訓練、比賽週訓練和恢復週訓練。這四種類型的週訓練計畫相對應用於準備期、比賽期和過渡期的訓練。不同類型的週訓練計畫，有其不同的訓練任務、內容和負荷安排特點。

(一)訓練任務

　　基本週訓練：

　　主要任務是通過負荷的改變引起新的生物適應現象，提高運動員的競技能力。基本訓練週又分為加量週訓練和加強度週訓練。在全年訓練中採用最多的週訓練類型是基本訓練週訓練。

　　賽前誘導週訓練：

　　主要任務是使運動員的機體適應比賽的要求，把訓練過程中所獲得的競技能力集中到專項上去。賽前誘導週訓練主要用於比賽前的專門訓練準備。

　　比賽週訓練：

　　主要任務是為運動員在各方面達到最佳競技狀態做準備，並進行最後的調整訓練和參加比賽，力求創造優異成績。比賽週訓練一般以比賽日為訓練週的最後一天，向前數一個星期予以計算。

　　恢復週訓練：

　　主要任務是透過降低運動負荷及採用各種恢復措施，消除運動員生理上和心理上的疲勞，以求儘快地實現能量物質的再生，促進恢復。

　　週訓練過程中要求在完成主要任務的同時，考慮訓練的系統性和各訓練週之間的相互關係。週訓練的不同內容及不

同負荷要合理交替安排，這樣既能夠使運動員所需要的各種競技能力得到全面綜合的發展，又可避免負荷過於集中而引起過度疲勞。

(二)訓練的主要內容

根據週訓練計畫任務和實現訓練目標的需要，各種類型的週訓練內容應有所不同。基本週訓練，較多地採用發展一般身體素質和專項身體素質的訓練手段，全面提高運動員的競技能力。在技術訓練中，採用分解和完整技術練習相結合的方法，更好地掌握和改進運動技術。訓練內容廣泛多樣，並合理交替保持系統的持續訓練。

賽前誘導週訓練的主要內容與基本訓練週訓練一樣，但練習內容更加專項化，訓練課的組織形式接近專項的比賽特點。一般身體訓練的比例減少，專項身體訓練的比例增加。在技術訓練中，增加完整練習的比例，以便更有效地發展專項競技能力。

比賽週的訓練應把高強度的專項訓練安排在賽前 3—5 天進行，而把恢復性的中、低強度的一般或專項練習安排在賽前 1—3 天進行，使運動員通過艱苦訓練所獲得的競技能力，能在比賽中得到充分的發揮。

恢復週訓練為一般性的身體練習，採用帶有遊戲性的各種練習，以消除運動員生理和心理上的疲勞。

(三)訓練負荷的安排

基本週訓練負荷變化的主要特點是週訓練負荷增大。因為只有加大負荷，才能引起機體更深刻的變化，產生新的生物適應性。加大訓練負荷有以下三種途徑：

增加訓練量，訓練強度保持不變或相應地下降；

提高訓練強度，訓練量保持不變或相應地減少；

訓練量和訓練強度都保持不變，由負荷的累加效應給機體以更深刻的刺激。

賽前誘導週訓練負荷變化的基本特點是提高訓練強度，與其相應的是訓練量適當減少。如果原來量就不大，也可保持原來的訓練量。但要避免訓練強度和量同步增加。

比賽週訓練負荷的安排，全部要圍繞著使機體在比賽日處於最佳狀態來進行。負荷的組合方式依據專項特點和運動員賽前的狀態而定。一般來說，總的負荷水準不高。在比賽日之前，通常降低或保持一定的訓練強度，訓練量也應減小或保持。

恢復週訓練負荷特點是大大降低訓練的強度，訓練量適當保持一定的水準，或者大幅度地減小。

週訓練計畫的格式如表 5-6 所示。

為了掌握訓練進度，必要時教練員應根據訓練情況及時調整計畫。但每週訓練計畫不僅要任務明確，規定訓練次數

表 5-6　週訓練計畫

_____年 _____月 _____日至 _____月 _____日
_____計練階段　第 _____週　　週的類型_____
主要任務：_____

星期	主要任務	內容手段	負荷	恢復措施

和時間，安排好每課的內容和負荷，而且還要合理地安排測驗和比賽。

五、課時訓練計畫

　　課時訓練計畫是根據週訓練計畫對每一次課作出的具體安排，主要內容包括：課的任務及內容；準備活動的內容、分量與要求；基本部分的訓練內容，分量與時間的安排及具體要求；訓練方法、手段的選擇與運用；課的時間分配和課的各部分組織工作；課的結束部分整理活動內容、分量與要求；小結與佈置課外作業等。

　　通常一堂訓練課由準備部分、基本部分和結束部分三個部分組成。準備部分是讓機體逐步進入工作狀態，並從心理和生理兩個方面做好承受計畫負荷的準備。基本部分是課的主要部分，按照訓練任務及訓練內容的安排順序進行，其間運動負荷必須有一次或幾次達到高峰。結束部分要逐漸降低運動負荷量，使機體進入接近安靜時的狀態。

　　表 5-7 是課訓練計畫的基本格式。

表 5-7　課訓練計畫

日期：＿＿年＿＿月＿＿日＿＿午　　　　地點＿＿			
課的任務：			
課的部分	時　間	內容手段	組織形式	負荷要求
準備部分				
基本部分				
結束部分				
小結：				

第三節　學校籃球教學訓練的組織與實施

一、課的組織

　　訓練課的組織、控制和完成質量，教師起主導作用。因此，教師在組織訓練時，應嚴於律己，以身作則；要誠懇熱情，成為運動員的知心朋友，不僅關心運動員的技術提高，而且關心他們的思想、學習和生活；既要首先成為一個以身作則的教育者，一個很好的鼓動者，還應成為一個受教育者，虛心地聽取隊員意見，集思廣益，把自己的意圖、想法和要求告訴隊員，變成隊員的自覺行動，這樣就能大大地提高訓練效果，充分發揮智力優勢。

　　要完成訓練計畫，提高訓練水準，貫徹科學系統的訓練，上好訓練課是關鍵。訓練課是按教學大綱的內容、順序、要求和進度安排的。在一次訓練課中，應根據學生運動員的心理和生理特點、籃球運動的特點以及運動規律進行。

　　首先要加強對學生運動員進行思想政治教育，明確訓練的目的任務，充分調動他們的訓練積極性，增強榮譽感和責任感。在訓練中，教師應堅持嚴格要求，嚴格訓練，善於發現問題和及時解決問題，激勵他們努力去完成訓練任務。這是上好訓練課的重要環節。

　　另外，教師在教學中要全面貫徹黨的教育方針，教書育人，培養高尚的道德和意志品質。透過各種方法、手段向學生傳授籃球運動的基本理論與技術，培養各種實際能力，增進健康，增強體質。每次課都要承上啟下，互相聯繫，保持

教學的完整性和系統性。

其次，籃球教學有自己的特點，在組織上必須採取有效措施，才能順利完成教學任務。有的學校，場地、器材少，班的人數又多，因此在組織練習時就要從實際出發，採取靈活多樣的練習方法，才能既保證一定的運動量，又能提高學生的積極性。

籃球課中，由於練習分散，不易照顧和組織管理，這就要培養小先生（從學生中選擇、培養幾個思想好、技術好又有一定的組織能力的學生做骨幹），分組練習時，由他們帶領、組織、幫助小組同學練習，這樣既可以協助教師完成教學任務，又可以培養、提高部分學生的組織能力和分析問題、解決問題的能力。

由於籃球運動是集體性、對抗性很強的運動項目，比賽和練習時，容易出現一些思想問題、場上作風問題、違反紀律問題。因此，籃球課中，要特別注意加強思想教育，嚴格要求和加強管理，只有這樣，才能把課上得既活潑又有秩序。

訓練課的組織主要包括運動員的組織、練習的組織、課的時間與運動負荷的安排四個方面。

運動員的組織，基本上分集體（全隊或小組）訓練和個人訓練兩種形式，這兩種訓練形式常常是結合起來採用。

練習組織是訓練課作業進行的程式和作業內容的安排，一般是先進行基本技術練習，後進行戰術配合、全隊戰術和教學比賽的訓練。

運動負荷的安排是訓練課最主要的環節。運動負荷的增長要循序漸進，要根據不同時期、訓練階段的任務來確定每次課的負荷強度和密度。一次課應出現幾次負荷高峰。一般進入到基本部分的前段時就應出現第一個高峰（較高），到

基本部分後段時應達到第二個高峰（最高）。

合理安排運動負荷和如何進行大運動負荷訓練是訓練工作中的一個重要問題，也是迅速提高隊員身體、技術和戰術訓練水準，使其適應實踐需要的一個主要方面。一堂訓練課的成功與否取決於訓練內容的組織安排是否得當，是否符合科學和客觀規律，其中也包括對一堂課的運動負荷控制。每次課的內容、練習形式與方法、運動負荷以及課與課之間，都要互相銜接，保持訓練的完整性和系統性。

二、課的類型

課的類型是指課的種類，不同類型的課具有不同的功能。深入認識課的分類，恰當選擇課的類型，可以幫助教師瞭解各類課的性能。將教學目標落實到每一節課上，充分發揮各類課的功能，確保教學過程的完整性，對於提高教學效率和保證教學品質有著重要的意義。

(一)教學課的類型

1. 理論課：可以採取講授課、自學答疑課和討論課等形式。

2. 實踐課：可以採取技術教學課、戰術教學課、教學比賽等形式。

3. 考試、考查課：可以採取筆試、口試、技評、達標與比賽和作業等形式。

4. 實習課：教學實習、競賽組織和裁判實習等。

(二)訓練課的類型

1. 身體訓練課：主要發展運動素質，提高身體機能水

準。

2. 技術、戰術訓練課：主要提高技術、戰術水準。

3. 比賽訓練課：主要提高技術、戰術運用能力和比賽適應能力。

4. 綜合訓練課：把幾種訓練課的形式結合起來進行，提高身體素質、技術、戰術等多方面的綜合水準和能力。

5. 調整恢復訓練課：主要用於過渡期，消除疲勞，恢復體力，保持技術水準。

6. 測驗課：主要透過檢測各種指標，評定訓練水準。

三、課的結構

課的結構是指課的組成部分與進行的順序和時間的分配，它是課堂教學與訓練的內部組織形式。掌握和運用課的結構理論，在教學和訓練實踐中有著重要的意義，可以幫助教師合理地規劃和操作教學訓練程式，科學地分配教學訓練的時間，全面協調教與學、訓與練的活動，把教學內容組織得更加嚴謹，把課上得更加緊湊，能在規定的時間內有效地完成教學任務。

課的類型決定課的結構，課的類型不同，課的結構也不一樣。

(一)理論課的結構

1. 新授課的結構。新授課的一般結構是組織教學、導入新課、講授新課和佈置作業。其中，講授新課是核心環節，教師要在這一部分花時間，費力氣。

2. 復習課的結構。復習課要幫助學生強化已經學過的知識，並加深理解，融會貫通。復習課的基本結構是：組織教

學,提出復習的目的和要求;運用多種方法復習;小結。

(二)實踐(訓練)課的結構

籃球教學的實踐課和訓練課一般由三部分組成。

1. 準備部分

目的:教學課的準備部分主要是為了使學生從生理、心理上儘快進入工作狀態,為順利完成課的任務做好準備。訓練課的準備部分需要從生理和心理上做好承受較大和最大運動負荷的準備。

任務:組織學生,集中注意力;加強神經系統、內臟器官及各肌肉群的活動,提高其興奮性。

內容:班長、隊長或值日生整隊報告出席人數,教師進行考勤檢查,簡要說明本次課的任務與要求。根據基本部分的教學、訓練內容的需要,選擇準備活動的練習。練習的內容,主要是由走、跑、跳、徒手體操、遊戲和各種控制球、支配球的練習組成。訓練課除做一般準備活動以外,還要做專門準備活動。

準備活動的組織方法:一般採用集體形式進行,訓練課有時根據需要也可以給一定時間做個人的特殊準備活動。

準備活動的時間:準備部分是在教師的組織下做好準備進入訓練狀態,其間身體準備活動是一堂訓練課中必不可少的,一般安排 15—20 分鐘。準備活動的具體內容既要能集中學生注意力和活動他們的身體,又要能與基本部分內容有機地聯繫起來。

2. 基本部分

目的：教學課主要是形成、鞏固和提高技術、戰術和技能，發展身體素質，培養道德意志品質。訓練課除此以外，還要提高比賽能力。

任務：根據教學大綱、訓練計畫的要求，創造各種條件，使學生掌握和提高技術、戰術和技能，並提高其運用能力。與此同時，逐步加大運動量和強度，增強體質，發展運動素質，提高籃球意識、技巧和運動水準。加強思想教育和心理訓練，培養良好作風和拼搏精神。

內容：教學課根據教學大綱的內容、教學進度的安排，結合學生情況，選擇各種發展身體素質的練習、技術和戰術的練習、培養各種能力的練習。訓練課根據訓練計畫的安排，進行個人的、小組的、全隊的身體練習、技術和戰術練習、教學比賽、對外比賽。根據各個時期的任務，逐步增加運動負荷量和強度。

基本部分要合理安排教材內容，組織教學活動。一般來說，教學課先教新教材，然後復習舊教材，最後進行運動量較大的教學比賽或者發展身體素質的專門練習。要根據課的任務和學生的具體情況以及課的時間、場地、器材等條件來選擇恰當的練習方法和手段。

教學中，要循序漸進。進行技術教學時，先教單個動作，然後進行組合動作練習、攻守對抗練習，最後在比賽中運用。進行戰術教學時，先教基礎配合，後教全隊戰術，然後在教學比賽、正式比賽中運用。

基本部分的時間，教學課（兩節課連上的）一般是 70 分鐘左右，訓練課一般是全課時的 70%左右。

3. 結束部分

目的：教學課的結束部分主要是為了有組織地結束教學工作，使學生逐漸恢復到相對安靜的狀態。訓練課的結束部分主要是為了加速排除體內積存的乳酸，補償運動時的氧債，使參加運動的肌肉儘快地恢復到運動前的狀態，同時使運動員心理上從應激狀態逐漸恢復到平靜狀態。

內容：激烈的訓練後，應該做一些整理活動，讓學生由緊張興奮的心理狀態和激烈的運動生理狀態逐漸緩和下來。主要採用一些慢跑、遊戲、放鬆練習和注意力轉換練習，也可以做一些運動量不大的罰球、投籃練習。下課前要進行小結和講評工作，形式有兩種：一種是由教師進行小結；另一種是師生共同小結。小結要簡短扼要，有針對性，以表揚為主，以正面教育為主。

時間：教學課的結束部分一般是 5—10 分鐘，訓練課一般是 15 分鐘左右。

(三)訓練課實施應注意的事項

如何合理安排運動負荷和進行大運動負荷訓練是訓練工作中的一個很重要的問題，也是迅速提高隊員身體素質和技、戰術訓練水準，使其逐步適應實踐需要的一個主要方面。一堂訓練課的成功與否取決於訓練內容的組織安排是否得當，是否符合科學性和運動規律，其中也包括對一堂課的運動負荷控制。

另外，中學籃球隊訓練有其本身特點，隊員既要參加文化課學習，又要保證一定的運動訓練時間。因此，在時間上大致安排 1.5—2 小時的訓練，教師應在有限的時間裏，科學

合理地控制好運動量，確保訓練任務的完成。

總之，教師要組織好一堂訓練課，必須有明確的目的、任務，有科學的訓練方法和手段，合理地安排和組織各項練習。只有正確掌握科學的訓練方法，才能取得較理想的效果，不斷提高技、戰術水準和身體素質。

籃球運動訓練的組織形式，除了訓練課這一基本組織形式以外，還有早操和個人訓練等形式，它與集體訓練課互為補充。

早操是學生運動員訓練生活的一個環節，它能增進健康，消除疲勞，為完成當日的訓練任務做好精神和身體上的準備，同時可以利用早操時間改進動作技巧，促進運動器官系統的協調發展。

早操的內容，可以根據不同訓練時期的訓練任務、季節氣候、隊員情況和訓練條件，選擇一些有針對性的一般身體活動和專門性練習，如跑步、徒手操、輔助性練習，結合基本技術動作的專門練習（基本功練習）等。早操可以由教練員組織，也可以由運動員獨立進行活動。早操時間不宜過長，運動負荷不宜過大，否則會影響學習和訓練。

個人訓練的作業一般由教師佈置任務、內容和提出要求，讓運動員獨立進行練習。其目的大多數是為了提高某些動作的熟練程度，改進個人技術動作的某些不足，提高某種運動素質。

個人訓練作業是集體訓練的補充，運動員在無人指導情況下進行練習，需要獨立思考，反覆實踐，往往能悟出技術動作的規律，形成自己的技術風格，起到集體訓練所起不到的作用。安排個人訓練作業要有針對性，根據運動員的實際情況，提出具體的任務、內容和要求。為了提高個人訓練的

品質，首先要加強思想教育，提高訓練的自覺性和積極性。另外，教師佈置任務時，要提出具體指標、數量和品質，進行個人訓練時要防止訓練負荷過大。

思考題：

1. 籃球教學文件的制定如何體現科學性？
2. 制定和安排教學進度的基本要求有哪些？
3. 簡述編寫教案時應注意哪些問題。
4. 多年訓練計畫、學年訓練計畫、階段訓練計畫、週訓練計畫和課時訓練計畫的關係怎樣處理為好？

第六章

籃球教學課實踐指導

內容提要：

本章重點闡述籃球教學課的課前準備、課堂控制及課的總結，旨在為學生進行籃球教學課實踐進行指導。

體育院校籃球教學課包括實踐課、理論課、教法課、演示課、影視課、比賽課、實習課、考試課等等。其中實習課是對學生進行教學實踐指導、培養教學實踐能力的最全面形式之一，教師要有意識地將實習課安排在教學計畫中。

　　其目的是為了讓學生進行上課的練習，鍛鍊和培養學生編寫教案、進行講解和示範、運用口令、組織教法、糾正指導等能力，使他們在從事籃球運動教學中能夠遵循教學的基本規律，運用科學的教學手段和方法，把握教學的全過程，落實教學的具體任務。本章為學生進行籃球教學課實踐提供指導。

第一節　教學前準備

　　對於初次上籃球教學課的教師來說，是從學生到教師、從所學到所用的一個轉化過程。初次上課面臨的問題很多，例如怎麼上、上什麼等等，需要花費一定的時間進行以下幾方面的準備。

一、掌握並熟悉上課對象的基本情況

　　（一）瞭解學生的性別、年齡、體育基礎、身體素質、籃球技術和戰術水準、對籃球運動的喜愛程度等。考慮到籃球運動集體性、對抗性的特點，應更深入調查和摸清學生的身體、技術特點，以便合理安排教學任務、內容、組織教法、運動負荷等等，在教學中合理掌握分組，注意區別對待。

　　（二）瞭解籃球場地、設備、球的數量和氣候等條件，以便從實際出發確保能使學生更好地掌握所授課程的技術和戰術及組織與教法，保證教學過程的順利進行。

二、瞭解教學進度的安排，確定課的內容

教學進度裏確定的教學內容，一般的安排都是先學習主要技術，然後逐步擴展學習內容，增加戰術教學，體現循序漸進的原則。從進度上可以清楚地看出課的進程和已經學習過的技術或戰術。如某一次課的進度是：第一，復習已學過的攻守技術。第二，學習進攻基礎配合：傳切、突分。第三，進行半場三對三教學比賽。

從進度的內容可以看出，學生已經學習了相當一部分的技術動作，如進攻的傳接球、運球、投籃、突破、防守對手或者進行了攻守對抗技術練習等。根據這種分析，在確定教學內容時就應考慮如何使學習內容與復習內容有機地結合起來，讓復習內容為學習內容奠定基礎。因此，本次課內容的安排應是復習傳接球技術，持球突破技術和擺脫對手切入技術，以利於學生學習傳切、突分配合時產生積極的正遷移作用，使課的內容銜接緊密，以利於教學中練習和組織。

三、備　課

教學前備課包括認真熟悉教材、確定課的任務、編寫課時計畫（教案）、確定教學方法與步驟、試講課等。具體內容包括：

(一)認真熟悉教材

一般來說，教材是教師選擇教學內容、方法的基本參考用書和學生課前、課後復習用書，因此教師要結合大綱、進

度熟悉教材。教材有統編教材和自編教材,基本是按各學校大綱中規定的內容選擇所要應用的教材。教材能反映出教學內容的深度和廣度,不同的教學物件使用教材應不一樣。籃球運動的教材中包括技術動作方法、戰術配合方法、教學步驟、練習方法等內容,是編寫教學計畫不可缺少的依據。

　　學校體育教材根據小學、中學、中等專業、高等院校體育教學的目的、物件和條件等差異決定了各級學校的教材有自己的特點。如小學中、高年級要求學習簡單的基本技術,並能在遊戲和比賽中運用;初中階段則包括基本技術、簡單戰術和規則,如籃球移動、傳接球、運球、投籃、半場人盯人等,使學生熟識球性,提高手控制球的能力和手腳協調配合的能力,並能運用所學的基本技術進行比賽;高中階段應當全面復習初中學過的基本技術,介紹簡單戰術,提高綜合運用實戰能力。因此,必須熟悉教材,認真鑽研教材,明確技術規格,結合學生具體情況找出難點,以便在教學中抓住關鍵,確定教學方法和手段,有的放矢地把握課的深淺度,保證良好的教學效果。

(二)確定教學任務

　　確定教學任務,首先要清楚籃球教學的基本任務是傳授籃球基本知識、基本理論、基本技術和戰術;透過不同的練習方法,發展身體素質,增強體質;培養團結協作、勇猛頑強的團隊合作精神;培養籃球運動的組織能力、競賽能力、裁判能力,分析解決籃球運動中的一些問題。明確了這一總的任務,就容易確定每一次課的教學任務和目標。

　　作為一次課,任務的確定應與前後課程密切聯繫,要根據教學進度安排、確定教學任務和內容。

1. 新授課的任務有開始學習、初步掌握、基本學會、熟練運用等幾個層次。練習方法和練習形式應圍繞不同層次任務確定，使實踐教學的內容、練習形式、次數與教學任務相匹配。

2. 復習課的教學任務可定為進一步鞏固、提高、正確熟練運用等不同層次。透過掌握某一技術動作、練習方法、練習形式，可以增加難度，達到完成任務的目的。

3. 無論是學習內容還是復習內容，都要選擇適當的教學形式和方法，突出對學生綜合素質和專業素質的教育和培養，在教學中滲透著思想作風、道德品質的教育，確保教學任務的完成。

(三)編寫課時計畫

課時計畫也稱教案，它是教師上好每一次課的依據。初次上課的教師尤其要認真地編寫教案，這對於缺少上課經驗的教師來說有一定難度，可能要花費較多時間，反覆修改才能符合要求。

曾經有的體育院校學生在實習期間，第一次寫教案反覆修改了 7 次才達到了指導教師的要求，他雖然花費時間長，但確實加深了對教學的理解和認識，熟悉了教案編寫過程。該生由於教案編寫得有針對性，第一次課上得很成功。對於每位教師來說編寫教案實際上是在進行一次教學設計，主要包括教學內容設計、教學方法設計、教學時間設計。

1. 教學內容設計

一堂課的教學內容設計是教師認真分析教材，結合學生的實際水準，合理選擇和組織教學內容以及合理安排教學內

容的表達和呈現過程，它是教學設計最關鍵的環節，也是主體部分。在教案中教學內容主要是指學生學習或復習的技術動作、要領、方法、戰術配合形式，重點是幫助學生有效地理解和掌握知識、技術、技能。

內容的設計應符合課的任務，要體現循序漸進的原則。如課的任務是初步掌握交叉步持球突破技術，課的內容就應安排與交叉步持球突破技術有關聯的、有銜接的技術練習，如接球、跨步、轉身、運球、行進間投籃等。這些練習內容可以起到啟發學生對學習新技術的思維。

2. 教學方法設計

教學方法是為完成教學任務、傳授教學內容、體現教師的教和學生的學相互作用所採取的方式、手段和途徑。教學方法在教案中要用語言和圖示明確而具體地表達出來，並具有可操作性。確定教學方法應考慮以下因素：

（1）按照教學計畫、教學進度、每堂課具體的教學任務、教學條件選擇教學方法並確定時間安排，如果具備多媒體教學設備，還應考慮多媒體課件及教學工具與教學內容整合設計。

（2）根據學生的學習特點選擇教學方法。選擇教學方法要考慮學生對籃球運動知識理解的程度、掌握籃球技術和戰術的水準。一般來說，對初上籃球課的學生要以打好基礎、促進學生身體的全面發展為主。由練習法、重複法讓學生練習、掌握基本動作；由競賽法與遊戲法，提高學生的學習興趣，調動學習的積極性，培養良好的道德品質和團結合作精神。對已基本掌握籃球技術的學生，可適當增加對抗練習，提高技術和戰術運用能力，培養配合意識。

（3）根據教學條件選擇教學方法。籃球教學要具備必要的場地設備，教學方法的選擇要充分考慮教學的條件，其主要考慮的因素包括上課人數、場地條件、籃球數量等。教學設計要充分利用場地、器材、設備進行分組練習或循環練習，變換練習條件，適當增加難度，保證學生能有一定的運動量和提高技術與戰術水準。

（4）熟練運用組織教法。教學方法設計要認真考慮練習的組織隊形（距離、位置、方向）、變換練習形式時前後的銜接、球的路線、人的位置輪換、調動隊形等，充分利用有限的空間、時間、不同的組織形式使上課有序、高效運行。

（5）提倡改革創新，大膽運用新的教學方法。籃球運動是一項頗受青少年喜愛的體育活動，也是一項有廣泛群眾基礎的競技體育項目。廣大青少年完全能夠從不同媒體接觸到有關籃球運動的信息、技術和戰術，教師應當順應這個趨勢，利用當前社會上、媒體中廣泛傳播的信息，引進新穎的訓練、練習方法，結合青少年特點改進教學手段和方法，提高學生的學習興趣。

3. 教學時間設計

一堂體育課教學時間是 45 分鐘或 90 分鐘，合理控制教學時間是關係到能否完成教學任務的關鍵，是順利進行教學活動的重要因素，因此要重視教學時間控制。

（1）把握好整體時間分配。課前應對一堂課的整體時間分配做到心中有數，依據課的任務、教學內容、學習內容、復習內容、練習方法的實際需要，對整堂課的時間作出合理規劃。一般安排是：講解時間盡可能簡略扼要，節省時間，學生練習時間盡可能充裕。

學習內容的時間比例稍大，復習內容的時間相對較少，其主要目的是要完成課的主要任務。例如：一堂 45 分鐘的課，基本部分的時間應在 30 分鐘左右，一堂 90 分鐘的課，基本部分的時間應在 70 分鐘左右。其中學習內容占的時間 60%以上，復習內容占的時間 40%以下。

（2）保證學生充分的學習時間。教案中各部分時間的安排，包括教師講解、示範、組織調動隊形、收放器械、學生練習等，其中重點要保證學生的練習時間。因此，在備課時要做到以下幾點：

第一，儘量減少不必要的組織措施和隊形調動，盡可能以最短的時間、最快的速度組織隊形。

第二，根據學生人數、教學內容、教學方法，充分利用場地、器材進行合理分組。

第三，合理安排教法順序。如有球與無球練習的安排要合理，課的安排可以從無球→幾個人一球→兩個人一球→每個人一球。或者與之相反，從每人一球逐漸減少。這樣中間減少了拿球、放球的時間，保證練習的連續性。

第四，提高講解、示範品質，做到精講多練，有針對性地重點講授，節省時間。如果上課對象是中、小學生，教師的正確示範會使學生一目了然，示範重於講解。新學內容以邊講解邊示範為好，使學生既看清了動作過程，又理解了動作方法，便於儘快掌握。

(四) 試講

對於初次上課的教師來說，試講也可稱為模擬講課。模擬講課是在每次課前模擬實際授課的演習，它對於初次上課的教師上好每一次課有至關重要的意義，透過模擬講課，可

進一步明確課的任務，加深對課的內容、練習方法的理解，使講解更清楚，示範動作更準確，組織調動隊形更合理，還能對課上可能發生的情況做到有備無患，對於可能發生的意外情況做到防患於未然。模擬講課包括以下幾個方面：

1. 課堂用語

課堂用語包括講解內容、技術動作要領表達、師生交流語言、課堂組織用語等。

（1）整隊時的口令聲音洪亮，有力度，有氣勢。

（2）向學生介紹課的任務時簡潔明確，層次清楚。介紹練習內容和練習形式時要用術語，重點突出。結合圖示講解時要簡明扼要，語言表達要讓學生易懂。糾正學生錯誤動作時要耐心，語言有針對性，要正面引導，讓學生易於接受。

（3）調動隊形、做操的口令要有節奏感，聲音洪亮，有力量，用富有激情的口令調動學生積極性。做操時用適當的語言提示要求。組織遊戲練習要用簡潔清楚、調動學生興趣的語言表達，以迅速按照提前設計好的方案進行。

（4）講解動作要領和練習方法時的語言要結合動作順序有層次地表達清楚，要結合動作要領講清身體各部位的移動位置、控制方法、用力順序。可以從上肢到下肢或者從下肢到上肢按順序進行講解。

一般來說，面向全體學生時大多數採用邊講解邊示範的形式，抓住重點精講，使學生瞭解動作關鍵。如學習交叉步持球突破時，則教師的講解應與示範同時進行。持球方法、身體動作應以示範為主。持球突破的動作環節（蹬地跨步、轉體探肩、推放球、加速）應邊示範邊講解；中樞腳的確定要清楚明確，必須用語言來強調。這樣可使學生加深對持球

突破動作的認識，儘快理解和掌握。

2. 正確示範

示範是實踐課教學最基本的方法和能力，示範要正確，這對於初學者形成正確的動力定型是非常重要的。因此，教師示範必須領會動作要領，掌握動作方法，懂得運用的要求。備課時，要認真設計示範動作，對要示範的技術動作的每個環節都要認真、反覆、一絲不苟地練習，以保證示範時的準確性。

只有示範正確到位，才能增強上課的自信心。這裏要特別強調的是初次上課的教師在平時練習中，要有意識地按照正確的動作要領去做，不能隨隨便便，馬馬虎虎，努力使自己的動作形成正確的動力定型，確保示範萬無一失。

3. 確定練習時間和次數

對於初次上課的教師來說，對安排的課堂練習內容、練習方法所佔用的時間常常心裏沒底，只有由模擬講課，做到胸有成竹，才能保證上課時不慌亂，順利完成課的任務。

（1）課前應對課的各部分練習內容、方法、次數做好時間上的推斷，估計所占時間比例。對於各種練習占的時間和因調動隊伍、拿放（球）器械等浪費時間要做到心中有數。一般時間設計方法是：準備活動按節數和拍數用碼錶計算佔用時間；行進間上籃練習，計算每個人做一次用多少時間，推算出全體學生的用時；練習多少次達到目的，總的時間是多少等等。

如有必要，上課前可在場地上實踐一下，或去觀察其他教師上課，帶一塊計時表和記錄本，記錄下所用時間。如時

間和條件許可，可做一次現場備課，按教學內容將課的全過程、某一部分或某項內容教材在課前進行教學預演，這些對初次上課的教師上好課很有益處。

（2）計算講解、示範時間。教師講解示範需要佔用一定時間，要分別計算各次講解、示範佔用時間，對全部佔用時間進行大致估計。一堂課教師單純講解的時間一般占13%－15%，講解過多會影響學生練習時間，影響教學效果。

4. 確定教師行動計畫

在一堂課的教學中，教師的站位與行動等，都應該在備課時就設計好，保證自己在課中行動的計劃性、目的性和準確性，這既有利於指揮和指導學生的行動和練習，又能由高效的組織避免由於行動的盲目性而產生忙亂。

教師教學時要根據學生練習時佔用場地面積、位置而選擇站位，最基本的站位應是能將學生們的練習情況置於自己視野範圍之內，方便觀察以便發現問題及時解決。如學生練習全場運球上籃或二三人練習全場行進間傳接球，則教師應站的位置有兩點可以選擇：

一是站在練習的起點，面向場地，以便觀察到全體學生的練習情況，而且離學生比較近，可以指揮他們按順序、拉開間距進行練習。這種站位適合對初學籃球的學生教學採用，既觀察到了學生練習技術的情況，又可以保證練習順序和課堂組織紀律，還可以進行個性化指導。

二是站在中場邊線附近，面向場地觀察學生練習中技術動作正確與否，並可左右環視，不斷用語言提示，既觀察到點，又觀察到面，還可進行個性化指導，讓學生感覺教師就在身邊，不放鬆對每個動作的練習。

在練習基本技術時，教師可站在學生練習的側前方，如在練習投籃、持球突破、傳接球等技術時，這樣既可以全面觀察到學生的動作，又可以在發現問題時及時提示和糾正，保證練習效果。

教師的位置不是固定不動的，而是根據練習形式、內容、重點和難點來確定，目的是能全面觀察到學生的整體情況，起到主導作用，把握教學的全過程。

第二節　課堂教學程序控制

由於體育課的教學特點，課堂教學過程實際上從上課前就已經開始。課堂教學程序控制的如何與課前教學準備是否充分密切相關。

一、上課前教學準備

教師應至少提前 10 分鐘到達上課地點，為順利進行教學做好上課準備。教師有必要做好以下幾項課前準備：

（一）檢查上課所需的場地器材是否滿足上課要求，包括是否清場、球的數量、標誌杆的位置、畫圖板、計時用的碼錶等。

（二）檢查教學文件，包括教學進度、教案、點名冊是否備齊。

（三）做好身體準備，包括適當熱身，檢查服裝、鞋是否整齊。將口哨掛在胸前以備隨時利用。

（四）注意觀察已經來到場地準備上課的學生。學生可能會提前到達場地，進行有球的運動或進行小型的對抗，要提醒學生抑制過於激烈的對抗，避免受傷，影響上課。

二、課上教學程序控制

課上教學程序控制體現教師對教與學的控制過程，其中教師在整個教學過程中起著主導作用。好的精神狀態、清楚的語言表達、正確的示範動作、對學生的啟發引導和積極性的調動、對課的時間把握等都直接影響課的效果。教學程序控制應做到以下幾方面：

（一）保持良好的精神面貌。上課鈴響，教師站在集合地點，精神飽滿，充滿自信，組織整隊口令要清楚，聲音要洪亮，展現出體育教師良好的精神狀態。

（二）嚴格執行課堂常規。上課鈴響後，由體育委員及時在指定地點集合整隊，向教師報告出勤人數，教師應檢查出勤情況，做好記錄，並檢查學生服裝，宣佈課的任務、內容，提出上課的要求。對於初次上課的教師來說，剛開始在學生面前講話可能會緊張，可以考慮減慢語速，儘量保持語言連貫，以利逐漸平靜緊張的心情。

（三）課的進程中，要不斷用語言和行動調動學生學習的積極性，提倡多運用鼓勵的語言，如你做得很好、你做對了、繼續努力、加油等，增強學生學習勁頭，活躍課堂氣氛，促使其積極投入，達到好的教學效果。

（四）把握課的時間

1. 對課的內容、練習方法、練習次數、講解、示範、組織、糾正等所佔用的時間進行調控。雖然課前已經做了充分準備，可是因為初次上課往往對實際發生的情況把握不好、估計不足導致時間把握不準，以致前鬆後緊，影響課的進程。當發現有些內容沒有充分展開，學生練習還不充分時，往往心裏緊張，不知所措，這時應當及時調整教學內容和組

織形式，盡可能保證主要內容的教學和練習，保證課的任務的完成。所以，初上課的教師備課一定要充分，這是把握好時間和保證課順利進行的關鍵。

2. 儘量按備課時各部分教學內容規定的時間授課，不要拖延練習時間。教學中可能會發現沒有達到預想的效果，似應臨時增加或改變練習形式，但對於初次上課的教師來說不適宜作臨時調整，否則會打亂教學的時間安排，影響課的進程。

3. 要嚴密組織教學，儘量減少教學組織過程和隊形調動，盡可能以最快的速度組織隊形，減少拿、放球的時間和次數，保證學生的練習強度和密度。

4. 精講多練。嚴格把握講解時間，選擇合理的示範位置和示範面，保證學生都能看得清楚，取得好的示範效果。

5. 有序組織課堂教學。課堂上有時會遇到學生人數多、球少、場地不定、學生技術水準參差不齊等情況，給教學組織帶來一定的困難，在教學和練習過程中有時還會出現一些意想不到的情況，應急處理不當可能會導致課堂混亂，影響教學效果。這就要求教師有較強的組織能力和應變能力，應付突變事件，以保證課堂教學有序地進行。

（五）注意發揮學生的主體作用

教學中，教師要隨時觀察學生的表現，及時做好師生、生生教學互動。

1. 運用啟發式調動學生學習的主動性，透過提問、啟發的方式引導學生去思考，鍛鍊和培養學生觀察問題和解決問題的能力。

2. 結合籃球運動集體性、對抗性的特點，合理採用分組教學的方法，既發揮骨幹的帶頭作用，又讓學生由實戰演練

加深對教學內容的理解。

3. 觀察學生對教學內容的掌握情況。為加深對動作的理解和認識，調動學生的積極性，可讓學生做示範、講解、演示，讓學生參與分析、討論，組織學生積極參與研究性學習，然後教師給予講評。

4. 結合學生做練習時掌握技術動作的規範程度，提出問題，組織學生互相交流，也可採用分組的形式研討，將其中有代表性的看法向全體學生公佈，教師也作為參與者與學生平等對話。

（六）安全教育

籃球運動是集體性、對抗性運動項目，教學過程中不可避免地會出現相互接觸、磕、碰、撞等動作，以及其他不合理技術動作，有可能造成傷害事故、誤會或爭執，要注意進行以下安全教育：

1. 教師在教學中可結合教學內容隨時講解造成傷害事故的可能性及實例，以引起學生注意。

2. 糾正學生錯誤動作時，注意對出現傷害事故的可能性及時提醒。

3. 觀察學生課堂組織紀律，有打逗現象時必須嚴厲制止，有可能造成誤會、爭執、引發糾紛時提出警告，避免打鬥事故的出現。

4. 注意觀察學生的個性技術發揮，對正確的要鼓勵，對危險動作要及時制止。

5. 教師要全面觀察學生練習時的身體狀態，一是觀察學生的面部表情，二是觀察學生做動作時的行為表現，及時調整練習的強度和密度。遇突發事故要沉著、冷靜處理，不要因此而影響教學。

（七）及時糾正錯誤動作

學生在初學技術動作時，不可避免地會出現各種各樣的錯誤，教師要提高動作示範與講解質量，明確動作的易犯錯誤及其糾正方法，有意識地、及時地糾正錯誤，糾正時應注意以下幾點：

1. 首先肯定學生的進步，再指出錯誤的所在，並分析原因、弊病、適合個人特點的改進方法，以便提高學生改正的信心。

2. 遇到錯誤動作較多的情況時，要抓住錯誤動作的主要環節，如雙手胸前傳接球技術的練習，學生表現出傳球時雙肘外展、胸前推球、傳球不會用力、動作不協調等錯誤，糾正時首先要觀察學生持球手法是否兩拇指成八字，其次觀察持球的位置是否在胸腹部之間，再觀察肩、肘、腕是否放鬆。這三點是傳球技術的關鍵環節，能有效解決雙肘外展、胸前推球的錯誤動作。

3. 糾正錯誤動作時，對普遍性錯誤，可採用集體糾正方法；如屬個別現象，則應採取個別輔導方式。

第三節　課後總結

一堂課結束後，教師要對課堂教學的情況進行總結，分析課的任務完成情況和教學效果，找出存在的問題，提出今後改進的設想，其目的是為了改進和提高課的效果和品質，提高教學水準。課後總結可從教學效果、教師和學生的表現等方面有選擇地進行。

一、對課堂情況的總結

課後總結首要的是對課的任務完成情況的總結。其中包括：

（一）課的任務完成情況、教學內容完成情況、課堂組織的合理性、內容安排的合理性、時間分配的可行性等。

（二）教師的教態、講解示範效果、教學方法、教學方法對完成課的任務的得失分析。

（三）學生是否按教師的要求完成了計畫規定的練習內容，掌握知識、技術、技能的有效程度如何，有多少學生能初步學會，或基本學會、基本掌握所學內容。

二、找出存在的問題

（一）教師的自我評價。教師組織隊列、調隊是否合理，示範動作與講解存在哪些問題，包括示範位置、教學進程、內容順序、對錯誤動作糾正等，有哪些沒有解決的問題。

（二）對學生的評價。包括學生課堂組織紀律性、練習積極性，每個練習中普遍存在的問題和個別存在的問題，學生對練習形式的掌握理解、接受能力等。

三、提出改進的設想

提出改進設想是確定新的教學目標、提高上課品質、積累教學經驗、提高教學效果的有效途徑和方法，這是初次上課的教師不可缺少的重要環節。教師可以廣泛收集對教學效果的意見，包括透過對學生進行調查，瞭解學生對課堂教學的評價，不斷改進和提高教學效果。

（一）圍繞教學內容、形式、手段、練習方法等方面，廣泛收集意見並進行分析，為下一步教學提供依據。

（二）從組織課堂教學的時間分配、練習強度、課的密度結合學生的表現分析，為有針對性地進行教學設計提出改進設想。

（三）結合教師講解、示範動作、示範位置對學生學習效果的影響，為教師如何更好地發揮主導作用提出改進措施。

（四）根據學生在本次課中對教學內容的認識、理解、接受能力進行分析，為今後教學內容安排提出修改建議。

（五）總結採用新的教學手段和方法，對提高教學品質和效果的影響，有針對性地提出今後改革設想。

思考題：

1. 作為一次課來說，教學任務的確定包括哪些方面？
2. 確定教學方法應考慮哪些方面的因素？
3. 籃球課試講的目的是什麼？包括哪些內容？
4. 籃球課程的教學如何更好地發揮學生的主體作用？
5. 籃球課教學如何做好教學設計？

第七章

籃球考核工作與方法

內容提要：

本章闡述考核的意義和基本原則、考核內容和比重、考核的形式及基本要求。介紹了考核方法與評分標準，供考試選擇與參考。

籃球考核是教學過程中一個不可缺少的環節，是教學工作的重要組成部分。根據教學大綱所規定的考核內容與方法，在教學的各個階段和結束時都要進行嚴格的考核，它能促進學生學習的積極性，檢查教學的效果。由於教學任務不同，考核內容、方法、標準、要求也有所區別，有所側重。不斷積累學生考核材料，加以分析、總結，有助於提高教學工作的品質。

第一節　籃球考核的目的與原則

一、考核的目的意義

　　考核是教學過程進行信息反饋和調節的一個重要環節。透過考核可以合理而準確地評價學生掌握籃球理論知識、技術、戰術與技能的實際水準，是及時檢查教師教學效果、不斷改進教學方法、提高教學品質的重要依據。考核不僅能夠調動學生學習的積極性，也能激發學生勤學苦練、努力進取的精神。因此，採用科學、合理的考核手段與方法，對提高教學品質、促進教學改革具有重要的意義。

二、考核的基本原則

　　籃球考核與評定要遵循科學性與可行性相結合的原則。科學性集中表現在考核的可靠性、有效性和客觀性三個方面。可行性是指評定的過程與方法和籃球教學的實際情況相符，現有的條件能夠保證實現評定的目標，在教學實踐中能夠運用。要做到科學性與可行性相結合，就要學習和掌握有關測量與評定的基本知識，熟悉籃球教學的基本規律，在不

斷的實踐探索中構建籃球考核工作的方法和評定標準。

　　為了使考核評定做到科學準確，必須測量到可用於評定指標的信息。指標是信息的載體，在制定指標和方法時必須符合以下原則：

(一)可靠性原則

　　可靠性是指相同測試條件下，對同一批學生使用相同的測試方法，重複測試結果的一致程度。

　　測試到的結果具有高度的一致性，說明測試的可靠性較高；反之，測試的結果缺乏可靠性。

(二)有效性原則

　　有效性是指測量的方法與擬測量內容之間的一致性程度。它應反映擬測量事物的本質特徵。因此，選擇和制定考核標準必須具有明確的指標含義。測量有效性的高低，取決於選擇測量方法達到測量目的的準確程度，兩者相一致的程度越高，有效性就越高；反之，有效性就越低。

　　考核籃球技術、技能的方法和內容很多，要注意可行性，選擇哪種方法能夠準確地反映教學大綱規定的技能考試內容，要經過反覆實踐、總結以及有效性的檢驗。

(三)客觀性原則

　　客觀性原則是指評定或評分的真實性，若干個主試教師對同一名學生測量結果的一致性程度。他們的評分一致程度高，說明大家評定看法一致，尺度掌握相近，測量結果的客觀性較強；反之，說明分歧較大，測量結果的客觀性較差，不能對教學作出真實準確的評價。

在考核過程中應努力消除主試教師個人主觀因素的干擾，明確具體的考核標準，規定嚴格的考核程式，不帶有隨意性、偶然性、主觀性，切實做到實事求是、公正準確。

第二節　籃球考核的內容與比重

一、考核的內容

籃球考核的內容，主要是根據培養目標、教學大綱所規定的考核範圍和形式，對不同年級、不同教學對象、不同教學階段的具體要求，選擇那些最基本、最常用的重點技術、戰術和理論知識作為考核的基本內容。除此之外，還要考核教學訓練、組織競賽與裁判工作能力等。

二、考核的比重

根據不同的培養目標和教學計畫，考核的內容、比重有所不同，可有所側重。考核的內容應能全面反映學生對大綱所規定的教學任務、要求的完成情況。一般考核的內容及比重分配可參考表 7-1。

表 7-1　考核內容及比重

分　類	比重（％）	內　　容
理論考核	30	籃球運動概論、技術和戰術基本理論、競賽組織與編排、競賽規則與裁判法
實踐考核	40	傳接球、運球、投籃、突破
能力考核	20	教學實習、組織競賽、裁判實習、技術和戰術運用
平時考核	10	考勤、課堂上提問、課外作業

第三節　籃球考核的形式與方法

一、理論考核

理論考核主要採用口試和筆試兩種形式。

(一)口試

口試可以採用課堂提問或專題答辯的形式進行。透過口試瞭解學生掌握籃球運動理論知識的深度和廣度、分析和解決問題的能力及語言表達能力。

(二)筆試

筆試分開卷和閉卷兩種形式。開卷主要考核學生運用知識分析問題和解決問題的能力，適用於高年級學生。閉卷主要考核學生對記憶性的籃球運動知識的掌握程度，適用於低年級學生。

籃球運動理論考核多採用標準化考試的方法。理論考試命題要能較好地反映學生掌握籃球運動基本理論知識的真實程度，選擇試題內容要符合教學大綱的要求，題型應多樣化，如填空、概念、判斷、選擇、計算、繪圖、簡答題、論述題、分析運用等。既要反映出各種不同指標的試題形式，又要掌握好主、客觀試題的比例，試題難易度要適中，區分度良好，確保考試的可信度。

根據試題類型及題目分數的比重閱卷評分，理論考核先以滿分 100 分來評分，然後再按比例進行換算。籃球運動理論試題題型及比例分配可參考表 7–2。

表 7-2　籃球運動理論試題題型及比例

內容＼題型　比例	填空	鑑別	選擇	概念	繪圖	計算	論述	合計（％）
籃球運動的概述	3	3	2	2	0	0	0	10
籃球技術	6	5	6	5	0	0	2	24
籃球戰術	2	4	4	4	4	0	2	20
技、戰術教學	2	3	2	3	3	0	1	14
規則與裁判法	5	5	5	4	2	0	1	22
競賽組織與編排	2	2	1	2	1	2	0	10
合計（％）	20	22	20	20	10	2	6	100

二、實踐考核

實踐考核通常採用技術評定和達標測試兩種形式。

(一)技術評定

根據學生完成技術、戰術動作的質量進行評分。考核前把所要進行考核的技術、戰術，按其動作結構和配合過程分為若干個環節，根據各個環節完成情況予以評分。

評分標準可以採用 10 分制、百分制或等級制，最後轉換為學生實際得分數。

(二)達標測試

根據學生完成技術動作的速度、準確性，按一定的要求制定評分表。評分標準可以採用 10 分制或百分制，達標測試不僅運用於單個技術動作考核，也適用於組合技術的考核，它可單獨採用，也可以達標與技評相結合使用。

三、基本能力考核

基本能力考核主要是由教學實踐來進行。透過教學比賽（半場或全場）考核學生在實踐中運用技、戰術的能力；由教學實習（帶準備活動或技、戰術教學實習）考核學生組織教學的能力；由組織籃球競賽考核學生組織競賽、編排和裁判工作的能力。根據學生的技、戰術運用能力和實際工作表現來評定成績。可採用百分制或等級制。

四、考核方法與評分標準

根據籃球教學物件不同、學時分配不同和考核的分值權重不等，考核時可選擇不同的考核內容、方法及標準。下面介紹幾種考試方法與評定標準，供選擇參考。

(一)五點投籃（技評與達標）10分

1. 考試方法：如圖 7-1 所示，以籃圈投影點為圓心，以該點至罰球線的距離為半徑畫圓，確定五點投籃的距離。考生由①號位置開始，按①—②—③—④—⑤的順序投籃，每個點投兩次，共投 10 次，計投中次數並給出技評成績。

2. 要求：

（1）男生必須跳投，女生原地單手肩上投籃。

（2）投籃時，腳不許踩線，5 秒鐘內將球投出。

（3）投籃後及時搶籃板球。

3. 達標與技評標準：如表

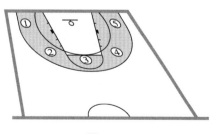

圖 7-1

7-3、表7-4。

圖7-3 籃球技術考試評分參考標準

五點投籃 10分					半場往返運球投籃 10分				持球突破 10分				傳接球 10分	
達標6分			技評4分		達標4分		技評6分		達標4分		技評6分		技評10分	
男	分值	女	A⁺	4	中次	分值	成績	分值	成績	分值	成績	分值	成績	分值
5	6	5	A	3.5	2	4	A⁺	6	2	4	A⁺	6	A⁺	10
4	5	4	B⁺	3	1	2	A	5.5	1	2	A	5.5	A	9
3	4	3	B	2.5			B⁺	5			B⁺	5	B⁺	8
2	3	2	C⁺	2			B	4.5			B	4.5	B	7
1	2	1	C	1.5			C⁺	4			C⁺	4	C⁺	6
			D⁺	1			C	3.5			C	3.5	C	5
							D⁺	3			D⁺	3	D⁺	4
							D	2.5			D	2.5	D	3

表7-4 技術動作規格評定參考標準

標準	等級	完成動作情況
優秀	優+	動作正確熟練、連貫、協調、有力、速度快、效果好
優秀	優	動作正確、連貫、協調、有力、速度快
良好	良+	動作各主要環節較正確、較連貫、協調，速度較快
良好	良	動作各主要環節較正確，但不夠連貫、協調，速度一般
及格	及+	動作各主要環節基本正確，但不夠連貫、速度較慢
及格	及	動作各主要環節基本正確，但協調連貫性差、動作速度慢
不及格	不及格+	動作各主要環節不正確、不協調、不連貫、動作速度慢
不及格	不及格	動作各主要環節不正確、不協調、不連貫、有明顯錯誤

(二)半場往返運球投籃（技評與達標）10 分

1. 考試方法：如圖 7–2 所示，考生從球場右側中線處開始運球，在第一立柱前做右手體前變向運球，第二立柱前做左手體前變向運球右手上籃。搶籃板球後，右手快速運球至對側中線處開始左手運球，在第三立柱前做左手體前變向運球，第四立柱前做右手體前變向運球左手上籃。搶球後左手快速運球至原處。計行進間投籃的命中次數並給出技評成績。

2. 要求：

（1）行進間單手低手投籃，否則不計分。

（2）投籃不中，不補籃繼續進行。

（3）運球失誤時，從該處繼續開始。

3. 達標與技評標準：如表 7–3、表 7–4 所示。

(三)原地持球突破（技評與達標）10 分

1. 考試方法：如圖 7–3 所示，考生從球場右側中線處開始，做傳接球在第一立柱處做交叉步突破上籃。搶球後運球到對側中線處再做一次傳接球在第二立柱處交叉步突破上籃。

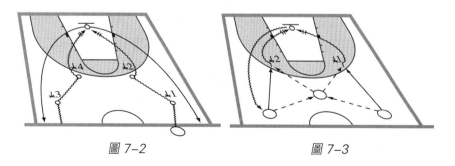

圖 7–2　　　　　　　　　　圖 7–3

2. 要求：

（1）行進間單手高手投籃，否則不計分。

（2）記錄違例次數，每次違例都在技評分中扣 0.5 分。

3. 達標與技評標準：如表 7-3、表 7-4 所示。

(四)雙手胸前傳接球（技評）10 分

1. 考試方法：如圖 7-4 所示，兩人一組，相距 4—5 米，做全場傳接球上籃，搶到籃板球後再傳回原處。

2. 要求：

（1）投籃不中，必須迅速補中。

（2）傳接球失誤（違例）時，每次都在技評分中扣 0.5 分，並從失誤處繼續開始。

3. 達標與技評標準：如表 7-3、表 7-4 所示。

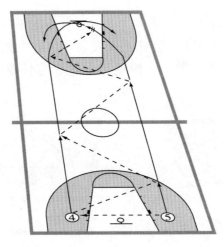

圖 7-4

(五)三角形滑步（達標）10 分

1. **測試方法**：如圖 7-5 所示，測試者前腳站在 A 點上出發，同時開始計時，做滑步至 B 點，做撤步滑至 C 點，做側滑步至 A 點，往返兩次停錶。

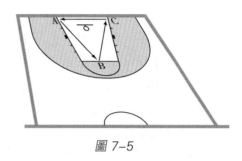

圖 7-5

2. **要求**：

（1）只許滑步，不得跑。

（2）腳必須觸及線，否則違例。

（3）違例在技評分中扣 0.5 分，兩次違例則不計分。

3. **達標標準**：如表 7-5 所示。

表 7-5　三角形滑步評分參考標準

分　值		10	9	8	7	6	5	4	3	2
標準 (%)	男	10	10.5	11	11.5	12	12.5	13	13.5	14
	女	12	12.5	13	13.5	14	14.5	15	15.5	16

五、考核工作的基本要求

（一）加強思想教育，使學生正確對待考核，嚴格遵守考試、考查紀律。

（二）從實際出發，根據培養目標和學生的實際情況，正確選擇考核的內容與方法。

（三）開課初向學生說明本課程考核的內容、方法及要

求,以激發學生學習積極性,同時做好摸底測試,積累原始資料和資料,為制定考核標準和檢查教學效果提供可靠參考依據。

(四)理論考核的閱卷工作,應組成閱卷小組,採用分工流水作業的方法,依據標準答案閱卷評分。理論考核先以滿分 100 分來評分,然後再進行換算。

(五)實踐考核應組成 3—5 人考核小組,小組成員依據評分標準各自評分,然後取平均值確定成績。

(六)考核結束後,仔細核對學生各項考核成績,對學生總成績進行評定;不斷總結教學經驗,提高教學品質。

思考題:

1. 簡述籃球考核的目的與原則。

2. 籃球考核的內容有哪些?有幾種考核形式?

3. 考核工作有哪些基本要求?

第八章

籃球競賽的組織工作

內容提要：

本章從籃球運動競賽工作的實際出發，闡述了競賽的意義和種類，全面介紹了競賽的組織工作和競賽的制度與方法，特別是詳細分析和推出了一種新的單循環編排方法。另外，本章還介紹了世界和國內一些大賽的編排方法，以幫助學生拓展視野，了解更多關於競賽組織工作方面的知識。

籃球競賽是籃球運動的基本表現形式，也是籃球運動體系的一個重要組成部分，是現代籃球運動中最具魅力的活動，籃球運動的價值往往就是在競賽中得以最充分地表現。不論舉辦何種形式的籃球競賽，也不論其規模大小和水準高低，都有一定的時限性，並且涉及其他的相關方面。因而，籃球競賽的組織工作實際上是一項網路系統工程，這個系統中橫向的協調融合和縱向的連貫流暢，是籃球競賽活動順利進行和圓滿完成的重要保證。

第一節　競賽的意義和種類

一、競賽的意義

籃球比賽攻守對抗的兇悍性和技藝化，激烈精彩，引人入勝。優秀籃球隊的比賽更為人們所關注，成為現代社會文化的一部分，越來越深刻地影響著人們對社會生活和經濟生活的追崇。

(一)促進籃球運動的發展

籃球運動是較受歡迎、較易開展的一個體育項目，透過競賽能夠吸引更多的人，特別是青少年來參加這項運動，從而在更大的範圍內推廣這項運動；由競賽可以檢查籃球教學訓練的品質與效果，促進技術和戰術水準、身體素質和心理素質等的提高；由競賽也可以互相觀摩，交流學習，增進友誼；透過競賽還可以鍛鍊參加者的品質風格，培養參加者的團隊精神，激發參加者的進取願望。

(二)豐富文化生活的內容

籃球競賽是社會的一種文化生活，參加競賽本身就是一種鍛鍊健身的生活方式；觀看激烈對抗的比賽，欣賞比賽中的精湛球藝，也使人們的生活空間和餘暇得到擴展及充實；公平激烈的競賽本身就傳播著平等競爭的文明風尚，也鼓舞著人們對真實、自信、進取和創新的嚮往；競賽過程的變幻和比賽結果的不可預測，還給人們帶來極大的懸念與樂趣，引發和滿足人們對身體健康和美好生活的追求。

(三)適應社會活動的需要

籃球競賽作為一種特殊的手段，能夠起到提高國家聲譽、振奮民族精神和創造社會安定環境的作用；也能夠起到改善和促進國家關係，以及充當和平友好及慈善使者的作用；還能夠起到推動競技體育體制的改革和加快運動項目走向市場的作用。

(四)推動職業籃球的產業化

從傳統意義上來講，組織籃球競賽是一種消費。美國職業籃球聯盟的經營效果，可以說為組織籃球競賽從消費向生產轉化樹立了典範。

在高水準的籃球隊伍中，組織經營性的籃球競賽，作為體育產業的一種形式，可使其成為社會經濟生活的一部分。

(五)帶動社會相關行業的發展

籃球職業性的競賽作為一種經濟行為，不僅為自身的生存發展創造了良好的物質條件，也為其他行業提供了機會。

高水準、較大規模的籃球競賽必然會促使舉辦地的基礎設施得以改善,促進相關產業的發展。

如組織高水準的籃球競賽,會使傳媒業、旅遊業、賓館業、商業、餐飲業、保險業和公用事業等許多行業的生意興隆起來,服務品質也會得到一定的提升。

二、競賽的種類

組織籃球競賽,根據競賽的性質和目的,大體上可以分為非職業性比賽和職業性比賽兩大類。

(一)非職業性比賽

1. 綜合性運動會中的籃球比賽

籃球作為綜合性運動會中的一個項目,與其他項目一起在同一時期內進行比賽,從一個側面反映參賽國家或單位的體育運動整體水準。這種比賽有國際性運動會中的籃球比賽,如奧林匹克運動會、世界大學生運動會、世界中學生運動會、洲際和地區運動會中的籃球比賽等;也有全國性運動會中的籃球比賽,如全國運動會、解放軍運動會、工人運動會、農民運動會、大學生運動會和中學生運動會中的籃球比賽等;還有各個省、地、市及企事業、學校等基層單位運動會中的籃球比賽。

2. 單一籃球項目比賽

主要反映參賽國家或單位單項運動的水準。有國際性的比賽,如世界錦標賽、世界青年錦標賽、各大洲的錦標賽、各大洲的青年錦標賽;也有全國性的比賽,如全國甲級聯

賽、全國乙級聯賽、全國青年聯賽以及各行業系統的比賽；
還有省、地、市及基層單位的籃球比賽。

3. 國內外交往性比賽

主要為了加強交流，增進友誼，發展相互關係。有國際
性的比賽，如國家之間雙邊的訪問比賽，幾個國家之間多邊
的邀請比賽；也有國內省、地、市之間的協作性比賽；還有
基層單位之間的友誼比賽和表演比賽等。

除了上述的這些比賽之外，還有少年兒童的小籃球比
賽、三對三的籃球比賽、扣籃和投籃比賽，以及專門的殘疾
人輪椅籃球、聾人籃球比賽。

這類非職業性的比賽，普及的面比較廣，參加比賽運動
員的層次各不相同，技術水準也有較大的差異，有利於吸引
更多的人參加籃球運動。

(二)職業性比賽

1. 國外職業比賽

主要是為了依靠比賽的票房收入和其他收入來維持球隊
生計與創造利潤。最有代表性的是美國 NBA 男子職業籃球聯
賽；還有一些國家舉辦的職業聯盟比賽，如義大利、希臘、
菲律賓、韓國的職業籃球聯賽，以及一些國際性的俱樂部比
賽等。

2. 國內職業比賽

主要是為了由改革推動我國籃球運動跟上世界籃球運動
的發展趨勢，從管理體制、競賽制度和方法等方面與國際接

軌，從而提高整體水準。目前也是在籃球管理體制中實現從計劃經濟向市場經濟的過渡。我國從 1996 年開始首次舉辦了男子 8 支球隊參加的職業籃球比賽，目前的 CBA 聯賽和 WCBA 聯賽就是這種職業性比賽的延續和擴展。

職業性比賽，涉及的範圍比較窄，但參加比賽運動員的技術水準比較高，它帶有明顯的商業性，對籃球運動的產業化進程是個促進。

第二節　競賽的組織工作

競賽組織工作是有目的地組織、指揮、控制和調節競賽工作的過程，一般分為三個階段。

一、競賽前的準備工作

賽前工作是制定組織競賽計畫和實施計畫為比賽做準備的過程。這個過程是從成立競賽籌備組織起至比賽開幕止，包括建立競賽組織機構、確定組織方案、制定競賽規程和擬訂具體工作計畫等。

(一)建立競賽組織機構

首先要成立競賽領導小組，即籌備委員會，也就是競賽開幕後的組委會，它對競賽的全過程起組織領導作用。然後在它屬下，再設立具體的工作機構。

這些工作機構負責整個競賽過程中的各項具體事務，協助領導小組完成競賽任務。凡是與競賽有關的事務，都要有相應的部門或人員負責管理。通常情況下，設秘書處、競賽部門、技術代表、仲裁、場地和總務部門等。另外，根據競

賽層次和規模的不同，還可以增設一些專門部門。

(二)確定組織方案

競賽領導小組要對競賽的任務、規模、水準，承辦單位的硬體、軟體品質，組織競賽經費等情況有全面的瞭解。在這個基礎上，本著實事求是、精簡高效和勤儉節約的原則，對競賽期間各項活動內容作出計畫和安排，對競賽的各項收支規定標準作出預算。

(三)制定競賽規程

競賽規程是競賽工作的指導性文件，是競賽的組織者和參與者都必須遵守的章程。競賽規程主要包括競賽名稱、目的、任務、日期、地點、參加單位及人數限定、參賽者資格、報名及報到日期、競賽方法、競賽所採用的規則、名次評定和獎勵辦法、抽籤日期和地點與注意事項。

國內職業聯賽中還包括對運動員的轉會、外援引進人數、更換及上場時間和人次的規定。基層單位的競賽有時需要有一些特殊的規定時，也要寫入規程。規程一經審定，就應保證其嚴肅性和權威性。

(四)擬訂工作計畫

各個工作部門建立後，應根據整個競賽工作各階段的進行順序，按照不同分工，分別擬訂具體的工作計畫，經領導批准後實施。以下是各部門在競賽中的主要工作：

1. 競賽部門的主要工作

對運動員資格進行審查，做好競賽的編排，安排好競賽

日程、時間、場地，編印比賽秩序冊，召集領隊、教練員會議，公佈比賽成績，仲裁比賽爭議。

2.裁判部門的主要工作

做好裁判員的賽前學習和體能測試，深入領會規則精神，提高認識，端正態度，統一尺度，加強配合，保持良好的精神和身體狀態。

記錄台的工作人員要熟悉各種器材設備的操作使用，做到及時準確地反映比賽進行情況。

3.場地部門的主要工作

檢查、落實比賽場地、器材設備，做到標準、可靠、安全，使用正常，能夠符合比賽要求，保證比賽順利進行。

4.宣傳部門的主要工作

佈置賽場，宣傳競賽法規，編輯簡報，安排廣播電視、報刊的報導，組織新聞發佈，渲染競賽氣氛，吸引更多的人關注，擴大競賽影響。

5.總務部門的主要工作

做好食宿安排、物資供應、交通調度、安全保衛、醫務保障、門票訂購等後勤服務工作，掌握收支、控制標準、執行預算，做好財務管理工作。

二、競賽期間的工作

競賽期間的工作是競賽組織的中心工作，從比賽開幕到閉幕，所有工作都要在領導小組的領導下進行，為使比賽順

利正常進行而努力。這期間的工作可分為比賽活動的管理和非比賽活動的管理。

(一)比賽活動的管理

根據比賽的日程，安排好裁判員、記錄台工作人員、技術統計人員和場地工作人員，使每一場比賽都能夠按時進行，不能因為工作人員的疏忽而使比賽情況得不到正確及時的反映，也不能因為器材設備的故障而使比賽延誤、停頓、脫節。要按照籃球競賽的法規、規則來管理比賽，建立良好的比賽秩序，使參賽的運動隊能夠在平等的條件下競爭。

比賽活動的管理，關鍵在於裁判工作。裁判員的公正、公平和敬業態度反映了比賽的嚴肅性，鳴哨的準確程度體現了判罰的權威性，執法的鬆緊程度影響著比賽的對抗性，判罰時的待人態度影響著運動員的比賽情緒。因而加強對裁判員隊伍的管理，除了賽前的學習教育之外，賽間的及時檢查、小結與監控，是保證比賽健康發展的重要措施。

另外，對賽場中可能出現的假球、賭球、「黑哨」和亂扔雜物、干擾比賽正常進行、圍攻裁判員等有損文明行為的突發事件也要有充分的估計。競賽、仲裁甚至保安部都要有相應的準備。

(二)非比賽活動的管理

在競賽期間，有許多涉及各工作部門的非比賽活動需要進行組織管理，這些工作對整個競賽有很大的影響，包括：

1. 對開幕式、閉幕式的管理

不管是較隆重的還是較簡單的開幕和閉幕式，都應給

予足夠的重視。主題要明確,安排要緊湊,場面要熱烈,以擴大籃球運動的影響,提高籃球運動的社會地位,加強籃球運動員的責任感。

2. 對賽事服務工作的管理

組織好每次比賽後的新聞發佈會,儘快地處理和傳遞當日比賽的信息,安排好每場比賽中間歇時間內的表演。抓緊對比賽場地器材設備的檢查、保養和維修。經常對食堂進行食品衛生檢查,預防腸道傳染疾病的發生。

對住地和賽場休息室進行相應的封閉治保,避免閒雜人員的干擾,保證參賽人員的休息和安全。為參賽人員提供某些特殊的服務項目。

3. 對賽場觀眾的管理

做好文明觀賽的宣傳工作,引導觀眾講禮貌、守紀律,為比賽雙方加油。對觀眾中可能出現的過激行為要有應急措施,大型的競賽還要組織好安全保衛和觀眾的疏導工作。

另外,由於競賽期間各種情況的複雜多變,還需要對各個工作部門的相互關係進行協調管理,以利比賽更好地運轉。

三、競賽的結束工作

賽後的工作包括以下幾個方面:

編制和印發總的比賽成績表、某些單項技術評比名次和其他一些獲獎名單;

對比賽技術資料進行處理和歸檔;

對比賽器材設備的整理;

辦理參賽隊伍的離會手續；

對競賽的收支進行財務決算；

進行競賽工作總結；

為組織高一層次的隊伍選拔和推薦人員。

第三節　競賽制度和方法

一、競賽制度

籃球競賽制度是根據籃球專案的特點和要求，規範籃球競賽性質、等級、週期，使之有系統、有計劃、有目的地組織和推動競賽社會化、多樣化的體系。目前廣泛實施的有賽會制和賽季制兩種。

（一）賽會制

賽會制是讓參加比賽的球隊集中在一個地方，用幾天或十幾天的時間，連續進行比賽的一種競賽制度。

1. 賽會制的特點

賽會制的適用範圍比較廣，比賽隊伍集中，比賽地點固定，賽期短，比賽場次連續，比賽強度大，調整、恢復時間短，容易產生疲勞。賽會制的比賽為承辦者提供了持續的社會籃球愛好者的注視熱點，從而能帶來相應的社會效益和經濟效益。

2. 對組織工作的要求

（1）賽會制比賽規模較大，組織工作量大而複雜，要仔

細制定好全面的組織方案，規劃好各部門的工作範圍，明確各部門的工作職責，協調好各部門的工作關係。

（2）賽會制的賽期短，賽程緊湊，賽間可能出現的問題比較集中，因此各方面工作要具體、細緻，要有很強的時間觀念，要始終處於緊張的運轉狀態，保證比賽的順利進行。

（3）賽會制的參賽隊伍和人員多，後勤工作部門要以全天候的方式保障參賽運動員有良好的休息和營養條件，以充沛的精力投入比賽。

（4）賽會制的比賽需要承辦單位具有一定的基礎設施條件，特別是承辦大規模、高水準、國際性的籃球比賽，要事先進行大量的基本建設投入，以適應賽會制比賽的要求。

（5）承辦賽會制比賽，要有市場經濟意識，要以經營的思想來做好競賽組織工作，既要講社會效益，又要講經濟效益。

（二）賽季制

賽季制是一種競賽時間較長，參賽隊伍不集中，分別在參賽隊各自的賽地進行比賽，參賽隊每賽完一場後需移地並有若干天休整的一種分主、客場的競賽制度。

1. 賽季制的特點

賽季制最明顯的一個特點就是採用主、客場的形式進行比賽。賽季制的賽期長，一般約為半年，而且通常是跨年度的，可以根據比賽性質、時間和水準，安排比較多的比賽場次。但由於主、客場的比賽隊伍經常往返於賽地，要有雄厚的經濟實力保證，因而賽季制比賽應用的範圍比較小，一般只是在一個國家內最高水準的比賽中運用。如美國的 NBA 比

賽，從 1946 年起就用這種跨年度的賽季制，中國籃球協會舉辦的 CBA 和 WCBA 比賽中也實行賽季制。

2. 對組織工作的要求

（1）賽季制比賽的賽場分散，各賽地的比賽場數相對較少，但組織工作延續時間跨度大，因此，組織機構更應當精幹、規範，並且要具有很強的機動性。

（2）在比賽的管理上，既要利用主場天時、地利、人和的有利條件，又要營造公平競爭的良好環境氣氛。要加強對主場工作人員、運動員的職業道德教育和對觀眾的宣傳教育，提高參與比賽和觀賞比賽的文化氛圍。

（3）主、客場比賽的形式，是一種市場經營，因而比賽應該屬於經營者的一種產品，組織工作應當成為經營者的一項行銷任務，從而促使籃球競賽真正走進市場。

(三)混合制

混合制是在一個競賽過程中，將賽會制和賽季制結合起來實施的競賽制度，通常是競賽前期採用集中在一起進行比賽，競賽後期採用主、客場的形式進行比賽。我國目前舉辦的全國男子籃球聯賽（簡稱 NBL）實行的就是這種混合制。

二、競賽方法

競賽最基本的要求，是為了使參加比賽的隊能夠在比較公平、合理的條件下競爭，採用適當的競賽方法是創造良好競爭條件的前提，也是客觀反映參賽隊競技水準的重要保證，而且對競賽的組織工作也有很大的影響。

籃球競賽中通常採用的有淘汰法和循環法兩種。

（一）淘汰法

淘汰法是在比賽中以勝進負退來確定比賽名次的一種方法，即獲勝隊可以繼續參加進一層次比賽，失敗隊失去繼續參加進一層次比賽資格的方法。

失敗一次便失去繼續比賽資格的為單淘汰，失敗兩次便失去繼續比賽資格的為雙淘汰，和同一對手以 3 戰 2 勝、5 戰 3 勝或 7 戰 4 勝形式進行的實際上是由單淘汰延伸出來的多場淘汰。

1. 單淘汰的編排法

先根據報名參加的隊數，對照 $2^n \geq N$ 的關係式，來確定比賽的場數、輪數和號碼位置數（N 為參賽隊數，n 為大於 1 的正整數）。

比賽場數 $= N-1$，比賽輪數 $= n$，號碼位置數 $= 2^n$。

然後由參賽隊抽籤，確定參賽隊在比賽中的號碼位置，再按順序將號碼兩兩相連，列出單淘汰的輪次表。

例如，8 個隊參加比賽（$2^3 = 8$），共要打 7 場比賽，分 3 輪進行，如圖 8-1 所示。

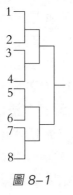

圖 8-1

如果除了確定冠、亞軍之外，還需要確定其他名次時，往往採用附加賽的辦法來彌補單淘汰的不足。附加賽的辦法是在同一輪次中，勝隊與勝隊，負隊與負隊再進行比賽，直到排出競賽所需要的名次順序。例如，在 8 個隊參加的淘

汰賽中，需要排出 8 個隊的名次，按照圖 8-2 的方法進行附加賽，就可以將 8 個隊的名次排列出來。

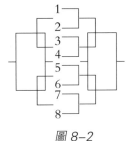

圖 8-2

2. 雙淘汰的編排法

雙淘汰的辦法是為了使在第一輪中失敗的隊能夠有機會繼續參加比賽，甚至參加到最後爭奪第一名的比賽，以減少單淘汰中產生的偶然性結果。

雙淘汰的編排，第一輪與單淘汰的編排相同，從第二輪起，把失敗的隊再編起來比賽，只有第二次失敗的隊才被淘汰。因而，即使在第一輪比賽中失敗的隊，只要它在以後的比賽中能夠保持不敗，就有可能去爭奪冠軍（圖 8-3）。不過，如果它在冠、亞軍決賽中獲勝的話，還必須再賽一場才能最終分出仲伯。

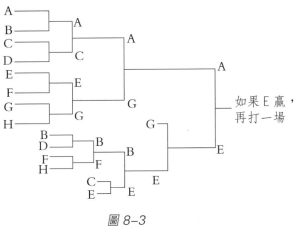

圖 8-3

3. 多場淘汰的編排法

多場淘汰通常是在比賽水準比較高、雙方實力相當，或者在一次籃球競賽的後階段比賽中採用的方法。它的編排與單淘汰是相同的，所區別的是採用兩隊之間 3 戰 2 勝、5 戰 3 勝，甚至 7 戰 4 勝的結果來論勝負，克服了單淘汰中兩隊之間交鋒一場論勝負的偶然性缺陷，更加客觀地反映了參賽隊的整體綜合實力。

4. 淘汰法的號碼位置排定

採用淘汰法的比賽，號碼位置的排定是很有講究的，較多採用的有以下幾種：

（1）完全隨意的抽籤：

這是讓參賽隊一起抽籤確定號碼位置的形式。雖然對每支球隊來說有著相等的機遇，但它同時也伴隨著有可能使強隊之間相遇過早而被淘汰的不合理性。

（2）設種子隊：

種子隊的設定應該是有根據的，並為各隊所公認。種子隊的號碼位置，可以採用兩種形式來排定。一種是按種子隊的原來名次排定在種子位置號碼上（種子位置號碼是有規律地分佈在比賽秩序表中各個不同「區」的頂部和底部）；另一種是讓種子隊抽籤，確定在哪個種子位置號碼上。在種子隊排好後，再讓其他非種子隊抽籤。

（3）按照比賽成績：

根據上一次競賽或本次競賽前一階段的名次，以「跟種子」的原理排定位置。圖 8-4 是 4 支球隊和 8 支球隊按先前比賽名次排定的比賽輪次表。

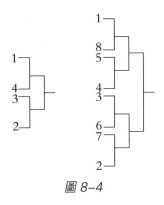

圖 8-4

（4）優先選擇：

在「跟種子」的前提下，固定後一半名次隊的位置，讓前一半名次的隊依次自行選擇位置。如圖 8-4 中，讓 4 支球隊中的前 2 名依次選擇 1 和 2 兩個位置，讓 8 支球隊中的前 4 名依次選擇 1—4 四個位置。

(二)循環法

循環法是使參加比賽的隊，在整個競賽中或在同一組的競賽中，都能夠相遇比賽，最後根據各隊在比賽中的勝負場數，按一定的計分規定排列名次的一種辦法。

所有參賽隊都能相遇比賽一場的為單循環，所有參賽隊都能相遇比賽兩場的為雙循環，所有參賽隊都能相遇比賽兩場以上的為多循環。在參賽隊數較多而競賽時間有限的情況下，往往把參賽隊分成若干小組，分別進行單循環，這就是從單循環衍生出來的分組循環。

1. 循環法的編排

單循環比賽的總場數為 N（N-1）/ 2（N 為參賽隊數）。

單循環比賽的總輪數：如參賽隊為單數，則比賽輪數等於隊數；如參賽隊為雙數，則比賽輪數為隊數減去1。雙循環比賽的總場數和總輪數比單循環增加一倍。

　　單循環比賽的編排都是按照成對進行的。表8-1是8支球隊循環比賽的輪次表。將成雙的號數一分為二，前一半號數自上而下寫於左邊，後一半號數自下而上寫於右邊，然後左右兩兩對應相連，就是第一輪比賽的編排。傳統的編排方法都是固定左上角的號碼再輪轉，對於不成雙隊數的情況，存在較大的缺陷。這裏介紹的是在第一輪排定後，固定右上角的號碼，其他號碼逆時針方向輪轉一個位置，再兩兩相連，就組成整個比賽的輪次表。如果是7支球隊參加比賽，那麼以0取代8，凡遇到0的隊便為輪空。

　　如果以賽會制方式進行循環比賽的話，需要考慮場地和主、客隊身份的平衡問題。按表8-1排列，如對應以4塊場地，那麼8號隊的比賽都在A場地，都是客隊身份，見表8-2（如果是7支球隊的話，就不存在這樣的問題）。

　　可以用這樣的方法來進行調整：先對8號隊偶數輪次比賽的主、客位置進行左右擺動互換，使主、客身份有所變化，見表8-3。再對8號隊比賽場地進行調整，第四輪不動，

表 8-1

第一輪	第二輪	第三輪	第四輪	第五輪	第六輪	第七輪
1-8	7-8	6-8	5-8	4-8	3-8	2-8
2-7	1-6	7-5	6-4	5-3	4-2	3-1
3-6	2-5	1-4	7-3	6-2	5-1	4-7
4-5	3-4	2-3	1-2	7-1	6-7	5-6

表 8-2

主/客	隊1	隊2	隊3	隊4	隊5	隊6	隊7	隊8
A 場地	1/0	1/0	1/0	1/0	1/0	1/0	1/0	0/7
B 場地	1/1	1/1	1/1	1/1	1/1	1/1	1/1	
C 場地	1/1	1/1	1/1	1/1	1/1	1/1	1/1	
D 場地	1/1	1/1	1/1	1/1	1/1	1/1	1/1	
	4/3	4/3	4/3	4/3	4/3	4/3	4/3	0/7

表 8-3

	第一輪	第二輪	第三輪	第四輪	第五輪	第六輪	第七輪
A 場地	1-8	8-7	6-8	8-5	4-8	8-3	2-8
B 場地	2-7	1-6	7-5	6-4	5-3	4-2	3-1
C 場地	3-6	2-5	1-4	7-3	6-2	5-1	4-7
D 場地	4-5	3-4	2-3	1-2	7-1	6-7	5-6

相對稱地將 8 號隊第一、七輪中與 B 場地調換，第二、六輪中與 D 場地調換，第三、五輪中與 C 場地調換，見表 8-4。

表 8-4

	第一輪	第二輪	第三輪	第四輪	第五輪	第六輪	第七輪
A 場地	2-7	3-4	1-4	8-5	6-2	6-7	3-1
B 場地	1-8	1-6	7-5	6-4	5-3	4-2	2-8
C 場地	3-6	2-5	6-8	7-3	4-8	5-1	4-7
D 場地	4-5	8-7	2-3	1-2	7-1	8-3	5-6

這樣，在不影響比賽輪次進行的基礎上，使各支球隊的主、客身份和賽場安排相對比較均等，見表8-5。

表 8-5

主/客	隊1	隊2	隊3	隊4	隊5	隊6	隊7	隊8
A場地	1/1	1/1	2/0	0/2	0/1	2/0	0/2	1/0
B場地	2/0	1/1	0/1	1/1	1/1	1/1	1/0	0/2
C場地	0/1	1/0	1/1	2/0	1/1	1/1	1/1	0/2
D場地	1/1	1/1	0/2	1/0	1/1	0/1	1/1	2/0
	4/3	4/3	3/4	4/3	3/4	4/3	3/4	3/4

2. 循環法的號碼位置排定

比賽輪次排定後，各隊進行抽籤，抽籤後按號碼代入到輪次表中，再把各輪次的比賽編成比賽的日程表。

在進行分組循環比賽時，首先要把分組的辦法確定下來。通常採用的分組辦法有三種：

第一種是按上一屆競賽中的名次進行分組，即蛇行排列的方法。例如，有20支球隊參加比賽分4組時，排法如表8-6所示。

第二種是先協商確定種子隊（種子隊數應等於或成倍於組數），然後由種子隊抽籤定組別，再由其他隊分別抽組別籤和組號籤。

第三種是全部參賽隊一起抽籤分組，分組後再抽籤確定號碼位置，或連組帶號一起抽，然後將各隊按號碼分別代入到相應的各組比賽輪次表中去。

表 8-6

一	二	三	四
1	2	3	4
8	7	6	5
9	10	11	12
16	15	14	13
17	18	19	20

3. 循環法的名次排定

採用循環法的競賽，要確定名次，不是以一場比賽的勝負，而是以在循環中各隊的全部比賽勝負來計算的，如表8-7所示。一場比賽的勝負，以積分的形式來表示，勝一場得2分，負一場得1分，棄權為0分。

下面是名次排列的原則：

（1）按積分多少排列。

（2）在積分相等的情況下可按以下原則排列：

表 8-7

隊名	A	B	C	D	E	F	積分	相互間			總得失分率	名次
								勝場	負場	得失分率		
A												
B												
C												
D												
E												
F												

第一，按相互間比賽的勝負場數排列；

第二，按相互間比賽的得失分率高低排列（得失分率＝得分之和／失分之和）；

第三，按循環組內所有比賽的得失分率高低排列。

如果只有 3 支球隊參加比賽，在按上述原則也無法排出名次時，則按各隊在比賽中的累積得分多少來排列；如果累積得分也相同時，那就由競賽部門組織抽籤來解決名次排列的問題。

排列雙循環比賽的名次時，還應根據以上某一原則作出具體的範圍界定。

不論採用什麼樣的方法，都應該體現出公平、合理、嚴密，並且要事先確定，寫入規程，使所有參賽隊心中有數。

(三)混合法

混合法是在一次競賽中把淘汰法和循環法結合起來運用的方法。通常是把競賽分為幾個階段，各個階段採用不同的方法。比較多見的是先採用循環法，後採用淘汰法。

無論採用哪種方法，參賽隊抽籤後，都要將各隊隊名填到輪次表中，編出比賽的日程表，如表 8-8 所示。

表 8-8

日期	組別	時間	比賽隊	比賽場地	雨天場地

總之，採用何種競賽方式和方法，要根據籃球運動開展的情況、籃球比賽的水準高低和籃球市場的培育程度來決定。

第四節　國內外若干賽事的競賽方法簡介

一、NBA 的競賽方法

NBA 共有 30 支球隊，分為東西部兩大聯盟，每個聯盟各有 3 個賽區，每個賽區 5 支球隊。整個聯賽分為兩個階段，第一階段是常規賽，第二階段是季後賽。

常規賽採用主、客場多循環的方法，每支球隊與同區其他 4 支球隊各打 4 場，共打 16 場；與本聯盟其他 10 支球隊共打 36 場（與 6 支球隊各打 4 場，與 4 支球隊各打 3 場）；與另一聯盟的 15 支球隊各打 2 場，共打 30 場。這樣，每支球隊在常規賽中要打滿 82 場比賽。

同一賽區 4 場　　　（2 主 2 客）　　　　4×4＝16 場
同一聯盟 3—4 場　（2 主 1 客或 2 客）　3×4＋4×6＝36 場
不同聯盟 2 場　　　（1 主 1 客）　　　　2×15＝30 場

季後賽採用主、客場多次淘汰（7 戰 4 勝）的方法，先在兩個聯盟內的八強間進行。各聯盟的八強是這樣產生的：3 個賽區第一名（共 3 支球隊）直接進入季後賽，其餘 5 個名額由 12 支球隊根據常規賽最終成績排名而定。在決出東、西部聯盟的冠軍後，再進行 NBA 總決賽。

季後賽的編排見圖 8-5。

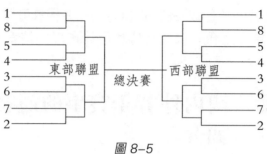

圖 8-5

二、第 28 屆雅典奧運會的競賽方法

奧運會籃球比賽參賽隊伍男女各為 12 支球隊，12 支球隊的名額是這樣確定的：東道國和近屆世界錦標賽冠軍隊直接進入奧運會，亞洲、非洲、歐洲、美洲及大洋州各有 1 個基礎名額，近屆世界錦標賽的第 2—6 名隊各為本大洲獲得 1 個參賽名額。除了東道國和近屆世界錦標賽冠軍隊之外，其他名額須通過預選賽產生。比賽分兩個階段，第一階段是小組賽，第二階段是排名賽。

第一階段採用分組循環的方法，將 12 支球隊分成 A、B 兩個小組，在小組內進行循環。

第二階段比賽時，兩小組後 2 名採用同名次比賽，決出第 9—12 名，兩小組前 4 名採用附加淘汰的方式決出 1—8 名（圖 8-6）。

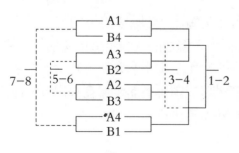

圖 8-6

三、第 14 屆世界籃球錦標賽的競賽方法

14 屆世界籃球錦標賽男女各有 16 支球隊參加比賽,比賽分三個階段進行(圖 8-7)。

第一階段將 16 支球隊分成四個小組,各小組進行單循環比賽,排出小組的名次。

第二階段將四個小組的前 3 名分別再組成 E、F 兩個組,也進行小組循環比賽。同時,四個小組的第 4 名進行附加淘汰賽,決出第 13—16 名。

第三階段將 E、F 兩個小組的前 4 名組在一起,進行附加淘汰賽,決出第 1—8 名。同時,E、F 兩個小組的後兩名也進行附加淘汰賽,決出第 9—12 名。

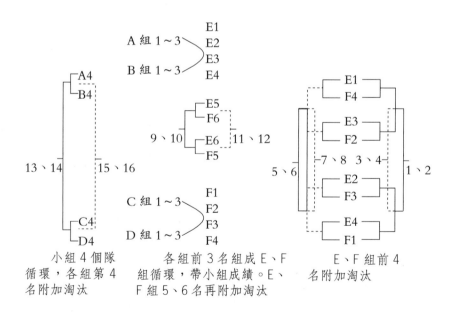

圖 8-7

四、第 21 屆世界大學生運動會籃球競賽方法

第 21 屆世界大學生運動會於 2001 年在北京舉行，參加籃球比賽的男子隊伍有 27 支，女子隊伍有 18 支。

(一)男子比賽競賽方法

第一階段，分成 A、B、C、D、E、F、G、H 八個小組循環（其中 A、B、G 組各有 4 支球隊），排出小組名次。

第二階段，各小組第 4 名（A4、B4、G4）單循環排出 25—27 名。各小組前兩名分成 I、J、K 和 L 四個組，單循環排出各組的名次。各小組第 3 名分成 M 和 N 兩個組，單循環排出各小組名次。見表 8–9。

第三階段由 I、J、K、L 小組的同名次打附加賽，分別決出 1—16 名的隊，M、N 組前、後兩名分別交叉打附加賽，決出 17—24 名的隊（圖 8-8）。

表 8–9

I 組	J 組	K 組	L 組	M 組	N 組	
A1	B1	C1	D1	A3	B3	A4
E1	F1	G1	H1	C3	D3	B4
C2	D2	A2	B2	E3	F3	G4
G2	H2	E2	F2	G3	H3	

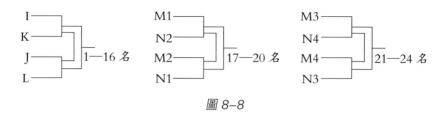

圖 8-8

(二)女子比賽競賽方法

　　第一階段，分成 A、B、C、D 四個組循環（其中 A、D 組有 5 個隊），排出小組名次。

　　第二階段，A、D 組第 5 名的隊 3 戰 2 勝決 17、18 名。四個組的前兩名組成 E 組和 F 組，後兩名組成 G 組和 H 組，分別進行小組循環賽。見表 8-10。

　　第三階段由 E、F 組的前兩名交叉打附加賽決出 1—4 名，E、F 組的後兩名交叉打附加賽決出 5—8 名，G、H 組的前兩名交叉打附加賽決出 9—12 名，G、H 組的後 2 名交叉打附加賽決出 13—16 名（圖 8-9）。

表 8-10

E 組	F 組	G 組	H 組	
A1	B1	A3	B3	A5
C1	D1	C3	D3	D5
B2	A2	B4	A4	
D2	C2	D4	C4	

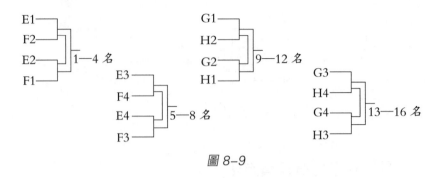

圖 8-9

五、CBA 和 WCBA 的競賽方法

(一) 2005—2006CBA的競賽方法

第一階段（常規賽），參賽的 15 支隊分為南區（8 支隊），北區（7 支隊）。採用本區進行主、客場四循環和另區進行主、客場雙循環的方法，按各支隊伍的勝率排出 15 支隊常規賽名次和各區名次。

第二階段（決賽），第一階段分區的 1—4 名進行主、客場交叉淘汰賽（圖 8-10）。1／4 決賽和半決賽採用 5 戰 3 勝，冠、亞軍決賽採用 7 戰 4 勝的方法。

第二階段決賽的勝隊為聯賽第一名，負隊為第二名。1／4 決賽和半決賽的負隊不再進行比賽，按常規賽名次排出 3—8 名，9—15 名隊的名次按常規賽的名次排列。

(二) 2005—2006 WCBA的競賽方法

第一階段（預賽），參賽的 12 支球隊採用主、客場賽制進行雙循環比賽，按積分排列出預賽名次。

第二階段（決賽），預賽 9—12 名的隊進行雙循環主、

圖 8-10   圖 8-11

客場比賽，預賽前 8 名的隊按圖 8-11 所示（預賽前 4 名按名次順序由運動隊依次自行選擇 A1-A4 的位置）進行主、客場制 3 戰 2 勝交叉淘汰賽（預賽名次在前的隊多安排一個主場）。取得獲勝場次後不再比賽，1/4 決賽和 1/2 決賽的負隊不再進行比賽。

決賽的勝隊為本次聯賽第一名，負隊為第二名。1/2 決賽（即 3、4 名隊）和 1/4 決賽的負隊（即 5、6、7、8 名隊），按預賽名次排出本次聯賽的 3—8 名。

本次聯賽 9—12 名球隊的名次是將決賽階段成績（雙循環）和預賽階段該四隊的相互間的成績（雙循環）相加，按該四隊共計四個循環賽的成績排出名次。

六、第 10 屆全國運動會的競賽方法

預賽：共有男子 22 支球隊、女子 20 支球隊參加比賽。依照第 9 屆全運會決賽名次，進行蛇形排列，分為四個組。沒有名次的球隊抽籤分入各組。東道主隊不參加預賽，直接進入決賽。預賽採用單循環的方法進行比賽。

附加賽：預賽小組第 3 名的 4 支球隊採用單循環進行比賽，排出名次，然後單循環的第一名對第二名，第三名對第四名再進行比賽，決出附加賽的名次。

決賽：決賽分為兩個階段，第一階段為分組賽，將預賽

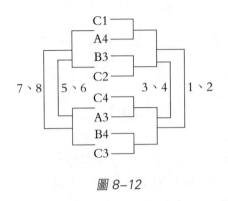

圖 8-12

各組前兩名的球隊分為 A、B 組，按東道主隊和附加賽的前 3 名球隊依次排入 A、B 組。分組賽採用單循環的方法進行比賽。第二階段為名次賽，A、B 組五、六名的球隊進行單循環比賽（第一階段比賽相遇過的隊，成績帶入第二階段），決出 9—12 名。A、B 組的前 4 名隊按圖 8-12 所示（其中 C1—C4 的位置按照 A1、B1、A2、B2 抽籤決定的順序依次選擇）進行比賽，決出 1—8 名。

七、CUBA 的競賽方法

基層預賽：由各省、自治區、直轄市、特別行政區的大體協組織，以學校為單位的比賽。

分區賽：由基層預賽的冠軍隊分別參加東南區（8 支球隊）、西南區（8 支球隊）、西北區（9 支球隊）、東北區（8 支球隊）的分區賽。分區賽分兩個階段，第一階段，各區按參賽隊數分一、二組進行循環比賽，排出小組名次。第二階段兩組各取前 4 名按圖 8-13 定位，進行淘汰賽。

決賽：男子四個區各取前兩名，共 8 支球隊，定為 CUBA 男八強隊，按圖 8-14 定位進行淘汰賽。女子四個區各取第一

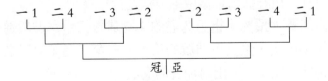

圖 8-13

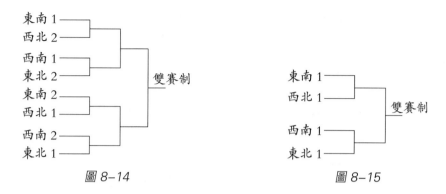

圖 8-14   圖 8-15

名，定為 CUBA 女四強隊，按圖 8-15 定位進行淘汰賽。在最後冠、亞軍決賽時，採用主、客場雙賽的方式，如果出現 1：1 時，則在第二場結束後進行決勝期比賽，直至決出勝負。

八、2005—2006 中國大學生男子籃球超級聯賽的競賽方法

第一階段（常規賽）：南、北兩區各 8 支球隊均採用主、客場進行雙循環比賽，分別根據積分排列出各支球隊在本區的名次。獲南、北區前 4 名的隊進入第二階段。

第二階段（季後賽）：採用交叉淘汰，按圖 8-16 的對陣形式進行主、客場 3 戰 2 勝的淘汰賽。

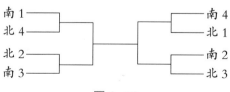

圖 8-16

第三階段（總決賽）：三、四名的決賽只進行一場比賽決出名次，冠、亞軍決賽採用 5 戰 3 勝的方法決出名次。

思考題：

1. 我國國內舉辦的 CBA 聯賽和 CUBA 聯賽屬於何種類型比賽？這兩種比賽的意義何在？

2. 如果由你組織一次學校內的籃球競賽，你會考慮設立哪些工作機構？你認爲這些工作機構應負責哪些主要工作？

3. 如果你負責組織有 15 支球隊參加的籃球比賽，你會採用什麼樣的競賽方法？並作出具體的編排。

第九章

籃球競賽規則與裁判法簡介

內容提要:

本章簡明扼要地提示了籃球競賽規則與裁判法的功能作用,重點介紹了比賽通則及其常見的違例、犯規等一般規定,以及籃球裁判員和記錄台工作人員的基本素養和實踐能力要求,以求使學生掌握基本知識,培養基本能力,能夠勝任一般籃球競賽的組織和執裁工作。

第一節　籃球競賽規則簡介

　　籃球規則是籃球競賽的法，它是參加籃球競賽活動的人員必須遵守的比賽規定、技術標準和行為規範。籃球規則是以法規的條文方式，規定了競賽的方法和競賽原則，以及違反這些條例與規定應作出的判罰。

　　其宗旨是，提倡公正競賽、文明競賽，鼓勵積極進取、團結協作、遵守紀律的優良體育道德作風；限制不正當行為和不合理的動作，反對野蠻、粗暴的作風與打法，以促進技術、戰術的不斷發展，從而體現與維護籃球初創時期提出的基本精神、宗旨和目的，以保證與促進籃球運動的健康發展。

　　籃球規則，作為籃球競賽的法，具有一定的穩定性和連續性。但這種穩定性與連續性是相對的，隨著籃球運動的發展，籃球規則也在相應地修改與變化，以便及時反映和適應籃球運動發展的客觀需求，並由規則的不斷修改與完善，推動與促進籃球運動的普及和提高，從而保持籃球運動的鍛鍊價值，增加籃球比賽的觀賞性，提高籃球運動的吸引力。

　　國際業餘籃球聯合會，簡稱國際籃聯（FIBA）是制定與修改籃球規則的唯一機構。修改規則也是國際籃聯的主要工作之一，通常每隔四年修改一次。

　　籃球規則具有嚴格的時限，國際籃聯頒佈的（2004年）籃球競賽規則的主要內容如下：

一、比賽通則

(一)比賽時間

比賽由 4 節組成，每節 10 分鐘；在第一節和第二節（即第一半時）之間、第三節和第四節（即第二半時）之間以及每一決勝期之前應有 2 分鐘的比賽休息期間。每半時之間的休息期間應為 15 分鐘。在比賽預定的開始時間之前，有 20 分鐘的比賽休息期間。每一決勝期的時間為 5 分鐘。

(二)比賽的開始與結束

第一節，比賽雙方任一隊員站在中圈內，由主裁判員執行跳球開始比賽。當主裁判員拋出的球被一名跳球隊員合法拍擊時為第一節比賽開始，拋出的球被跳球隊員拍擊的一瞬間，計時員即刻開動比賽計時鐘。

其後所有的各節比賽則以隊員擲球入界的形式開始。由擁有擲球入界權的隊在記錄台對面邊線中點處外擲球入界開始比賽；當擲出的球觸及一名場上隊員或被場上隊員合法觸及時為該節比賽開始。第三節比賽開始前，雙方球隊應交換比賽場地，然後同樣由擁有擲球入界權的隊，擲球入界開始比賽。

一節或決勝期的比賽，當結束比賽時間的比賽計時鐘信號響時，為比賽結束。

當開始比賽時間已到，裁判員通知比賽雙方準備開始比賽時，如果某隊準備上場比賽的隊員不足 5 名，則比賽不能開始。

在比賽中出現下列情況應視為棄權，宣佈比賽結束：

1. 在預定比賽開始的時間 15 分鐘後，某隊不到場或不能使 5 名隊員入場準備比賽，裁判員可判該隊棄權，宣佈該隊比賽告負，判對方隊獲勝，且比分為 20：0。此外，被判棄權的隊本場比賽在名次排列積分中為 0 分。

2. 在比賽中，如果某隊因隊員 5 次犯規下場或隊員受傷以及其他原因在場上準備比賽的隊員少於 2 名時，裁判員可判該隊由於缺少隊員使比賽告負，宣佈比賽結束。此時，如判給獲勝的隊比分領先，則在當時的比分應有效；如判給獲勝的隊比分未領先，則比分應記錄為 2：0。此外，因缺少隊員而告負的隊在名次排列積分中應得 1 分。

（三）活球與死球

裁判員在比賽中應隨時掌握球的狀態，即此刻球是活球還是死球，清楚地瞭解和明確哪些狀態下表示球成活球，什麼狀態下表示球成死球，這有助於裁判員對臨場中當球在不同狀態下發生各種情況時作出正確的判罰和處理。

1. 活球

（1）跳球中，球被一名跳球隊員合法拍擊時；
（2）罰球中，罰球隊員可處理球時；
（3）擲球入界中，擲球入界隊員可處理球時。

2. 死球

（1）任何投籃或罰球中籃時；
（2）球是活球，裁判員鳴哨時；
（3）比賽計時鐘信號響以結束每節時；
（4）隊控制球 24 秒鐘裝置信號響時。

（四）交替擁有與一次跳球情況發生

1. 下列情況為一次跳球情況發生

（1）宣判了一次爭球；

（2）球出界，裁判員對誰是最後觸及球的隊員拿不準或有爭執時；

（3）在最後一次或僅有一次罰球未中，雙方隊員發生罰球違例時；

（4）一個活球停在球籃支架上（罰球之間的除外）；

（5）當任何一隊既沒有控制球又沒有球權時球成死球；

（6）在抵消了雙方球隊的相等罰則後，沒有留下其他要執行的罰則，並且在宣判第一次犯規或違例之前任何一隊既沒有控制球也沒有球權時；

（7）除第 1 節外，其他所有節的開始時。

2. 裁判員在執行交替擁有時，應掌握好以下幾點

（1）在第 1 節開始的跳球後未能在場上獲得控制球的隊則首先獲得交替擁有。在隨後的比賽中，發生的所有跳球情況，都將由雙方球隊交替擁有在最靠近發生跳球地點的界線外，擲球入界重新開始比賽。

（2）在比賽中，一次跳球情況發生，應由獲得交替擁有權的隊在最靠近發生跳球的地點擲球入界重新開始比賽。

（3）在任一節比賽結束時，應由獲得下一次交替擁有權的隊在記錄台對面的中線延長部分以擲球入界開始下一節比賽。

（4）在比賽中，需執行交替擁有擲球入界重新開始比賽

時，執行裁判員應根據記錄台前的交替擁有標誌，即刻指明球隊的進攻方向與擲球入界的地點。

(五)球隊控制球

規則第 14 條規定：當該隊一名隊員控制一個活球或球在該隊隊員之間傳遞時，即為球隊控制球。

裁判員必須懂得什麼叫球隊控制球，哪些情況表明球隊控制球結束，這是裁判員在臨場中正確地判斷和處理場上出現的諸多違反規則行為的重要依據。如：球回後場、控制球隊犯規、搶球時發生的犯規、全隊累計犯規的處理以及對判斷球隊是否構成 3 秒鐘違例、5 秒鐘違例、8 秒鐘違例、24 秒鐘違例等，都與球隊控制球的概念有直接聯繫。

下列情況為球隊控制球結束：

1. 一名對方隊員對球獲得控制時。

2. 球成死球時。

3. 在投籃或罰球中球已離開隊員的手時。

(六)球中籃

規則第 16 條規定，在比賽中，只有當一個活球從上方進入球籃並停留球籃內或穿過球籃時才為球中籃。在比賽中出現下列情況時：

1. 如果隊員意外地將球投入本隊的球籃，中籃計 2 分，記在對方的隊長名下。

2. 如果隊員故意地將球投入本隊球籃，則是違例，中籃不計得分。

3. 如果隊員使整個球從下方進入球籃，則是違例。

(七)暫停與替換

　　暫停與替換是教練員在比賽中實施戰術意圖與進行戰鬥力調整的一項重要措施與方法。同時，也是裁判員進行賽場管理的重要時機。在比賽中，無論教練員或裁判員，都必須明確和掌握規則對暫停與替換的相關規定，以便教練員及時地運用暫停與替換和裁判員正確地實施賽場管理。

　　1. 暫停：規則規定，在第一個半時的任何時間，每隊可準予 2 次要登記的暫停；在第二個半時內，可准予 3 次要登記的暫停，以及每一決勝期的任何時間可准予 1 次要登記的暫停。未用過的暫停，不得遺留給下一個半時或決勝期。每次暫停為 1 分鐘。

　　在比賽中，只有教練員或助理教練員有權請求要登記的暫停。他應親自到記錄員處清楚地要求暫停，並做出規定的暫停手勢。

　　在比賽中，教練員或助理教練員請求要登記的暫停，只有當球成死球，比賽計時鐘停止時；或當投籃得分時，非得分隊已在投籃前提出了暫停請求時，記錄台方可發出信號允許暫停。

　　2. 替換：在比賽中，只有替補隊員有權請求替換。他應到記錄台前清楚地要求替換，做出替換手勢或坐在替換席上，並做好比賽的準備。

　　在比賽中，當某隊請求替換時，只有：當球成死球，比賽計時鐘停止，裁判員已結束了與記錄台聯繫時；或在第四節的最後兩分鐘或每一決勝期的最後兩分鐘內，投籃得分時，非得分隊的隊員請求替換，記錄台可發出信號允許替換。

　　裁判員在執行替換時應掌握以下幾點：

（1）一次替換發生，隊員已成為替補隊員和替補隊員已成為隊員，分別不能重新進入比賽或離開比賽，直到一個比賽的鐘錶運行片斷之後球再次成死球為止。

（2）根據裁判員的判斷，如果替換有不合理的延誤（超過約30秒鐘），應給違反時間規定的隊登記一次暫停，如果該隊沒有剩餘的要登記的暫停，可登記教練員一次技術犯規（B），並執行相應的罰則。

（3）在最後一次或僅有一次的罰球後球成死球時（如罰球中籃），罰球隊員可以被替換。此時對方隊也可以進行一次替換，只要該請求是在最後一次或僅有一次的罰球後球成活球之前提出。

（4）在比賽中，當出現：罰球隊員受傷；罰球隊員已發生第5次犯規；罰球隊員已被取消比賽資格等情況時，罰球隊員必須被替換。一旦替換完成，應由被替換上場的隊員執行罰球。

二、違　例

違例是違犯規則的行為。在比賽中，常見的違例有：使球出界；運球違例；帶球走；擲界外球違例；球回後場；干擾球；拳擊球和有關違反時間方面規定的違例等。

在比賽中，裁判員宣判某隊隊員違例時的罰則是：由對方隊在發生違例的最近地點界線外擲球入界重新開始比賽。

(一)隊員出界與球出界

在臨場中，根據規則的有關規定，誰使球出界，就是誰違例。裁判員依據下列幾點來判斷：

（1）球場上的邊線和端線屬於界外。

（2）以隊員觸及的地面來判斷。

（3）以球觸及場外任何人員、地面、物體來判斷。

當球觸及了下列物體時，即是球出界，最後觸及球及球觸及的隊員是使球出界的隊員：

（1）在界外的隊員或任何其他人員。

（2）界線上、界線上方或界線外的地面或任何物體。

（3）籃板支架、籃板背面或比賽場地上的任何物體。

當裁判員無法判斷誰使球出界時，可視為一次跳球情況發生（即爭球）。

（二）擲界外球違例

在比賽中，除投球中籃得分外，其他任何情況下獲得控制球權的隊在界外擲球入界時，都必須經由裁判員遞交球，裁判員可將球遞交給擲球入界的隊員或置於他可處理的地方，也可將球拋或反彈給執行擲球入界的隊員。擲界外球時，擲界外球的隊員必須遵守下列規定，否則可判為違例：

1. 當裁判員認為該隊員可處理球時，該隊員即應在 5 秒鐘內使球進入場內。

2. 擲界外球的隊員在球未離手前，不得在裁判員指定的地點橫向移動超過 1 米或向不止一個方向移動。但只要情況許可，他從界線後退多遠都可以。

3. 當投籃成功或罰球中籃後，非得分隊的任一隊員在中籃得分的端線外任一地點擲球入界時，執行擲球入界的隊員可橫向移動或後移，球可在端線後的同隊隊員之間傳遞，但是，當界外第一名隊員可處理球時，5 秒鐘計時就開始。

4. 在邊線處擲界外球時，當裁判員將球遞交後，擲界外球的隊員不得將球交給另一同隊隊員擲球入界。

5. 擲界外球時，腳踩線不算違例，只有當身體觸及場內地面時才算違例。界線屬於界外。

6. 擲界外球時，擲出的球不得碰到籃板背面、支柱、天花板或卡在籃圈支頸上，或直接中籃。

7. 在擲出的球觸及場上隊員之前，擲球入界的隊員進場不得首先觸及球。

8. 擲界外球時，在球被擲入場內前，場內其他隊員不得將身體的任何部位越過界線，當界線外擲球入界的地點無障礙物區域少於 2 米時，防守隊員不得靠近擲球入界的隊員 1 米之內。

(三) 運球違例

裁判員判斷隊員運球是否違例（俗稱兩次運球），首先應從規則的含義中搞清楚什麼是運球；哪些情況不算運球；什麼時候算運球結束；什麼情況下可以重新運球。這樣才能對隊員運球時出現的違例作出正確的判斷。

規則規定：當在場上已獲得控制活球的隊員將球擲、拍、滾或運在地面上，並在球觸及另一隊員之前再次觸及球為運球開始。當隊員雙手同時觸及球或允許球在一手或雙手中停留時為運球結束。隊員第一次運球結束後，在球失去控制之前或在球失去控制之後未觸及另一隊員或被另一隊員觸及之前，他不得再次運球，否則可判該隊員運球違例。

下列情況不算兩次運球：連續的投籃（即根據裁判員的判斷，只要是投籃動作，不管投出的球接觸籃圈、籃板與否，投籃隊員可以再次接觸球並運球或傳球、投籃）；一次運球的開始或結束時漏接球，即接球不穩；在搶球時利用連續挑拍動作試圖獲得控制球；拍擊另一隊員控制的球後再運

球;只要不發生帶球走違例,將球在兩手拋接並在球觸及地面前允許在手中停留。

(四)帶球走

帶球走是比賽中發生在持球隊員身上最常見的一種違例現象,裁判員應給予充分的重視,不得掉以輕心,以免出現漏判或錯判,影響隊員技術運用的正常發揮,給比賽造成不公正的影響。

帶球走是指:當隊員在場上持球向任何方向移動時不得超出規則的一定限制,否則應視為非法移動,即帶球走違例。

規則對隊員持球移動的限制主要體現在隊員持球移動時對中樞腳的限制。因此如何判斷帶球走,確定中樞腳是關鍵。

根據規則的相關規定,隊員原地靜止狀態下接球或移動中接球雙腳同時著地,可以用任何一腳做中樞腳,當他一腳抬起的一剎那,另一腳就成為中樞腳;隊員在移動或運球中接到球,如一腳正接觸地面,則該腳就成為中樞腳;當隊員一腳著地,也可跳起此腳然後雙腳同時著地停步,此時哪一隻腳都不能單獨成為中樞腳,隊員如需運球,必須在球離手後,兩腳任一腳才能離地。

同時規則規定,隊員在場上一旦控制了活球並已確定了中樞腳,在開始運球時,球出手之前中樞腳不得離地,否則可判為帶球走;隊員提起中樞腳可做傳球或投籃,但在球出手之前任一腳不得落回地面。

當一名隊員持球跌倒在地面或躺或坐在地面上獲得控制球是合法的,如果而後該隊員持著球滑動、滾動或試圖站起來則是違例。

（五）違反時間規則方面的違例

在比賽中，涉及違反時間規則方面的違例主要有：

1.3 秒鐘規則。它是指當某隊在前場控制活球並且比賽計時鐘正在運行時，該隊的隊員不得停留在對方的限制區內超過持續的 3 秒鐘，否則可判該隊員違例。

下列情況則不應視為 3 秒鐘違例：當進攻隊員在限制區內，他正試圖離開限制區時；或當他或他的同隊隊員正在做投籃動作並且球正離開或已離開投籃隊員的手時；或他在限制區內已接近 3 秒鐘時正運球投籃時。

2.5 秒鐘規則。在比賽中發生 5 秒鐘違例主要有三種情況：

（1）擲界外球時，從執行擲球入界的隊員可處理球時到球離手不應超過 5 秒鐘。

（2）罰球時，從裁判員遞交球後執行罰球的隊員可處理球時到球離手不得超過 5 秒鐘。

（3）一名隊員正持著活球，被對方隊員嚴密防守時必須在 5 秒鐘內傳球、投籃或運球。

一旦控制球隊的隊員違反上述時間規定，即可判該隊隊員違例。

3.8 秒鐘規則。它是指當一名進攻隊員在他的後場獲得控制活球時，他的隊必須在 8 秒鐘內使球進入他的前場。否則可判該隊違例。

4.24 秒鐘規則。它是指當一名進攻隊員在場上獲得控制活球時，他的隊必須在 24 秒鐘內投籃；在 24 秒鐘裝置的信號發出前，球必須離開隊員的手，否則可判該隊違例。

(六)球回後場

球回後場是指控制球隊的隊員在前場使球回到後場。在比賽中，當控制球隊的隊員使球進入了前場，或在球觸及有部分身體接觸中線或位於中線的該隊隊員，然後，又使球首先接觸了後場地面的該隊隊員即為該隊球回後場違例。

根據以上規定，裁判員判斷是否構成球回後場時，應依據以下三個要素進行判斷：

(1)控制球隊的隊員在前場控制了球；

(2)控制球隊的隊員使球從前場進入後場；

(3)控制球隊的隊員在後場首先觸及球。

以上三個要素是構成球回後場的必備條件，缺一不可。

(七)腳踢球與拳擊球

籃球是用手進行的運動項目，不允許腳踢球或用拳頭擊球。故意用腳踢球或用腿的任何部位攔阻球以及用拳擊球都是違例，球偶然地觸及或碰及腳或腿不算違例。

(八)干擾球

在投籃的時候，當球在飛行中下落，並完全在籃圈水平面以上時，無論是進攻或防守的隊員都不能觸及球，否則應判觸及球的隊員干擾球違例，但在球觸及籃圈後或明顯不會觸及籃圈時除外。

1. 在比賽中，隊員違反下列規定應視為干擾球違例

(1)當投籃或罰球的球觸及籃圈時，進攻和防守雙方隊員都不得觸及球籃或籃板。

（2）當投籃或罰球的球觸及籃圈後彈起或在籃圈水平面以上時，攻守雙方隊員都可以觸及球，但不得觸及籃圈和籃板。

（3）隊員不得從下方伸手穿過籃圈並觸及球。

2. 罰則

（1）進攻隊員干擾球違例，球中籃無效，判由對方隊在罰球線所對應的邊線外擲球入界。

（2）防守隊員干擾球違例，無論球中籃與否，均按照投籃區域判給進攻隊 2 分或 3 分。

（3）當防守隊員干擾球發生在最後一次或僅有一次的罰球中，應判給進攻隊得 1 分。

三、犯　規

犯規是對規則的違犯，含有與對方隊員的非法身體接觸或違反體育道德的舉止。籃球比賽 10 名隊員在有限的場地內快速移動和激烈地對抗，不可避免地要發生身體接觸。因此，裁判員必須明確犯規與身體接觸的區別，掌握好處理犯規的一般原則和基本精神，以及規則對比賽雙方的行為和動作有哪些規定等等，才能在臨場中依據規則的精神與原則，對隊員的動作與身體接觸是否構成犯規作出正確的判斷，並及時、果斷地給予判罰。

這些原則和精神主要包含以下內容：

第一，圓柱體原則——是指一名隊員所佔據的地面位置為一個假想的圓柱體內的空間。它包括該隊員從下至上的整個空間，其雙手和雙臂可以在軀幹前面伸展，雙臂彎曲後肘部不超過雙腳的位置，雙腳間的距離應與他的身高成比例。

對方隊員進入這個假想的圓柱體，並與處於圓柱體內的隊員發生了接觸，進入圓柱體的隊員應對此接觸負責。

第二，垂直原則——是指場上每一名隊員都有權佔據未被對方隊員已經佔據的任何位置（圓柱體）。這一原則的基本精神具有雙重的含義，即保護隊員所佔據的地面範圍和他在此空間內垂直跳起時的上方空間，但他一旦離開了垂直位置並與其他已佔據了垂直位置的對方隊員發生了身體接觸，他應對此負責並可能被判犯規。

第三，合法的防守位置——防守隊員面對對手，雙腳以正常的跨立姿勢著地（兩腳間的距離與身高成比例），就是採取了合法的防守位置。合法的防守位置可被視為一個圓柱體，延伸到隊員的上面空間。隊員可將手臂伸於頭上，但兩臂應保持垂直。

第四，防守控制球的隊員——在場上，防守控制球的隊員時，時間和距離的因素可置之於不顧。持球隊員必須料到對方的防守，隨時做好準備。當防守隊員一瞬間在持球隊員的前面佔據了合法的防守位置時，持球隊員應立即停步或改變方向，否則，持球隊員將對造成的接觸負責。但是，防守隊員在佔據合法的防守位置之前必須未與對方隊員發生身體接觸，並保持正常的防守姿勢，即雙腳著地，面對對手，否則將判防守隊員犯規。掌握這一原則對正確判斷和區分阻擋與帶球撞人犯規具有重要意義。

第五，防守未控制球的隊員——未控制球的隊員有權在場上自由移動並佔據任何未被其他隊員佔據的位置。但未控制球的隊員和任何防守他的隊員在行動中都必須考慮時間與距離的因素，即不論防守隊或進攻隊的無球隊員都不能離對手太近，不能過快地插入對手移動中的路徑上，以致使對手

沒有足夠的時間或距離停步或改變方向，由此而造成的身體接觸，應由插入的隊員負責。一旦防守隊員已經佔據一個合法的防守位置，他可以移動，以使自己保持有利的防守位置，但是他不得伸展臂、肩、臀或腿來阻止從他身旁通過的對手的移動，由此而發生的身體接觸，他應負責。

第六，騰空的隊員——是指在比賽中隊員從場上某一地點跳起有權再落回同一地點，也有權落在場上的另一地點，只要這個另一地點和從起跳點之間的路徑沒有被對手佔據。根據這一原則，當隊員已跳起在空中後，對方隊員不得移至該隊員的路徑上。移至一名騰空隊員的身下（如果發生接觸），通常是違反體育道德的犯規，在某些情況下可能是取消比賽資格的犯規。

如果起跳騰空的隊員落地時，其衝力使他碰撞了在附近已經佔據合法位置的、靜止的對方隊員時，起跳騰空隊員應對此發生的身體接觸負責，可判他犯規。

第七，合法掩護與非法掩護——掩護是籃球比賽中常見的一種戰術手段，發生在進攻隊員試圖延誤或阻止對方隊員到達希望到達的場上位置時，是隊員利用自己的占位用身體去擋住對方隊員的移動路線，使同伴藉以獲得擺脫對手的機會。掩護時往往容易發生接觸，必須引起裁判員的足夠認識，分清什麼是合法掩護，什麼是非法掩護，以便在比賽中作出正確的判罰。合法掩護是指掩護隊員在掩護時兩腳著地未移動。當掩護隊員在移動中進行掩護並與被掩護隊員的防守者發生身體接觸時，應視為非法掩護。

如掩護隊員處在被掩護隊員防守者的直接視野範圍內（前面或側面）進行靜立的合法掩護，發生接觸應由被掩護隊員的防守者負責。如被掩護者的防守者是靜立的，在他的

視野範圍之內進行掩護時，掩護隊員可靠近對手，只要不發生身體接觸；如在他的視野之外進行掩護時，必須給對手留有一定的空間，允許對手向掩護隊員邁出一步而不發生身體接觸。否則掩護隊員將對此接觸負責。

第八，用手和／或手臂接觸對方隊員——也稱手測。在比賽中，用手觸及對方，本身未必是犯規。在場上，如果是為了辨別對手的位置，當對手位於某隊員的視野之外時，該某隊員偶爾地觸及對手是合法的。如果對手位於某隊員的視野範圍之內，就沒有理由用手去辨別。裁判員的責任是要判定引起接觸的隊員是否因此獲得了不公正的利益，如果這個接觸在任何方面限制了對方隊員的移動自由，這一接觸就是犯規。

第九，居中策應——垂直原則也適用於居中策應。位於居中策應的進攻隊員和防守他的隊員都必須尊重彼此的垂直權利（圓柱體）。

根據這一原則，在場上，當防守隊員已佔據了合法的防守位置後，進攻隊員為了擠佔其防守者已佔據的位置以便更靠近籃下時，試圖用肩或髖將他的防守者用力擠出或撞或扛開，都應視為進攻隊員犯規。

進攻隊員伸展肘或臂來干擾附近防守他的對方隊員的活動自由，應視為犯規。同樣，如果防守隊員使用臂、膝或身體的其他部位干擾策應隊員的活動自由，同樣應判為犯規。

犯規按照不同的性質分為：侵人犯規、違反體育道德的犯規、技術犯規和取消比賽資格的犯規等。

(一)侵人犯規

侵人犯規是指在比賽中與對方隊員發生身體接觸的犯規，無論球是活球或死球期間，一旦出現，裁判員都應根據

規則的基本精神與原則，及時判罰。規則明確指出，在比賽中，隊員不得伸展他的手、臂、肘、肩、膝或腳來拉、阻擋、推、撞、絆、阻止對方隊員行進，以及不應將其身體彎曲成「反常的」姿勢（超出他的圓柱體）；也不應放縱任何粗野或猛烈的動作。否則可判該隊員侵人犯規，情節嚴重的可判為違反體育道德的犯規。

裁判員宣判了某隊員侵人犯規應按下列罰則處理：

1. 應給犯規隊員登記一次侵人犯規。

2. 如果是對未做投籃動作的隊員發生侵人犯規，應由非犯規的隊在最靠近犯規的地點擲球入界重新開始比賽。

3. 如果是對正在做投籃動作的隊員發生侵人犯規，投球中籃，應計得分並判給 1 次追加的罰球；如果投籃未中，應按投籃區域，判給投籃隊員 2 次或 3 次罰球。

（二）雙方犯規

雙方犯規是指兩名攻防隊員大約同時相互發生侵人犯規的情況。

當裁判員宣判了雙方犯規應按下列罰則處理：

1. 應給每一犯規隊員登記一次侵人犯規，不判給罰球。

2. 比賽應按下列所述重新開始比賽：

（1）如果在投籃得分或最後一次或僅有一次罰球得分的同時發生雙方犯規，應將球判給非得分隊從端線擲球入界。

（2）如果某隊已控制了球或擁有球權，應將球判給該隊在最靠近犯規的地點擲球入界。

（3）如果任一隊都未控制球也沒有球權，可視為一次跳球情況發生。

(三)違反體育道德的犯規

根據裁判員的判斷，一名隊員不是在規則的精神和意圖的範圍內合法地試圖去直接搶球而發生的接觸犯規是違反體育道德的犯規。

確定場上隊員的犯規是否是違反體育道德的犯規，裁判員應運用以下原則進行判斷：裁判員必須根據動作來判斷，如果一名隊員不是努力去搶球而發生的接觸，這可能就是一起違反體育道德的犯規；如果一名隊員在努力搶球中造成過分的接觸（嚴重犯規），則該接觸也應被判定是違反體育道德的犯規；如果一名隊員做合法的努力去搶球（正常的爭搶）而發生了犯規，這不是違反體育道德的犯規。

當裁判員宣判了違反體育道德的犯規應按下列罰則處理：

1. 應給犯規隊員登記一次違反體育道德的犯規。

2. 判給被犯規的隊員 2 次罰球以及隨後該隊中場的球權。

3. 如果是對正在做投籃動作的隊員發生的犯規，如中籃應計得分並加判給 1 次罰球；如未中籃得分，應視投籃區域判給 2 次或 3 次罰球。

(四)取消比賽資格的犯規

隊員、替補隊員、教練員、助理教練員或隨隊人員的任何惡劣的違反體育道德的行為是取消比賽資格的犯規。

當裁判員宣判了取消比賽資格犯規應按下列罰則處理：

1. 應給犯規者登記一次取消比賽資格的犯規，並要求他立即離開比賽場館。

2. 判給對方隊兩次罰球以及隨後中場的球權。

3. 如果是對正在做投籃動作的隊員發生的犯規，如中籃應計得分並加判給 1 次罰球；如未中籃得分，應視投籃區域判給 2 次或 3 次罰球，以及隨後中場的球權。

(五)技術犯規

任何故意的、或不遵守規則的言論與行為，應判為一次技術犯規。

技術犯規是包含（但不限於）行為性質的隊員非接觸性犯規。技術犯規按其對象和時間分為：場上隊員技術犯規；場外教練員或助理教練員以及替補隊員、隨隊人員技術犯規；比賽休息期間的技術犯規等。不同的對象和時間發生的技術犯規其罰則也有所不同。

當裁判員宣判了技術犯規，應按下列罰則處理：

1. 應判給對方隊 2 次罰球以及隨後中場的球權。

2. 如隊員技術犯規，應登記一次技術犯規，並作為全隊犯規計數；如場外教練員（「C」）、助理教練員（「B」）或替補隊員（「B」）或隨隊人員（「B」）的技術犯規，均登記為教練員一次技術犯規，但不作為全隊犯規之一計數。

3. 在比賽開始前的 20 分鐘、任何兩節間的間隔和所有決勝期前的休息時間內發生的技術犯規，其罰則是：登記犯規隊員一次技術犯規，判給對方隊 2 次罰球，並作為全隊犯規計數；如是教練員、助理教練員或隨隊人員技術犯規，則對教練員進行登記，判給對方隊兩次罰球，該犯規不計入全隊犯規之中。罰球完畢後，比賽按原有的程式進行（在中圈跳球開始比賽或由擁有交替擁有權的隊擲球入界開始比賽）。

第二節　籃球競賽裁判法簡介

籃球裁判工作是做好籃球運動競賽必不可少的重要組成部分，它對促進籃球運動的普及與提高具有十分重要的作用。

一場比賽的圓滿結束，是裁判員集體合作的成果。它既需要裁判員臨場執法做到「公正、準確、積極、穩定」，又需臨場裁判員之間的默契配合，以及他們與記錄台工作人員之間的溝通和協作。

裁判員是一場比賽的主持者，他應依據《籃球競賽規則》和裁判法的要求，依「法」有「序」地對運動員在比賽中表現出來的行為和動作，作出正確的判罰與處理，對參賽雙方在比賽中的一切舉止和活動進行及時的管理，使比賽得以順利流暢地進行並最終評定勝負。所以說，裁判員的工作對賽場的精神文明、體育道德的體現，以及雙方運動員技、戰術的發揮和比賽的圓滿結束都起著十分重要的作用。

一名優秀的籃球裁判員不僅要有良好的思想道德和身體素質，具備穩定的心理素質和團隊協作精神，還要精通籃球競賽規則，全面與深入地掌握和貫徹比賽本身的精神，並須正確與熟練地掌握和運用籃球裁判法（即《裁判員手冊》、裁判方法與技巧），它是國際籃聯制定與公佈的規範性文件，是指導籃球裁判員臨場工作的範本。國際籃聯（FIBA）一般每隔四年在修改和通過規則的同時，即對《裁判員手冊》也作必要的修訂。

《裁判員手冊》強調執裁每一場比賽的一致性，體現了在執行規則的方法和技巧之中的統一性和規範性要求，以便不同國家或地區、不同語言、不同水準的裁判員能夠達成共

識，默契合作，很好地完成比賽工作，保證比賽的執裁品質。以下是《裁判員手冊》的主要內容。

一、兩人裁判制的工作方法與技巧

根據臨場工作任務，兩名裁判員分別為一名主裁判員和一名副裁判員。

主裁判員主要負責組織和領導比賽。他的職責和權利除了按規則進行工作外，還要負責檢查和批准比賽中使用的所有器材；在比賽第一節開始時執行跳球和管理所有其他節開始的擲球入界；有權判定某隊棄權；在比賽時間結束時或任何他認為有必要的時候，仔細審查記錄表；負責在比賽時間結束時認可和在記錄表上簽字，最後終止裁判員對比賽的管理和聯繫。

副裁判員的職責和權利除了按規則進行工作外，還要協助主裁判員組織和領導該場比賽。

在比賽中，每一名裁判員都有權在他的職責範圍內作出宣判，但無權不顧或質問另一裁判員作出的宣判。

(一)比賽程式與方法

1. 比賽前的準備

裁判員對每一場比賽都應做好準備，包括良好的身體和精神狀況。兩裁判員應在比賽開始前 20 分鐘一起到達比賽場地，並開始行使裁判員的權利。賽前主裁判員應檢查和批准比賽場地、器材，檢查記錄台工作的相關設備，包括記錄表和有關運動員比賽資格的證件等；挑選和確定比賽用球；督促雙方教練員向記錄台遞交隊員名單、號碼；兩裁判員應站

在記錄台前面監督和管理球隊的賽前練習。

2. 比賽前的工作程式

賽前 10 分鐘，裁判員應檢查記錄員已填好的記錄表，督促教練員到記錄台前核實隊員的姓名、號碼，指明開始上場的 5 名隊員並在記錄表上簽字。

賽前 6 分鐘時，主裁判員鳴哨，雙方停止練球並回到球隊席內，由記錄台宣告員依次介紹雙方球隊的隊員、教練員和臨場裁判員。然後，主裁判員鳴哨並做出手勢宣告「離比賽還有 3 分鐘」。

離比賽開始時間還有 1 分鐘 30 秒時，主裁判員鳴哨指令所有運動員停止熱身練習，並回到球隊席區域，準備比賽。入場前，主裁判員應主動與副裁判員握手，並相互祝願合作成功。最後，主裁判員持球進場到記錄台的對面，面對記錄台，準備在中圈執行跳球開始比賽。

(二) 裁判員的站位與職責

現代籃球比賽的執裁要求，兩裁判員在工作中應互相合作，並力求獲得盡可能好的位置，以便達到更好地觀察比賽的目的。為了便於相互理解與配合，通常把半場劃分成 6 個區域（圖 9-1）。根據球在各區域所處的位置，兩裁判員進行定位與觀察。在臨場中，根據裁判員所處的位置，我們又把兩裁判員分別稱為追蹤裁判和前導裁判。

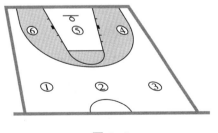

圖 9-1

追蹤裁判——是指位於進

攻方向球或隊員後面負責觀察比賽的裁判員。在比賽中當球
在推進時，追蹤裁判應位於球的左後方位置，離球 3—5 米。

前導裁判——是指位於比賽進攻方向球前面負責觀察比
賽的裁判員。當他到達進攻隊前場端線後，應在其左側的 3
分線和其右側的限制區邊緣之間的位置，並根據球的轉移正
常地移動。

如圖 9-2、圖 9-3、圖 9-4、圖 9-5 所示，當球在①區或
②區或③區和⑥區的 3 分投籃區時，追蹤裁判主要負責該區
域球和球周圍的比賽情況，尤其要觀察隊員的運球、投籃和
傳球以及防守他的隊員，有無違例或犯規。

當球在①區或②區或③區和⑥區的 3 分投籃區任一區域
時，前導裁判則負責其他無球區域雙方隊員的行動，特別注

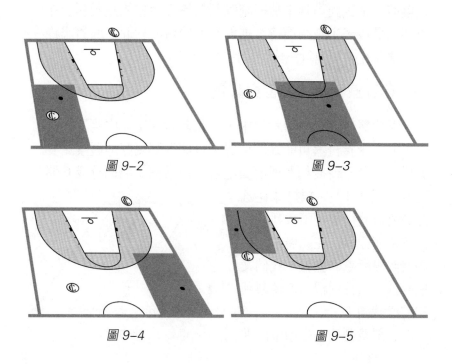

圖 9-2

圖 9-3

圖 9-4

圖 9-5

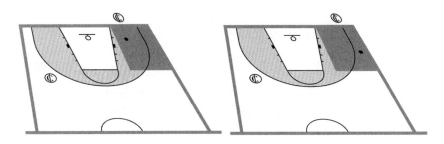

圖 9-6

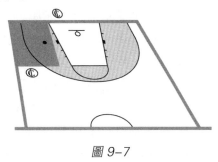

圖 9-7

意可能發生的非法掩護及 3 秒鐘違例等情況。

　　如圖 9-6、圖 9-7 所示，當球進入④區或⑥區 2 分投籃區域時，由前導裁判負責該區域球與球周圍的比賽情況；此時，追蹤裁判的主要任務是重點負責觀察其他無球區域雙方隊員的行動及 3 秒鐘違例等情況。

　　如圖 9-8 所示，當球在⑤區時，兩裁判員都應對該區域出現的違例與犯規及時作出宣判，共同負責觀察與管理該區域雙方隊員的行動。

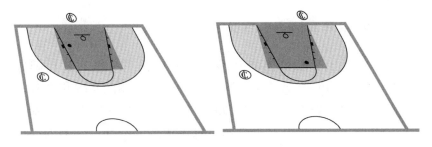

圖 9-8

(三)其他情況下裁判員的分工與合作

裁判員的區域分工，是為了明確責任，分工是為了更好地合作。由於比賽情況的錯綜複雜，兩位裁判員必須在任何時候任何情況下都保持密切的合作，才能有高品質的宣判。

1. 比賽開始時的分工與合作

當比賽開始時（即第一節），主裁判員持球在中圈準備執行跳球時，副裁判員應在臨近記錄台前的中線處站立，面向場內。此時，副裁判員雖不負責跳球的實際管理，但是他應準備好在球被拍擊時立即移向比賽的前方，快速向球的同一方向移動，跑在比賽的前面並移動至端線，擔任前導裁判。拋球後，主裁判員應在原地稍停片刻，觀測比賽將朝哪個方向發展，直到球和隊員們已離開圓圈為止，然後根據進攻隊的方向，移動到追蹤裁判的位置上。

隨後的各節比賽（包括決勝期），開始時均由主裁判員在記錄台對面中線延長線外的邊線處負責執行擲球入界，副裁判員應迅速地移動到前場端線外，擔任前導裁判；球入界後，主裁判員則移動至球的左後方3—5米的位置，擔任追蹤裁判。

2. 出界與擲界外球時的分工與合作

隊員出界和球出界都涉及到界線，對界線的責任劃分是：一般情況，追蹤裁判應負責管理他左側的邊線和中線；前導裁判負責端線和他左側的邊線。必要時，兩裁判員應相互提示，一裁判員可用手勢或眼神或語言協助另一裁判員對他負責管理的界線出現的情況作出及時正確的判斷和處理。

當球出界時，應由負責那條邊線或端線的裁判員鳴哨宣判，鳴哨的同時做出違例手勢，並清楚地指出獲得球權隊的比賽方向和擲球入界的地點。

擲球入界時，應由負責那條邊線或端線的裁判員把球遞交或傳給擲球入界的隊員，或放在隊員可處理處。當球進場首先觸及場上隊員時，該裁判員應及時做出時間開始的規定手勢。

凡是在端線和前導裁判管轄的那條邊線的罰球線延長線到端線之間範圍內，需要擲球入界繼續比賽時，都應由前導裁判負責擲界外球時的遞交球。除此之外，無論在前場或後場其他任何地方的界線擲界外球，都應由追蹤裁判負責遞交球。

在擲界外球時，負責執行的裁判員在遞交球給擲界外球的隊員之前，應先用目光與同伴聯繫或應用「豎起拇指」的聯繫手勢，查看同伴是否已做好了準備。

3. 全場緊逼防守時的分工與合作

由於緊逼防守往往防區擴大，打亂了正常的球場區域分工，給裁判員的執法工作造成困難。因此，要求兩裁判員必須更加專心與合作。

當場上出現全場緊逼防守時，兩裁判員的距離不宜拉得太遠，以免發生中場無人管理的現象。全場緊逼防守時，如果有 3 名或更多的防守隊員在對方的後場時，前導裁判不要急於跑向前面端線，應與球保持相應的距離，以便協助同伴觀察比賽。

一旦球進入前場，前導裁判則要快速地移向端線的正常位置。在緊逼防守中，如只有一名防守隊員在對方的後場內，前導裁判必須注視靠近他半場內的所有隊員；追蹤裁判應根據

需要儘量靠近比賽，仔細地觀察可能發生的違例和犯規。

4. 投籃時的分工與合作

隊員投籃時，追蹤裁判負責觀察球的飛行；如果球中籃，他應決定是否算得分並及時做出相應的中籃得分手勢。相反，前導裁判應重點觀察離開球的情況。

當宣判犯規時，投球中籃，應由宣判犯規的裁判員（前導裁判或追蹤裁判）決定中籃是否得分。

當隊員在 3 分投籃區準備投籃時，應由追蹤裁判做出 3 分試投手勢。當進攻隊員在④區試圖做 3 分投籃時，前導裁判有責任協助追蹤裁判。

當場上出現干擾球時，原則上應由追蹤裁判對該情況作出判斷和最終判罰。

5. 宣判犯規和罰球時的分工與合作

當一名裁判員宣判犯規後，應由該裁判員向記錄台報告。另一裁判員不要急於去撿球，應站在原地或移動到一個能觀察到所有隊員的位置上，觀察場上隊員的行動，並協助宣判犯規的裁判員記住犯規隊員與被犯規隊員的號碼，以及是否需要罰球和投籃的球是否中籃，直到場上處於正常情況時再去拿球。

一般情況下，當裁判員宣判了犯規向記錄台報告後，他應回到他原來的位置，兩裁判員不需交換位置。只有當球進入前場後，前導裁判宣判了犯規，當他向記錄台報告後，兩裁判員才應交換位置。

當宣判後需執行罰球時，此時應由位於前導裁判位置的裁判員執行罰球，他應持球進入罰球區，用手勢清楚地表明

罰球的次數,將球反彈給罰球隊員,再站到端線左側與限制區的交界處位置。此時追蹤裁判應站到罰球線左側延長線 3 分線外的位置,做出罰球次數的手勢。

罰球時,當前導裁判做出罰球次數的手勢之後,開始計算 5 秒。當宣判後的罰則出現了一罰一擲或兩罰一擲時,前導裁判負責執行一次或兩次罰球,追蹤裁判則應站在記錄台對面邊線中點處,一旦罰球結束,準備執行擲界外球。

6. 暫停與替換時的分工與合作

(1)當記錄台發出某隊請求暫停的信號時

一般應由靠近記錄台的裁判員,或正在向記錄台宣判的裁判員宣判完畢後,鳴哨並做出暫停手勢,再清楚地指出哪一隊暫停的手勢。然後,兩名裁判員應按暫停後重新比賽的方向分別站在兩半場罰球圈的位置上,面向球隊席監管場上情況。如該次暫停是請求暫停的隊的最後一次暫停時,負責暫停的裁判員應通知該隊教練員。

暫停時間到,應按接下來的罰則執行或由先前已獲控制球權的隊擲球入界重新開始比賽。

(2)當記錄台發出某隊請求替換的信號時

由靠近記錄台的裁判員,或由正在向記錄台宣判的裁判員宣告完畢後,鳴哨以示確認准予替換,並做出替換手勢。然後招呼替補隊員進場,之後用目光或「豎起拇指」的手勢與另一裁判員聯繫,儘快地重新開始比賽。

無論是暫停或替換,兩裁判員都應記住:如暫停或替換後是罰球,則應記住罰球隊員的號碼與罰球次數;如暫停或替換後是擲界外球,則應記住擲界外球的隊和地點。

(四)裁判員的宣判程式與手勢

1. 違例的宣判程式與手勢

每當發生違例時,負責宣判的裁判員應:

(1)立即鳴哨一聲並同時做出違例手勢(即單手舉手在空中,伸開手掌,手指併攏),以停止比賽計時鐘;

(2)接著清楚地用手勢做出違例的類型,例如做出帶球走的手勢;

(3)然後用一手清楚地指出比賽的方向和擲球入界的地點;

(4)在所有的情況下,因發生違例而獲得球權的隊擲球入界時,均需由裁判員遞交球。

2. 犯規的宣判程式與手勢

每當發生一起犯規時,負責該區域比賽的裁判員應:

(1)鳴哨一聲,同時單手握拳向上伸直手臂,以停止比賽計時鐘,用另一手直臂向前伸出,掌心向下指向犯規隊員的腰部,清楚地指明犯規隊員是誰;必要時可接著指出該犯規的罰則,如罰球、罰幾次或擲界外球。

(2)接著移向記錄台,選擇一個使記錄員能看清楚和身前無障礙的位置,離記錄台6—8米;

(3)用手勢向記錄員清楚地報告犯規隊員的號碼和犯規的類型。

(4)然後,指出犯規的罰則,即罰球的次數或隨後的比賽的方向。

注:如發生犯規時,投球中籃,在向記錄台宣告時必須

先行做出該得分有效或取消的手勢。

二、籃球競賽的記錄台工作

記錄台工作是籃球競賽中的一個十分重要的環節，是籃球裁判工作的一個組成部分。記錄台工作的好壞直接影響競賽的效果，在比賽中記錄台工作的任何一點失誤都會給臨場裁判員帶來麻煩，甚至會給競賽帶來不可挽回的影響。記錄台人員必須具有高度的責任感，明確分工與職責，精通規則，熟悉操作方法；互相配合，協調一致，保持整體工作高度統一。

記錄台工作人員由一名記錄員、一名助理記錄員、一名計時員和一名 24 秒計時員組成。對於國際籃聯主要的正式比賽或有一定規模的比賽，應有一名技術代表到場，他應坐在記錄員和計時員的中間。在比賽中，他的主要職責是監督記錄台人員的工作，並協助主裁判員和副裁判員使比賽順利進行。

(一)計時員的工作與職責

計時員負責掌握比賽時間的開始和停止比賽時間。

1. 在比賽中下列情況應開動比賽計時鐘

跳球中，球被一名跳球隊員合法地拍著時；在最後一次或僅有的一次罰球不成功，並且球繼續是活球，球觸及一名場上隊員或被他觸及時；擲球入界中，球觸及一名場上隊員或被他觸及時。

2. 在比賽中下列情況應停止比賽計時鐘

在一節比賽時間的末尾時間終了時；因發生違例或犯規

以及其他原因裁判員鳴哨時；場上出現了 24 秒鐘裝置信號響時；某隊已請求暫停，對方投籃得分時；在第 4 節或任一決勝期的最後兩分鐘內投籃得分時。

(二)24秒計時員的工作與職責

24 秒計時員應按下列要求操作 24 秒裝置：

一旦隊員在場上獲得控制活球時啟動或再啟動；一旦出現裁判員因犯規、爭球或違例而鳴哨（因球出界判給先前控制球的隊擲球入界時除外），投籃的球進入球籃或觸及籃圈，涉及到控制球隊的對方隊的行為使比賽停止時，則應停止和復位到 24 秒鐘；一旦對方在場上獲得控制活球應復位到 24 秒鐘；當原先已控制球的隊由於以下原因被判給擲球入界時，應停止但不復位到 24 秒鐘；球出界、雙方犯規、由於控制球隊引起的任何原因而使比賽停止。

在任一節或決勝期中，當某隊獲得控制球時比賽的餘下時間少於 24 秒鐘時，則停止操作，不顯示影像。

(三)記錄員和助理記錄員的工作與職責

包括賽前記錄表（圖 9-9）的填寫、比賽期間的記錄（圖 9-10）以及比賽結束後的工作。

思考題：

1. 常見的違例有哪些？如何判斷？
2. 常見的犯規有哪些？如何判斷？
3. 畫圖說明兩人裁判制中裁判員在半場區域的分工。
4. 舉例說明違例和犯規的宣判程式。

FIBA

國際籃球聯合會
記錄表

A 隊 _____ B 隊 _____

競賽名稱 _____ 日期 _____ 時間 _____ 主裁判員 _____

比賽序號 No. _____ 地點 _____ 副裁判員 1 _____ 副裁判員 2 _____

A 隊 _____

暫停

全隊犯規

節 ① 1 2 3 4 ② 1 2 3 4
節 ③ 1 2 3 4 ④ 1 2 3 4
決勝期

證件號碼	隊員	號	上場隊員	犯規 1 2 3 4 5
		4		
		5		
		6		
		7		
		8		
		9		
		10		
		11		
		12		
		13		
		14		
		15		

教練員 _____
助理教練員 _____

B 隊 _____

暫停

全隊犯規

節 ① 1 2 3 4 ② 1 2 3 4
節 ③ 1 2 3 4 ④ 1 2 3 4
決勝期

證件號碼	隊員	號	上場隊員	犯規 1 2 3 4 5
		4		
		5		
		6		
		7		
		8		
		9		
		10		
		11		
		12		
		13		
		14		
		15		

教練員 _____
助理教練員 _____

記錄員 _____
助理記錄員 _____
計時員 _____
24 秒鐘計時員 _____

主裁判員 _____
副裁判員 1 _____ 副裁判員 2 _____
球隊抗議隊長簽名 _____

累積分

A	B	A	B	A	B	A	B
1	1	41	41	81	81	121	121
2	2	42	42	82	82	122	122
3	3	43	43	83	83	123	123
4	4	44	44	84	84	124	124
5	5	45	45	85	85	125	125
6	6	46	46	86	86	126	126
7	7	47	47	87	87	127	127
8	8	48	48	88	88	128	128
9	9	49	49	89	89	129	129
10	10	50	50	90	90	130	130
11	11	51	51	91	91	131	131
12	12	52	52	92	92	132	132
13	13	53	53	93	93	133	133
14	14	54	54	94	94	134	134
15	15	55	55	95	95	135	135
16	16	56	56	96	96	136	136
17	17	57	57	97	97	137	137
18	18	58	58	98	98	138	138
19	19	59	59	99	99	139	139
20	20	60	60	100	100	140	140
21	21	61	61	101	101	141	141
22	22	62	62	102	102	142	142
23	23	63	63	103	106	143	143
24	24	64	64	104	104	144	144
25	25	65	65	105	105	145	145
26	26	66	66	106	106	146	146
27	27	67	67	107	107	147	147
28	28	68	68	108	108	148	148
29	29	69	69	109	109	149	149
30	30	70	70	110	110	150	150
31	31	71	71	111	111	151	151
32	32	72	72	112	112	152	152
33	33	73	73	113	113	153	153
34	34	74	74	114	114	154	154
35	35	75	75	115	115	155	155
36	36	76	76	116	116	156	156
37	37	77	77	117	117	157	157
38	38	78	78	118	118	158	158
39	39	79	79	119	119	159	159
40	40	80	80	120	120	160	160

得分

節 ① A _____ B _____
節 ② A _____ B _____
節 ③ A _____ B _____
節 ④ A _____ B _____
決勝期 A _____ B _____

最後比分 A 隊 _____ B 隊 _____

勝隊 _____

圖 9-9

A		B	
	1	●	6
	2	●	6
⑥	3	3	
	4	4	
11	5	5	⑤
11	●	●	5
	7	7	
10	8	8	
	9	9	⑩
	10	10	
⑩	11	11	
	12	12	⑦
4	13	●	7
5	●	14	
5	●	15	6
	16	16	
5	17	17	
	18	18	⑥
6	19	19	
	20	20	9
	21	21	
⑪	22	22	9
	23	23	9
11	24	24	
	25	25	7
	26	●	7
⑤	27	27	
	28	㉘	6
10	29	29	
	30	30	8
4	31	31	
	32	32	5
4	33	33	5
4	㉞	34	
	35	35	10
10	36	36	
	37	37	12
	38	38	
⑩	39	39	12
10	●	●	12

圖 9-10

第十章

籃球場地器材設備與維修

內容提要：

本章重點闡述了籃球場地設備的規格、籃球場地的畫法及籃球場地的修建與維護，目的是使學生瞭解籃球場地設備與維修的基本知識。

第一節　籃球場地器材設備

一、標準籃球比賽場地的規格

(一)球場尺寸

國際籃聯規定的正式比賽的球場稱為標準場地，是一個長 28 米（公尺）、寬 15 米的長方形，球場的丈量從界線的內沿量起。根據 2006 年籃球競賽規則，對於所有其他比賽，國際籃聯的適當部門，如地區委員會或國家聯合會，有權批准的最小尺寸為長 26 米、寬 14 米的現存球場。所有新建球場的尺寸都要與國際籃聯正式比賽所規定的要求一致。正式球場的全部尺寸如圖 10-1 所示。

(二)球場線、區、圈的名稱和規格

1. 界線

球場的界線要用相同顏色（最好是白色）、清晰可辨、寬度為 0.05 米的線條定界。界線距離觀眾、廣告牌或任何其他障礙物（包括球隊席就座的人員）至少 2 米。球場長邊的界線叫邊線，短邊的界線叫端線。

場地的丈量從邊線、端線內沿量起，場內各線均由其外沿量起。

2. 中線

連接兩邊線的中點、平行於端線的線叫中線。中線要向

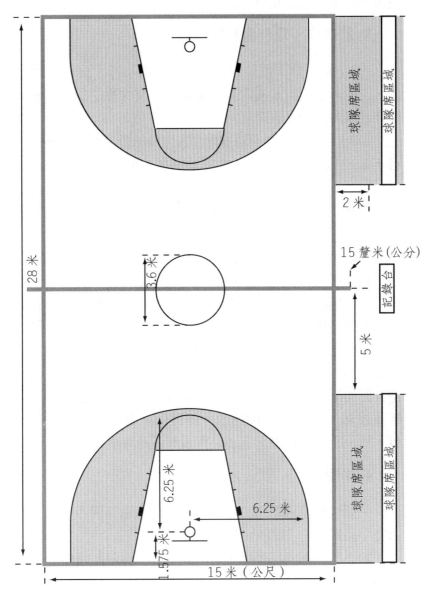

圖 10-1 球場的全部尺寸

兩邊線外側各延長 0.15 米。

3. 罰球線、限制區和罰球區

（1）罰球線：罰球線是一條與端線平行、長 3.60 米的線，它的外沿距離端線內沿為 5.80 米，其中點必須落在連接兩條端線中點的假想線上。

（2）限制區：從罰球線兩端畫兩條線段至距離端線中點各 3 米的地方（均從外沿量起）所構成的地面區域叫限制區。

如果在限制區內部著色，它的顏色必須與中圈內部的著色相同。

（3）罰球區：罰球區是限制區加上以罰球線中點為圓心、以 1.80 米為半徑，向限制區外所畫出的半圓區域（圖 10-2）。罰球區兩旁的位置區，供球員在罰球時使用。第一條線距離端線內沿 1.75 米（沿罰球區兩側邊線丈量）；第一位置區的寬度為 0.85 米，並且與中立區的始端相接；中立區的寬度為 0.40 米，並且用和其他線條相同的顏色塗實；第二位置區與中立區相鄰，寬度為 0.85 米；第三位置區與第二位置區相鄰，寬度也是 0.85 米。所有用來畫這些位置區的線條，其長度均為 0.10 米，並且與罰球區邊線垂直。

4. 中圈

中圈位於球場的中央，是以中線的中點為圓心、以 1.80 米為半徑畫成的（從圓周的外沿丈量）。

如果在中圈內部著色，它的顏色必須與限制區內部著色相同。

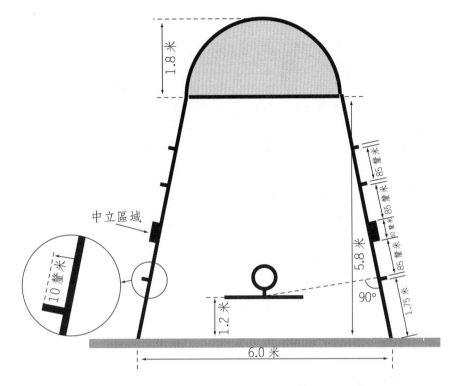

圖 10-2 正規的罰球區（所有線寬均為 5 釐米）

5.3 分投籃區

某隊的 3 分投籃區是除對方球籃附近被下述條件限制出的區域之外的整個比賽場地的地面區域（圖 10-3），這些條件包括：

其一，分別距邊線 1.25 米，從端線引出兩條平行線；

其二，半徑為 6.25 米（量至圓弧外沿）的圓弧（半圓與兩條平行線相交）；

其三，該圓弧的圓心要在對方球籃的中心垂直線與地面

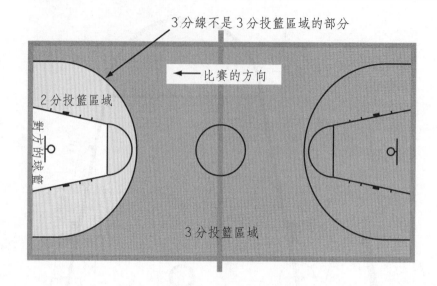

圖 10-3　2 分 / 3 分投籃區域

的交點上,圓心距端線內沿中點的距離為 1.575 米。

6. 球隊席區域

　　球隊席區域位於記錄台兩側。每個區域分別由一條從端線向外延伸至少 2 米長的線段,和另一條距離中線 5 米且垂直於邊線並至少長 2 米的線段所限定(圖 10-4)。

　　球隊席區域內必須有 17 個座位供教練員、替補隊員和隨隊人員使用,任何其他人員均應在球隊席後面至少 2 米處。

二、記錄台與替補隊員席

　　記錄台位於球隊席同側邊線外的中央,替補隊員席應位於記錄台前,注意其座椅不可擋住記錄台人員觀察全場的視線。記錄台和替補隊員席見圖 10-4。

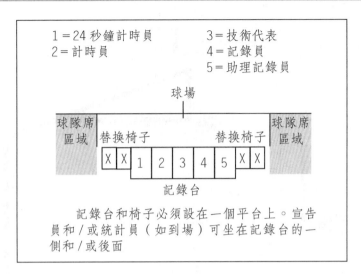

圖 10-4　記錄台和替補隊員席

三、場地的器材設備

(一) 籃球架

　　籃球架可用金屬或木料製作，立於場外，有固定和移動的兩種（圖 10-5），都必須把籃球架牢固地固結在地板上。

　　籃球架支柱的前面（包括包紮物）距端線外沿至少 2 米。其顏色應鮮明，並與端線後面的背景有明顯的區別。籃球架應做如下包紮：

　　1. 在籃板背後的任何籃板支架，應在其下麵包紮，直至距籃板正面 1.20 米處。包紮物的最小厚度為 0.05 米，並且其密度與籃板包紮物的密度相同。

　　2. 所有的籃球架，在面向球場的基座表面必須全面地包紮，包紮的最低高度為 2.15 米。包紮物的最小厚度為 0.10 米。

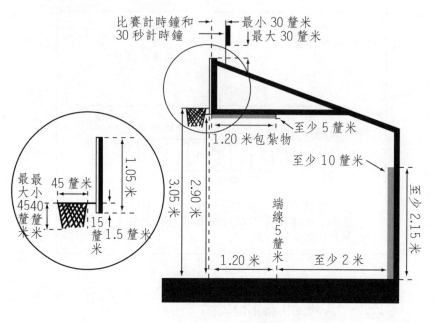

比賽計時鐘和 → ｜ ← 最小 30 釐米
30 秒計時鐘 ｜ 最大 30 釐米

至少 5 釐米

1.20 米包紮物

至少 10 釐米 →

最 最
大 小
45 40
釐 釐
米 米

45 釐米

1.05 米

15
1.5 釐米
釐
米

3.05
米

2.90
米

至少 2.15 米

端線 5 釐米

1.20 米

至少 2 米

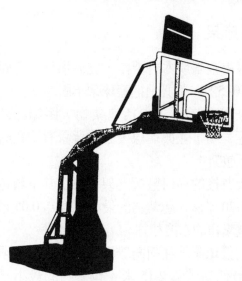

圖 10-5　籃球架

3. 所有籃板和籃球架的包紮物都必須具有至少 50% 的壓痕係數。

(二)籃板

籃板要用適宜的透明材料（應用整塊的，最好有適當韌度的安全玻璃，其堅硬度應與 0.03 米厚的硬木籃板相同）製成。籃板尺寸為：橫寬 1.08 米（±3 釐米），豎高 1.05 米（±2 釐米），下沿距地面 2.90 米。籃板的前面必須平整。

在籃板四周的邊沿應畫出 0.05 米寬的線條，如果籃板是透明的，則畫白線；若不透明，則畫黑線。在籃圈後面的籃板上畫出一長方形，橫寬 0.59 米，豎高 0.45 米（從線的外沿量起），線寬 0.05 米，此長方形底邊的上沿要與籃圈水平面齊平（圖 10-6）。

籃板應牢固地安置在球場的兩端籃架上，與地面垂直，與端線平行。籃板前面的中心要垂直地落在球場上，該點距離端線內沿中點 1.20 米。如果籃板發生橫向移動，要在 4 秒

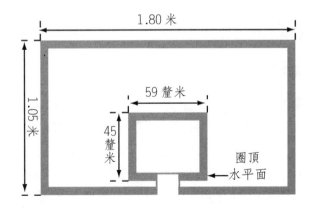

圖 10-6　正規的籃板畫法（所有線寬均為 5 釐米）

鐘內恢復平靜狀態。

籃板上的包紮物要符合如下要求：

1. 對籃板的底部和邊沿，包紮物要覆蓋其底面和側面，側面包紮物距離籃板底部最低為 0.35 米；

2. 籃板底沿包紮物的最小厚度為 0.05 米；

3. 籃板前、後面距底部最低 0.02 米處要覆蓋，包紮物的最小厚度為 0.02 米（圖 10-7）。

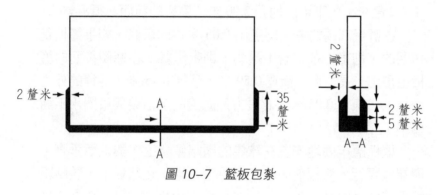

圖 10-7　籃板包紮

(三) 球籃

球籃包括籃圈和籃網。

1. 籃圈

籃圈要用實心鋼材製成，內徑最小為 0.45 米，最大為 0.475 米，漆成橙色。圈材的直徑最小為 0.016 米，最大為 0.020 米，圈的下沿設有繫籃網的附加系統。把籃網繫在籃圈上的系統必須是沒有尖銳的角和沒有容得手指進入的空間（間隙）。籃圈應安裝在支撐籃板的構架上，籃圈頂面要成水平，距地面 3.05 米，與籃板兩垂直邊的距離相等。籃板正

面距離籃圈內沿的最近點為 0.15 米（圖 10-8）。

籃圈支撐系統的反彈或彈性應該是：能量吸收範圍占全部衝擊能量的 35%—50%，並且在同一場地上球籃之間的差值在 5%之內。

在比賽中可以使用抗壓籃圈。

2. 籃網

籃網使用白色細繩結成，懸掛在籃圈上。它的結構要能夠使球穿過球籃時有暫時的停頓。網長不短於 0.40 米，不長於 0.45 米。籃網的上部應是半硬狀態的，要有 12 個小環作為與籃圈的連接物。

(四) 籃球

籃球是圓形的，為認可的橙色，按慣例它應有八瓣成型的鑲片。球的外殼為皮革、橡膠或合成物。球面的接縫或槽的寬度不得超過 0.00635 米。

7 號球（成年男子用球）的圓周為 0.749—0.780 米，其

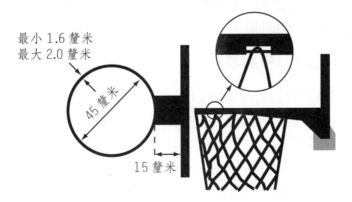

圖 10-8　籃圈

重量為 576—650 克。

6 號球（成年女子用球）的圓周 0.700—0.710 米，重量為 510—550 克。

充氣後，使球從 1.80 米的高度（從球的底部量起）落到球場的地面上，反彈起來的高度不得低於 1.20 米，也不得高於 1.40 米（從球的頂部量起）。比賽時，主隊至少要準備兩個用過的、符合上述規格的球。

(五)燈光

比賽場地的燈光不得少於 1500 勒克斯。這個光度是從球場上方 1.5 米測量。

四、記錄台專用器材

(一)比賽計時鐘和計秒錶

比賽計時鐘和計秒錶各一塊供計時員使用。比賽計時鐘為比賽的每個階段計時和在比賽的每個階段間休息時使用，並且放置在賽場上每一個人都能清楚看到的地方。計秒錶用來為暫停時間計時。

(二)24秒鐘裝置

24 秒鐘裝置提供給 24 秒鐘計時員，用於管理 24 秒鐘規則。24 秒鐘裝置要由一個控制單元去操縱，並且應具備以下功能的顯示器：

1. 數字倒計數型，用秒來指示時間；
2. 兩隊都不控制球時，裝置上不顯示；
3. 具有從停住的時間處繼續計時的能力。

該顯示器應在每塊籃板上方設置一個，位於籃板後面0.30—0.50米，或安放在球場地面上，分別位於端線後面2米處。如果有4個顯示器，要將它們分別放在球場的4個角落。如果僅有兩個顯示器，它們應對角放置，其中一個放置在記錄台右側距邊線2米處，這些顯示器應讓與比賽有關的每一個人都能看清楚。

(三)信號

　　至少要提供兩種互相獨立的聲響信號器材，它們能發出顯然不同並且非常響亮的聲響。

　　一種是計時員和記錄員所用信號。對於計時員，該信號在指示每半時、每節和整場比賽終了時要自動發出聲響。對於記錄員和計時員，當出現請求暫停、替換等事項，在暫停開始後的50秒鐘、暫停已結束時或出現可糾正的失誤的情況要適當引起裁判員的注意時，要手動操縱信號發出聲響。

　　這種信號都要足夠地響，在最不利或最嘈雜的條件下容易被聽到。

(四)記錄板

　　記錄板應在場地的最明顯處，使與比賽有關的每個人（包括觀眾）都能看清楚。

(五)記錄表

　　對所有國際籃聯的主要正式比賽，記錄表都要由國際籃球聯合會批准，並由記錄員在比賽開始前和比賽中按規則規定進行填寫。

(六)隊員犯規次數標誌牌

由記錄員處置的標誌牌要符合下列要求：

1. 標誌牌為白色，牌上的數字最小長 0.20 米，寬 0.10 米。

2. 對於 4×10 分鐘的比賽，使用分別寫有 1—5 數字的標誌牌，1—4 的數字為黑色，5 為紅色。

3. 對於 4×12 分鐘的比賽，使用分別寫有 1—6 數字的標誌牌，1—5 的數字為黑色，6 為紅色。

(七)全隊犯規標誌

要按下列要求為記錄員提供兩個全隊犯規標誌：

1. 它們是紅色的；

2. 最小尺寸為寬 0.20 米，高 0.35 米，當它們放在記錄臺上時，要讓與比賽有關的每個人都能看清楚。

全場犯規標誌可以是用電的或電子裝置，但它們要符合上述要求。

(八)全隊犯規指示器

全隊犯規指示器，是指明全隊犯規次數的適宜裝置。該裝置要停在全隊犯規的次數上（對於 4×10 分鐘的比賽每節為 4 次；對於 4×12 分鐘的比賽每節為 5 次），表明某隊已達到了受處罰的狀態。

第二節　籃球場地的修建與維護

一、籃球場地的修建

(一)室外場地的修建

在選定的地段上，挖掘 25 釐米左右，取土後在底面鋪碎磚或大石子（直徑 5—7 釐米），第二層（中層）可鋪煤渣或直徑 2—3 釐米的石子，填鋪時要均勻、平坦，中間地段可略高一些，以便使雨水向四周流淌。鋪完第二層後，用 0.5—0.7 噸重的滾子壓平。通常基底的厚度在滾壓以後最好是 20 釐米。

最上層（表層）的厚度壓實以前要有 8—10 釐米，壓實後要有 5 釐米以上（圖 10-9）。表層的鋪壓工作不應中斷，要在一天內完成，以保證整個球場為一樣的硬度。可以用輕

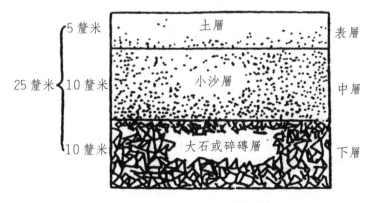

圖 10-9　室外土場地截面簡圖

一些的滾子（0.3—0.4 噸重）滾壓。

為使表層具有必要的品質，一般使用沙土、黏土、熟石灰等混合土，滾壓前要把混合土拌勻。如果表面很堅實，但灑水後較滑軟時，則在混合土中摻些細沙。如果滾壓後表面裂縫或散碎，則需在混合土中摻些黏土（一個球場需用 50 公斤鹽化成的鹽水）。

鋪好的混合土在滾壓以前要耙平，然後澆水，待水滲下後表面乾爽時再滾壓。滾壓順序為縱壓和橫壓，每次都向同一個方向一直壓到場邊，要壓到場上沒有滾子印為止，而後撒上細沙，用輕一些的滾子再壓一次，並把地面浮餘的沙子掃淨。按照這種方法修建的球場，其優點為：排水快，下雨後很快就乾；表面比較堅實、平坦而有彈性，能夠延長使用時間。

此外，根據氣候等條件還可以考慮其他修建方法。如修建水泥場地，可在中層的小石子上面蓋一層粗沙，而後鋪水泥漿，刷平刷光後凝固即成。再如修建瀝青場地，由瀝青與細石子拌勻後，鋪蓋在中層小石子之上壓平即可。

有條件的還可修建人工草皮和塑膠籃球場。

（二）室內籃球場地的修建

室內場地一般用淺色的硬木或合成材料地面。其修建步驟為，將場地整平壓好並鋪設混凝土待乾，然後鋪設櫊條，櫊條之間的距離最好不大於 30 釐米，用細煤渣填充（也可用木屑或鋸末填充，但要摻上乾石灰，以免蟲蛀），以減少運動時地板自身發出的噪音。

如果鋪設單層地板，地板的尺寸最好為 5—8 釐米寬、5釐米厚。如果鋪設雙層地板，則底層的木質可比上層的稍差

一些，其厚度最好不低於 5 釐米，寬度 20 釐米左右；上層的
尺寸最好為 5—8 釐米寬、2 釐米厚，並要使上下兩層的木板
成交叉狀。一般較好的木板材料是榆木、槐木、柳木或水曲
柳等木材。

(三)籃球場地的畫法

畫籃球場地可按以下幾個步驟進行（圖 10-10）：

1. 確定球場的位置和方向後，先在場地正中畫一條縱軸
線，其長度不少於 28 米，並以縱軸的中點為圓心，以 1.80
米為半徑畫出籃球場的中圈。

2. 在縱軸的兩端軸，距中點各 14 米的點上，分別畫出垂
直於縱軸線的兩條 15 米長的端線，端線的中點必須是縱軸線
與端線的交點。

3. 分別連接兩條端線的端點，畫出平行於縱軸線的兩條
邊線。

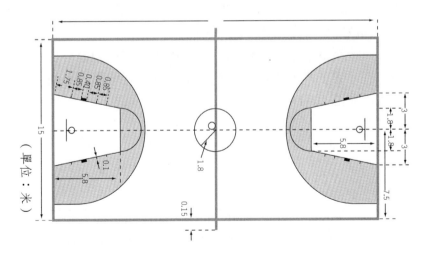

圖 10-10　籃球場地

4. 連接兩條邊線的中點畫出中線。中線的中點應與縱軸的中點重合。中線兩端應超出邊線各 15 釐米。

5. 從兩條端線的中點，分別沿縱軸線向內丈量 5.80 米即罰球線的中點，畫出與端線平行的兩條各 3.60 米長的罰球線。以罰球線的中心點為圓心，以 1.80 米為半徑畫圓，在限制區內的半圓不應畫出來。

6. 從兩條端線的中點沿端線向兩側各丈量 3 米取出兩點，分別把兩點與罰球線的兩端相連，畫出限制區。

7. 分別在限制區的兩條斜線上畫出與斜線垂直的分位線構成三個位置區。三個位置區的寬度均為 85 釐米，第一位置區沿斜線到端線的距離是 1.75 米，第一位置區與第二位置區之間是 40 釐米的中立區（圖 10-2）。分位線長度均為 10 釐米。

8. 分別以兩個籃圈的中心垂直線與地面的交點為圓心，以 6.25 米為半徑（包括線寬 5 釐米在內），各畫出半圓弧線，兩端分別畫成平行於邊線的 1.575 米長的線與端線相交，構成三分投籃區線（圖 10-3）。

在土質的地面上畫籃球場，可用普通水壺裝上石灰水澆畫。在木質的地面畫籃球場用白漆畫線，直線部分可利用印線木板（圖 10-11）。

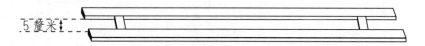

5 釐米

圖 10-11

二、籃球場地的維護

（一）室外三合土籃球場要根據天氣的變化及時進行養護，天氣乾燥要經常灑水，雨後地面出現高低不平時要及時補充沙土進行滾壓修補，剷除雜草後要注意平整。最好每年整修一次。

（二）室內木質地板籃球場要保持通風、通氣、防潮、防腐，經常用乾拖把清理地面，定期打蠟。禁止穿硬底或帶釘的鞋進入場地活動，禁止在地板上灑水。

三、奧運會對籃球館的特殊要求

（一）舉辦奧運會籃球比賽，籃球館的座位容量要達到一定的標準。如果只有一個館可以供正式比賽使用的話，這個館必須有 1.5 萬—2 萬個座位；如果有兩個館可以使用的話，那麼一個館應當有 1 萬—1.5 萬個座位，另一個館至少要有 8000 個座位。同時，要有 6 個籃球館或獨立的訓練場地供參加比賽的運動隊單獨進行練習。

（二）籃球館內除了具備符合國際籃聯標準所選擇的器材、設施外，還必須有：一間為國際籃聯主席準備的辦公室；一間為技術專家準備的辦公室；一間為技術代表準備的辦公室；兩間為裁判長準備的加鎖房間和六間為球隊準備的加鎖房間。

（三）籃球比賽館至運動員奧運村駐地距離應在 10—15 公里之間。

思考題:

1. 國際籃聯規定的正式籃球比賽場地的規格(包括球場尺寸、球場線、區、圈的名稱和規格)。

2. 籃球場地設備器材的規格、標準。

3. 簡述籃球場地的畫法。

第十一章

多種形式的籃球活動

內容提要：

本章重點介紹了小籃球、三人制籃球、輪椅籃球、聾人籃球、投籃、扣籃與雙人投籃比賽及其他形式的籃球活動組織方式，旨在爲從事籃球運動的組織實踐提供指導。

作為籃球運動的主體，現代競技籃球以其對抗性、競爭性、技巧性和觀賞性吸引了世界上眾多的參與者和觀賞者。目前，世界性和地區性的大型綜合運動會都設有籃球項目，國際籃聯每年都會組織不同類別的籃球競賽，世界上絕大多數國家都開展了籃球運動。籃球成為名副其實的世界性運動。

隨著社會的發展，人們對體育運動的形式也有了越來越多和不同的追求，籃球運動同樣如此。由於不同年齡、不同性別、不同職業的各種人群需要有各自相適應的籃球活動，因此也就出現了多種多樣的活動形式。

我國是世界上開展籃球運動最廣泛的國家之一，具有深厚的群眾基礎。透過開展各種不同形式的籃球活動，使更多的參與者能夠強身健體、增趣益智。因此，籃球運動又是促進全民健身和大眾健康的有效方法。

本章主要對社會上開展較多的幾種籃球活動作一簡要介紹。

第一節　小　籃　球

一、特點與作用

從生理學和醫學的角度來看，兒童少年是進行籃球啟蒙訓練的最佳時期。在兒童少年中開展小籃球活動，早已得到籃壇有識之士的高度重視。一些籃球強國，更是把開展小籃球活動視為不斷提高本國籃球水準的根本。

小籃球活動具有階段性的特點。少兒籃球一般分為三個訓練時期，即 6—9 歲年齡期，9—12 歲年齡期和 12—15 歲

年齡期。各年齡階段均按循序漸進的原則和嚴格的訓練計畫進行訓練。6—9歲年齡期隊員的訓練多為籃球遊戲，9歲以後的少兒則重視規範化技術訓練，且透過組織經常性的比賽，激發興趣、鍛鍊能力和培養籃球意識。

由於成年人籃球不適合兒童身體、心理、智力和技術的協調發展，於是，1978年我國教育界和籃球界的許多人士開始實驗適宜兒童特點的籃球活動，1986年國家體委通過小籃球形式鑒定，在我國小學經過多年實驗訓練，結果表明，它是一種適宜兒童生理、心理特點的籃球運動形式。

二、規則與裁判法

(一)器材與場地

1. 籃板、籃圈

（1）籃板：籃板分為標準型和簡單型。

標準型：橫寬120釐米，豎高80釐米（圖11–1）。白色，周邊漆成5釐米寬的黑框。籃板中間再漆一寬5釐米的黑框，其外沿橫寬52釐米，豎高40釐米，底邊內沿距離板底下沿20釐米。

簡單型：橫寬100釐米，豎高70釐米（圖11–1），黑框畫法同上。

（2）籃圈：直徑40釐米，內沿到籃板距離13釐米，籃圈水平面距籃板下沿20釐米。

2. 籃架

（1）籃球圈距地面的高度：高年級（4—6年級，9—12

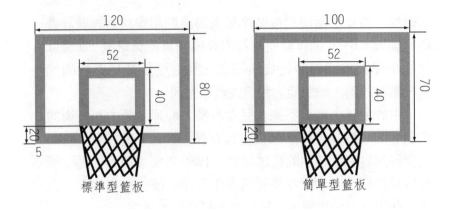

標準型籃板　　　　　簡單型籃板

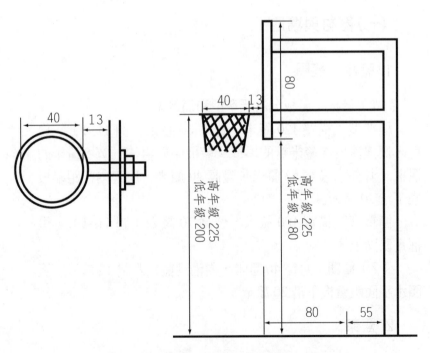

圖 11-1　小籃球籃架規格圖（單位：釐米）

歲）225 釐米，低年級（1—3 年級，6—9 歲）200 釐米（圖 11-1）。

（2）籃板立柱和球場端線之間的距離：籃板在地面之投影與球場端線間的距離為 80 釐米，立柱立在場外，與球場端線之距離不少於 55 釐米，與籃板投影的距離不少於 135 釐米（圖 11-1）。

3. 籃球

高年級用球：周長 58—60 釐米，重量 268—395 克。
低年級用球：周長 49—51 釐米，重量 172—300 克。

4. 球場

小籃球運動場地規格有以下兩種：

（1）球場長 18 米，寬 10 米。罰球線距端線 3.95 米。罰球線及中圈直徑均為 2.4 米（圖 11-2）。

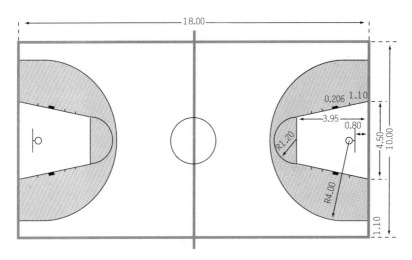

圖 11-2　小籃球球場規格圖（單位：米）

（2）球場長 22 米，寬 12 米。罰球線的外沿距離端線 4.80 米，中圈及罰球區的半徑為 1.50 米（從圓的外沿算起）。罰球區的形狀與標準籃球場相似，罰球區的兩條斜邊與端線的兩個交點之間距離為 5 米。罰球區的三個位置區（不包括分位線）均為 0.75 米，端線內沿至第一位置區的距離為 1.50 米。籃板前沿在地面上的投影線距離端線為 1 米。場上各線的寬度均為 0.05 米，邊線與端線的寬度不包括在場內。

(二)比賽規則與裁判法

1. 每場比賽分上下兩個半時，中間休息 10 分鐘。每半時分兩節，每節 8 分鐘，節與節之間休息 5 分鐘。每隊每節最多可暫停一次。

2. 比賽採取五對五的方法（同成年比賽一樣），也可採取三對三的形式（低年級可在條件允許的情況下將球場適當縮短）。

3. 除以上特殊規定外，比賽規則和裁判法應儘量採用成人籃球競賽規則；在條件不具備的地方，可適當放寬（如進攻時間不一定限制為 24 秒等），具體尺度由競賽單位規定。友誼賽、對抗賽等小型比賽，也可由臨場裁判員徵得雙方同意後靈活掌握。

三、活動的組織與注意事項

小籃球早期啟蒙訓練應以運球技術作為訓練的先導。小籃球活動是少兒籃球啟蒙訓練的一種適宜形式，要學會和打好籃球，必須有很強的控制球和支配球的能力，一名籃球運動員球性的好壞，影響其本人從事籃球運動技能的提高與發展。

籃球移動步法是籃球運動的重要基礎技術之一，也是實現籃球戰術目的的重要手段，正確熟練地掌握籃球移動步法對於提高在對抗中完成攻守技、戰術將會起到積極的作用。所以，籃球步法必須從小抓起，越早越好，否則將影響對高難度動作和對抗技術的學習。

　　身體素質是從事籃球活動的保障，要從兒童少年實際的生理、心理特點出發，選擇一些小力量、快速的力量練習方法，發展小肌肉群的力量，以促進掌握小籃球活動的某些基礎動作。

　　運用小籃球活動形式進行早期啟蒙訓練時，還應注意下面幾個問題：

　　1. 7 歲以後的兒童身體發育，特別是大腦的發育很快，在完成訓練內容的過程中，應適當增加難度，如增大動作的幅度、加快動作的頻率等，以及在快速、有障礙和對抗的情況下完成動作。

　　2. 針對兒童活潑好動、求勝心強、泛化階段長的特點，在完成一項教學時，除了採用多種方式和遊戲方法以免產生枯燥感外，還必須有一定的重複次數以達到強化的目的。

　　3. 嚴把動作的品質關。小籃球的訓練內容都是籃球技術的基礎，所以既要注意動作的規範化，又要根據籃球運動的實際來練，這樣才有價值和意義。

　　4. 投籃訓練要規範，要重視品質。投籃是籃球運動中的關鍵技術，所以各個層次的訓練都把掌握正確的投籃手法放在極其重要的位置。但是，由於少兒的力量較差，故在初學時，不宜過多地進行持球投籃練習，訓練強度、密度和難度都要適宜，否則容易出現持球點過低、推球等錯誤動作。可多做一些徒手模仿動作及持球向上、向前的模仿動作。

5. 練習時間不宜過長，練習結束後要注意放鬆與恢復。

第二節 三人制籃球

一、特點與作用

籃球運動經過百餘年的發展演變，已逐漸走進大眾的文化娛樂生活之中。起源於美國、流行於美國街頭、社區和學校的三人籃球賽，像中國的半場「鬥牛」一樣，具有濃郁的大眾化色彩。任何人走上街頭或社區、學校，只要有最基本的場地和籃圈，就可以隨意組成三人一隊進行比賽，有些國家的比賽往往在音樂的伴奏下進行，把打球、娛樂、健身和遊戲融為一體。

20 世紀 90 年代以來，我國各大城市也廣泛開展這項活動，在北京、上海、廣州以及其他的一些省市已形成一種傳統性的籃球賽事，而且盛況空前，形成了寓健身與文化為一體的籃球運動大眾化的獨特景觀。它具有普及面廣、技巧性高、趣味性強和比賽週期短等特點。

(一)普及面廣

三人制籃球賽參賽人數可變性大，參賽者年齡可大可小，也可以男女混合。場地設備要求和比賽規則可根據實際情況確定，比賽強度也易於自我調節。

由於三人制籃球賽是在半場進行，運用戰術和技術不受全場整體攻守戰術行動的時空制約，只要兩三個人默契組合成簡便的攻守配合，就可以完成一次進攻與防守。因此，比賽中個體特長易於得到發揮，攻守行動的活動性大，所以，

也便於普及推廣為大眾健身娛樂手段。

(二)技巧性高

　　三人制籃球賽的技術動作是由各種跑、跳、運、傳和投等基本技能所組成。

　　以積極爭奪控球權為手段，以投籃為目的，雙方既同場競技，又攻守交替，共用一個籃圈，並在同一籃圈下有限的空間進行爭奪，技巧性高，其中個人控制和支配球的時間相對增加，技術和戰術的應用更具有靈活性。

(三)趣味性強

　　三人制籃球是一項趣味性較強的運動。進攻得分是籃球比賽最佳的自我情緒體驗。在三人制籃球比賽中，由於人數減少，攻守面積增大。因此，強調得分是三人制籃球賽的重要方面。

　　在戰術方法中，兩三人間的基礎配合作為戰術方法的主要內容，不乏趣味和精彩，更能滿足和實現參賽選手的自我表現慾望。總之，三人制籃球賽是一項以基礎配合為手段、強調得分、充分體現籃球趣味性的運動項目。

(四)比賽週期性短

　　由於三人制籃球參賽隊數多，主辦單位往往採用分組循環進行編排，把參賽隊分成若干小組，各小組進行單循環賽，排出各小組的名次。如第一階段的預賽是分兩個小組進行單循環賽，那麼第二個階段可把小組前兩名編在一組爭奪第一到第四名，把小組的三、四名編在一起爭奪第五到第八名，其餘類推，以此來縮短競賽週期。

總之，三人制籃球所體現出的健身娛樂休閒等特點深受大眾的喜愛。作為一種大眾性運動形式和手段，三人制籃球已經引起廣大體育健身群體和學校社區民眾的重視。透過進一步推廣和普及，能夠使其為全民健身運動的開展發揮更大的作用。

二、比賽方法與規則

(一)比賽方法

　　三人制比賽，每隊三人出場，另有一名替補隊員。比賽分為上、下半場。每半場 7.5 分鐘或者 10 分鐘，也有採用先得 22 分為勝的方法。場上設三分區，在三分線內投中得 2 分，在三分線外投中得 3 分，罰球命中得 1 分，比賽中不得扣籃。

(二)比賽規則

　　三人制比賽，目前國際上尚未統一比賽規則，中國籃球協會於 1999 年頒佈了「三對三」籃球競賽規則（試行）：

1. 場地

　　標準的半個籃球場地（14 米 × 15 米），或按半場比例適當縮小（長度減 2 米，寬度減 1 米），地面堅實，場地界線外有 1.5—2 米的安全地帶。

　　男子成年及女子高中以上、男子國中以上（含國中）、青年組的球籃高為 3.05 米，女子國中及男子小學組的球籃高為 2.08 米。

2. 工作人員及職責

設 1—2 名裁判員和 1 名記錄員。

裁判員和記錄員著裝一致，但其顏色、款式應區別於運動員。

裁判員是比賽中唯一的宣判和終決人員，負責在記錄表上簽字。

記錄員兼管計時、記分，記錄兩隊累積的分數（包括投籃和罰球的得分）、全隊及個人犯規次數以及比賽時間，並按規則要求宣佈比賽進行的時間和比分。

3. 除下列特殊規則外，比賽均按照當年最新國際籃球規則執行

（1）比賽雙方報名為 4 人，上場隊員 3 人。

（2）比賽時間。初賽、複賽不分上、下半時，全場比賽 10 分鐘（組織者可根據參賽隊多少修訂時間為 12 或 15 分鐘）。比賽進行到 5 分鐘和 9 分鐘時，計時員各宣佈一次時間。10 分鐘內雙方都不得暫停（遇有球員受傷，裁判員有權暫停比賽 1 分鐘）。決賽分上、下兩個半時，每半時 8 分鐘，上半時之後休息 2 分鐘再進行下半時。

（3）比賽開始，雙方以擲硬幣的形式選發球權。

（4）比賽開始和投籃命中後，均在發球區（中圈弧線後）擲球入場，算作發球。

（5）每次投籃命中後，由對方發球。所有犯規、違例及界外球均在發球區發球，發球隊員必須將球傳給隊友，不能直接投籃或運球，否則為違例。

（6）守方隊員斷球或搶到籃板球後，必須迅速將球運

（傳）出三分線外方可組織反攻，否則判違例。

（7）24 秒違例的規則改為 20 秒。

（8）雙方爭球時，爭球隊員分別站在罰球線兩側跳球。

（9）比賽中，允許每名隊員三次犯規，第四次犯規罰出場。任何隊員被判奪權犯規，則取消該隊比賽資格。

（10）每個隊累計犯規達五次後，該隊出現第六次及以後的侵人犯規均由對方執行兩次罰球。前五次犯規中，凡對正在做投籃動作的隊員犯規時，如投中，記錄得分、對方個人及全隊記犯規次數，不追加罰球，由守方發球；如投籃不中，則判給攻方一次罰球，罰中得 1 分，並由攻方繼續發球。如罰球不中，由攻方發球。

（11）只能在死球的情況下進行替換，被替換下的隊員不能重新替換上場（場上隊員不足三人時除外）。

（12）比賽中，隊長是場上的唯一發言人。

（13）比賽時間終了，以得分多者為勝方。如出現平局，初賽及複賽階段執行一對一依次罰球，只要出現某隊領先 1 分時即為勝方，比賽結束。如果在決賽階段，比賽時間終了，雙方打成平局，則加賽 3 分鐘，發球權仍以擲硬幣的形式決定。如果加時賽仍打成平局，則以一對一依次罰球的形式決勝，某隊領先 1 分即為勝方，比賽結束。

（14）在使用小籃架的比賽中，不允許隊員出現扣籃動作，絕不允許隊員將身體任何部位懸掛於籃圈（或籃架）上，否則可判罰離場並不能再替換進場。

（15）比賽中應絕對服從裁判，以裁判員的判罰為最終決定。

此規則適用於我國各種級別的三對三比賽，解釋權歸屬中國籃球協會。

第三節　輪椅籃球

一、特點與作用

輪椅籃球是殘疾人體育的一個重要項目，由於參賽人員均為傷殘者，都需坐在輪椅上打球，故與健康人的籃球運動有著不同的風采，以及與之相適應的規則。

輪椅籃球又是一個趣味性極強的運動項目。參賽隊員既要控球、運球、投籃，又需駕馭輪椅行進，賽場上車輪滾滾，拼爭激烈，極具趣味性。

輪椅籃球運動員在賽場上展示的那種自強不息、勇猛堅強的運動風采和拼搏精神感人至深。他們身殘志堅，以其聰明才智、高超技藝、嫻熟配合展現了勃勃生機。

隨著我國經濟的迅速發展和人民物質與精神文明的提高，我國對殘疾人事業的關注和投入也在加大。輪椅籃球的開展，能夠吸引更多的殘疾人加入到輪椅籃球運動中來，這對激發殘疾人自強不息、勇於拼搏的精神，培養他們身殘志堅的人生信念和推進全民健身運動的深入和全面的開展，都具有十分重要的作用和意義。

二、比賽規則與裁判法

除以下特殊規定外，輪椅籃球競賽規則均按國際籃聯制定的規則執行。

(一)參賽級別

凡符合國際輪椅籃球聯合會運動員分級委員會頒發的分

級方法的殘疾人運動員均可參加比賽，運動員分級後的分值為：1.5 分、2.5 分、3.5 分、4.5 分。

(二)對輪椅的要求

1. 1.5 分和 2.5 分的運動員，其輪椅座墊厚度不得超過 10 釐米；3.5 分和 4.5 分的運動員，其輪椅座墊厚度不得超過 5 釐米。座墊要厚薄均勻，硬度要達到可以對角折疊的標準。座位上不得附加木板或其他堅硬的設備。

2. 輪椅擱腳板前面的最高點與地面的距離不得超過 11 釐米。

3. 為了保護地面，可以在擱腳板下面安放一滾軸。

4. 輪椅座位兩側的支撐杆距地面的高度不能超過 53 釐米。

5. 輪椅應有四個輪子，兩大輪在輪椅後面，兩小輪在輪椅前面。包括輪胎在內，大輪子的最大直徑為 66 釐米。

6. 每個輪子上必須有一個手輪。

7. 輪椅的腳墊下須安裝損害場地的保護裝置。

8. 輪椅上不允許安裝動力裝置、剎車和齒輪。

9. 不允許使用黑色輪胎。

10. 輪椅上的扶手和其他的上體支撐裝置均不得超過運動員自然坐姿時腿和軀幹的長度。

(三)記錄台的特殊處理

記錄台應增加一個方向指示器，方向指示器上的箭頭必須指向下一次出現爭球時的擲界外球方向，他要使雙方職員、隊員和裁判員容易看到。

(四)一般規定

1. 跳球時，兩隊的隊員應將輪椅橫放在距本方球籃較近的半圈內，輪椅靠近兩跳球隊員之間的線。

2. 除在上、下半時及每一決勝期開始時執行中圈跳球程式外，當比賽中出現爭球時，兩隊將輪流交替由擲界外球代替跳球，原非控球隊（在中圈跳球開始比賽時確定）首先獲擲界外球權。

3. 三分區投球中籃得 3 分。

4. 執行罰球時，發球隊員輪椅的後兩大輪必須在罰球線後，而前兩小輪可壓在罰球線或進入限制區內，在位置區站位隊員其輪椅的所有輪子都必須在罰球區的梯形線以外。

(五)違例

1. 隊員與其輪椅的任何部分觸到界線或界線外的地面。

2. 除手以外，身體的任何部位觸及地面。

3. 由於輪椅傾斜，造成除輪胎以外任何部位觸及地面。

4. 隊員應在腰以下及車輛兩側或前後運球，不能在兩膝間運球，否則違例。

5. 每驅車兩次，必須運球一次，超過兩次而沒有運球的即為違例。

6. 進攻隊員在對方限制區內停留時間不得超過 5 秒鐘。

(六)犯規

1. 使用未獲准的用具。

2. 無論在死球或活球狀態，隊員與對手或對對手的輪椅接觸。

3.其他侵人犯規同國際籃聯的《籃球競賽規則》。

(七)技術犯規

1.比賽中，為獲得優勢，臀部離開輪椅座面。

2.比賽中，為獲得優勢，腳離開擱腳板。

3.利用下肢的任何部位獲得不公正的優勢或使輪椅獲得動力。

4.使用不合規定的輪椅。

5.場上五名隊員的醫學分級分數之和超過 14 分。

第四節　聾人籃球

目前中國有六千多萬殘疾人，其中有聽力障礙聾人約占 1 ／ 3，是世界上聾人數量較多的國家。聾人在國際上有自己的組織，其中包括聾人體育組織，聾人籃球是聾人運動項目之一。

就殘疾人參與運動而言，聾人在殘疾人中屬於障礙最小的人群，所以聾人籃球比賽使用的是健全人的《籃球競賽規則》，只是在比賽中增加視覺裝置，輔助比賽順利進行。

聾人籃球是夏季聾奧會的正式比賽項目。2005 年 1 月在澳洲的墨爾本舉行了第 20 屆聾奧會，我國也首次派出了男、女國家籃球隊參賽，在此次比賽中，男隊獲得第八名，女隊獲得第九名。

世界聾人籃球錦標賽為每四年舉行一次，與聾奧會相互交錯，形成世界性大賽為每兩年進行一次的格局。2007 年將在我國的廣州市舉辦第 2 屆世界聾人籃球錦標賽。此外，各大洲每年也舉辦聾人籃球錦標賽。每年 6 月舉辦歐洲聾人籃

球錦標賽。亞太地區聾人運動會中包括聾人籃球項目。

在我國，聾人籃球比賽始於 20 世紀 50 年代末期。1959 年在北京舉辦全國首屆聾人籃球賽，絕大部分省、市、自治區參加了比賽，上海隊獲第一名，北京隊獲第二名。1985 年 9 月，在天津舉辦了 8 省市聾人「自強杯」籃球比賽，濟南隊獲男籃冠軍，天津隊獲女籃冠軍。1986 年成立了中國聾人體育協會。1986 年 5 月，沿海開放城市舉辦了「新興杯」聾人男籃邀請賽，參加比賽的單位有大連、秦皇島、煙臺、青島、連雲港、上海和福建，並邀請了漳州、徐州參加，共有 200 多名運動員。1986 年 10 月，在山東省濟南市舉辦了全國聾人「泰山杯」籃球邀請賽，有 16 個省市 20 多支男、女隊的 302 名運動員參加比賽，山東男、女隊均獲冠軍。

2001 年至今，中國殘疾人體育協會每年都舉辦聾人籃球錦標賽。

2001 年 4 月在天津體育學院舉辦了全國聾人籃球運動會，其中有 11 支男子隊伍，近百名運動員參加了比賽。2002 年在北京順義舉辦了全國聾人籃球錦標賽，其中有 14 支男隊共 143 名運動員參加了比賽。

2003 年 7 月在天津體育學院舉辦了第六屆全國殘疾人運動會預賽，即 2003 年全國聾人籃球錦標賽，有 23 支男隊的 245 名運動員參加比賽；同年，在江西省常州市舉辦了第六屆全國殘疾人運動會聾人籃球決賽，有 10 支男隊。2004 年 8 月在哈爾濱舉辦了 2004 年全國聾人籃球錦標賽，有 16 支男隊和 4 支女隊參加比賽。2005 年 10 月在新疆，舉辦了 2005 年全國聾人籃球錦標賽。

第五節　投籃、扣籃與雙人投籃比賽

一、投籃比賽

籃球比賽是以投籃命中得分多少決定勝負的，準確、優美的三分投籃技術常激動人心，使場上與場下的運動員與觀眾和諧地形成比賽高潮，給人以無限的鼓舞與娛悅。組織投籃比賽能夠促進並提高投籃的準確性，增加籃球比賽活動的內容，增加觀賞性、娛樂性和趣味性，同時亦可達到鼓勵遠投並提高遠投水準的目的。

規則與方法簡介

（一）在三分區外兩邊 0°、45°與正中弧頂共設置五個投籃架，每個架上放置 4 個普通球和 1 個彩球。

（二）隊員從一側 0°開始，依次投出 4 個普通球和 1 個彩球。第一位置區投完後移至第二位置區，第二位置區投完後移至第三位置區（弧頂），依次將 5 個區的 25 個球投出。

（三）要求在 1 分鐘內將 25 個球投完，到時未投完的球不能再投。

（四）投中一個普通球得 1 分，投中一個彩球得 2 分，總分為 30 分。

（五）比賽採用預、決賽辦法。預賽得分多的前三位進入決賽，決賽時得分多者名次列前，取前三名給予獎勵。

（六）NBA 的三分球投籃大賽是全明星週末的新項目，邀請 8 名前半個賽季三分球命中率最高和投入三分球最多的球員參賽。

二、扣籃比賽

運動員身體素質的提高，尤其是彈跳與身體滯空能力的增強，為在高空運用不同姿勢和手法進行扣籃創造了物質保障。在籃下扣籃不僅得分率高，而且難以防守，容易造成對方犯規，而巧妙配合下的高空接球扣籃更具觀賞性。

組織扣籃比賽不僅是為了推進扣籃技術的發展，更重要的是鼓勵運動員增強全面的身體素質，推崇創新精神，推動籃球運動向更高、更強、更美的方向發展。

規則與方法簡介

（一）運動員在半場內任何一個位置和從任何一個角度運球起動，按正常步伐騰空扣籃、打板後空中接球扣籃、運球反彈跳起接球扣籃、反扣、正扣、單手扣、雙手扣，以及在空中變換動作或換手扣籃均可，只要是規則允許的動作，不帶球走、不兩次運球違例。

（二）扣籃比賽分為預賽和決賽。預賽每位隊員扣籃3次，以得分高的一次為預賽得分。預賽得分最高的三位參賽者可晉級決賽。決賽中每人有兩次扣籃機會，也只計其中成績最好的一次。

（三）五位專家組成的裁判組對每位運動員的扣籃動作進行技評評分。技評依據彈跳的高度，空中滑行的遠度，動作的難度，完成動作的準確度、力度、伸展度以及美感等綜合評分。滿分10分，參賽者最高可得50分。

（四）比賽採用預賽、決賽方式。預賽採用抽籤分組方式排序。決賽的出場順序則按預賽的成績而定，排名低者先扣。決賽分值高者名次列前。

（五）NBA 的全明星扣籃大賽推舉 6 人參賽，冠軍被稱為「扣籃王」。

三、雙人投籃比賽

雙人投籃比賽是投籃比賽的另一種形式，它將遠投、中投、近投和不同位置、不同角度綜合起來進行投籃比賽。目的是為了推動投籃技術的提高和增加趣味性、觀賞性。

雙人投籃比賽講究技術與合作精神，同時也是一種很好的投籃訓練方法與考評運動員投籃技能的方法。

規則與方法簡介

（一）輪轉比賽法

1. 在半場範圍內，在限制區與三分線內外不同位置畫出七個圓圈，如圖 11-3 所示。

2. 比賽時每隊由一男一女組成，兩人投籃得分之和即為該隊的得分。

3. 比賽開始前，女隊員在①區，男隊員在⑦區。比賽開始，女隊員在①區投籃，自投自搶後將球傳給⑦區的男隊員投籃，男隊員自投自搶後將球傳給跑入②區的女隊員投籃，女隊員自投自搶後將球傳給跑入⑥區的男隊員投籃，依次輪流，共投籃 1 分鐘。①區投中得 1 分，⑦區投中得 3 分，其他各區投中得 2 分。

4. 比賽分預、決賽。預賽得分高的兩個隊進行決賽。決賽分數高的球隊名次列前。

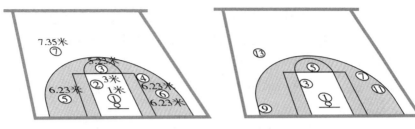

| 圖 11-3　雙人投籃位置示意圖 1 | 圖 11-4　雙人投籃示意圖 2 |

（二）投籃比賽法

1. 在半場的七個圓圈內設定不同的分數，分值分別為 1、3、5、7、9、11、13（圖 11-4）。

2. 運動員可在任意一圓圈內投籃，投籃後自搶，然後將球傳給跑到任一圓圈內的同伴。同伴投籃後自搶，依次進行投籃至 1 分鐘結束。

3. 運動員在哪一圈內投籃，投中即獲得相應的分數，兩人得分之和即為本隊得分。得分高者名次列前。

在美國 NBA 聯賽過程中，有時也安排一些有巨額獎金的各種名目的比賽，比如幸運觀眾比賽、中圈投籃比賽等等，主要是為了使比賽更加豐富、活躍、吸引觀眾。

第六節　其他形式的籃球活動

一、水上籃球

在游泳池的兩端設立籃架，使用適於水上漂浮的特製籃球。比賽雙方各由六人組成，有男有女，女運動員不得少於兩名，不能多於四名。各隊戴不同顏色的帽子，以示區別。

水上籃球比賽在標準的游泳池中進行，籃圈高度距水面 2 米。比賽時運動員坐在一個特製的充氣輪胎上進行傳球和投籃。女隊員投中得 2 分，男隊員投中得 1 分。比賽分為三節，每節 10 分鐘，兩節之間休息 5 分鐘，以投籃得分多少決定比賽的勝負。

這一項目關島非常普及，活動時，運動員既可以享受搏擊水面的樂趣，又可體驗籃球運動的韻味。具有很強的娛樂性與觀賞性。

二、無板籃球

在東南亞的一些國家裏，流行一種無籃板球架。籃圈高度、大小等均與正規籃球架相同，區別在於籃圈背後不設籃板。這種籃球架設在街頭空地或別墅花園、草坪之內，不受場地大小和地面質地的限制。

無板籃球架主要用於投籃比賽，要求投籃盡可能空心入網，滿足人們遠距離投籃命中的娛悅心理，同時也可以培養運動員投籃的準確性。

這項運動在英國等一些歐洲國家女子中學裏非常流行。球場長 30 米，寬 15 米。球場兩端有一個半徑為 5 米的半圓，是投籃區。立柱高 3 米，頂端有一直徑 38 釐米的圓形籃圈。比賽雙方各有 7 名隊員，每名隊員的活動範圍和職責都有限制，球只能在球員間傳遞，不得持球前進。每場比賽分為 4 節，每節 15 分鐘。也可以分為兩節，每節 20 分鐘。

三、荷蘭式籃球

荷蘭式籃球球場長 90 米，寬 40 米，分中場和各方的後場三等分。籃圈裝在一根高 3.5 米的柱頂，用柳枝和藤條編

成。由底線中點向場內 14 米的地方有一罰球點。

比賽每方有 12 人，6 男 6 女。

規則規定：盯人和攔截球時只能在同性之間進行，不準有任何身體接觸。另外，球在手中既不能拿著走，也不能像籃球那樣拍著走，只能及時傳給隊友。當一方在自己後場犯規時，對方將在罰球點上直接投籃。

一場比賽為 90 分鐘，分為上、下半場。

四、冰上籃球

冰上籃球於 1985 年出現在英國。每場比賽分為 4 節，每節 15 分鐘。比賽雙方各出 5 名運動員。

籃圈是個木盒子，吊在場地上方。規則十分的簡單，可以採取任何形式去爭搶，因而運動員經常發生衝撞和擠成一團，場面猶如橄欖球賽。

五、乒乓籃球

乒乓籃球出現在日本。球臺長 1.2 米，寬 0.6 米，網高 8 釐米。在臺面中間線的兩端，各設置一個帶網的籃圈，圓孔直徑為 10 釐米。

比賽採用三盤兩勝制，使用普通的乒乓球拍和乒乓球。規則類似乒乓球運動，每進一球得 1 分，先獲 11 分者為勝。不同於乒乓球的是，發球不用球拍，而是用不拿拍的手將球拋在自己一側的臺面上，讓球越過球臺，進入對方臺面，球在無彈跳的情況下直接打入對方的籃圈內，一次可得 2 分；球拍和身體任何部位在球臺上方觸及到對方打來的無彈跳球為犯規，判罰 2 分，其他犯規判罰 1 分。

思考題：

1. 多種形式的籃球比賽具有哪些特點？
2. 簡述開展小籃球活動時應注意哪些問題。
3. 簡述三人制籃球比賽的特點。
4. 你瞭解和知道還有哪些形式的籃球比賽活動？

第十二章

籃球遊戲理論與方法

內容提要：

本章主要闡述了籃球遊戲的特點、功能；設計及創編原則，組織遊戲教學的程序、手段與要求，並介紹了不同類別的籃球專項內容活動性遊戲的方法，以利培養學生對學習籃球運動的興趣，提高籃球教學課程的水準和人才培養的品質。

第一節　籃球遊戲的基本理論

一、籃球遊戲的特點

籃球遊戲除了具有體育遊戲和籃球活動的一般特點外，還有其自身所固有的特點，即目的性、娛樂性、競爭性、可變性和趣味性。只有認識和瞭解了籃球遊戲自身的特點和規律，才能充分發揮其應有的作用。

(一)目的性特點

籃球遊戲是一種有意識的活動行為，其主要目的是為了增強體質和提高技能。

不同的遊戲其側重點不同，有的側重提高籃球專項素質和技能；有的重在發展體力和智力；有的是為了提高心理素質和道德品質；有的側重於調節情緒和狀態。此外，籃球遊戲還具有合理安排運動負荷的作用。

(二)娛樂性特點

籃球遊戲由於本身的趣味性、休閒性，可使人們在輕鬆愉快的氣氛中調節情感、娛樂休閒；開展趣味性的競爭，可使人們在不知不覺中愉悅精神，領悟籃球運動的精髓，從而吸引了不同人群參與籃球活動，這就是籃球遊戲的魅力所在。

(三)競爭性特點

籃球遊戲與其他體育活動內容一樣，同樣具有競爭性，但它與競技體育的競爭有所區別。競技體育的競爭是一種在

統一嚴格的規則制約下，強者的競爭，只有體能好、專項技術和戰術水準高的運動員，才可能在競爭中獲勝。競爭的內容可以隨意變通，可以比體能、技能、智力，比與同伴協作的能力，比集體的力量，比應變能力，因此出現的結果也是多種多樣的。

籃球遊戲的這種競爭性，可以使弱者有成功獲勝的可能，給強者提出新的挑戰。只要全力以赴，參加者就有奪標的希望。在遊戲中可以更好地挖掘人的潛力，各顯神通。

籃球遊戲在爭勝過程中，以量化（數量、品質、快慢節奏）為指標決定勝負，所以籃球遊戲不僅能提高參與者的活動能力，還能培養思維、創造、應變能力和進取精神。

(四) 可變性特點

籃球遊戲的活動方法、動作路線、主要規則可以根據參加者的實際情況有不同的設計與變化，場地器材也可以根據實際情況選用。

遊戲中的動作，可以根據參加者的具體情況和不同要求作相應變化，可以是正常的跑、跳、投；也可以是變異的各種跑、跳、投；可以徒手進行，也可以採用籃球及各種輔助器械；可以提出嚴格的動作規範，也可以淡化動作規範，這與競技籃球嚴格的技術規範形成了鮮明對比。

籃球遊戲中的路線，可以根據參加者具體情況和不同要求作相應的變動，可以是直線、曲線也可以是弧線、螺旋線；可以一次直接到達終點，也可以幾個人接力到達終點或一個人數次往返。

籃球遊戲中的規則，不需過分精細，只需有幾條主要規則即可。規則可根據籃球遊戲的目的，對活動的路線作不同

限制，能產生不同的遊戲效果。籃球遊戲對場地器材要求極低，可以根據實際情況因地制宜。

(五)趣味性

籃球運動本身就是由遊戲發展而形成的，趣味性是籃球遊戲的顯著特徵。由於籃球遊戲是參加者自由選擇的活動，所以參與者能輕鬆、自由、平等地參加活動，從而獲得自由表現的機會，把注意力集中於活動過程的樂趣上，使參與者擁有一種輕鬆愉快的心境。

籃球遊戲的變通性使遊戲的創編更具靈活性，從而賦予遊戲具有引人入勝、精彩紛呈的色彩。籃球遊戲過程中的隨機性、偶然性，會使遊戲參加者產生濃厚的興趣和出乎預料的愉快成分，滿足人們情緒、情感上的需求，產生愉快的情緒體驗，使人情趣倍增。

二、籃球遊戲的設計和選擇原則

設計和選擇籃球遊戲時，應注意貫徹針對性、科學性、合理性、教育性、安全性和創新性等原則。

(一)針對性原則

籃球遊戲的設計和選擇應注意針對性以提高趣味性，可以根據本次教學和訓練的目的和內容，有針對性地設計和選擇遊戲的內容、方法、規則，還可以針對不同的教育目的，有針對性地設計和選擇不同的籃球遊戲。

(二)科學性原則

籃球遊戲所設計和選擇的內容、方法，可以根據課的密

度、強度進行科學的安排，也可以根據需要安排大強度和小密度或小密度和大強度等籃球遊戲。

(三)合理性原則

籃球遊戲在時間、內容和方法上可以根據需要安排。可在準備活動（熱身）後、課的基本部分、課的結束前進行，以活躍課堂氣氛和調動參與者參與籃球教學與訓練活動的積極性，提高和增強籃球專項素質。

合理地安排籃球遊戲的內容方法，才能體現籃球遊戲的價值，達到預期的效果。

(四)教育性原則

開展和組織籃球遊戲，應重視培養參與者的道德品質、頑強作風、團結友愛和集體主義精神，以及自覺約束自己行為的能力。因此，設計和選擇籃球遊戲時，必須注意教育性原則。

(五)安全性原則

籃球遊戲所使用的場地一般是平整的籃球場，使用的器材大都是籃球、標誌杆等，一般說能夠保證參與者的安全。但是，在設計某些針對性強的遊戲時，一定要注意貫徹安全性原則。

(六)創新性原則

籃球遊戲是隨著籃球運動的發展而不斷發展和創新的。隨著籃球運動的不斷發展、創新，設計和選擇籃球遊戲也應重視將籃球專項技術、戰術的內容有機地融入遊戲之中，使

遊戲更受參與者的喜愛。

三、籃球遊戲的組織和教法

籃球遊戲應根據課程內容的具體要求，制定採用的遊戲內容和步驟，同時還應根據參與者的年齡、身體狀況、技術掌握的程度、氣候和季節、場地和器材條件等具體情況，有目的、有計劃地組織教學。

籃球遊戲的組織和教法，是做好籃球遊戲的重要保證。為了達到遊戲的目的、提高遊戲的教學品質、完成教學任務，應從課前的準備、作好預案、講解示範、進行分組和確定領頭人等方面認真考慮。

(一)課前準備

1. 備課

上課前對籃球遊戲的內容、方法、要求和規則等，要做細緻的準備，特別是對遊戲中技術動作的規格和規則要作認真的研究，仔細推敲。

不同類型籃球遊戲都具有獨特的性質，只有保證遊戲的品質，才能達到遊戲的目的，取得預期的效果。

2. 準備場地和器材

遊戲前應畫好場地線，如圓圈、起點線、終點線等。上課前應認真清點遊戲器材，如球、標誌杆、實心球、彩旗等。如果準備不充分，不僅會影響參與者的積極性，而且會直接影響遊戲的效果。

(二)作好預案

科學合理地作好預案，可以保證遊戲的順利進行，例如

在組織快速追逐、躲閃、投擲等籃球對抗遊戲時，應該預見可能發生的問題，就應該遠離固定器械、牆壁和窗戶，以免發生意外。

(三) 講解示範

1. 講解示範要簡明扼要，條理清晰。講解示範時要做到能夠使參與者聽了、看了就懂得怎樣做。對遊戲中的一些特殊規則要講解清楚，以免參與者做遊戲時出現不應有的失誤。

2. 講解時注意調整好參與者的隊形。組織者應根據遊戲的內容和方法、要求合理佈局，隊形要有利於全體參與者聽講和觀察比賽場地，注意在比賽時，後面參與者因看不到比賽情景而移動位置，隊形就亂了。

3. 講解時語言要生動簡明，示範要準確簡練。兒童、少年的特點是活潑好動，模仿能力強，不喜歡長時間的等待，組織者講解時要啟發參與者的形象思維，邊講邊示範，或讓參與者示範，組織者講解說明。透過講解和示範使參與者明確遊戲的目的、任務、要求和規則等。

(四) 合理分組和確定領頭人

做遊戲時合理分組和確定領頭人，對遊戲的效果和遊戲的氣氛起著重要作用。

一些競賽性籃球遊戲，參與者對勝負的競爭往往超過對遊戲內容的關注。如果組織者在分組時忽視了各組人數、實力以及男、女生平均分配等，參與者往往會因對遊戲的結果有意見而影響遊戲的效果。領頭人對每組能起到組織和鼓動的作用。

第二節　常見籃球遊戲示例

根據籃球運動技術分類，籃球遊戲可分為移動、傳接球、運球、投籃、持球突破、籃板球、搶斷球、快攻、專項身體訓練等不同類型。

一、移　動

(一)反應追逐

【目的】改善學生靈敏性及提高快速起動能力。

【場地器材】籃球場 1 塊。

【方法】學生分成甲、乙兩隊，雙方在中線面對面站立，相距 2 米。學生根據教師的手勢或信號做起動追逐。如教師發出「單數」信號，則甲追乙；如發出「雙數」信號，則乙追甲。在追至端線前拍擊到對方為勝，超過端線後追上無效（圖 12-1）。

【規則】看信號起動，追逐路線為直線，以跑出端線為勝，在場內被拍擊者為失敗。

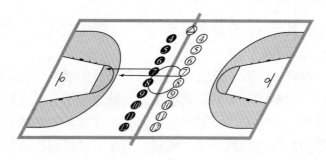

圖 12-1

【建議】如果場地端線外區域受限，可規定跑過罰球線後追上無效。

二、傳接球

(一)傳接球觸人

【目的】提高學生快速傳接球的能力和躲閃的靈活性。

【場地器材】籃球場地或平整的空地 1 塊，籃球 1 個。

【方法】學生分散在場內任意跑動，指定兩人傳球。在不准走步、運球的情況下，傳球人透過傳接球去追逐並及時用球去觸及場上跑動的人。被觸到者參加到傳球人的行列，最後看誰沒被觸到（圖 12-2）。

【規則】

（1）徒手者不准超出規定的場地線，否則算被觸到。

（2）傳球人只能持球去「觸及」徒手者，傳球到徒手者身上無效。

【建議】

（1）可根據學生人數的多少決定開始時的傳球人數。

（2）開始時可只在半場內進行，以後隨著傳球人的增加

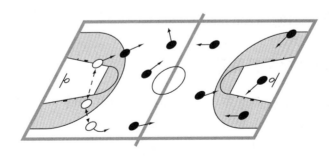

圖 12-2

可擴大至全場。

（3）還可根據學生的水準規定傳球方式如反彈傳球等。

（二）傳球比賽

【目的】提高學生擺脫接球及快速傳球出手能力、迅速觀察判斷能力和擴大傳球視野。

【場地器材】籃球場 1 塊，籃球 1 個。

【方法】將學生分成人數相等的兩隊，在中圈跳球開始進入攻防。進攻隊在全場範圍內互相傳，並大聲報出傳球次數，不得運球，不要投籃，球在每名隊員手中停留時間不能超過 3 秒鐘；防守隊做全場緊逼防守。球出界或進攻隊員 3 秒鐘內不能將球傳出，即由對方擲邊線球開始進攻。24 秒鐘為一局。可連續比賽若干局，以單局傳球次數多者為勝。

【規則】

（1）持球者不得運球和在手中停留超過 3 秒鐘。

（2）學生接到球時，教練員在場外要大聲報時間：「1秒」「2秒」「3秒」，報到 3 秒時，鳴哨判違例，由對方進攻。

（3）不准兩名進攻者之間來回傳接球。

三、運　球

（一）相互打運球

【目的】提高學生快速運球中控制球和身體平衡的能力。

【場地器材】籃球場 1 塊，籃球若干個。

【方法】每人一球，在 2 分投籃區內，聽哨聲後，開始相互打掉其他人的球，又要保護好自己的球。自己的球被別

人打出 2 分投籃區為失敗 1 次。在規定時間內（1—2 分鐘）球出 2 分投籃區的次數少者為勝。

【規則】

1. 要抬頭觀察，不能只顧追別人、逃避追擊，不能拿球去打別人的球。

2. 只能在規定的球場內進行，球出 2 分投籃區為失敗 1 次。

(二)運球抓人

【目的】提高學生運球技術和快速反應能力。

【場地器材】籃球場 1 塊，籃球若干個。

【方法】在半場內，兩人一組，左右站立。全隊成圓形，每人一球，在原地運球。教師可令一組參與者首先做追捕練習。一名學生為追捕者，另一名為被追捕者。在追捕過程中，被追捕者可利用其他人做屏障進行躲閃，也可貼在某一組一側人的身側，這時另一側的人變為被追捕者。追捕者拍擊到被追捕者身體的某一部位時（除頭部外）即為追上。追捕者和被追捕者交換追捕，遊戲繼續。

【規則】手中無球或拿球（未運球）抓到被追捕者無效。

四、投　籃

(一)五點投籃追逐賽

【目的】給學生施加心理壓力，提高投籃命中率，改進投籃技術。

【場地器材】籃球場 1 塊，籃球若干個。

【方法】如圖 12-3 所示，學生成一列橫隊，位於端線處

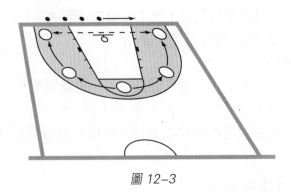

圖 12-3

站好，按 5 個點依次進行投籃，採用原地投籃或跳起投籃均可。率先完成 5 點投籃者為勝。

【規則】每點投中後方可輪轉到下一點，當後面的學生超過前面的學生時，前面的學生則被判罰下。

(二)運球上籃比賽

【目的】提高學生快速運球上籃技術和行進間投籃的準確性。

【場地器材】籃球場 1 塊，籃球兩個。

【方法】把學生分為人數相等的兩隊，分別成縱隊站在球場兩端線後方，排頭各持一球。遊戲開始，兩隊從排頭起依次快速運球到前場做行進間投籃，投中後再運球返回到後場籃做行進間投籃，投中後把球傳給下一人做，直到全隊做完，速度快的一隊為勝。

【規則】

1. 行進間投籃不中，可以籃下補投，直至投中。

2. 必須投中才能返回或把球交給下一人繼續做，否則所投無效，罰其重做 1 次。

3. 兩次運球或帶球走，返回中線後重做 1 次。

【建議】

1. 可根據實際情況規定或不規定投籃動作。

2. 可根據實際情況規定是否必須投中才能返回。

3. 可根據規定時間內上籃，以投中次數多的隊為勝。

4. 可以下列上籃動作為規定的投籃動作：行進間單手高手上籃；行進間單手低手上籃；行進間跑投；籃下急停跳投；中距離跳投和各種方式的左手上籃等。

五、持球突破

(一)大打小、小打大比賽

【目的】熟練各種突破的運用時機和方式。

【場地器材】籃球場 1 塊，籃球 2 個。

【方法】如圖 12-4 所示，把學生分為人數相等的甲、乙兩隊，大個為甲隊，小個為乙隊，兩隊各出一人進行攻守對抗，甲₁進攻，乙₁防守。甲₁把球交給位於中線附近的組織者△後，利用快速步法移動擺脫乙₁的防守，接組織者△傳出的球後面對乙₁突破上籃；防守者則努力防守對方突破得

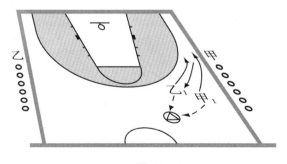

圖 12-4

分。若進攻成功則進攻隊得 1 分，反之則防守隊得 1 分。然後雙方換另一人進行同樣的對抗，直到兩隊每人都輪 1 次。最後計算雙方得分，得分高的隊為勝。

【規則】

1. 只能用原地持球突破動作，若用其他動作（例如接球跳步急停突破）即為犯規。

2. 兩人互換時只有接到球才能起動，否則為犯規。

3. 凡犯規或違例者，必須在最後重做 1 次。

(二)連續突破上籃

【目的】提高學生在快速移動和模擬對抗中突破上籃技術的運用能力。

【場地器材】籃球場 1 塊，籃球 4 個。

【方法】以球場的縱軸為界，把球場分為兩個半區，把學生分為三人一隊，站位如圖 12-5 所示。首先由甲隊與乙隊對抗，兩隊各佔用半側球場。

遊戲開始，甲、乙兩隊同時進行：持球的甲₃（乙₃）迅速運球起動，在越過中線後把球傳給甲₂（乙₂），甲₂（乙₂）接球後，把球回傳給甲₃（乙₃），甲₃（乙₃）在甲₂（乙₂）前

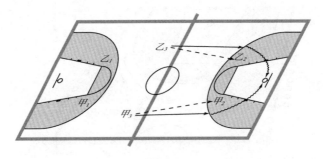

圖 12-5

做跳步急停接回傳球突破上籃。返回時甲₃（乙₃）不管投中與否，都自搶籃板球並把球傳給向外拉的同伴甲₂（乙₂），甲₂（乙₂）迅速向另一籃運球推進，在越過中線前把球傳給甲₁（乙₁），再接甲₁（乙₁）的回傳球做跳步急停突破上籃。甲₂（乙₂）搶籃板球傳給甲₃（乙₃）。如此反覆進行，直到規定時間到，計算雙方三人累加的投中次數，投中次數高的隊為勝。然後換另兩隊進行同樣的比賽。

【規則】

1. 運球時必須在越過中線前傳球出手再接回傳球做突破，否則投中無效。

2. 在運、傳、投中兩次運球或走步上籃無效。

【建議】

1. 可根據實際情況把跳步急停突破改為接球急停轉身突破。

2. 此遊戲參加人數不宜太多，以每隊 6 人為宜。如果參加人數多，可分為幾個隊，採用淘汰制或「打擂臺」進行對抗。

六、籃板球

(一)搶3分比賽

【目的】提高學生轉身搶球和籃下強攻能力。

【場地器材】籃球場 1 塊，籃球 1 個。

【方法】如圖 12-6 所示，三人一組在籃下背對球籃站立，教練員投籃後④⑤⑥三人立即轉身搶籃板球（包括投中的球），搶到球的學生立即投籃，未搶到球的立即防守。如此投籃、搶球、防守連續進行。投中一球得 1 分，先得到 3 分的為獲勝者。

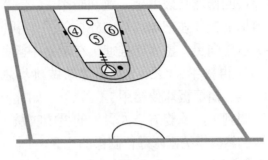

圖 12-6

【規則】兩名防守參與者積極防守，可做輕微的推、拉、撞等對抗動作，但不允許有大的動作，否則扣 1 分。

(二)搶籃板球比賽

【目的】提高搶籃板球技術和快攻一傳能力。

【場地器材】籃球場 1 塊，籃球 1 個。

【方法】將學生分成 3 人一組的若干組，每次由兩組 6 人做遊戲，教師站在罰球線處投籃，兩組各 2 人共 4 人分別站在分位線上搶籃板球，兩組的另一人在中線處準備接應（圖 12-7）。當教師拋球打籃板時，分位線上的 4 人迅速拼

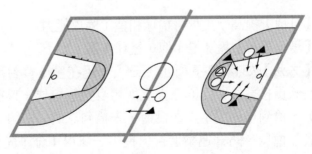

圖 12-7

搶籃板球，搶到球後，立即傳給中線外的本組接應者，完成的得 2 分，被對方斷到球要倒扣 1 分。

【規則】

1. 按籃球規則執行，不可違例，如走步等。

2. 搶到籃板球後，只能運 1 次球。

3. 球未傳出中線時，無球方可以進行搶斷，但不能犯規。

【建議】

可規定搶到籃板球後，在 5 秒鐘內球必須過中線，為快攻的成功打好基礎。

七、搶斷球

(一)原地搶球

【目　的】體會原地搶球手法。

【場地器材】籃球場 1 塊，籃球若干個。

【方法】把學生分成人數相等的兩個隊，面對面站立，每兩人一組一球，雙方同時握住球，當教師鳴哨後，兩人立即進行搶球，搶到一次得 1 分。比賽若干次，得分多的一隊為勝。

【規則】

1. 持球時，兩手只能在球的兩側，不能手臂將球抱住。

2. 可採用拉搶、轉搶等動作。

(二)傳、斷球

【目的】體會斷球時機及提高手腳的協調配合能力。

【場地器材】籃球場 1 塊，籃球若干個。

【方法】把學生分成 5 人一組一球，攻方 3 人站成三角形，相距 4 米左右，相互傳球。防守者兩人站在三角形內進

行斷球，斷球到手、觸擊到球或進攻者傳接球失誤，失誤者轉為防守者，遊戲繼續進行。

【規則】

1. 外圍三個傳球人不得放大相互間的距離。

2. 可用任何方式傳球，但球在手中停留不得超過 5 秒鐘，不准運球。

八、專項身體素質

(一)力量素質

推小車

【目的】發展學生上肢力量和耐力，提高身體的協調性，培養團結友愛的精神。

【場地器材】籃球場 1 塊。

【方法】把學生分成人數相等並為偶數的甲、乙兩隊，各隊「1、2」報數，兩人一組分前後站在端線後。如圖 12-8 所示，各隊數 1 者兩手撐地，數 2 者將數 1 者兩腿抬起扶於

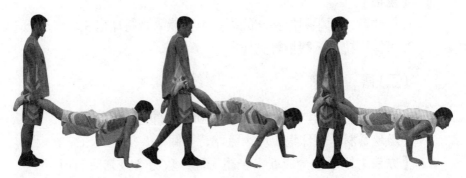

圖 12-8

身體兩側。教師發令後，數 1 者雙手交替支撐前進，數 2 者在後面將數 1 者「推」到中線，兩人交換。數 1 者再以同樣方法把數 2 者從中線「推」回到端線。然後站到排尾，先到者得 1 分。各隊第二組的遊戲者聽到教師口令後繼續進行，其他各組依此類推。以積分多者為勝。

【規則】支撐前進的遊戲者，兩手必須超過中線或端線後，才能與對方交換。

【建議】根據學生的身體狀況，可增加推車的距離。

(二)耐力素質

跑跳跟進

【目的】提高人體有氧代謝水準。

【場地器材】籃球場 1 塊，籃球兩個。

【方法】把學生分成 3—10 人為一隊的兩隊，分別成縱隊站立於籃板下左、右側，兩隊排頭各持一球。遊戲開始，兩隊排頭把球擲向籃板，隨即原地跳起在空中接球，並把球再次投向籃板，其後一人跳起在空中接從籃板上反彈出來的球再把球投向籃板，其他人重複同樣動作，每個人擲完後回到本隊隊尾，先到 30 次的隊為勝。

【規則】

1. 必須跳起連續在空中將球碰板才有效，否則取消已累加的次數，重新計算該隊跳起打板碰板次數。

2. 不能落地，否則取消已累加的次數，重新計算該隊跳起托球碰板次數。

【建議】

1. 可把兩隊分列於兩端籃板下同時進行，碰板次數可為

30—60次。

2. 為提高遊戲強度，可在球場另一端設一標誌物，凡打板後必須跑步繞過標誌物後方能回到該隊隊尾。

(三)彈跳素質

雙腳跳接力

【目的】提高學生跳躍能力和動作的協調性。

【場地器材】籃球場1塊，跳繩若干根。

【方法】將學生分成人數相等的兩隊，分別成縱隊站在籃球場的端線外，排頭持繩做好準備。聽到口令後，雙腳跳繩到前場端線然後返回，把繩交給第二人者，第二人按同樣方法進行。兩組都完成後，以速度快慢分勝負。

【規則】

1. 只許雙腳跳，不許單腳跳。

2. 交繩必須在端線以外。

【建議】

1. 如器材允許，每人一根跳繩。

2. 可採用其他跳法或幾種跳法結合進行。

(四)柔韌素質

「鬥雞」

【目的】發展學生柔韌性和協調能力。

【場地器材】籃球場1塊。

【方法】如圖12-9所示，兩人一組，都用右手在背後握住後屈的右腳腳背，只用單腿支撐。左臂屈肘貼住身體，用

圖 12-9

合理衝撞的方法，在規定的時間內把對方撞出圈外，或者使對方握腳的手脫開，並且使懸空的腳觸及地面為勝。

【規則】

各組之間不要亂撞，允許做假動作、躲閃動作等，握腳的手脫手而腳沒有觸及地面，允許重新握住，不算失敗。主要用肩部、軀幹、腿部進行衝撞。

【建議】

組織大家熟悉幾次再正式做，時間不宜太長，兩腿輪換練習。握腳的方法可以變化，例如用左手握左腳等，但不允許在體前提腳，以避免發生傷害事故。

思考題：

1. 試述籃球遊戲在籃球教學中的特點、功能和作用。

2. 你在籃球教學訓練中如何運用籃球遊戲作為教學手段？

3. 籃球遊戲的設計創編原則是什麼？

4. 簡述籃球遊戲課程的組織與教法。

5. 請從中學籃球教學實際出發，圍繞傳接球、運球、投籃各編寫出一個遊戲。

第十三章

NBA 與 CBA

內容提要：

　　本章從歷史的角度追溯了美國籃球職業化的起因和 NBA 的發展歷程，分析了中國籃球職業化開創背景；分別介紹了 NBA 和 CBA 的組織管理、經營開發、主要的政策法規制度、競賽體制以及後備隊伍的培養。

學習籃球運動不能不瞭解 NBA 與 CBA，因為 NBA 是世界上運作最為成功的職業體育組織之一，是當今世界最高競技運動水準的職業籃球聯賽；CBA 則是中國自己的籃球組織，自己的職業籃球聯賽。

如今 NBA 風靡全球，聲名如日中天；而 CBA 品牌的美譽度也在不斷增加，聯賽在完善中穩步向前推進。

第一節　NBA 的發展概況

一、NBA 的歷史演進

(一)美國籃球職業化的起因

20 世紀 40 年代，第二次世界大戰終於結束，在這次世界大戰中，作為戰勝國的美國，利用戰爭大發橫財，從中獲得了巨大的利益，加快了國家工業化的進程，也迎來了經濟的繁榮。

人們需要娛樂和體育，一來希望借此釋放因久歷戰爭而造成的壓抑；二來想把他們在戰時積攢的錢花出去，娛樂和體育成為當時人們新的消費熱點。

而那時除職業棒球稍具規模外，職業冰球、職業美式橄欖球、職業拳擊和賽馬並不能滿足人們的需求。體育館除進行冰球比賽外，常常閒置。

在這樣一個社會背景下，作為這些體育館和冰球館的老闆們以其敏銳的商業眼光發現了這一問題，於是這些經營體育市場的行家們迅速對當時的競技運動項目和市場進行了分析，他們發現大學生籃球聯賽非常紅火，可是成立於 1937 年

的「NBL」的球隊多集中在美國中西部的中、小城市，於是他們決定在大城市投資建立職業籃球隊，成立一個職業籃球聯盟。

1946 年 6 月 6 日，是職業籃球史上值得紀念的日子，由波士頓花園球館的老闆沃爾特・布朗和克里夫蘭隊的老闆艾爾・薩林芬挑頭，共 11 家冰球館老闆在紐約的「艦長飯店」裏召開會議，決定成立一個新的全國性的職業籃球聯盟 BAA（全美籃球協會，Basketball Association of America，即 NBA 的前身）。這次會議還選出了當時的美國冰球協會主席，來自紐黑文的律師普多洛夫為第一任總裁。

會後，經過 4 個月的籌畫和組建，於 1946 年 11 月 1 日，BAA 第一場比賽終於在加拿大的多倫多市舉行，拉開了美國籃球職業化的序幕。

值得一提的是，BAA 誕生和以往成立的籃球聯盟有著一些明顯的不同：

1. BAA 籃球聯盟是一個全國性的籃球組織。

2. 所有 11 支球隊的老闆都擁有自己的體育館。

3. BAA 的聯賽借鑒了當時冰球聯賽的賽程安排，球隊分成東、西兩大聯盟，然後再按地理位置分成若干賽區。

4. BAA 的隊員都是來自於大學畢業的籃球選手。在球迷心目中，大學聯賽是最「乾淨」、最「公平」的比賽，故深得人心。

5. BAA 設計了一套新的規則，如一場比賽 48 分鐘，分成四節，每節 12 分鐘；個人犯規滿 6 次罰下場，只允許採用人盯人防守，不允許區域聯防等。

此外，BAA 發起人之一布朗先生提出了新的職業籃球理念：

其一，球隊的擁有者，必須具有一定規模的資產。他認為如果沒有雄厚的財力，就無法保證運動員的高收入；沒有高收入，為生計所困擾的運動員就無法保證全身心投入訓練和比賽；沒有聯賽的高水準就吸引不了觀眾，從而就會影響球市的發展。

其二，運動員必須和俱樂部簽訂嚴格的合同，而且只能和一家俱樂部簽約。聯賽還要建立運動員儲備制，以防現役球員受傷或者因故無法參賽時，球隊的整體實力不受太大影響。

(二)NBA的發展歷程

NBA 的發展並不像人們預想的那樣一帆風順。幾十年來，它在聚合與離散、衝突與妥協、競爭與磨合中艱難地生存與發展，一步步走向成熟。

1946—1947 年，BAA 開始了它職業聯賽的第一個賽季。第一個賽季後，有 4 支球隊宣佈解散。創建時的 11 支球隊還剩下 7 支，為了使聯賽能繼續下去，BAA 從當時的另一職業聯盟 NBL 中拉來了巴爾地摩的一支球隊，與此同時不得不壓縮比賽的規模，由原先一個賽季的 60 場比賽壓縮至 48 場比賽。出師未捷，這無疑給投資聯賽的老闆們潑了一盆冷水。可以看出，當時美國職業籃球的資源處於一種分散狀態。

畢業於耶魯大學、律師出身的 BAA 第一位總裁普多洛夫精明過人，他說服聯盟中的老闆們，果斷地將 NBL 中擁有眾多球迷的超級明星喬治‧邁肯挖了過來；同時他又四處遊說，成功地將 NBL 的 4 支球隊「策反」到 BAA 中。

1948—1949 賽季，BAA 的參賽球隊增加到了 12 支。隨後，BAA 又吞併了 NBL 剩下的 6 支球隊。為了避免可能引起的法律糾紛，BAA 正式改名為 NBA（National Basketball Association）。

合併後的聯盟賽制，規則均是 BAA 的繼續。1949—1950
賽季，NBA 的 17 支球隊分成了 3 個賽區。NBA 終於擺脫了
危機，開始了它新的發展歷程。

然而，在 BAA 與 NBL 合併改名為 NBA 之後，美國的職
業籃球並沒有就此蓬勃發展，1949—1966 年，在近 20 年的
時間裏，進展緩慢。

儘管 60 年代後湧現出了拉塞爾和張伯倫兩位巨星，但比
賽的整體觀賞性不高，整個賽季也很少電視轉播，在激烈的
市場競爭中，遠不如職業棒球和職業橄欖球。到了 1966 年，
NBA 僅剩下 10 支球隊在困境中堅持。

1967 年 2 月 2 日，美國又一個職業籃球聯盟──ABA
（美國籃球協會 American Basketball Association）成立。從
此，ABA 與 NBA 展開了競爭。由於 ABA 和 NBA 雙方對籃球
人才的競爭，使球員的身價不斷攀升，經過 9 年的對抗之
後，雙方都對被哄抬起來的合同價格難以承受，到了 1975—
1976 賽季，ABA 已經難以堅持，只好宣佈解散，其中 6 支球
隊經過協商，被 NBA 接收，大量的如「J 博士」朱利斯・歐
文、摩西・馬龍等籃球好手湧入 NBA，一時間 NBA 呈現出前
所未有的群星爭輝的局面。至此，NBA 球隊增加到了 22
支，並吸納了 ABA 許多關於管理、行銷、包裝球員、比賽規
則等好的做法。NBA 終於完成了對美國職業籃球從人才、資
金到市場行銷的全部壟斷。

在經歷了競爭、磨合、完善、整合之後，NBA 進入了 80
年代的穩步發展階段。80 年代的 NBA，人才輩出。80 年代
初，NBA 迎來了兩位全美大學籃球明星：一位是黑人後衛
「魔術師」埃文・約翰遜；另一位是白人前鋒「大鳥」拉

里‧伯德。這兩位新秀，技術全面，各有特長，有著對籃球運動同樣深刻的理解。

「魔術師」約翰遜司職控球後衛，在場上指揮若定，傳球神出鬼沒，2.06 米的身高，使他在必要時還可以擔綱前鋒和中鋒的角色。和約翰遜有著同樣身高的「大鳥」伯德，司職前鋒，有著足以和「魔術師」媲美的傳球技巧，更有一手「百步穿楊」的三分球功夫。伴隨著他們的加盟，NBA 拉開了 80 年代黃金歲月的序幕。

從 80 年代初期開始的湖人隊、凱爾特人隊和費城 76 人隊的「三國」鼎立，到中期湖人隊與凱爾特人隊的兩強對峙，歐文、賈巴爾、約翰遜、伯德等 NBA 群星薈萃，比賽精彩紛呈。特別是約翰遜代表的湖人隊與伯德代表的凱爾特人隊長達近十年的競爭，上演了一幕幕扣人心弦的「黑、白雙雄會」。

他們全面的技術、高超的技巧、出神入化的配合，不僅改變了 NBA 傳統的位置概念，豐富了技、戰術打法，也提高了比賽的觀賞性。他們之間由不斷競爭、對抗，提高了技藝，並結下了深厚的友誼，體現了體育的精神本質，這些都被後人傳為佳話。

在緊張的比賽對抗中，他們不僅表現出了精湛的球技，堅韌、頑強的意志品質，更展現出了良好的職業道德風範，他們將籃球比賽帶入了一個藝術境地。他們給廣大球迷（特別是對青少年）的不僅是一種精神享受，更是一種教育。加上媒體對「魔術師」和「大鳥」的宣傳，使 NBA 的魅力迅速上揚，為日後 NBA 走向全世界奠定了基礎。

到了 80 年代中、後期，隨著喬丹、奧拉朱旺、巴克利、卡爾‧馬龍等新生代球星的加盟，NBA 更加生機盎然。他們

不僅以極富創造性的個人機動進攻打法和刻苦敬業精神，把籃球運動的技、戰術提前推向了一個新的高峰，而且使籃球比賽變得簡潔、流暢、充滿激情、富有韻味，使觀眾完全陶醉在他們的表演中。

特別是天才球星邁克·喬丹更是脫穎而出，他在球場上表現出的捨我其誰的領袖氣質、全面近乎完美的技術、超人的身體素質、匪夷所思的創造性即興發揮，向人們展示了 NBA 的全部內涵，其魅力傾倒了全世界無數球迷。

90 年代初，喬丹率領公牛隊三次蟬聯 NBA 總冠軍，成為 NBA 史上第三支獲此殊榮的球隊。從 1995 年開始，他再一次率領公牛隊三次蟬聯了 NBA 總冠軍，更是演繹了當今 NBA 的神話。這一代代球星在籃球場上的競競業業和不懈努力，不斷創造出一個又一個 NBA 的新紀錄，他們不僅使 NBA 成為今天世界上最受歡迎的體育運動項目，而且也把 NBA 變成了一項巨大的產業。

進入 90 年代以來，NBA 從一個僅存於北美的職業聯賽，一步步發展成為擁有 30 支職業球隊、眾多國際球員加盟、進行著跨年度長達八個月的聯賽、在全世界擁有著廣大球迷、年產值超過 40 億美元的巨大產業。和職業棒球、職業橄欖球、職業冰球相比，NBA 已成為歷史最短、最為成功的職業體育組織，它已取代棒球，在美國成為職業體育新的霸主和青少年心目中的第一運動。

除了上述歷代球星、教練員的努力外，NBA 今天的輝煌與成就與現任總裁、被譽為 NBA 改革總設計師大衛·斯特恩先生的管理理念與改革有著直接的關係。

斯特恩的理念是：「球員不是聯盟的敵人，而是聯盟的財富；如果沒有天才，籃球將一事無成。」他將這一觀點告

訴每一位球隊的老闆。他有一句名言，即「觀眾永遠不會買票來看老闆們打球」。

NBA 從無到有，從小到大，如果說，是普多洛夫和喬治·邁肯等人將 NBA 挽救於襁褓中，並鞏固了它的話，那麼今日的斯特恩和喬丹等人不僅使籃球運動獲得了飛躍發展，推進了 NBA 的國際化，而且使 NBA 變成了一個巨大的產業，並成功地將其打造成一個如同「好萊塢」式的體育文化品牌。

二、NBA 組織管理、經營開發及政策法規制度

NBA 風雨五十幾載，經過幾代人的努力，目前從組織管理、市場運營、球隊建制、競賽體制、法規保障到後備隊伍的培養，已形成了一套完善的運作體系，堪稱世界職業體育的典範。

(一) NBA的組織結構

NBA 今日的成功，很大一部分要歸功於它合理、完備的組織結構，因為它保證了 NBA 的運行與發展。NBA 的董事會，是由 30 支球隊的老闆或者是老闆指定的代表組成。NBA 中行政權力最高的就是總裁。NBA 的總裁是由董事會聘任，董事會擁有決定權，總裁和總部擁有最高行政權。

NBA 資產公司主要負責 NBA 電視節目的播出和授權產品、銷售情況的監控，以及各地區的公共關係和新聞簡報分發等事務。NBA 電視與新聞媒體公司主要負責電視、電腦和互聯網路，以及電信行業中許多新技術的跟蹤與開發。WN-BA 總部主要負責女子職業聯賽（圖 13-1）。

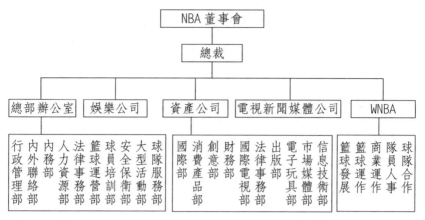

圖 13-1 NBA 的組織結構

(二)NBA球隊的建制

1. 球隊的建制

NBA 每支球隊都有自己的老闆和董事會，董事會是由投資各支球隊的老闆組成，老闆既是球隊的投資者也是球隊的所有者。在 NBA，球隊的投資類型有兩種：一種屬於獨資，即一個老闆單獨投資；另一種是幾個老闆合夥投資，屬股份制。在老闆和董事會之下設有一個類似 NBA 總部的行政機構，分成各個部門，其中總經理和總教練的職權最大，分別負責球隊的經營推廣和比賽訓練。

2. 球隊的組織結構

雖然 NBA 各球隊中組織結構不完全一致，但一般均包含負責行銷、法律、財務和公關、電臺、電視評論的部門（圖13-2）。

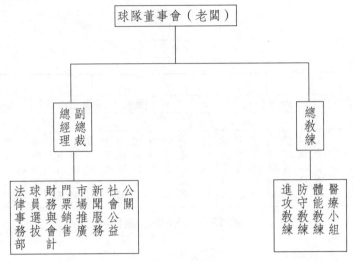

圖 13-2　俱樂部組織構圖

此外，從 NBA 組織結構和人員構成看，無論在總部還是各俱樂部，各種工作人員的數量遠遠超過運動員。

3. 加入 NBA 聯盟應具備的條件

（1）申請人須向 NBA 交納入會費以及電視轉播和相關產品的有關手續費（1995 年這筆費用是 1.25 億美元）。

（2）籃球運動在當地很普及，基礎好、有氛圍。

（3）保證一個賽季三分之二的套票預售。

符合以上申請要求，再由 NBA 董事會投票決定，有四分之三以上股東投贊成票方可通過接收。

(三) NBA的經濟來源

眾所周知，NBA 在獲得了巨大的社會影響同時，其經濟效益也非常顯著。

NBA 總部的收入主要管道是：電視轉播權、贊助商的廣告、授權產品簽約金和球隊管理費四大部分。

　　近年來，NBA 實施全球化戰略，不斷開拓海外市場，在世界多處設有分公司，為包括中國在內的十餘個國家和地區提供國際互聯網站，積極尋找全球合作夥伴，開展 NBA 商品的全球授權等等。NBA 下屬各支球隊的收入主要管道是：門票、NBA 總部經營分成、當地電視臺和電臺轉播權、贊助商的廣告、授權產品使用權五大部分，其中門票收入約占各球隊收入的 40%－60%。

(四) NBA的政策法規制度

　　美國 NBA 職業籃球聯盟從某種程度上說是美國社會發展的一個縮影，其中包含了球隊、球員、資方、聯盟、政府之間的複雜關係，但 NBA 在國會和最高法院的支持下形成了一套特殊的、完善的管理制度和法規體系。

1. 美國職業籃球壟斷性的管理——運動卡特爾（Sport Cartel）

　　美國職業籃球聯盟從本質上講屬於民間機構，由各職業隊的老闆委託一些專家進行管理，代表這些老闆的利益。美國職業籃球聯盟（NBA）對所屬的職業運動隊有較強的控制權和壟斷權，美國商界稱之為運動卡特爾（Sport Cartel），即職業運動聯盟。

　　所謂「卡特爾」係指工業界為某一目標，如限價、限制工資、控制產品、分配訂單等而成立的壟斷組織。因此，實際上美國職業籃球聯盟是「經濟上的合資企業、法律上的合作實體」。

在美國這樣一個崇尚自由競爭的社會，反壟斷法是美國經濟生活中最重要的法律條文之一。但美國的職業體育聯盟實際上控制著職業體育各個方面，它主要從以下幾方面給予包括 NBA 在內的職業體育以「反壟斷豁免」權：

（1）確定職業隊的數量及其合理分佈，以免過分集中，影響經濟效益。

（2）決定運動員的合理分配和流動，使各隊實力大體相當，比賽更加吸引觀眾，同時避免各隊為爭奪運動員而抬高運動員的工資。

（3）確定比賽規則，決定比賽日程。

（4）與全國性的電視媒體談判，出售電視轉播權並分享收入。

（5）就門票等其他收入的分配問題進行協商並制定方案。

2. NBA 獨特的法規制度

（1）選秀制度

為了使各隊實力均衡，NBA 在每年總決賽之後要舉行「新人選秀」大會。其基本原則是：各球隊按照本年度在常規賽中的勝率排名，由弱到強的順序依次挑選，每一輪每個隊只能選一個新人，一般進行 2—3 輪。

（2）轉會制度

轉會制度不僅是 NBA 又一保證各隊實力均衡的重要制度，也是保護球員和球隊利益的重要手段。轉會的形式有兩種：一種是球員合同期已滿，他可以續簽，也可以和新的球隊簽約；第二種是球員合同未滿，球員可以自己提出意向，但轉不轉、轉給哪個隊最終決定權在俱樂部。

（3）限薪制度

　　為了控制球員工資的總量，以免造成球隊之間實力的不平衡。1996 年 NBA 規定了每支球隊的工資總額不能超過2430 萬美元，但同時又規定每支球隊的工資總額下線不得少於封頂額的 75%。儘管對球隊工資總量有限制，但每隊可以有一名自由人工資不受封頂約束的情況，仍然受到 1987 年制定的「拉里伯德」條款保護。

三、NBA 的競賽體制與後備隊伍的培養

(一) NBA的競賽體制

　　競賽是 NBA 的主打產品，按照一切從市場出發的原則，NBA 的競賽體制以其賽制科學、聯賽時間長（從每年 11 月初開始至第二年 6 月中下旬左右結束）而被人稱道。它分常規賽和季後賽兩個階段，具體辦法如下：

　　常規賽：

　　NBA 的 30 支球隊分成東、西兩個聯盟，6 個賽區，一共要進行 2460 場比賽，平均每隊要打 82 場。常規賽季結束後，按照比賽的勝率（勝場數／82）的高低排出東、西部的前 8 名。東、西兩聯盟各分區排名第一的球隊直接進入季後賽；在各聯盟常規賽中，成績最好的另外一支球隊與前面的三支球隊列為前四名球隊，並且成為季後賽的種子隊，與本聯盟各賽區剩餘球隊在常規賽中戰績最好的 4 支球隊捉對比賽。

　　季後賽：

　　首先在東、西兩聯盟內部進行，共 3 輪，採用淘汰制。季後賽每輪都採用 7 戰 4 勝制，3 輪的主客場制採用 2 場主

場—2場客場—1場主場—1場客場—1場主場，常規賽排名較高的球隊多一個主場優勢。3輪過後決出各個聯盟的冠軍代表東西部參加 NBA 總決賽。總決賽採用 7 戰 4 勝制，主客場制採用 2 場主場—3 場客場—2 場主場原則排定，哪支球隊先贏得 4 場比賽便可以贏得 NBA 總冠軍。

(二)NBA後備隊伍的培養

NBA 為什麼能常盛不衰，而且球星輩出，除上述各種因素外，美國伊利諾州大學教授羅伯特‧麥特卡夫先生道出了它的真諦，那就是美國擁有世界上最多的籃球人口和一個最完整和合理的籃球人才培養體系。

美國籃球人才結構如同一個金字塔，塔基是數以百萬計的中、小學生選手，塔身則是數以萬計的大學選手，塔頂則是數以千計的職業選手（包括 NBA 等各種職業和半職業隊中的選手）。而從 NBA 中選出的「夢幻隊」，則可以說是鑲在塔尖上的鑽石明珠。從小學開始到中學直至大學，他們都有各自的訓練系統和聯賽，每一級別的聯賽按照年齡特徵和運動能力所處的階段都制定了不同的競賽規則和競賽辦法，自成體系，各級之間相互銜接，既注重了訓練的系統性，又在頻繁的實戰中得到了磨練。

四、NBA 各支球隊名字的由來

美國 NBA 是世界籃球運動中一朵鮮豔奪目的奇葩，它以其競技化、智謀化和藝術化為一體的精彩絕倫的表演，深深吸引著廣大的中國人。特別是姚明、王治郅和巴特爾先後加入 NBA 後，NBA 在中國更是家喻戶曉，受到眾多籃球愛好者的關注與青睞。但是，有關 NBA 各球隊名字的由來，以及這

些名字後面的故事，對很多人來說可能知道的並不多，因此，以下簡單介紹 NBA 現有 30 支球隊的有關情況。

NBA 分為東部聯盟和西部聯盟，兩個聯盟是以密西西比河為界，密西西比河也是美國傳統上東西部的分界線。

東部聯盟

1. 紐約尼克隊（New York Knicks）

1626 年，最早來到當今紐約市一帶定居的歐洲人是來自荷蘭的移民，他們根據荷蘭城市的名字將這片土地稱為「新阿姆斯特丹」。到了 1664 年，該市被英國人佔領了，重新將它命名為「新約克」，即紐約。而荷蘭的一個姓氏「尼克伯克爾」則成為了一個俗語，用來指那些祖輩是荷蘭移民的紐約人。

在美國歷史上最著名的「尼克伯克爾」人是羅斯福家庭，這一家族出了兩位總統，即希歐多爾·羅斯福（1901—1904）和佛蘭克林·羅斯福（1933—1945）。「尼克」是「尼克伯克爾人」的簡稱（尼克斯是尼克的複數形式）。吉祥物是美國著名黑人導演斯派克·李。

2. 波士頓塞爾提克隊（Boston Celtics）

從 19 世紀 40 年代開始，大量的愛爾蘭移民來到了波士頓，最後，波士頓成為了愛爾蘭人最多的美國城市。約翰·甘迺迪（1961—1963 年任總統）就是出生於波士頓的愛爾蘭裔美國人。

「塞爾提克」一詞表示一種古老的語言塞爾提克語，也表示愛爾蘭（以及威爾士、蘇格蘭）人的祖先塞爾提克人，

該詞紀念了波士頓愛爾蘭裔美國人的傳統。吉祥物是小妖精。

3. 費城 76 人隊（Philadelphia 76ers）

美國大西洋沿岸最初是英國的殖民地。1776 年 7 月 4 日，這些殖民地宣佈獨立，建立了美利堅合眾國，發表《獨立宣言》的會議就是在費城召開的，費城籃球隊的名字紀念了這一歷史事件。吉祥物是 Hip-Hop（有「空中之兔」之稱）。

4. 邁阿密熱火隊（Miami Heat）

1988 年組建，球隊位於四季溫暖宜人的佛羅里達州邁阿密，所以在眾多隊名中選中了「熱火」，既顯示出了邁阿密的氣候條件，又希望球隊能有個紅紅火火、蒸蒸日上的未來。吉祥物是伯尼。

5. 華盛頓巫師隊（Washington Wizards）

「巫師」（英文意為「奇才」「魔術師」）作為隊名沒有什麼特別的意義，該籃球隊在 1997 年之前叫「子彈隊」，之所以改名是因為華盛頓曾經而且現在仍屬於全國暴力犯罪高發地區，考慮到發生在該市的大量持槍犯罪，「子彈隊」這個名字是不大適宜的。吉祥物是巫師。

6. 奧蘭多魔術隊（Orlando Magic）

佛羅里達州的奧蘭多以迪士尼世界樂園最為著名。迪士尼世界樂園的中心是「魔術王國」，該隊的名稱便由此而來。吉祥物是魔術龍。

7. 印第安那溜馬隊（Indiana Pacers）

印弟安納波里斯市以印弟安納波里斯 500 英里汽車賽最為著名，每年都要舉辦 500 英里（805 公里）長的汽車賽。在比賽的某些地段，參賽者都要跟著一輛領跑車，以領跑車的速度往前開（英文領跑車一詞 pacer 也作步行者講，中國人就將其譯成了步行者隊，其實譯成領跑車隊更為準確）。吉祥物是布瑪貓。

8. 底特律活塞隊（Detroit Pistons）

1948 年加入 NBA 時，大本營在福特懷恩，老闆是從事活塞製造業的，「活塞」就成了球隊的隊名。1957 年，球隊遷到汽車城底特律後仍然沿用這個名字。吉祥物是胡伯（一匹馬）。

9. 密爾瓦基公鹿隊（MiLwaukee Bucks）

在北美地區能看到很多白尾鹿，但在威斯康辛州的田野和森林裏尤其多。實際上，白尾鹿還是威斯康辛州的標誌之一。「Bucks」是指這種鹿中的雄性，是唯一能長鹿茸的一種鹿。吉祥物是邦戈（一頭鹿）。

10. 芝加哥公牛隊（Chicago Bulls）

在 20 世紀 80 年代和 90 年代，邁克爾·喬丹使公牛隊成為世界上最知名的美國籃球隊。

在喬丹時代之前的一百年，芝加哥是美國肉類加工業中心。美國中部各個地方的牛都被裝上火車運到芝加哥，並在大型肉類加工廠進行屠宰。雖說如今肉類加工廠大部分已撤出

了芝加哥，但「公牛」這一名字還是讓人回想起那段歷史。吉祥物是貝利（一頭可愛的牛）。

11. 紐澤西籃網隊（New Jersey Nets）

1967 年建隊，當時名字叫做紐澤西美洲人隊（New Jersey Americans）。當時球隊還是屬於另一個聯盟 ABA，它是 ABA 成立時最早的 11 支球隊之一。當時的老闆是 Arthur Brown，球隊輾轉於紐約市區的 6 個不同場館。1968 年紐澤西美洲人隊最終定居在紐約市，改名為紐澤西網隊。

選擇籃網隊的來由非常滑稽，源於當時 Brown 聽信一個記者的建議，認為 Nets 的發音和紐約大都會棒球隊 Mets 以及紐約噴射機橄欖球隊 Jets 的發音押韻，所以把 Americans 改成了 Nets。隨著 1976 年 NBA 對 ABA 的吞併，籃網隊加入了 NBA。由於當時 NBA 已經有紐約尼克斯隊，籃網隊在商業上很難跟同城的尼克斯隊競爭，因此選擇遷至離紐約市 40 里、一河之隔的紐澤西，改名為紐澤西籃網隊。吉祥物是聰明狐。

12. 亞特蘭大老鷹隊（Atlanta Hawks）

亞特蘭大老鷹隊的根是密西西比河的 Tri-City 三城（伊利諾州的 Moline 市、Rocklsland 市和愛沃華州的 Davenport 市）。原名叫三城黑鷹隊（Tri-City Blackhawks），它是 NBA 創立時的最早成員之一，為了紀念美國歷史上一位很出色的印第安部落酋長——Blackhawk，在三城度過了兩年時間的黑鷹隊遷至密爾沃基，並把名字縮短至鷹隊。1955 年球隊又移師至聖路易斯（St. Louis），改名為聖路易斯鷹隊。在聖路易斯度過一段成功的歲月之後，1968 年紮根亞特蘭大市。吉祥

物是哈瑞鷹。

13. 克利夫蘭騎士隊（Cleveland Cavaliers）

1970 年成立並加入 NBA，它和波特蘭開拓者、水牛城勇士隊都是當年 NBA 擴軍的產物。克利夫蘭在給新成立的職業籃球隊起隊名時，在當時投票表決，結果 6000 張選票中超過三分之一的票數都選了「騎士」。吉祥物是月亮狗。

14. 多倫多暴龍隊（Toronto Raptors）

暴龍隊於 1995 年誕生，當時作為 NBA 海外擴張計畫的一部分，主場設在加拿大的多倫多市，隊名也是徵集而來的，最後選中了兇猛、速度快、彈跳高的「龍」。吉祥物是小恐龍。

15. 夏洛特山貓隊（Charlotte Bobcats）

山貓是北卡羅萊納州山林中的野生動物，它機警，善於捕捉獵物，擁有貓科動物的所有習性。山貓隊於 2004 年加入 NBA，2004—2005 賽季加入到東部聯盟中，正式開始其在 NBA 的征程。吉祥物是魯弗斯。

西部聯盟

1. 孟斐斯灰熊隊（Memphis Grizzlies）

身體碩大的灰熊分佈在美國與加拿大境內的洛基山脈，在孟菲斯市（位於密西西比河岸邊）附近的任何地方都不是它們的棲息地，那為什麼孟斐斯隊以灰熊命名呢？因為該隊最初落戶在加拿大的溫哥華市，溫哥華地處不列顛哥倫比亞

省，在加拿大西部的太平洋海岸，而那裏是灰熊的家。吉祥物是格瑞（一頭灰熊）。

2. 明尼蘇達木狼隊（Minnesota Timberwolves）

像孟菲斯一樣，明尼蘇達也用野獸作為該州球隊的名字，但是森林狼這個名字的確有意義，與加拿大接壤的明尼蘇達州擁有大片森林，荒無人煙，森林狼在那裏安了家。吉祥物是酷狼奇。

3. 聖安東尼奧馬刺隊（San Antonio Spurs）

有關獨闖天下、吃苦耐勞、自強自立的牛仔的故事一直是美國特徵的重要組成部分，而對於聖安東尼奧市所在的得州來說尤為如此。雖說如今德州人多是在辦公室而不是在馬背上工作了，但牛仔還是德州重要的文化象徵。馬刺是附在牛仔靴子上的尖尖的金屬物，牛仔用馬刺戳馬的肋部，就可以讓馬跑得更快。馬刺隊的隊標上就有一個馬刺。吉祥物是小野狼。

4. 達拉斯小牛隊（Dallas Mavericks）

達拉斯（位於德州）的隊名也反映出德州的牛仔歷史。maverick 是指拒絕遵守社會規範的反叛之人，該詞來源於一個叫 Samuel Maverick 的人的姓。他是德州的一個牧場主，拒絕按照通則給他的牛打烙印（將 maverick 譯成小牛隊有悖原意，譯為特立獨行者隊則更為準確，雖說 maverick 也可代表沒打烙印的離群之牛）。吉祥物是牛仔人。

5. 休斯頓火箭隊（Houston Rockets）

美國宇航局控制中心位於休斯頓，因此取名火箭隊。有

意思的是，其實沒有一枚火箭是從休斯頓發射的，火箭發射是在佛羅里達州的另一個基地。吉祥物是關鍵熊。

6. 猶他爵士隊（Utah Jazz）

爵士樂是美國南部黑人所發明的一種獨特的美國音樂流派，而猶他州是極為保守的洛基山區的州，幾乎沒有黑人居住，與爵士樂也毫無聯繫，用這個名字的原因何在呢？該隊最初落戶於紐奧爾良，而紐奧爾良是爵士樂的發源地之一，後來該隊搬到了猶他州。吉祥物是爵士熊（爵士熊的扮演者出身於馬戲團，技藝高超）。

7. 丹佛金塊隊（Denver Nuggets）

位於科羅拉多州的丹佛市，是在 1859 年的淘金熱中崛起的。在這個洛基山區的州中，對天然金礦、銀礦的尋找曾經非常重要，即使是在今天，礦業仍在該州的經濟中起著重要作用。吉祥物是洛奇獅。

8. 洛杉磯湖人隊（L.A. Lakers）

如果打開洛杉磯一帶的地圖，在都市地區簡直就沒有湖，為什麼他們有湖人隊這個名字呢？這個名字只有在你知道該隊最初所在地——明尼蘇達州的明尼阿波利斯市才有意義。明尼蘇達州號稱「萬湖之地」，這是因為該州擁有大量的小湖，並位於世界上最大的淡水湖蘇必利爾湖邊上。由於美國南部和西部人口飛速增長，而北方人口增長則比較慢，湖人隊從明尼蘇達搬到洛杉磯。

實際上，加利福尼亞州的 NBA 球隊（湖人隊、快艇隊、勇士隊和國王隊）最初都是在北部城市，後來才遷往加利福

尼亞州的。吉祥物是好萊塢影帝尼克爾森。

9. 波特蘭拓荒者隊（Portland Trail Blazers）

在 19 世紀，正值美國西部大開發。當先行者們向西行進時會為後面的人沿路做下記號。這些西行之路中最著名的一條就是俄勒岡之路，這條路引導著位於美國中部密蘇里州的人們來到西北角的俄勒岡州。今天，波特蘭是俄勒岡州最大的城市，它的 NBA 球隊的名字是紀念當年沿著俄勒岡之路行進的拓荒者。吉祥物是火焰貓。

10. 西雅圖超音速隊（Seattle Supersonics）

由於波音公司地處西雅圖，西雅圖一直是飛機製造業的中心。雖然最近波音將總部搬到了芝加哥，但大部分製造廠還是留在了華盛頓州，波音 747 和其他噴氣式飛機都是在西雅圖造出來的。超音速這個名字是為了紀念西雅圖對噴氣式飛機時代的貢獻。吉祥物是史考熊（西雅圖地區的代表性動物）。

11. 洛杉磯快艇隊（L.A. Clippers）

在 19 世紀中葉，航速很快的帆船帶著貨物和乘客漂洋過海。在修建貫穿美洲大陸的鐵路之前，加利福尼亞州的大量貿易也依靠這種快帆船進行。快帆船時代的結束是在輪船出現之後，但對它們的記憶還留在洛杉磯兩支 NBA 球隊之一的名字上。「快艇隊」第一次獲得此名是他們在海濱城市聖達戈打球的時候，後來這支球隊來到了洛杉磯，但原來的名字還保留著。沒有吉祥物，不過由少年組成的「天使」合唱團卻在 NBA 非常有名。

12. 菲尼克斯太陽隊（Phoenix Suns）

菲尼克斯所處的自然環境是熱帶沙漠。它作為一個大城市能夠得以存在，靠的是空調和從外面運來的水。該隊的名字道出了菲尼克斯驕陽似火的天氣。吉祥物是大猩猩。

13. 金州勇士隊（Golden State Warriors）

1946年誕生於費城，隊名為「費城武士隊」，是為表達對美國獨立戰爭中犧牲的勇士的一種敬意。1962年移師三藩市後改為「金州勇士隊」。吉祥物是桑德（別名「霹靂雷電」）。

14. 紐奧爾良黃蜂隊（New Orleans Hornets）

紐奧爾良黃蜂隊是1988年NBA擴軍的產物，1988年在夏洛特成立，原名是夏洛特黃蜂隊。取名黃蜂隊是因為夏洛特在運動史上的重要地位，夏洛特歷史上的一支低級聯盟棒球隊和World Football League都是以Hornets為隊名的。2002年黃蜂隊移師紐奧爾良市，改名紐奧爾良黃蜂隊。吉祥物是休格（一隻黃蜂）。

15. 薩克拉門托國王隊（Sacremento Kings）

該隊更名之多是NBA其他球隊望塵莫及的，剛成立時叫「羅切斯特皇家隊」，1957年更名為「辛辛那提皇家隊」，1972年改稱「坎薩斯城‧奧哈馬國王隊」，直到1985年才定居薩克拉門托，更名為薩克拉門托國王隊。吉祥物是西蒙獅。

第二節　CBA 發展概況

一、中國籃球職業化的開創背景

　　新中國成立以後，在黨和各級政府的重視與支持下，我國籃球運動得到了迅速的發展，逐步形成了與計劃經濟體制相適應的三級訓練網。進入 80 年代，按照「思想一盤棋，組織一條龍，訓練一貫制」和「國內練兵，一致對外」的原則，中國的籃球運動在普及與提高方面均取得了不俗的成績，但隨著改革開放的深入，籃球運動發展的外部環境發生了很大變化。

　　（一）在國家體委集中優勢、突出重點、優化結構、分類管理的「奧運爭光戰略」思想指導下，各省市體育部門也相應實行了「全運戰略」。籃球作為一個集體項目，由於投資大、金牌少，隨著政府投入經費減少，為了把有限的資源用於重點專案，天津、廣西、雲南、貴州、新疆、寧夏、青海、江西、安徽等十幾個省市的籃球隊相繼被取消、解散；作為中國籃球「半壁江山」的部隊球隊，大部分也因經費的困擾被迫解散。「龍頭」的變化很快波及到作為「龍身」的我國籃球後備人才培養的網路，原有的籃球訓練體系呈支離狀態。

　　資料表明，在 20 世紀 80 年代，我國曾有籃球專業隊（省、市、部隊）75 支，到了 1990 年只剩下 34 支。1980 年我國一線籃球運動員為 1323 人，1993 年為 598 人，到了 1998 年僅有 544 人。體校類（包括運動學校和業餘體校）的三線隊員，也由 1981 年的 47385 人下降到 1998 年的 32403

人。

（二）隨著市場經濟的不斷發展，原有的籃球管理體制、選拔制度、運動員工資、獎勵制度、管理制度和資源配置狀況，日益暴露出它的不足。教練員、運動員訓練的主動性、積極性不高，導致訓練水準的下降。

（三）競賽體制滯後，不能適應形勢發展的需要。表現為競賽少、時間短、形式單一、水準不高、缺乏觀賞性、場面冷清等。20世紀80年代中期以來，美國NBA開始推行其全球擴張計畫，借助電視傳媒，將NBA精湛的球藝，傳播到世界各地，吸引了眾多的籃球愛好者。

（四）國際上籃球職業化成為一種潮流。1988年國際奧會允許職業球員參加比賽，特別是1992年美國「夢幻隊」的參賽，更是推波助瀾，一時間，國際上職業籃球迅起，成為一種趨勢。商業與籃球的結合，使籃球的運作方式、競賽組織、訓練方法和手段，乃至籃球理念、技術和戰術打法都發生了重大變化。

在上述背景下，從20世紀80年代中期開始，中國籃球為了求生存，尋求企業贊助以緩解經費不足，邁出了中國籃球改革嘗試的第一步。從企業贊助比賽、企業贊助專業隊到企業自己出資或與體委合作辦隊，以及高校辦高水準籃球隊等，改變了體委「一家辦」的舊格局，促進了籃球的社會化，在一定程度上暫時緩解了經費的困難。但這些均屬小修、小補和細小的局部改革，層次不高。只是延緩而未能止住籃球下滑的趨勢。

進入90年代，伴隨我國社會主義市場經濟體制的確立，在這一宏觀大背景下，原來計劃經濟體制下的體育體制已不能適應新的形勢，為了改革體育的體制和運行機制，實現兩

個根本轉變，1992 年國家體委開始以足球為突破口，進行了職業化的改革嘗試。與足球相比，中國的籃球無論是普及程度，還是競技水準在世界上的地位都要高出許多。全國第四次體育場地普查資料顯示，全國的籃球場地遠多於足球場地和排球場地（表 13-1）。

在競技水準上，足球只有一次打入奧運會，無名而歸。而籃球，中國男籃是亞洲盟主，多次打入奧運會和世錦賽，並且兩次奪得世界第八。中國女籃也多次奪得亞洲冠軍，更是取得過世錦賽和奧運會銀牌。眾多外商如國際管理集團（IMG）等以其商業眼光看到了中國巨大的、潛在的籃球市場，準備投入。

1994 年，在足球改革初步成功的基礎上，為改革原有的籃球運作體制，適應市場經濟的要求，使中國籃球走出低谷，跟上世界籃球運動發展潮流，由政府主導自上而下推進，開始了中國籃球職業化歷程。1994 年底，中國籃協決定以競賽制度作為籃球改革的突破口。

1995 年中國籃球協會與外資合作組建了各俱樂部可以引進外籍球員由吉林、天津、北京體育師範學院和上海交大等 7 支隊伍參加的 CNBA 職業聯賽。不久由國際管理集團投資，也從 1995 年開始，全國男籃甲級聯賽採用主客場和跨年度的新賽季制，至此，開始了中國籃球這一自上而下的職業

表 13-1　1995 年全國籃、排、足球場統計

內容	總計	體育場	運動場	足球場	體育館	燈光球場	籃球房	籃球場	排球房	排球場
數字	615693	1223	5033	2630	935	5672	1139	426903	225	74313

資料來源：國家體委計劃財務司《全國第四次體育場地普查總體數據報告》

化進程。

二、CBA 的組織管理、經營及政策法規制度

CBA（英文全稱為 Chinese Basketball Association），它既代表中國籃球協會，又是中國男子職業籃球聯賽的簡稱，類似於 NBA。中國籃球協會是具有獨立法人資格的全國性群眾體育組織，它接受國家體育總局、民政部的業務指導與監督管理。

(一) CBA組織結構

1993 年以後，結合國務院機構改革，為實現體育改革的總目標，國家體委對原有的體育體制和運行機制進行了改革。1997 年 11 月 24 日，國家體委正式批准成立籃球運動管理中心，籃球管理中心是國家體委承擔籃球運動全面管理職能的直屬事業單位，同時也是中國運動籃球協會常設的辦事機構。它在國家體育總局宏觀管理下，以籃球運動管理中心為核心，實行以籃球協會為組織網路的新的管理體制。籃球運動管理中心與中國籃協實行兩塊牌子一套人馬，下設 7 個部，擁有各自的責、權（圖 13–3）。

中國職業籃球沒有獨立的管理組織機構，有關中國職業籃

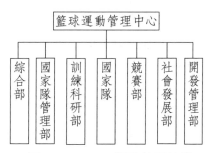

圖 13–3　CBA 組織管理結構

球的競賽、俱樂部管理、經營開發和後備隊伍培養等分屬籃球運動管理中心 7 個部門的對口管理。

(二)CBA職業俱樂部的建制

1.俱樂部的形式

我國的籃球俱樂部建立於計劃經濟向市場經濟轉軌的過程中，因此，必然會帶有計劃經濟的痕跡，同時又具有市場經濟的特徵。目前俱樂部有以下幾種形式：

（1）國有企、事業投資合作形式。由國有企業和省市球隊合作，國有企業投入大部分資金，省市體育局宏觀領導，冠名國有企業的稱號，如北京首鋼、江蘇南鋼隊等。由國有事業單位和省市體育局籃球隊合作，由國有事業單位投入大部分資金，省市籃球隊保留編制經費中已有的資金，冠名國有事業單位的稱號，如上海東方隊等。

（2）外資企業或合資企業投資合作形式。由外資企業或合資企業與省市籃球隊合作，外資或合資企業投入資金，冠名以合作雙方認可的稱號，如原浙江中欣、山東寶元等。

（3）私有企業投資合作形式。由私有企業投資組建的籃球俱樂部，如原北京奧神隊、廣東宏遠隊。

（4）部隊籃球隊。過去部隊籃球隊一直是我國籃球運動的一支主要力量，但隨著改革的深入，目前僅存「八一」一支隊伍。

2.俱樂部的機構設置

我國職業籃球俱樂部的機構設置並無固定模式，其組織結構大致如圖 13-4。

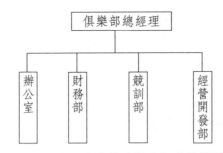

圖 13-4　我國職業籃球俱樂部的機構設置

(三)CBA的經濟來源

　　CBA 主要經費來源於四個方面：國家體育行政管理部門的撥款；國內外團體和個人的捐贈；會費和競賽有關收入；有償服務收入和其他合法收入（如管理費、轉會費等）。

　　上述各種費用中，每年有關 CBA 聯賽的推廣商和聯賽冠名權的收入居首位。CBA 將這筆收入返回一部分給參賽的各俱樂部，其餘用於 WCBA 和青年隊伍的訓練與培養。中國籃球運動管理中心擁有 CBA 和各俱樂部標誌的知識產權。

　　CBA 所屬的各俱樂部主要收入管道有企業投入、門票、CBA 分成、廣告收入、電視轉播權、俱樂部冠名權等。企業投入、門票和 CBA 分成各俱樂部均有，其中企業投入占各項投入之首。

　　從總體來看，隨著球員收入的攀升和支出的增加，除少數俱樂部外，大部分俱樂部收支難於平衡。其原因是多方面的，除了競賽水準外，相關政策扶持和對 CBA 經營開發力度不夠可能是一重要原因。

　　如，電視轉播權是全球職業體育俱樂部是否贏利的重要因素，在我國卻是通過中國籃球運動管理中心統一出售電視

轉播權後平均分給各家俱樂部，2003—2006 年三個賽季中的電視版權費雖然分別達到了創紀錄的 300 萬元、350 萬元、400 萬元，但是，每個賽季每家俱樂部平均才分到 25 萬—33.3 萬元，對俱樂部全年的支出仍是杯水車薪。

(四) CBA的規章制度

近年來，隨著籃球運動管理中心的成立，中國籃球協會逐步制定了一系列管理辦法和條例。如《中國籃球協會章程》《中國籃球協會運動員、教練員、裁判員管理辦法》《CBA 籃球聯賽技術手冊》《籃球競賽管理及處罰規定》《籃球俱樂部管理、籃球協會運動員轉會管理》《中國籃球協會註冊運動員及註冊俱樂部籃球隊標誌的市場推廣管理條例》等，它們為中國籃球職業化的正常運行和發展起到了一定的保駕護航作用。

但是，我國籃球主管部門這些年來出臺的這些法規性文件，其實質都是一些行業規定，並非是真正意義上的法律法規。而且，我國目前適用於市場化體育活動的法律法規尚不健全，對競技體育、競技籃球運動中出現的一些違規現象缺乏相應的適用法律條文。

三、CBA 的競賽體制與後備隊伍培養體系

(一) CBA的競賽體制

CBA 聯賽由每年的 11 月中旬開始至第二年 4 月下旬結束，歷時 5 個月，一共 15 支球隊參加。比賽分為兩個階段進

行。

　　第一階段（常規賽）：分為南、北兩區，南區廣東、江蘇、八一、雲南、上海、浙江、福建、東莞 8 支球隊；北區遼寧、北京、新疆、吉林、陝西、河南、山東。採用本區進行主客場四循環和另區進行主客場雙循環比賽辦法，勝 1 場得 2 分，負 1 場得 1 分，棄權得 0 分。按勝率排出 15 支球隊常規賽名次和在本區名次。

　　第二階段（決賽）：進行主客場制交叉淘汰賽，常規賽名次列前的隊多安排 1 個主場，取得獲勝場次後不再比賽。1/4 決賽和半決賽採用 5 戰 3 勝制，冠亞軍決賽採用 7 戰 4 勝制（1/4 決賽和半決賽的負隊不再進行比賽）。

　　此外，參加 CBA 聯賽的球員需通過中國籃球運動管理中心規定的身體素質測試；允許各參賽運動隊按《全國籃球運動員註冊與交流管理辦法實施細則（試行）》等有關規定引進兩名外籍運動員。外籍運動員上場規定：實行 4 節 4 人次，最後一節只能有一名外籍運動員上場。

(二)CBA後備隊伍培養體系

　　中國目前 CBA 後備隊伍人才結構分兩個等級，即二線和三線。二線包括傳統中學、競技體校、體育運動學校、青年隊以及 CUBA；三線包括小學籃球傳統學校、普通業餘中學、重點體校。為了抑制中國籃球運動的滑坡，中國籃協對加入職業俱樂部的入會條件進行了硬性規定，凡申請加入 CBA，成立職業俱樂部，必須有一支不少於 12 名運動員的代表隊，並擁有相應的後備力量隊伍（俱樂部二線隊）。

思考題：

1. NBA 目前有幾支球隊？簡述其競賽體制。
2. 簡述 NBA 的選秀制度。
3. CBA 職業聯賽是何時開始的？目前有幾支球隊？
4. 簡述 CBA 職業聯賽競賽體制。

第十四章

籃球研究性學習指導

內容提要：

籃球研究性學習是以目的規定學習目標和學習內容的能動過程。學生在學習活動中追求的是預想結果，是目的性很強的學習活動。學生只有主動地進行研究性學習，才能擺脫學習的被動性、盲目性，進行有主見性的學習，將有限的精力集中到主攻目標上去，從而達到理想的學習效果。

21 世紀是一個充滿希望的世紀，也是一個充滿競爭的世紀。面對迅速發展的社會，面對飛快的知識更新速度，面對「全球化」「資訊化」「學習化」「知識經濟」的新形勢，我們要建設繁榮富強的國家，要在國際競爭中處於領先地位，就必須培養大批有創造性的複合型高素質人才。江澤民同志曾指出：「創新是一個民族進步的靈魂，是國家興旺發達的不竭動力。」要培養有創新精神的適應 21 世紀現代化建設的社會主義新人，就要深化教育改革，全面推進素質教育。其著眼點是要改變學生的學習方式，以培養學生的創新精神和實踐能力為重點，使學生堅持書本知識與投身社會實踐相統一，「讓學生感受、理解知識產生和發展的過程，培養學生的科學精神和創造思維習慣，重視培養學生收集處理資訊的能力、獲取新知識的能力、分析和解決問題的能力、語言文字表達能力以及團結協作和社會活動能力」。

　　為此，有一批教育戰線上的有識之士立足於學習者的個體發展與潛能提高，分別在課程建設、教學模式、教學手段等方面進行了可喜的探索，為提高學生的學習能力，尤其是可持續性發展的學習能力與綜合素質，探索出一種新型的學習方式——研究性學習。

第一節　研究性學習理論與方法概要

一、研究性學習理論內容概要

　　研究性學習就是指在教學過程中，為學生創設一種類似於科學研究的情景和途徑，讓學生以類似於科學研究的方式去主動獲取知識、應用知識、解決問題、獲得發展。在這種

學習方式下，教師不再作為知識的權威將預先組織好的知識體系傳授給學生，而是充當指導者、合作者和助手的角色，與學生共同經歷知識探究的過程。

　　學生不再作為知識的接收者被動學習，而是能與教師一樣透過各種途徑獲取資訊，帶著自己的興趣、需要與客觀世界對話，從而使學習與研究統一。

　　研究性學習的理論依據在於全面理解和準確掌握正確的教育觀和人才觀，樹立基礎教育要為提高全民族素質、為國家和民族未來負責的大功能觀；樹立基礎教育要為各類人才脫穎而出奠基的大人才觀；樹立基礎教育要實現各種教育因素最佳組合的大育人觀。體現「以學生發展為本，以學生人人成功為目標，以學生學會學習為中心，以培養學生創新能力為核心」的教育思想內涵。

　　可以說，「讓每個學生有進步」是研究性學習的核心價值取向。學生在研究性學習過程中始終處於主體地位，既學到了知識，又鍛鍊了直覺思維能力和創造思維能力，塑造了自信和自尊。世界上很多國家都開始了類似於研究性學習的課程，掀開了教育改革的新浪潮。

　　必須說明的是，「研究」作為研究性學習的基本事實方式，可以是涉足於未知知識領域的探究，也可以是對已有知識進行的個性化的再認識，不一定要具有前沿性或是前所未有。研究結果也不一定要造福人類，或具有創造性，甚至不一定要有結果或正確的結果。因此，研究性學習實際上是注重研究的過程，而不是研究的結果；注重學生的意識、精神、創造性的培養，而不注重現成的結論。

　　研究性學習的根本目的是讓學生更多地感受、理解知識的產生和發展的過程，更好地培養學生的科學精神、創新思

維,切實有效地提高學生收集和處理資訊的能力、獲取新知識的能力、分析和解決問題的能力以及團結協作和社會活動的能力。

研究性學習具有以下特點:

(一)學習內容是綜合開放的

研究性學習無固定的、統一的課程內容,許多來源於學生的學習生活和社會生活,立足於研究、解決學生關注的一些社會問題或其他問題,涉及的範圍很廣泛。

它可能是某學科的,也可能是多學科綜合、交叉的;它可能偏重於實踐方面,也可能偏重於理論研究方面。學生可根據自己的興趣或經驗,從不同視角出發,運用不同方法和手段進行研究。

(二)學習過程需要積極主動參與

在研究性學習過程中,學習的內容是在教師的指導下學生自主確定的研究課題。學習的方式不是被動地記憶、理解教師傳授的知識,而是敏銳地發現問題,主動地提出問題,積極地尋求解決問題的方法,探求結論的自主學習過程。

研究性學習多採用小組學習形式,這不僅有益於個人發揮特長,而且有助於每個學生的責任感和協作精神,體驗到個人與集體共同成功的快樂。

(三)學習過程強調實踐體驗

研究性學習強調理論與社會、科技和生活實際的聯繫,特別關注環境問題、現代科技對當代生活的影響以及與社會發展密切相關的重大問題。

(四) 重視創造能力的培養

學生應在研究性學習過程中充分發揮創新潛能，提高自己的創造能力。創造力是一種綜合能力，是知識、能力、人格的有機融合和促進，是人的一種潛能。

研究性學習是學生在教師指導下，從自然、社會和生活中選擇和確定專題進行研究，並在研究過程中主動地獲取知識、應用知識、解決問題的學習活動。

總之，研究性學習是基於人類對學習活動的不斷認識而逐步形成的一種現代學習觀。

二、研究性學習方法內容概要

研究性學習的內容涉及到方方面面，有自然科學方面的，也有社會科學方面的，或者既包括自然科學又涉及社會科學範疇的。

因此，採用的研究方法也會有多種多樣，不能機械地認為一個課題中只能用一種方法。也許在課題中某個問題上用一種方法，而在解決課題中另一個問題時採用其他的方法。

總之，在研究的過程中要選擇適合自己課題的研究方法才能進行實質性的研究。

研究性學習有以下幾種實施方式：

（一）觀察研究法，或者叫做比較異同。即向學生提供內容上互相關聯的一組學習材料，讓學生透過觀察對其相同點、不同點進行探究，展開研究性學習。由這種方式，可以讓學生在課堂上展開積極主動、生動活潑的研究性學習，活躍思維，在研討、探究、辯駁中閃爍出許多可貴的創造性思維的火花。

（二）評價研究法，即對已有的結論、課外材料或課文，讓學生大膽地進行品頭論足、評價鑒賞，闡明自己的觀點，進行研究性學習。

（三）觀點爭鳴研究法，即讓學生對課本中或教師選擇的課外材料中有爭議的觀點，大膽發表自己的見解，努力闡明理由，在觀點爭鳴中開展研究性學習。

（四）焦點爭論研究法，即由教師提出焦點問題，或鼓勵學生自己去發現有研究、討論價值的焦點問題，在小組中展開討論探究，進行研究性學習。

（五）質疑問題研究法，即在學習中從學生的疑難問題起步，放手讓學生提出自己不懂的問題，大家討論解決。

（六）「專家」研討法，即讓學生就某方面問題大量查閱資料，充分準備，撰寫研究報告，在「專家研討會」上，進入專家角色，展開研究學習。

（七）實踐研究法，即對已有實踐操作內容或學習材料，讓學生自己模擬，進行實踐操作，在具體的體驗過程中開展研究性學習。

（八）調查研究法，即採用「社會調查」的實踐方式，讓學生發現問題，就問題展開社會調查，進行研討。

（九）學科融合法，即抓準本學科與其他學科的融合點，讓學生從這些融合點出發，大量涉獵其他學科中的相關知識，展開專題研究活動，撰寫研究論文。

除此之外，如文獻研究法、調查研究法、預測研究法、溯因研究法、內容分析法等也是研究性學習常用的學習方法。

第二節 研究性學習在籃球教學過程中的意義與作用

一、研究性學習在籃球教學過程中的意義

首先，研究性學習過程是一個相對完整的生活過程，而非單純的認識過程。研究性學習有很強的實踐性，它要求學生從全部的只是獲得書本知識和間接經驗，到同時重視由實踐活動、體驗來獲得直接經驗並解決問題；從單純地關注學生對學科知識體系的掌握程度、學生的模仿和再現書本知識的能力，到同時重視培養學生對大量資訊的搜集、分析、判斷、反思和運用能力；從僅僅追求教學的「知識性」，轉向重視包含知識在內的學生素質的全面提高。

(一)研究性學習將帶來籃球教學觀念的根本變革

教學觀念是對人們教學活動的認識、理解和看法。研究性學習的特徵給傳統籃球教學觀念造成了強烈的衝擊：試想，如果我們自覺地以辯證唯物主義為指導思想，立足於現代人對學習的認識水準來理解籃球運動的教學實踐，籃球課教學觀念就會出現一種格式塔意義的轉換，這就是由「教學認識觀」轉換為「教學生活觀」。

這意味著，籃球教學不僅僅是一種特殊的認識過程，而且是一種生活，一種以精神交流為主要目的的生活。

(二)研究性學習預示著籃球教學規範 的徹底轉型

傳統籃球教學規範中，教師扮演的是權威的代言人角色，他們將各種技術動作方法、戰術打法、概念與理論統統以「標準答案」的形式灌輸給學生，學生則進行簡單模仿、記憶這些現成的動作方法和概念。

從本質上看，這種程式化的教學規範是把學生當成物的表現，忘卻了學生是有自由意志、豐富靈敏的內心世界和獨立判斷能力的活生生的人，使本該生動、鮮活、充滿生機和意蘊的課堂生活變得瑣碎、平庸、貧乏與沉悶。

研究性學習給我們展現了一種以對話、探討為中心的全新的籃球教學規範。這種規範是師生「尊重彼此的觀點；尊重彼此的看法和行動自由；共同決定對話的形式和內容；由實踐進行驗證」。

教師和學生都可能處於一種無知狀態，或者說，「學生的教師和教師的學生不復存在，代之而起的是新的術語，教師式的學生及學生式的教師。教師不再僅僅去教而且也由對話被教，學生在被教的同時，也同時在教。他們共同對整個成長過程負責」。總之，後現代課程論代表人物多爾關於課程的「豐富性」「回歸性」「關聯性」「嚴謹性」的特點則在這裏得到生動的體現。

(三)研究性學習將促進籃球教學理論 的自我反思

首先，隨著籃球學科的發展，僅從傳統的認識論和教學論的角度來構建現代籃球教學理論，其缺陷也是明顯的，一

些新現象、新問題難以得到圓滿的解釋和說明。因此，我們還必須在加深認識論這一基礎的同時，拓寬教學論的基礎，把實踐唯物主義與認識論有機結合起來，共同作為籃球教學理論的基礎，擴展籃球教學理論研究的問題域，增進其闡釋力。

其次，研究性學習方式本身對傳統教學論的一些經典範疇提出了質疑，例如，「教學」與「課程」範疇，隨著實踐的發展，其內涵日益模糊，很難說明它們之間的關係，給實踐帶來了很多問題。如面對研究性學習，很多教師感到非常困惑：研究性學習與傳統教學模式完全不同。我應該怎麼教？為此，有必要在反思傳統教學論範疇的同時，深入研究一些由教學實踐提出的新範疇，如「課程教學」「教學生活」等，以對教學實踐的發展作出應答。

最後，從研究性學習對傳統教學論的基本觀點進行反思。研究性學習認為：教學過程首先是以交往為基礎的生活過程，這是將教學過程視為特殊的認識過程的前提和基礎，這也是從研究性學習的特徵來反思「教學是一種特殊的認識過程」這一傳統觀點的必然結論。

在籃球教學過程中，研究性學習的意義是豐富的。當前，擺在我們面前的新問題是如何將教育改革園地中研究性學習，這股「清新空氣」用於改造我們的籃球教學實踐和構建指導籃球教學實踐的當代教學新理論。為此，我們願作進一步的探索。

二、研究性學習在籃球教學過程中的作用

研究性學習對於發展學生的探究能力和搜集、利用、處

理資訊的能力，對於改變學生的傳統學習方式，開拓學生的學習領域，都具有其他教學方式不可代替的作用。作為籃球實踐課中的研究性學習，又同其他理論學科中作為學習方式或者教學模式意義上的研究性學習有著很大的區別，因為在籃球實踐課中，研究性學習成為獨立且關鍵的一個要素。它的實施充分地體現實踐活動課本身所具有的獨特的設計理念，比如獲得直接經驗與體驗的理念、綜合與交叉的理念、活動性與生成性的理念等等。

眾所周知，籃球教學是一個複雜、多元的過程。在學生學習技術動作、戰術打法的過程中，教師運用語言講解、整體示範、分解示範等方法來輔助教學，學生既需要仔細聽教師講解動作要領，又需要認真觀察教師的示範動作，同時還要瞭解每一動作的技術難點所在和應當如何把握等等，在這樣的情況下，對學生而言能否掌握研究性學習方法，往往對其能否學好籃球課程起著至關重要的作用。

比如說籃球課上教師講解、示範需要學生觀察，研究其理論構成；講解之後的練習環節又需要學生進行實踐操作，在具體的體驗過程中開展研究性學習，最終達到掌握技術動作，形成動力定型，此類種種都是研究性學習在籃球課程教學、學習過程當中的重要性之所在。

第三節　籃球研究性學習理論與方法

一、籃球研究性學習的理論概述

研究性學習的心理學基礎：認知學習理論和人本主義學習理論從科學主義和人文主義的角度，奠定了研究性學習理

論的基礎。研究性學習觀具有科學性、主體性、探索性、創新性的基本特點，具體描述如下：

研究性學習觀是建立在現代學習理論基礎上的科學學習觀，學習過程是積極的、有意義的學習過程。從學生生理、心理特點來看，學生有探究和創造的潛能，研究性學習本身可激發學生學習的興趣和動機以及求知慾。

研究性學習重視運用科學的認知方式和策略，尊重學生學習的認知規律。研究性學習關注知識表徵、認知結構的發展及問題的解決。研究性學習不僅在於對問題的解決，更注重學習的創造性與主體性人格的培養，並以此作為研究性學習的主要目的。

心理學家在提出研究性學習理論的同時，也探索了研究性學習的理論派別，具有影響的理論主要有以下幾種：

(一)心理訓練的學習理論

認為研究性學習的目的是協調發展每個人的意志和良心，使學生能運用他的內在能力去承擔公民的責任。

(二)自然展開或自我實現的學習理論

主張教師要允許學生的生活親近自然，使他們有可能無拘束地縱情於他們的自然衝動、本能和情感當中。

(三)統覺的學習理論

統覺是新經驗和已構成心理的舊經驗的聯合過程，它比心理訓練或把學習看做自然展開更複雜得多。統覺是以沒有先天的觀念這個基本前提為基礎的能動的心理聯想主義，認為一個人認識的一切事物，是從它自己外部來的。這意味著

心理完全是一個內容的問題——他是被聯想結合在一起的、初步印象的混合物，是在題材由外面提供並同以前的心理內容構成某些聯想或連接的時候形成的。

(四)刺激——反應的學習理論

學習是一種觀察得到的行為的改變，它是由按照機械論的原理而發生聯繫的刺激與反應來實現的。因此，學習是一系列的刺激和反應之間的某些聯繫的形成過程。

二、籃球研究性學習的方法

作為一種學習方式，研究性學習是指教師不把現成結論告訴學生，而是學生自己在教師指導下自主地發現問題、探究問題、獲得結論的過程。

在籃球教與學的過程當中，研究性學習的學習方法有廣義和狹義的理解兩種：

廣義的理解是指在研究性學習過程中，一切為了達到學習的目的、掌握學習內容而採取的手段、方法和途徑，以及學習所要遵循的一些操作性原則、組織管理等環節。狹義的理解是指學習過程中學習者採取的具體活動措施與策略。

實質上，籃球研究性學習方法是一系列相互關聯的活動，是學習者在一定的學習原則調節指導下，有意識地發揮自己的心理能力和體力，把一系列具體的方式和手段連為一體而形成的有明確目的的活動。

籃球研究性學習方法既可以表現為經驗，又可以表現為理論，兩者都來源於人們的學習實踐，正確的學習方法也是學習的物件。

方法是解決問題的手段與途徑，研究性學習方法是完成

研究性學習任務的手段與途徑。正確的學習方法，包括在籃球研究性學習過程中教師採取的指導方法都應由下列六個方面組成相互聯繫的整體，即科學性、目的性、功效性、程式性、實踐性、獨立性。

從宏觀上看，學習方法有四個層次：第一個層次，也是最高層次，就是哲學方法論；第二個層次，是在籃球學科中普遍運用的研究性學習方法，如觀察研究法、實踐研究法等等；第三個層次，是分類學習方法，如籃球理論知識學習方法、籃球技術學習方法、籃球戰術學習方法等等；第四個層次，是分類學習方法中的單項學習方法，如實踐技術學習方法中的持球突破學習方法等。

第四節　籃球研究性學習指導

一、籃球研究性學習指導的要求

研究性學習強調學生的主體作用，同時也重視教師的指導作用。在研究性學習實施過程中，教師應把學生作為學習探究和解決問題的主體，並注意轉變自己的指導方式。

教師在研究性學習中的意識是關係到研究性學習活動開展成敗的關鍵。在研究性學習中，教師必須具有培養學生個性健全發展的意識、民主平等的教學觀、促進學生發展的評價意識。樹立正確的意識對於當前開展研究性學習活動、糾正對研究性學習實踐中的錯誤認識和深化研究性學習的實踐，都具有一定的價值。

在研究性學習活動過程中會碰到許多新問題，研究性學習的學習內容因題而異、因人而異，不可預知、綜合開放。

往往會增加教師的指導壓力，影響教師指導的品質。有效的研究性學習指導需要更多教師之間的研討、交流與互助，形成合力。但是，從基本面來說，一個研究性學習指導老師需要為學生提供以下四個方面的指導。

(一)基礎知識指導

包括科研基礎知識指導、專業背景知識的介紹和學科知識的滲透。基礎知識指導應著重於教會學生獲取知識，並運用所學知識開展研究，最好不要把課題中所需的知識材料直接提供給學生。即使是向學生推薦相關書籍，也不要把書籍直接給學生，而是指出獲取這些書籍的主要途徑。

(二)研究方法指導

在眾多的研究性學習指導書中，這方面的內容很多，現結合實踐談幾個比較有用的研究方法：

第一，寫研究日記。每個學生都把開展研究性學習過程中的體會和心情以日記的形式記錄下來，為研究性學習總結階段寫研究體會積累原始資料。

第二，把所有的日記、調查表、調查分析等研究性學習過程中的原始記錄都轉化為電腦記錄，保留原始記錄。

第三，不管是採訪，還是問卷調查，還是親身實踐，都需要有原始的資料、資料記錄，查找到的資料必須注明來源，以此培養學生的科學精神和科學習慣。

第四，在開展研究性學習的過程中，提倡資源的共享、互補和拓展。要正確認識網路交流（BBS、留言版、QQ、E-mail 等一切網路工具）的重要性，網路的開放性、交互性、個性化等特點為研究性學習的開展提供了豐厚的土壤。開展

研究性學習忽視網路這一強大的工具是一個非常不明智的選擇。

(三)思維方法的指導

透過研究學習活動轉變學生的傳統的思維方式，提高學生主動地發現問題、分析問題、解決問題的思維能力，培養學生的批判精神和創新精神是研究性學習課程開設的一個重要目標之一。我們在籃球課上實施指導的過程中，遵循循序漸進的教育原則，先讓學生嘗試運用，然後是經常運用，最後是習慣運用一些科學創新的思維方法（如求異思維、發散思維、類比思維、右腦思維、非言語思維、次協調思維、辯證思維）去思考解決問題。

(四)心理素質指導

在研究性學習實施過程中，應加強以下幾方面的心理指導：

1. 對學生進行挫折教育、意志教育，以培養學生耐挫力和意志力；

2. 透過對疑難問題的研究活動發展學生對籃球學科的參與興趣，以及關注籃球運動現在、將來的發展走向；

3. 透過對集體成果的評價讓學生學會合作，發展學生在學習生活和社會生活中樂於合作、善於合作的團隊精神；

4. 透過主動探究的實踐活動，使學生獲取親自參與研究、探索的情感體驗，培養學生主動求知、樂於探究的心理品質和勇於創新的精神。

教師作為研究性學習活動的組織者、參與者、指導者、評價者，應當樹立起全新的育人意識，只有在培養學生健全

個性的這一課程理念的指引下，在教學中堅持民主平等的師生關係，在評價中以促進學生的發展為出發點，才能使研究性學習的價值得以真正實現。

二、籃球研究性學習指導的程式

構建籃球研究性學習模式實施的程式是創設情境——建立假說——實踐體驗——總結提高。

(一)創設探索問題的情境

本階段要求師生共同創設一定的問題情境。一般由籃球課教師依據教學目標，尋求與籃球課內容密切相關的、可以激發學習興趣的材料，由講座、組織參觀討論、學習有關文章、創設問題情境，向學生提出要研究的領域，引導學生發現並提出需探究的核心問題，確定題目。

例如，關於帶一支籃球隊，可以設計以下一些問題：如何選材？影響籃球運動成績的因素有哪些？籃球訓練的內容有哪些？採取哪些具體的手段和方法進行訓練？如何加強球隊管理？

(二)建立假說

透過教師的指導和學生的討論，對所研究的問題作出假定說明或解答。在研究的過程中，各個學生提出的假說可能存在相當大的個體差異，這時需要教師激發每個學生都能提出自己的見解，對解決問題提出初步的設想。

(三)實踐體驗

實踐體驗是籃球課程實施研究性學習最為重要的一個環

節。在確定要研究解決的問題後，學生要進入具體解決問題的過程，針對問題提出解決問題的初步計畫。

計畫內容包括採用何種研究方法、收集和分析資訊資料、以何種組織形式進行研究性學習、多長時間完成等。

按照計畫提出的問題進行研究，並對研究課題進行分析，推理判斷，從而產生假設，然後再分別進行收集資料和調查研究，在此基礎上得出初步的研究成果，最後在小組內或個人之間進行交流，豐富個人的研究成果，培養科學精神與態度。在此環節實施過程中，教師要及時瞭解學生開展研究活動時遇到的困難以及他們的需要，有針對性地進行指導。教師應成為學生研究資訊交匯的樞紐，成為交流的組織者和建議者。在這一過程中，要注意觀察每一個學生在品德、能力、個性方面的發展，給予適時的鼓勵和指導，幫助他們建立自信，並進一步提高其學習積極性。

教師的指導切忌將學生研究引向已有的結論，而是提供資訊、啟發思路、補充知識、介紹方法和線索，引導學生質疑、探究和創新。此外，教師還可以根據學校和班級實施研究性學習的不同目標和主客觀條件，在不同的學習階段分別進行重點的指導，如著重指導學生把握技術動作重要環節，或指導學生把握技術動作的各環節連貫等等。

(四) 總結提高

在這一階段，學生將自己的收穫和學習成果進行歸納、整理、總結，形成書面材料或口頭報告材料。交流的形式可以是多種多樣，可以開研討會、辯論會、將報告材料編成文集等，要求學生以口頭報告的形式，就有關內容向全班發表自己的看法與觀點。通過交流、研討，同學們共用成果。

在這一過程中初步學會了研究的方法，提高了科研能力，學會了學習，學會了欣賞，學會了分析與辯證的思考，學會了理解和寬容。

三、籃球研究性學習指導的內容

(一)籃球理論研究性學習的指導

實踐證明，只有理論與實踐緊密結合，才能儘快培養出具有高水準的籃球人才。為了實現這一目標，實現理論指導實踐，在教學實踐中應該遵循有關體育教學的科學理論，結合籃球運動的特點，合理地安排理論學習內容。作為教師，應當培養學生進行籃球理論知識的研究性學習。

1. 確立教學中學生的主體地位

學生是研究性學習過程中的主體，學生能動、自覺地規範自身的發展，成為自己發展的主人，是教學成功的重要標誌。作為教師，應當鼓勵學生進行研究性學習，尊重學生、愛護學生、相信學生、培養學生。在教學中強調「發現」知識的過程、學生獨立解決問題的能力和主動探索的精神。作為學生，學習的過程就是發現問題的過程。

同時，教師的主導作用應是根據學生的認知能力、學習心理規律和認知結構特點等，創設師生共同參與、相互合作的環境，激發學生主動學習、主動探索的積極性，讓每一個學生都享受到成功的喜悅。

2. 教會學生學習是教學的主要任務

21 世紀，世界各國進入了經濟、綜合國力的競爭階段，

這些競爭實際上是人才的競爭，高科技的競爭。要培養出適應新世紀的創新型人才，我們必須「教會學生學習」，把學習的能力教給學生，使他們學會探求知識、發現知識，掌握籃球學科的學習能力和思維方法。

3. 遵循籃球教學中的反饋與強化原理

籃球技能的學習，練習中時刻伴隨著反饋與強化，成功的練習會帶給練習者欣喜的感覺。強化是一種對操作行為的評價，透過評價結果來促進籃球技能的形成。在教學實踐中，運用反饋與強化手段時，必須遵循「及時反饋」的原則，對練習者及時作出評價，這樣練習效率將會提高。

(二)籃球技術研究性學習的指導

在籃球技術教學中，衡量教師主導作用的主要標誌是學生的主動性發揮程度和學習效果。要提倡尊師愛生，教學相長，既要充分發揮教師的主導作用，又要展現學生的主體作用。教師首先要進行研究性學習，學科融合，抓準籃球學科與其他學科的融合點。既要注意實踐課的教學，又要注意技術理論課的教學，把多學科的理論知識與方法運用於籃球技術教學之中，使學生更好地掌握籃球的基本理論、基本技術和技能，並將知識和技能轉化為能力，以適應未來教學工作的需要。

(三)籃球戰術研究性學習的指導

籃球戰術的學習是籃球教學中的難點之一。因為籃球運動沒有固定模式，儘管戰術打法相對不變，但是在比賽過程中，場上情況瞬息萬變，這就要求學生在場上所採取的戰術

打法也不能一成不變，墨守成規。

如何指導學生掌握根據場上情況相應地變化技、戰術，是教師教授戰術的重點之一，使學生學會應時而變，掌握戰術運用的規律才是關鍵。

思考題：

1. 試述研究性學習的概念以及研究性學習方法的特點與意義。

2. 如何在籃球教學訓練過程中運用研究性教學？

3. 試述研究性學習的內容。

4. 結合籃球教學實踐過程，如何指導研究性學習？

附錄 1

中國籃球運動重大活動簡記

1891 年，籃球運動由在加拿大出生的美國麻塞諸塞州斯普林菲爾德市青年會幹部培訓學校體育教師詹姆斯·奈史密斯（James Naismith）發明。

1895 年，美國人來會理（David Willard Lyon）將籃球運動傳入中國天津市基督教青年會。同年 12 月 8 日進行了籃球表演，這是史料記載中國歷史上的第一場籃球表演，也是中國籃球運動的起源。

1896 年，天津市基督教青年會舉行首次籃球表演比賽。

1896 年後，籃球運動由天津向北京、上海、廣州、武漢等城市的青年會及大、中學校傳播，逐漸傳入社會。

1910 年，在南京舉行的舊中國第 1 屆全運會上，籃球運動被列為表演專案，從此登上中國體育舞臺。

1913 年，中國首次參加在菲律賓舉行的第 1 屆遠東運動會，這也是中國籃球運動首次參加國際比賽；同期北京清華學校、匯文學校舉行校際比賽，華北與華東地區的籃球比賽交往增多。

1914 年，在山西太原舉行的舊中國第 2 屆全運會上，籃球運動被列為比賽項目，華北隊獲冠軍。

1915 年，中國參加在上海舉行的第 2 屆遠東運動會籃球比賽。

1916 年，上海愛國女校女子籃球隊參加江蘇省運動會表

演，由此女子籃球由南方向北方流傳。

1917 年，中國參加在日本舉行的第 3 屆遠東運動會籃球賽。

1918 年，上海舉行「萬國」籃球賽，這是中國首次舉辦的中外籃球愛好者聯誼賽。之後，天津、北京等地區也有類似的比賽舉行。

1919 年，中國組隊參加在菲律賓舉行的第 4 屆遠東運動會籃球賽。

1921 年，中國組隊參加在上海舉行的第 5 屆遠東運動會籃球賽並獲得冠軍，這也是中國隊在遠東運動會上獲得的唯一的一次冠軍。1923—1934 年，中國組隊參加了第 6 屆（1923 年，日本）、第 7 屆（1925 年，菲律賓）、第 8 屆（1927 年，中國）、第 9 屆（1930 年，日本）、第 10 屆（1934 年，菲律賓）遠東運動會籃球賽。

1919—1936 年，籃球運動在華北、華中、華東等地區的運動會上先後被列為比賽項目。在北京、上海、天津的一些高等學校和中學也開展了校際比賽。

1924 年，在湖北武昌舉行了舊中國第 3 屆全國運動會籃球比賽，華北隊獲冠軍。

1925 年，天津市舉行「萬國」籃球賽，有大學師生、商界和在華外國人參加，成為在中國華北津、京地區內舉行的首次由中外人員參加的籃球比賽。

1930 年，在浙江杭州舉行舊中國第 4 屆全國運動會，除男子外，女子籃球也列為比賽專案，天津、北京隊分獲男、女冠軍。

1930 年，上海兩江女子體育專科學校籃球隊出訪，成為女子籃球運動市際交流的開端。

1931 年，上海兩江女子體育專科學校籃球隊出訪日本、朝鮮和東南亞，成為中國第一支出國訪問的女子籃球隊。隨後日本、菲律賓等隊也來訪中國。

　　1933 年，在南京舉行舊中國第 5 屆全運會籃球賽，河北、上海隊分獲男、女冠軍。

　　1935 年，在上海舉行舊中國第 6 屆全運會籃球賽，上海男、女隊分獲冠軍。

　　1936 年，許多競技運動開始在世界範圍內流行，男子籃球被正式列為奧運會比賽項目，中國首次派隊參加在德國柏林舉行的第 11 屆奧運會籃球賽，成員有後來成為中國籃球協會主席的牟作雲以及于敬孝、王士選、王玉增、王南珍、李紹唐、蔡演雄等 14 人，教練員為董守義，他們成為中國參加奧運會的第一批人員。但由於實力水準和政治、經濟條件受限，中國隊未能進入決賽。我國第一位國際級籃球裁判員舒鴻執法此次奧運會美國隊與加拿大隊的決賽。

　　在中國共產黨領導下的抗日地區和解放區，面對日本帝國主義和國民黨的掃蕩、圍剿造成的艱難環境，全面開展抗日戰爭，積極開展體育活動。

　　1938—1940 年間，八路軍 120 師在賀龍宣導下組建了「戰鬥」籃球隊，成員有戴金川、張之槐、張聯華、黃烈、李侃等。同時還有抗日軍政大學三分部由東北幹部組成的「東幹」籃球隊，成員有張學思、羅文、金聲、韓復東等。兩隊的影響深遠。群眾性籃球活動活躍，在延安開展的「十分鐘運動」，以及機關、學校、部隊和廣大解放區根據地民眾性籃球比賽十分頻繁。

　　在非根據地一時沒有全國性比賽，但由於籃球運動深受廣大群眾喜愛，因此多自發組建籃球隊，如上海成立的「中

華」隊、「百樂門」隊、「華聯」隊以及 1947 年前後成立的「大公」隊、「回力」隊；當時的北平有「木乃伊」隊、「體友」隊、「北星」隊等。

1946 年，菲律賓華僑組成的「群聲」籃球隊訪問廈門、上海等城市，共賽 15 場，獲得全勝。「群聲」籃球隊的運動技巧和快、靈、準的打法，給國內球隊留下了深刻的印象。

1948 年 5 月，在上海舉行舊中國第 7 屆運動會籃球賽，上海男、女隊分獲冠軍。這一時期，武漢、西安、重慶、廣州、瀋陽等城市也組織了各種形式的籃球隊。

1948 年 8 月，中國組隊參加在英國倫敦舉行的第 14 屆奧運會男子籃球賽，共 23 支球隊參賽，中國隊獲得第 18 名。參賽成員有李震中、吳成章、蔡文華、蔡史強、李世僑、包圓松等，教練員為宋君復。

1949 年 8 月，中華人民共和國成立前夕，由京、津兩地的大學生運動員組團，參加在匈牙利布達佩斯舉行的第 10 屆世界大學生夏季運動會籃球賽，並獲第 6 名。

1949 年 10 月 1 日，中華人民共和國成立，黨和政府關心體育事業，於 10 月 26 日成立中華全國體育總會，新中國的籃球運動在政府支持下有序發展，進入新的發展階段。

1950 年 8 月，新中國成立後，從京、津、滬三城市選拔組成中國大學生男子籃球隊，參加在捷克斯洛伐克首都布拉格舉行的世界大學生第 2 次代表大會體育比賽中的籃球比賽，獲第 4 名。

1950 年 12 月，新中國成立後第一支外國強隊——蘇聯國家男子籃球隊來訪，帶來了新技術、新戰術、新打法、新經驗。在北京、上海、廣州、武漢、瀋陽、天津、南京、哈爾濱 8 個城市進行了 33 場比賽，蘇聯隊都以大比分取勝，每

場平均比分為 95：27，在新中國籃球界引起了強烈的反響。

1951 年，中國組隊參加在德意志民主共和國柏林舉行的第 11 屆世界大學生運動會，獲第 6 名。

1951 年，舉行新中國成立後第 1 次全國籃、排球比賽大會，解放軍組隊參賽（「八一」隊誕生），華東隊獲冠軍。

1952 年，毛澤東題詞「發展體育運動，增強人民體質」，有力地推動了群眾性體育活動和籃球運動的普及、發展。

1952 年，新中國第一次組隊參加在芬蘭赫爾辛基舉行的第 15 屆奧運會籃球賽，成員有李漢亭、程世春、田福海、陳文彬等，後因美國搞「兩個中國」的陰謀，中國代表團退出比賽。同年 9 月參加世界大學生運動會籃球賽，獲第 3 名。

1953 年 5 月，中華全國體育總會在天津舉辦全國籃、排、網、羽四項球類運動會，解放軍隊首次登上全國籃球冠軍寶座。同年中國男子籃球隊參加第 1 屆國際青年友誼運動會籃球比賽，獲第 5 名。

1954 年 10 月，在北京舉行全國籃球聯賽，「八一」隊和中央體育學院分獲男、女冠軍。同年中國男、女籃球隊參加第 12 屆世界大學生夏季運動會，均獲第 5 名。

1955 年 3 月，召開全國運動員訓練工作會議，提出在球類項目訓練中要貫徹「積極、主動、快速」的戰術指導思想，這對後來的中國籃球運動形成自己的技術風格和戰術指導思想確立了方針。

1955 年 4 月，針對蘇聯隊來華訪問比賽後的影響，籃球教練員們在《新體育》雜誌上發表的文章對活躍新中國籃球運動實踐與理論建設具有一定的意義。

1955 年 8 月，中國男、女籃球隊參加在波蘭華沙舉行的

第 2 屆國際青年友誼運動會籃球賽。

　　1955 年 8 月，在上海、天津、南昌舉辦了全國大城市分區籃球、排球錦標賽，籃球賽男子有 24 支球隊、女子有 23 支球隊參加。

　　1955 年 10 月，在北京舉辦了全國籃球聯賽，瀋陽部隊和西南體育學院隊分別獲男、女隊冠軍。透過聯賽選拔並組成了準備參加第 16 屆奧運會的籃球代表隊，後因美國等國的破壞，未能參加比賽。

　　1953—1957 年，我國籃球運動積極開展對外交流，取得了較好的成績。至 50 年代末，籃球運動技術水準不斷提高，與歐洲強隊水準逐漸接近。

　　1956 年，開始試行《中華人民共和國運動員等級制度》，1958 年改為《運動員技術等級制度》，分為運動健將、一級、二級、三級和少年級運動員。

　　1957 年，國家體委公佈楊伯鏞、錢澄海、劉貴乙等 16 名男運動員和楊潔、周懿嫻、李少芬、鄭于蓮等 12 名女運動員為首批運動健將，王長安、羅景榮、韓茂富等 18 人為國家級籃球裁判員。

　　1956 年和 1957 年，在北京舉行全國籃球指導員訓練班，聘請蘇聯籃球專家波·莫·切特林進行講授。經過兩屆全國聯賽後，國家體委提出了進一步樹立和發展我國籃球運動「積極、主動、快速、靈活、準確」獨特風格的要求。

　　1956 年 10 月，經過一年的籌建，中華人民共和國籃球協會正式成立，第一任主席為董守義，第二任主席為張青季，第三任主席為牟作雲，第四任主席為張發強。

　　1956 年，中國籃球協會實行賽制改革，將過去的全國聯賽（男、女）改為全國甲級隊聯賽。

1957 年，為了培養高層次的籃球專門人才，國家體委在上海體院舉辦了籃球研究生班，聘請蘇聯專家、功勳運動員、國家隊隊員尤·克·拉古那維邱斯培養了新中國 25 名首屆籃球研究生，由曾代表中國參加第 14 屆奧運會籃球賽的李震中教授協助教學。

1957 年前後，中國籃球界在理論方面加強探索，當時的著名教練員牟作雲、陳文彬、楊福鹿、于鋼等相繼發表了各自的籃球專題性文章。至 1962 年後，理論探討形成了高潮，《籃球技、戰術的運用》《籃球講義》《籃球裁判法》《怎樣打籃球》等專著相繼出版，成為各體育學院進行籃球專業教學的參考教材。

1956 年和 1958 年，試行《裁判員等級制度條例》和《教練員等級制度條例》。

1957 年起，國家體委將全國籃球聯賽改為甲、乙、丙三級升降級聯賽制。

1957—1958 年，兩屆全國甲級聯賽分別在廣州、上海、北京舉行，聯賽反映出我國籃球運動員普遍提高了高度和速度，在攻守技術、戰術的品質上也有所提高。解放軍、北京和上海男、女隊實力較強。

1958 年，中華全國體育總會發表聲明，斷絕與國際奧會的關係，同時退出國際業餘籃球聯合會。

1959 年 7 月，在上海舉行全國籃球教練員訓練班，進一步提出了「以投籃為綱」的訓練指導思想，要求發揚狠、快、準、靈的技術風格和「以我為主、以攻為主、以快為主、積極防守」的戰術指導思想。雖然這些提法不夠完整，但在當時卻起到了指引方向的作用，這與形成新中國成立以來籃球運動的傳統風格和戰術打法是密不可分的。這段時間

內，中國男籃接連戰勝匈牙利、捷克斯洛伐克、保加利亞等歐洲勁旅，反映出較高的競技水準。快攻、中投和全場緊逼成為中國隊取勝的「三大法寶」。

1959 年 8 月，舉行了新中國成立後的第 1 屆全國運動會籃球賽，四川男隊、北京女隊分獲冠軍。

1960 年，中國前衛隊參加第 1 屆社會主義國家公安系統男子籃球賽，獲第 1 名。

1961 年，中國人民解放軍男隊獲友軍運動會籃球賽冠軍。同年召開全國籃球教練員會議，提倡貫徹「雙百」方針，強調樹立不同風格特點和「以小打大、以快制勝」的戰術思想。

1961 年，國家體委組織出版的全國統一的體育院系球類運動教材《籃球》，由李震中、石善根等體育院系教師撰寫，成為第一本全國體育院系通用籃球教材，同年在北京體育學院招收籃球研究生。

1963 年，中國男、女籃球隊在新興力量運動會上獲冠軍。

1964 年，國家體委在上海召開訓練工作現場會，提出「從難、從嚴、從實戰出發，進行大運動量訓練」的原則。群眾性籃球運動進一步蓬勃開展起來。

1965 年，召開籃球界座談會，進一步展開對樹立中國籃球風格問題的討論，此後我國籃球運動正是從實際出發，逐步形成了自己的不同風格特點的南方風格流派和北方風格流派，這是中國籃球運動進入全面發展的躍進時期。

1966 年 5 月—1976 年，「文化大革命」期間，黨和國家各行各業都遭遇特殊困難，籃球運動與各條戰線的事業一樣處於停滯狀態，群眾性籃球活動全面終止，籃球競技水準下

降，競賽制度廢棄，籃球競技水準由高潮轉入低谷。

1972 年，在周恩來總理等黨和國家領導人的關心下，衝破重重困難，在「文化大革命」中期舉行了全國五項球類運動會，給廣大籃球工作者以較大的鼓舞。同年 12 月在北京召開了籃球訓練工作會議，研究了現狀，提出了「積極主動、勇敢頑強、快速靈活、全面準確」的 16 字技戰術方針。

這個時期的主要籃球活動：

1971 年 6 月，在終止多年對外交流後，中國男籃出訪古巴；1972—1973 年，羅馬尼亞男籃來訪，並獲全勝；之後，中國男籃由於受人為因素的影響，又先後敗給西班牙、南斯拉夫、美國等隊；中國女籃 1973 年訪問古巴全負。

1974 年，我國第一次參加亞洲運動會，負於韓國和日本隊獲第 3 名。根據國家體委制定的籃、排、足球訓練規劃（1973—1976 年），確立了我國籃球運動的奮鬥目標，但由於特定時期的條件所限而難以正常實施。

1975 年 9 月，在北京舉行了第 3 屆全國運動會籃球賽，臺灣隊員參賽，成年組「八一」隊和北京隊分別獲得男、女冠軍。

1975 年，在泰國召開第 8 屆亞洲籃球聯合會會議，確認中華人民共和國籃球協會在亞籃聯中的合法地位。

1976 年，在加拿大蒙特利爾舉行的國際業餘籃聯第 10 屆代表大會上，批准恢復中華人民共和國籃球協會在國際業餘籃聯中的合法席位。

1978 年，國際業餘籃球聯合會批准新中國成立後的第一批國際級裁判員，有王長安、羅景榮、韓茂富、吳惠良、田國庭等 9 人。

1978 年為了加強國際交流，學習先進經驗，舉行了第一

次北京國際男子籃球邀請賽。

1978 年 7 月，為了提高我國籃球教練員水準，在吉林長春市舉辦了全國籃球教練員學習班，由國家隊教練員和南斯拉夫教練員講學。1979—1982 年間又多次在北京、南京舉辦了不同層次的教練員短訓班。另外，還派隊、教練員出國進修學習。

1979 年國家體委公佈牟作雲、張子沛、張長祿、程世春等 12 人為第一批國家級教練員。

1979 年 9 月在北京舉行了第 4 屆全運會籃球賽，解放軍男籃和北京女籃分獲冠軍。

1981 年 12 月—1982 年 1 月，在杭州召開了全國籃球教練員工作會議，主要內容為「復興中國籃球」「樹立一盤棋思想」，貫徹「國內練兵，一致對外」方針，同時強調科學化訓練，為我國籃球運動登上國際先進行列奠定了基礎。

1981 年，北京體育學院等開始招收攻讀體育教學與訓練專業碩士學位的籃球研究生。

1982 年，在第 9 屆亞運會上，中國女籃第一次榮獲冠軍。

1982 年，中國籃球協會和中國體育科學學會在鄭州聯合舉行新中國成立以來第一次籃球運動學術論文報告會。

1983 年，中國女籃參加了在巴西聖保羅舉行的第 9 屆世界錦標賽，名列第 3 名，取得了歷史性突破。同年中國男籃參加了在西班牙巴賽隆納舉行的第 10 屆世界錦標賽，榮獲第 9 名。

1983 年，國家體委公佈楊伯鏞、錢澄海等 8 人為中國第一批高級教練員。同年在上海舉行了第 5 屆全運會籃球比賽，北京、解放軍隊分別獲得男、女冠軍。

1984 年，中國女籃在美國洛杉磯第 23 屆奧運會上獲第 3 名，同年在上海舉行的第 10 屆亞洲女子籃球錦標賽上獲得第 2 名。

　　1980—1985 年，中國籃球協會為了總結經驗、展望未來，積極開展籃球科學研究活動，以不同形式召開籃球科學論文報告會。中國《體育科技》不斷組織籃球專題文章發表，魏均、楊潔、高鶚、李峨恒等以及我國不少省市的籃球教練員發表論文，籃球界科研學術風氣活躍。為了適應籃球運動普及發展的需要，1985 年，《中國籃球報》在長春創刊。

　　1985 年，在瀋陽召開籃球訓練工作會議，研究如何進一步從我國實際出發，走自己的路，加強訓練工作，重視對高大中鋒、核心隊員和三分球投籃手的培養等問題。

　　1986 年，我國群眾性籃球活動進一步在城鄉活躍，形成普及的新高潮，社會對籃球隊伍的資助日趨活躍，為不少籃球專業隊伍的生存和發展增強了活力。同年我國女籃在吉隆玻亞洲錦標賽和漢城第 10 屆亞運會上分獲冠軍。

　　1987 年 9 月，在廣州舉行了第 6 屆全運會籃球賽，解放軍男、女隊雙獲冠軍。

　　1987 年，中國籃球協會在北京體育師範學院相繼舉辦籃球教師、教練員短期訓練班，並在 1993 年開始轉為系統的、長期的全國高級、中級、初級教練員崗位培訓班。

　　1988 年，中國男、女籃參加第 24 屆奧運會，分獲第 11 名和第 6 名。

　　1988 年，由教育部組織出版了高等學校教材《球類運動——籃球》和衛星電視教材《籃球》，先後由李震中、張德山、孫民治等撰編，成為高等師範院校體育教育專業籃球

教學通用教材。

1989 年，在北京舉行的第 15 屆亞洲籃球錦標賽上，中國男籃獲冠軍；1990 年，中國女籃在第 13 屆亞洲錦標賽上獲冠軍。

1990 年，中國大學生籃球協會成立。

1990 年，中國男、女籃分別參加了第 11 屆世界籃球錦標賽，分獲第 14 名和第 9 名。同年在第 11 屆亞運會上男隊獲冠軍，女隊獲亞軍。

1990 年，國際業餘籃球聯合會更名為國際籃球聯合會，同年取消對職業籃球運動員參加國際籃球大賽的限制。

1991 年，由李輔材等編撰的《中國籃球運動史》出版。

1992 年，美國 NBA 職業籃球選手喬丹等組成的「夢幻隊」參加了第 25 屆奧運會並獲冠軍，由此推動世界籃壇發生了新的變化。中國女籃首次獲奧運會亞軍，這也是至今為止的最佳成績。

1993 年，國家體委批准中國籃球協會在北京體育師範學院成立「中國籃球學校」，這是新中國成立以來第一所籃球專業學校。

1994 年，在第 12 屆世界錦標賽上中國女籃又獲亞軍，男籃在同年世界錦標賽上獲第 8 名。這標誌著中國男、女籃進入輝煌時期。

1995 年，我國男子籃球進行競賽體制改革，全面推進職業化進程，各種形式的專業隊逐漸被職業化俱樂部所代替。原浙江隊首先與台資合作，並引進外援。CBA 聯賽逐步走向市場化，有力地推動了中國籃球運動與世界籃球運動的接軌。

1996 年，中國籃球協會根據國家體委「堅持方向，抓住

機遇，繼續深化改革，發展體育事業」的精神，在籃球賽事上引進外資、外援舉辦競賽，一方面與國際管理集團合作舉辦全國甲級隊聯賽（後改為 CBA 職業聯賽），另一方面與當時的外資企業「精英公司」合作試辦「CNBA 聯賽」（又稱職業聯賽），成為中國籃球初試職業化主客場聯賽的開始，參加隊有前衛、吉林、北京體師、上海交大、天津等 8 支半職業和職業籃球隊。

1996 年，中國男子籃球隊參加第 26 屆奧運會籃球比賽，獲得第 8 名。

1996 年，應臺灣籃球組織的邀請，由楊伯鏞任團長的省市籃球代表團首次訪問臺灣。同年，北京大學生男子籃球隊訪問臺灣。

1996 年，全國 8 支職業籃球隊引進外籍球員參加全國職業聯賽，其中北京體育師範學院和上海交通大學在全國高校中首先嘗試與企業合作承辦高水準職業籃球隊。前衛、吉林、北京體育師範學院隊獲此次聯賽前 3 名。

1997 年，為培養籃球專業高級教學、訓練、科研人才，北京體育大學首次招收籃球博士研究生。

1997 年，我國籃球運動分成 CBA、甲 A 甲 B 和乙級隊 3 個層次的比賽，每個級別的最後兩名降入下一個層次，甲 B 和乙級的前兩名升入上一個層次。

1997 年，中國男籃在亞洲錦標賽上失利，未能取得世界錦標賽的入場券。

1997—1999 年間，中國籃球協會進行管理體制改革，成立籃球運動管理中心，將行政職能轉變為事業性領導。與此同時，各種形式的籃球俱樂部、籃球學校在全國各地建立、發展、壯大。

1998 年，中國大學生體育協會舉辦的 CUBA 籃球聯賽正式開始。

1999 年，中國籃協在上海召開全國籃球工作會議，研討十多項改革條例和制度，CBA 聯賽和俱樂部管理逐步規範化、制度化，促進了職業化、市場化進程；在會上還表彰了新中國成立以來在世界性籃球大賽中作出傑出貢獻的牟作雲、張長祿、程世春、陳文彬、楊伯鏞、錢澄海、宋曉波、鄭海霞、柳青、叢學娣、孫鳳武等 50 位籃球界優秀人士。

1999 年，中國女籃在亞洲籃球錦標賽上失利，僅獲第 4 名，競技水準跌入 50 年以來的最低谷，引起全國籃球界的關注；中國男籃在日本亞錦賽上獲冠軍，取得 2000 年雪梨奧運會的入場券。

1999—2000 年，解放軍男籃在 CBA 聯賽中獲五連冠。中國男籃組建了建國以來高度最高、條件最好、實力最強的隊伍參加雪梨第 27 屆奧運會，獲得了第 10 名。

2000 年 4 月，中國籃球運動管理中心在浙江寧波召開省市籃球管理部門負責人和籃球協會負責人會議，進一步研究全國籃球縱向管理和推動省市籃球運動發展的工作會議。

2000 年 7 月，中央軍委主席江澤民簽署命令，授予為中國籃球競技運動作出突出貢獻的解放軍男子籃球隊「團結拼搏的籃球勁旅」榮譽稱號。中央軍委號召全軍，特別是文化、體育戰線的官兵要向解放軍男籃學習。

2000 年 10 月，國家體育總局和國家教育部批准立項的國家級重點教材《籃球運動高級教程》由人民體育出版社出版，該書由國家體育總局局長袁偉民任編委會名譽主席、副局長張發強為顧問，孫民治教授任主編，楊貴仁、史康成、信蘭成、劉玉林為副主編，彙集全國籃壇知名教授、專家錢

澄海、楊伯鏞、白金申、于鋼、王世安、楊樺、李傑凱、郭玉佩等 40 多名人士編寫，成為培養籃球高級人才的專用教材。

2001 年 6 月，中國籃球協會為提高籃球教練員隊伍的業務水準，在國家體育總局科教司統籌下組織孫民治、李方膺（任主編）及有關專家編寫了《中國體育教練員崗位培訓教材——籃球》，由人民體育出版社出版。

2001 年 8 月，國際籃聯代表向中國籃協副主席和國際籃聯中央執委張長祿頒發國際籃球聯合會榮譽勳章。張長祿成為中國獲此殊榮的第一人。

2001 年 4 月，王治郅與達拉斯小牛隊正式簽約，成為第一位在 NBA 效力的中國球員，同時也成為「NBA 亞洲第一人」。

2002 年 6 月，中國球員姚明當選 NBA 歷史上第一位外籍「狀元秀」，加盟休士頓火箭隊。

2002—2003 年，中國球員巴特爾效力於 NBA 聖安東尼奧馬刺隊，該隊獲 2002—2003 賽季總冠軍。

2002 年 2—4 月，首屆 WCBA 女籃聯賽舉行，這是中國第一次實行女籃聯賽主客場制，解放軍、瀋陽部隊和廣東隊分獲前 3 名。

2002 年 4 月 19 日，上海隊在 2001—2002CBA 聯賽寧波客場以 1 分險勝「六連冠」的解放軍男籃，以總決賽 3 勝 1 負的戰績首次奪取 CBA 聯賽總冠軍。

2002 年 8 月，在國際籃聯第 17 次代表大會上，亞籃聯主席、中國香港的程萬琦被選為新一屆國際籃聯主席，任期 4 年，成為第一位當選國際籃聯主席的亞洲人。中國籃協的劉玉民被選為執行委員之一。

2002 年 9 月，中國男籃獲得第 14 屆世界男籃錦標賽第 12 名，並在第 14 屆亞運會上失去了蟬聯 4 屆的亞洲冠軍，引起中國籃球界的震動和反思。

2002 年 9 月，中國江蘇首次承辦世界女籃錦標賽，中國女籃獲得第 6 名，韓國女籃躋身四強，顯示出亞洲女籃運動的復蘇。10 月，中國女籃在第 14 屆亞運會女籃比賽中獲得了近 16 年來中國女籃的第一塊亞運會金牌，繼 2001 年亞洲錦標賽後，中國女籃再一次站到了亞洲籃壇的最高領獎臺上。2003 年 8 月，中國女籃獲得了第 22 屆世界大學生運動會籃球比賽的冠軍。這些都標誌著中國女籃已經衝出低谷，正在重新崛起。

2002 年 10 月，由於中國男籃隊員王治郅在美國參加 NBA 的比賽後滯美逾期不歸，中國籃協作出「關於將王治郅開除出國家男籃」的決定，並聲明對王治郅還是本著寬容的態度，如果他認識到錯誤，儘快回國，還有改正錯誤的機會。

2002 年 12 月，首屆中國國際籃球產業論壇在北京舉行。國際籃聯秘書長派翠克‧鮑曼（Patrick Baumann）、NBA 休士頓火箭隊總經理喬治等人介紹了世界先進的籃球產業經營理念和方法，200 多名國內體育產業人士到會。

2003 年 10 月，在哈爾濱第 22 屆亞洲男籃錦標賽上，中國男籃以 106：96 擊敗韓國隊，獲得亞洲唯一一張 2004 年雅典奧運會籃球比賽的入場券，並提出了「保十爭八」的奮鬥目標。

2003 年 9 月，在哈爾濱召開全國籃球工作座談會，會議總結經驗教訓，討論改革的大政方針和發展規劃與系列制度，對建立全國性的中國籃球職業組織進行了探索，並對世

界籃球運動的發展趨勢、中國籃球運動的訓練指導思想、技術和戰術風格，以及籃球運動比賽的制勝因素進行了探討，還在健全籃球運動管理中心職能和管理制度，加強訓練工作，培養高素質、高水準教練員人才和後備隊伍人才，以及進一步重視國家男、女籃球隊組建、訓練，宣導大力培養球星，乃至進一步推廣籃球俱樂部建設和產業化進程，強化全方位管理等方面，統一了認識，明確了「立足當前，放眼未來」的改革基本思路，並提出了繼續以賽制改革為龍頭，以制度建設為重點，以強化俱樂部建設為前提，推進中國籃球職業化、產業化改革的具體思想。

2003 年 12 月 20 日，經國家體育總局科教司、籃球運動管理中心批准，中國籃球運動發展研究會成立大會在廣州體育學院舉行。標誌著我國籃球科研發展將從理論與實踐、研究與運用、培養與提高等方面進入一個新階段。

2004 年，中國籃協提出，中國男籃多年稱雄亞洲（參加 23 次亞洲比賽獲 18 次冠軍），但在世界大賽中的成績一直在第 8—14 名之間徘徊，與社會各界對男籃的期望與要求相差甚遠。中國男籃要在世界大賽中取得優異成績，必須樹立「向世界水準衝擊的勇氣和信心，加強隊伍的教育和管理，提高全隊的凝聚力和戰鬥力，明確訓練指導思想和技、戰術風格，學習和掌握世界最先進的籃球理念、訓練方法和手段，加強與世界強隊的交流，並借鑒其他運動項目的成功經驗，以儘快提高中國男籃的技術、戰術水準和運動成績，從而推動中國籃球運動整體水準的提高。

2004 年 2 月，中國籃協聘請美國人戴爾‧哈里斯（Del Harris）和立陶宛人尤納斯‧卡斯勞斯卡斯（Jonas Kazlauskas）分別擔任中國男籃主教練和助理教練。本屆中國男

籃教練組由中外方教練員共同組成，成立了中國男籃隊委會，實行隊委會領導下的中外方教練員分工、協作負責制。

2004 年 3 月 3 日，廣東宏遠隊 98：84 戰勝「八一」雙鹿隊，以 3：1 的總比分奪得 2003—2004CBA 聯賽總冠軍。在征戰 CBA 賽場 9 個賽季後，廣東宏遠隊終於奪得了自己在 CBA 聯賽中的第一個總冠軍，廣東宏遠隊是繼解放軍和上海之後，第三支奪得 CBA 總冠軍的球隊。

2004 年 3 月 27 日，解放軍女隊 95：83 戰勝黑龍江隊，以 2：0 的總比分奪得 2003—2004WCBA 聯賽總冠軍，實現了在 WCBA 聯賽中的「三連冠」。

2004 年 4 月，中國籃協正式提出「北極星計畫」，目標是在 10 年內將 CBA 打造成世界級的職業籃球聯賽。作為改革的一個重要環節，2004—2005 賽季，CBA 擴軍至 14 支球隊，劃分為南北兩大賽區，並取消了升降級。2004—2005 賽季為此作出了一系列改革嘗試，也是中國籃球「北極星計畫」啟動的重要步驟。本賽季推出了包括 CBA 標誌、至尊鑽戒和冠軍鼎、CBA 公益計畫、聯賽賽制改革在內的一攬子改革舉措：首次取消升降級制度；並將聯賽分成南北兩大賽區，實行一週三賽；首次把聯賽分為常規賽、分區決賽和總決賽 3 個階段；首次組織赴美統一外援選秀；首次引入勝場獎勵制；首次聘請專業攻關公司對聯賽進行包裝。

2004 年 5 月，北京奧神籃球俱樂部拒絕該隊隊員孫悅到國家男籃 U20 集訓隊報到，違反了中國籃協的相關章程，被停止 2005 年一年的註冊資格。

2004 年 7 月，在馬來西亞吉隆玻舉行的亞籃聯執委會會議上，籃球運動管理中心主任李元偉當選亞洲籃球聯合會主席，並出任亞洲籃球聯合會執委會委員、亞洲籃球聯合會中

央局委員、亞洲籃球聯合會技術委員會主席。

　　2004 年 8 月，中國男籃以 7 戰 2 勝 5 負的戰績奪得雅典奧運會第 8 名。中國女籃在奧運會上未能實現「保六爭三」的目標，最終無緣八強僅名列第 9，使人們重新認識了世界女籃運動的格局和中國隊的諸多不足。

　　2004 年 10 月，NBA 休士頓火箭隊和薩克拉門托國王隊分別在上海和北京各舉行了一場季前賽，引爆了空前的轟動效應。首次在中國舉辦季前賽，是 NBA 全球化戰略中重要的一環，海外市場，特別是龐大的亞洲市場對 NBA 來說，充滿著巨大的誘惑力。作為 NBA 開拓市場的一種戰略，全球化加強了 NBA 和國際籃球之間的交流與融合。上海站比賽火箭 88：86 勝國王，北京站比賽國王 91：89 勝火箭。

　　2004 年 10 月，第 1 屆中國大學生籃球超級聯賽揭幕，全國 16 所著名高校的男籃代表隊分為南北兩個賽區進行主客場比賽。大超聯賽是「體教結合」的一個探索，以實現體育系統和教育系統的資源分享與互動。大超聯賽由大學生體育聯合會和中國籃球協會共同主辦，由專業公司進行市場化運作，以保證整個賽事的權威性和專業性。中國籃球正嘗試走一條從小學到中學到大學再到職業隊的新路子。第一屆中國大學生男子籃球超級聯賽冠軍是中國人民大學隊。

　　2005 年 1 月，由中國籃球協會和韓國男子籃球聯盟共同在漢城、哈爾濱市舉行「2005CBA－KBL 全明星賽」。雙方球員是由中韓兩國由本國籃球聯賽各選出的 12 名明星隊員和兩名最佳外籍球員組成。此項賽事每年舉行一次。

　　2005 年 2 月，教育部下發《教育部關於公佈 2004 年度國家精品課程名單的通知》（教高函〔2005〕4 號）文件，首都體育學院《籃球》課程（課程負責人：孫民治）被教育

部評為 2004 年度國家精品課程。這是全國體育院校中首門課程進入國家精品課程系列，可稱歷史性突破。

2005 年 3 月，中國籃協聘請澳洲人湯姆‧馬赫（Tom Maher）擔任中國女籃主教練。馬赫給中國隊帶來了先進的籃球理念，他強調籃球的整體性，提倡加強球隊的防守能力。

2005 年 4 月，中國籃協授權正式成立「中國男子籃球職業聯賽委員會」，該委員會組成如下：中國籃協委派委員 6 人，有資格參與聯賽準入標準評審的俱樂部各委派委員 1 人，來自新聞、法律、產業研究、籃球技術等領域的專家委員 4 人。《中國男子籃球職業聯賽委員會章程》規定：聯賽委員會為適應中國職業籃球市場化改革的需要，進一步規範職業籃球的運行機制，加強科學與民主決策，是聯賽的管理機構，全面管理聯賽及與之相關的各項事務。聯賽委員會受中國籃協的領導、指導和監督，遵守中國籃協的有關規定。聯賽委員會全體會議是其最高權力機構。

2005 年 5 月，在寧波召開 2005 年全國籃球工作會議。籃管中心主任李元偉作了《以科學發展觀引領，開創中國籃球新局面》的工作報告，在結合當前國內國際宏觀形勢的基礎上，明確提出了「十一五」期間我國籃球事業的指導思想、遠景規劃和奮鬥目標，並對國家隊、職業聯賽以及社會籃球等相關工作，進行了統籌規劃，提出建設和發展具有中國特色的籃球文化。

2005 年 5 月，中國籃球協會教練委員會、科研委員會換屆。

2005 年 7 月，首屆斯坦科維奇洲際籃球冠軍杯賽在北京舉行，這是國際籃球聯合會在中國舉辦的世界最高級別的籃球賽事。本次賽事為紀念前任國際籃聯秘書長斯坦科維奇

（Stankovic）為國際籃球運動以及中國籃球事業的長期貢獻。參賽隊有歐洲冠軍立陶宛隊、大洋洲冠軍澳洲隊、非洲冠軍安哥拉隊、美洲亞軍波多黎各隊、2004年雅典奧運會冠軍阿根廷隊、亞洲冠軍中國隊。立陶宛隊、阿根廷隊、澳洲隊分列本次比賽的前3名，中國隊名列第4。

2005年7月—2006年3月，北京奧神職業籃球俱樂部赴美國訓練，參加了美國籃球聯盟ABA聯賽，以20勝14負的戰績獲得第9名。此舉首開中國各職業籃球俱樂部先河。

2005年8月，在阿根廷舉行的21歲以下世界青年男籃錦標賽上，中國青年男籃6戰6負，場均輸給對手25.5分，最終排位第11名，反映出在體能、力量及基本技術上與歐美強隊相比存在著明顯差距。

2005年10月，在第10屆全運會上，解放軍男籃以71?60戰勝廣東男籃，奪得男子籃球比賽冠軍，在全運會上實現「五連冠」。解放軍女籃以8連勝的戰績蟬聯全運會女籃冠軍，成就「六連冠」。

2005年10月，中國籃球協會派遣年輕教練員到美國籃球學院學習，並在美國大學籃球聯賽（NCAA）的各支隊伍中執行助理教練員的職能。這是中國籃球外派教練員學習規模最大的一次。

2005年11月18日，2005—2006賽季CBA中國男子籃球職業聯賽開始。這是中國籃球職業化發展進程中的一個重要轉捩點。本賽季是CBA實行準入制的第一個賽季，通過評估審核，新賽季的參賽球隊數量變為15支；比賽場次也有所增加，常規賽達到308場，季後賽和總決賽改為5戰3勝、7戰4勝。

2005年11月，由中國籃球協會主辦的「籃球運動傳入

中國 110 周年慶典暨籃球運動發展論壇」在武漢體育學院舉行。

2005 年 12 月 8 日，籃球運動傳入中國 110 年。

2005 年 12 月，中國籃球協會、蘇州大學體育學院和《體育文化導刊》雜誌社聯合主辦首屆中國籃球文化論壇。

2005 年 12 月，首屆「賀龍杯」中國業餘籃球公開賽（CBO）在北京揭幕。有 30 個省（區、市）和前衛體協、部隊系統和包括全國籃球城市在內的 100 多個城市報名參加，這是我國有史以來覆蓋面最廣、參加球隊最多、持續時間最長的全國性群眾籃球比賽。

2005 年 12 月 28 日—2006 年 1 月 4 日，由籃球運動管理中心和 CUBA 組委會聯合舉辦的首屆李甯杯 CBA—CUBA 青年籃球四強對抗賽在武漢舉行。此次賽事目的是促進 CBA 青年隊與 CUBA 球隊的交流與提高，探索「體教結合」的新途徑。廣東宏遠青年隊和華中科技大學隊分獲男、女冠軍。

2006 年 1 月，中國籃球協會為中國籃球界傳奇元老舉辦新春團拜會。國際籃聯主席程萬琦、國際籃聯秘書長鮑曼和澳洲籃協主席德爾文及中國籃協高級官員出席。中國籃協向牟作雲、張長祿、錢澄海、楊伯鏞、程世春、李世華、孫民治、于鋼 8 位籃球元老贈送了刻有他們名字的翡翠吊牌，以表彰他們為中國籃球事業作出的巨大貢獻。

2006 年 2 月，中國籃協確定盈方公司為「CBA（中國籃球協會）全球戰略合作夥伴」。該公司將在未來 3 年內，向中國國家籃球隊提供技術及資金支持，並負責其商務推廣工作，協助中國籃協聘請來自歐洲和美國的高水準籃球科研和訓練人員，幫助國家隊建立起科學的備戰系統，幫助國家二線青年隊、少年隊提高水準，協助中國籃協提高全國各級隊

伍的訓練水準。

　　2006 年 2 月 26 日，遼寧衡業隊在丹東主場 82：70 擊敗了沈部三洋隊，在 3 戰 2 勝制的 WCBA 總決賽中以 2：1 的總比分，歷史上首次奪得 WCBA 冠軍。1998 年，遼寧隊曾經奪得了當時全國女子籃球聯賽的冠軍。前 4 屆 WCBA 冠軍「八一」隊在半決賽中被沈部三洋隊淘汰。

　　2006 年 4 月 9 日，王治郅在國家男籃領隊匡魯彬陪同下，從美國洛杉磯返回北京。

　　2006 年 4 月 19 日，廣東宏遠隊以 88：81 戰勝解放軍火箭隊，在 7 戰 4 勝制的 CBA 總決賽中以 4：1 的總比分，奪得 CBA 總冠軍。繼解放軍隊之後，廣東隊成為了 CBA 歷史上第二支獲得「三連冠」的隊伍。

　　2006 年 9 月，中國男籃在第 15 屆世界男籃錦標賽上以 6 戰 2 勝 4 負的成績獲得第 15 名；中國女籃在第 15 屆世界女籃錦標賽上以 8 戰 3 勝 5 負的成績獲得第 12 名。

　　2006 年 12 月，中國男、女籃分獲第 15 屆亞運會籃球比賽冠軍。這也是自 1986 年亞運會之後，中國男、女籃首次在同一屆亞運會上奪冠。

　　注：世界籃球運動重大活動簡記可參考《現代籃球高級教程》附錄。

附錄2

全國體育院校部分招收籃球研究生一覽表

院校名稱	層 次	主要導師	研究方向
北京體育大學	碩士 博士	楊 樺★　池 建★ 李元偉★　李宗浩★ 郭永波★　范民運等	籃球教學訓練理論與方法
上海體育學院	碩士 博士	姚頌平★　李元偉★ 許宗祥★　許永剛★ 傅企明等	籃球教學訓練理論與方法
武漢體育學院	碩士 博士	楊鵬飛★　孫義良 王賀立等	籃球教學訓練理論與方法
成都體育學院	碩士	張培峰　郭永樂等	籃球教學訓練理論與方法
瀋陽體育學院	碩士	李傑凱　馬　毅 魏丕來等	籃球教學訓練理論與方法
西安體育學院	碩士	趙映輝　越誠民等	籃球教學訓練理論與方法
首都體育學院	碩士 博士	孫民治★　李穎川 于振峰　王守恒 譚朕斌　陳鈞等	籃球教學訓練理論與方法
廣州體育學院	碩士	許宗祥　許永剛等	籃球教學訓練理論與方法
天津體育學院	碩士 博士	李宗浩★　朱越彤 李　實等	籃球教學訓練理論與方法
南京體育學院	碩士	張世林等	籃球教學訓練理論與方法
山東體育學院	碩士	葉國雄等	籃球教學訓練理論與方法
哈爾濱體育學院	碩士	潘桂芝等	籃球教學訓練理論與方法
蘇州大學體育學院	碩士 博士	王家宏★　孫民治★等	籃球教學訓練理論與方法
東北師範大學體育學院	碩士 博士	姜立加★　孫民治★等	籃球教學訓練理論與方法
福建師範大學體育學院	碩士 博士	孫民治★	籃球教學訓練理論與方法
河南大學體育學院	碩士	楊改生等	籃球教學訓練理論與方法

註：★為博士導師

附錄 3

人民體育出版社部分籃球專業讀物推薦

序號	書　　名	出版日期	作　　者
1	現代籃球訓練理論與實踐	1993-01	
2	籃球大辭典	1993-06	《籃球大辭典》編輯委員會
3	籃球（體育愛好者叢書）	1995-01	殷成年　龔長城
4	籃球組合技術	1995-08	王梅珍　于振峰　李經
5	籃球規則回答（1994-1998）（規則問答叢書）	1995-10	郭玉佩
6	籃球裁判 600 問	1996-01	郭玉佩
7	怎樣打籃球	1996-02	牛鍾岐　劉玉林　王文濤
8	籃球實戰薈萃	1996-02	白金申
9	NBA 明星教你打籃球	1996-08	〔美〕克里斯·穆林
10	籃球縱橫	1996-10	孫民治
11	籃球〔函授〕2000	1998-04	全國體育函授成教組
12	籃球裁判員手冊	1999-01	郭洪寶　惠建華
13	籃球運動研究必讀	1999-03	葉國雄
14	籃球競賽裁判手冊	1999-09	郭玉佩
15	少兒籃球圖解	1999-12	李鴻江
16	籃球技術指導	2000-02	武國政
17	從小打籃球	2000-06	黃頻捷　胡曉剛
18	籃球運動高級教程	2000-10	孫民治、劉玉林等
19	籃球基本戰術	2000-10	王梅珍
20	籃球技戰術階梯訓練法	2000-12	李宇載
21	奧林匹克籃球	2001-06	俞繼英

續表

序號	書　　名	出版日期	作　　者
22	籃球（中國體育教練員崗位培訓教材）	2001-06	孫民治、李方膺等
23	籃球運動教程（一版）	2001-08	孫民治、劉玉林等
24	籃球兩週通	2001-08	吳從斌
25	籃球對抗技術	2001-11	于振峰等
26	籃球裁判員專業英語	2002-01	閻育東
27	籃球3對3比賽技巧	2002-02	王梅珍
28	籃球基本技術	2002-08	王梅珍
29	籃球運動教學訓練試題解答	2003-03	孫民治等
30	籃球教練員成功之道	2004-03	鮑勃·希爾〔美〕
31	籃球策應技術與訓練	2004-05	裴博儒〔美〕
32	女子籃球訓練101例	2004-06	特里薩·格倫茨〔美〕
33	籃球進攻技術訓練	2004-07	倉石平〔日〕
34	現代籃球高級教程	2004-08	孫民治等
35	現代籃球運動教學與訓練	2004-10	孫民治等
36	籃球訓練計畫精選	2004-10	鮑勃·默里〔美〕
37	籃球界外球訓練101例	2004-10	喬治·卡爾〔美〕
38	喬丹籃球寶典·卷一·彩虹七劍篇	2004-10	肯特
39	喬丹籃球寶典·卷二·降龍八掌篇	2005-12	肯特
40	新中國籃球運動發展史	2004-11	王家宏　孫民治　于振峰等
41	籃球進攻訓練101例	2004-12	喬治·卡爾〔美〕
42	青少年籃球訓練110法	2005-03	裴博儒〔美〕
43	籃球防守101例	2005-03	喬治·卡爾〔美〕

續表

序號	書　　名	出版日期	作　　者
44	簡明籃球規則圖解	2005-04	北原憲彥〔日〕
45	衝頭花式籃球	2005-09	畢仲春等
46	現代籃球訓練方法新探	2005-10	唐煜章
47	打籃球學絕招	2005-12	王聞濤
48	美國籃球移動進攻戰術精解	2005-12	哈厘·哈金斯〔美〕
49	現代籃球教學	2005-12	于振峰
50	青少年籃球意識訓練	2006-01	謝澤新
51	現代籃球運動研究	2006-01	劉玉林等
52	制勝籃球——籃球進攻技術與訓練	2006-01	拉爾夫·皮姆〔美〕
53	籃球競賽規則裁判方法問答	2006-02	曹國義
54	達摩籃球秘笈	2006-02	肯特
55	籃球系統戰術	2006-06	張秀華　劉玉林
56	鬥牛王——NBA超級巨星絕招穴道分析	1998-06	肯特
57	NBA50年	1999-07	張雄　徐濟成
58	NBA體能訓練	2005-08	孫歡
59	籃板球訓練101例	2004-01	喬治·卡爾〔美〕
60	籃球運動規程（二版）	2007-02	孫民治等

參考文獻

1. 王世安，等‧籃球體育學院普修教材‧北京：人民體育出版社，1992‧

2. 王世安，等‧體育學院專修教材‧北京：人民體育出版社，1991‧

3. 孫民治，等‧籃球運動高級教程‧北京：人民體育出版社，2000‧

4. 湯銘新‧我國參加奧運會滄桑史‧中國臺北奧會‧

5. 湯銘新‧籃球進階訓練‧中國臺灣籃球協會，1993‧

6. 大韓籠球協會‧籠球訓練八十年‧漢城：信友文化社，1989‧

7. 姜登榮，楊樺，等‧籃球運動的起源和初期發展‧成都體育學院學報，1989（3）‧

8. 楊樺，等‧現代籃球戰術‧成都：成都電子科技大學出版社，1997‧

9. 楊樺，等‧論籃球運動本質特徵及發展趨向‧成都體育學院學報，2001（4）‧

10. 楊樺，等‧籃球戰術創新理論‧成都體育學院學報，1982‧

11. 葉國雄，等‧籃球運動研究必讀‧北京：人民體育出版社，1999‧

12. 孫民治‧籃球縱橫‧北京：人民體育出版社，1996‧

13. 張月英，等‧籃球專修課的組織與教法‧北京：人民體育出版社，2005‧

14. 李傑凱‧關於改革我國籃球教材現行技術分類體系的探討‧北京體育大學學報，1995，18（1）‧

15. 李傑凱‧論現代體育教學觀及其教學模式‧瀋陽體育學院學報，1996，13（2）‧

16. 李傑凱‧體育教學原理與教學模式‧瀋陽：遼寧教育出版社，1996‧

17. 北京體育科學學會‧教練員訓練指南‧第1版‧北京：人民體育出版社，1992‧

18. 田麥久‧論運動訓練計畫‧第1版‧北京：北京體育大學出版社，

1999．

19. 陳樹華，許永剛．籃球運動訓練理論與方法．第 1 版．廣州：廣東高等教育出版社，2000．

20. 徐本力．運動訓練學．第 1 版．濟南：山東教育出版社，1990．

21. 韓冬，等．體育管理學．北京：人民體育出版社，1996．

22. 劉建和，等．運動競賽學．成都：四川教育出版社，1990．

23. 沈文益，等．世界籃球與 NBA．北京：旅遊出版社，1993．

24. 《籃球大辭典》編輯委員會．籃球大辭典．北京：人民體育出版社，1993．

25. 王世安．籃球．北京：北京體育大學出版社，1998．

26. 李輔材，等．中國籃球運動史．武漢：武漢出版社，1991．

27. 李穎川，等．新視角下的籃球文化內涵與趨勢的再研究．北京體育大學學報，2006（6）．

28. 李穎川，等．中國普通高校高水準籃球隊現狀與發展對策．成都體育學院學報，1999（2）．

29. 孫民治，等．現代籃球高級教程．北京：人民體育出版社，2004．

30. 孫民治，等．現代籃球教學與訓練．北京：人民體育出版社，2004．

31. 孫民治，等．球類運動——籃球．第 3 版．北京：人民體育出版社，2001．

32. 王家宏，等．球類運動——籃球．新版．北京：高等教育出版社，2005．

33. 王家宏，等．新中國籃球運動史．北京：人民體育出版社，2004．

34. 于振峰，等．籃球對抗技術．北京：人民體育出版社，2001．

35. 于振峰，等．籃球．桂林：廣西師範大學出版社，2000．

36. 劉玉林，等．現代籃球技術教學與訓練．北京：北京體育大學出版社，1992．

37. 劉玉林，等．現代籃球運動研究．北京：人民體育出版社，2006．

38. 孫民治，等．籃球——教練員崗位培訓教材．北京：人民體育出版社，2001．

39. 孫民治，等・籃球運動教程・第 1 版・北京：人民體育出版社，2001・

40. 葉國雄，等・論我國籃球教材技術分類的新體系・上海體育學院學報，1995（5）・

41. 王守恆，等・籃球防守技術概念注釋・首都體育學院學報，2003（4）・

42. 王守恆，等・中國女籃防守技、戰術能力評定指標體系與評定方法的理論研究・首都體育學院學報，2006（1）・

43. 王守恆，等・美國職業籃球俱樂部發展及借鑒・北京體育師範學院學報，1999（9）・

44. 于振峰，等・籃球戰術創新原理新探・成都體育學院學報，2005（1）・

45. 于振峰，等・中國籃球競技後備人才現狀調查與培養對策・體育學刊，2002（9）・

46. 王家宏，等・新中國學校籃球運動的發展歷程・體育學刊，2004（1）・

47. 王家宏，等・新中國群眾籃球發展史學研究・體育文化導刊，2003（9）・

48. 袁偉民・我的執教之道・北京：人民體育出版社，1986・

49. 池建・發展中的北京體育大學研究生教育・北京體育大學學報，2005（3）・

50. 譚朕斌・籃球運動的高度與速度均衡規律・山東體育學院學報，2004（3）・

51. 陳鈞・籃球職業化概念的界定・體育學刊，2002（4）・

52. 陳鈞・美國籃球職業化的起因、發展、啟示・西安體育學院學報，2002（10）・

53. 趙晶，等・我國籃球訓練組織系統的優化配置研究・廣州體育學院學報，2005（2）・

54. 孫民治，等・我國籃球訓練指導思想與技術特點、戰術風格的研究・廣州體育學院學報，2005（2）・

55. 孫民治，李穎川，等·籃球運動教學訓練試題解答·北京：人民體育出版社，2001·

56. 孫義良·籃球基本技術訓練及其品質研究·武漢體育學院學報，2002（11）·

57. 白金中·籃球實踐薈萃·一、二冊·北京：人民體育出版社，1995—1996·

58. 黃漢升·體育教育訓練學高級教程·桂林：廣西師範大學出版社，2003·

59. 王秀卿，等·研究生教育概論（修訂本）·北京：北京理工大學出版社，2001·

60. 裴博儒·青少年籃球訓練 110 法·張雲濤，譯·北京：人民體育出版社，2004·

61. 鮑勃·希爾·籃球教練員成功之道·譚朕斌，譯·北京：人民體育出版社，2004·

62. 裴博儒·籃球策應技術與訓練·張雲濤，譯·北京：人民體育出版社，2003·

63. 中國籃球協會·籃球競賽規則與裁判法·北京：人民體育出版社，2003—2005·

64. 郭玉佩·籃球競賽裁判手冊·北京：人民體育出版社，1999·

65. 傑里·克勞斯·籃球雙語教學·陳鈞，譯·北京：北京體育大學出版社，2005·

66. 埃利奧特·卡爾布·誰更好，誰更強——NBA 球星華山論劍·承相，等，譯·北京：人民體育出版社，2006·

67. 唐煜章·現代籃球訓練方法新探·北京：人民體育出版社，2005·

68. 哈里·哈金斯，等·美國籃球移動進攻戰術精解·武國政，譯·北京：人民體育出版社，2005·

69. 張雄，等·NBA50 年·北京：人民體育出版社，1999·

70. 閻育東·籃球裁判員專業英語·北京：人民體育出版社，2004·

國家圖書館出版品預行編目資料

籃球運動教程 + VCD／孫民治　主編
　　——初版，——臺北市，大展，2008〔民 97.05〕
　　面；21 公分 ——（體育教材；1）
　　ISBN　978－957－468－612－4（平裝附光碟片）

1.籃球
528.952　　　　　　　　　　　　　　97004444

籃球運動教程＋VCD

ISBN　978－957－468－612－4

主　　編／孫 民 治
審　　定／全國體育院校教材委員會
責任編輯／王 英 峰
發 行 人／蔡 森 明
出 版 者／大展出版社有限公司
社　　址／台北市北投區（石牌）致遠一路 2 段 12 巷 1 號
電　　話／（02）28236031・28236033・28233123
傳　　眞／（02）28272069
郵政劃撥／01669551
網　　址／www.dah-jaan.com.tw
E－mail／service@dah-jaan.com.tw
登 記 證／局版臺業字第 2171 號
承 印 者／傳興印刷有限公司
裝　　訂／建鑫裝訂有限公司
排 版 者／弘益電腦排版有限公司
授 權 者／北京人民體育出版社
初版 1 刷／2008 年（民 97 年）5 月

定　價／550 元

大展好書　好書大展
品嘗好書　冠群可期